中国史跨学科博士生论坛

文集

黄贤全　邹芙都　主编

科学出版社
北京

内 容 简 介

本书从选题、研究方法、史料运用、学术创新等视角，本着探求真知、进取创新的学术精神，共收录论文 21 篇。内容包含中国古代史、中国近代史、历史地理学等方面，旨在为历史学青年学子开拓学术视野、交流碰撞思想创造机会，对全面提升博士研究生教育培养质量，培养一批拔尖创新人才，推动和深化研究生教育综合改革具有重要意义。

本书可供中国古代史、中国近代史、历史地理学等专业的师生阅读和参考。

图书在版编目（CIP）数据

中国史跨学科博士生论坛文集 / 黄贤全，邹芙都主编. —北京：科学出版社，2018.7

ISBN 978-7-03-058221-8

Ⅰ. ①中… Ⅱ. ①黄… ②邹… Ⅲ. ①中国历史－文集 Ⅳ. ①K207-53

中国版本图书馆 CIP 数据核字（2018）第 141732 号

责任编辑：任晓刚 / 责任校对：韩 杨

责任印制：张克忠 / 封面设计：楠竹文化

科学出版社 出版

北京东黄城根北街 16 号

邮政编码：100717

http://www.sciencep.com

三河市荣展印务有限公司 印刷

科学出版社发行 各地新华书店经销

*

2018 年 7 月第 一 版 开本：720×1000 1/16

2018 年 7 月第一次印刷 印张：26 3/4

字数：430 000

定价：98.00 元

（如有印装质量问题，我社负责调换）

前　言

为贯彻落实教育部实施的研究生教育创新计划，培养高层次创新人才，由西南大学研究生院主办、历史文化学院承办的第一届“中国史全国博士生论坛”于 2014 年成功举办。为进一步促进全国博士生之间的学术交流，提升研究生教育质量，由西南大学研究生院主办、历史文化学院承办的第二届“中国史全国博士生论坛”于2017年12月1日至4日顺利举行。本次论坛围绕“跨学科研究”这一主题，邀请北京大学、南开大学、复旦大学、中国人民大学、四川大学、浙江大学、云南大学等 40 余所高校与科研院所的博士生、博士后一百余人参加。

论坛邀请到东北师范大学梁茂信教授、南开大学朱彦民教授、复旦大学张晓红教授、陕西师范大学王欣教授、四川师范大学王川教授为学术顾问和点评专家。论坛开始前，五位专家分别做了题为“美国民主与自由的悖论”、“甲骨考‘史’——从甲骨文看‘史’字本义及早期流变”、“从声音景观看历史人文地理学发展”、“民族学视域下的中国民族史研究”、“四川少数民族与抗日战争”专题学术报告。专家们结合学术研究前沿问题，运用跨学科研究思路与方法，给与会博士生们如何进行跨学科研究作了精彩阐释，深受博士生们好评。

本论集征得与会博士生们的同意，共收录论文 21 篇。为全面反映本次论坛的创新性学术思想，借论集出版之机，在此简要介绍全体与会博士生们的主要学术内容与观点，概述不当之处，敬请谅解。

一、中国古代社会与经济跨学科研究

马超认为郑韩故地出土的战国牛骨墨书账簿中“昷”字为动词，读为“蕴”，意为存储。查飞能指出了清华简《程寤》篇的逻辑缺陷及其原因。刘进有以吉礼为中心探讨漆器藏礼问题。陈小龙对觚形器与相关古文字字形关系作了探讨。张亚南从甲骨卜辞探析了商王朝的军事实力。霍喆探讨了春秋贵族的社交言辞。牛磊论述了蒙文通在墨学起源、发展、消亡等方面的研究。周兴阐释了儒家孝道的社会化。肖晴以《顺天府志》中的女性史料来分析明清女性贞节观的嬗变。许倩分析了清代中州理学兴盛的原因和价值。李建雄对西汉五铢铸币的总量进行了考察。夏方胜对唐宋江西地区的茶业进行了考察。张洁琨分析了宋代士人食素的原因。吴玢探讨了儒匠阶层的形成、影响。宋立杰阐述了两淮地区商人、园林、文化、文人雅士、官僚之间的互动关系。孙朋朋对宋仁宗时期中央财政体制变迁及形成的政治格局作了探讨。邓昱全重构了晚明政治文化史的谱系与知识史。杨猛以少壮亲贵为中心，从阁制设计、总协理安排对清廷筹划责任内阁制的内情作考述。朱绍祖论述了从明代“医宗四大家”到清代“金元四大家”的演变历程。陶亚敏分析了清史编修与遗老群体分化的内在关系。

二、中国抗战大后方跨学科研究

辜雅通过川康平民商业银行分析了近代西部银行业联合、合并活动的特征。张宸通过重庆聚兴诚银行探讨了战后存户与银行的存款债务纠纷。马振波对抗战初期重庆金融风潮和救济做了研究。赵海涛对陕甘宁边区私营商业的发展、影响做了研究。张格对抗战后重庆黄金市场的发展、衰落原因作了探讨。张秀梅梳理了抗战时国家银行行员薪贴待遇问题。王峰认为滇缅公路对滇西既有积极影响，也有消极影响。袁桐分析了《新华日报》及中国共产党建构抗战报道的叙事框架。张仰亮论述了 1941 年晋南战役后国共两党在中条山根据地的角色转换。汪浩指出确立大西南为抗战大后方、移驻重庆是蒋介石与国民政府应然性的战略选择。程亚运对 1940 年日本“百一号作战”的战略大轰炸作了探究。周晓博分析了抗战时国史馆的组织、活动与人事。史晓玲根据《大众日报》分析了中共在山东抗日根据地媒体形象塑造的方式、特点。秦雅萌以民众日常生活中的具体经验与创伤记忆考察了重庆大轰炸。侯培和考察了抗战时文澜阁《四库全书》内迁及保存的艰辛过程。刘黎认为黄瀛在日本东京文化学院的活动对其创作产生了重要影响。关浩淳分析了民国时期西藏城市人居环境等级性、差序性的特点。潘建华探讨了国共易势之际浙江大学校园的政治氛围变迁。谢健以重庆、巴县、璧山为例，对南京国民政府时期基层调解委员会作了分析。王雪考察了山东乡建院乡村自治组织的实践价值和成效。

三、长江中上游历史地理跨学科研究

周能俊论述了孙吴荆州非汉民族的“王化”与“蛮化”。钟周铭考察“禹生石纽”说，得出六个结论。刘惠考述了清乾隆朝祭祀黄河河源的活动。简东探讨了女娲神话中“补天石”在后世的流变与衍生。郭幼为以宋朝为考察中心，对植物人化与神化进行了研究。杨文春从农业的角度考察了古代经济重心南移问题。苏卢健以谭其骧、史念海、侯仁之三人为中心，梳理了历史地理学家群体为新方志所做的贡献。李昕升与郑维宽、罗树杰就清代玉米、番薯在广西传播的细节进行了商榷。杨茜通过对晚明常熟县水利纠纷的考察，分析特定家族的地方保护意识与市镇地域认同。胡兆廉立足于西方经济学的演化历程来认识城镇化。李大旗从庆历新政“并省县邑”的措施来探究北宋中叶的政治生态。胡中华分析了近代长江航运贸易对长江中上游水系城市的影响。程得中对历史时期巴渝地区堰塘建设进行了探析。袁上分析了明末清初四川战争背景下人与环境关系的变化。何仁刚简析了地层构造、地形地貌与场镇聚落空间分布的相关性。陈俊宇对陈皇室成员在隋朝的境遇及地理分布予以论述。白玉军、杨煜达主张用田野调查获取当地家谱、碑刻、户口簿、口述资料来复原山地聚落人口数量。张亮探讨了近代成都在饮水卫生改善方面所作的努力。

四、中国民族学跨学科研究

戚裴诺对汉至北魏西域地区用水情况进行了考释。张冠凯通过高敖曹事分析了东魏“胡化逆流”现象。赵满对李宽所出的丙氏家族世系作了补证。王丽娜对唐代已婚女冠死后与夫合葬的现象、原因作了探析。刘耀认为经典阅读由来已久，并论述其作用及传承措施。韩树伟对丝绸之路沿线出土的佉卢文书的研究成果给予概括。杨玉锋补证了李芳民《唐五代佛寺辑考》中阙如的佛寺 35 所。魏军刚对近年出土的北魏《金城赵安妻房夫人墓志》作了考释。邵磊以北系中国史观反思当前的两岸形势，并预测未来的发展局势。杨维论述了明朝经营西域的失误策略。卢绪友对洪武五年明军北伐的细节及地理问题进行了考证。姚庆对契丹射柳体育文化进行了研究。聂浩然对台湾先住民、河洛人、客家人作了研究。张望论述了凉山彝族地区民主改革准备时期的治安工作。庞毅分析了抗战后国民政府查禁长沙乡村“演戏酬神”政策的演变、实施过程和影响。张永萍揭示了舟曲多元文化的沉淀、碰撞与融合。

五、中外历史文化比较跨学科研究

马冰洁对大隈重信提出的“教化的国家论”作了论述。刘佳总结了张謇聘用人才的四大标准和理念。景菲菲探讨了 1923 年至 1937 年日侨与国人的关系变化、影响因素。阎瑾梳理了美国媒体对“九·一八”事变的态度及其原因。王永男从刘自然案探析冷战期间台美之间的矛盾、关系走向。霍贺认为胡秋原比较中西文化的思想理念是值得重视的。史晓东指出古希伯来宗教存在着一个从祖先崇拜到多神崇拜的迦南传统。宋娇从《埃奴玛·埃里什》中概括出美达米亚的神灵具有自然性、优越性和等级性等特征。张月莹分析了中朝三道沟事件的来龙去脉。闫自兵论述了“三九”说、“三七”说、“三一”说这三种二战起点观点的优点与不足。邢文海探析了两伊战争爆发的根源。徐虹指出明清时期西方人对穆斯林迁入中国有较为清晰的认识。刘宪娟论述了毛泽东对中国政治的影响。

此次论坛加强了博士生、博士后等青年学子之间的交流和讨论，与会者纷纷表示对中国史跨学科研究有了深刻的认识和体会。

编　者

2018 年 5 月

目　录

郑韩故地出土战国牛骨账簿释文校注 / 马超 …………………… 1
西汉五铢的盈亏平衡与铸币总量 / 李建雄 …………………… 24
也说"禹生石纽" / 钟周铭 …………………… 33
高敖曹与东魏"胡化逆流" / 张冠凯 …………………… 54
汉魏时期西域用水考略 / 戚裴诺 …………………… 70
沉淀、碰撞与融合：舟曲多元文化格局及其形成探析 / 张永萍 …………………… 80
复归家庭——唐代已婚女冠死后与夫合葬现象探析 / 王丽娜 …………………… 92
宋仁宗朝中后期中央财政事务决策与运作 / 孙朋朋 …………………… 111
人与自然的交互诠释：植物的人化和神化——以宋朝为中心的考察 / 郭幼为 …………………… 128
辽代射柳文化考述 / 姚庆 …………………… 164
丝绸之路沿线出土佉卢文书研究综述 / 韩树伟 …………………… 184
理学盛而汉学弱——简论清代中州学风 / 许倩 …………………… 211
褶皱地层构造视域下的场镇空间分布——以嘉道年间城口厅、梁山县为例 / 何仁刚 …………………… 232

烽火薪传：抗战时期文澜阁《四库全书》的播迁
及保存 / 侯培和 ……………………………………………………242

通州师范学校与教科书疑狱——论张謇的外聘
人才观 / 刘佳 ……………………………………………………270

谋定而后动：抗战大后方形成的应然性考察——以 1935 年蒋介石
首次入川为中心 / 汪浩 ……………………………………………294

南京国民政府时期基层调解委员会述论 / 谢健 …………………312

黄瀛和文化学院 / 刘黎 ……………………………………………333

近代长江航运与近代长江中上游城市发展 / 胡中华 ……………354

历史时期巴渝地区的堰塘建设及维护管理 / 程得中 ……………382

基于西方经济学演化史的新时代中国城镇化分析 / 胡兆廉 ……402

郑韩故地出土战国牛骨账簿释文校注*

马　超

（西南大学　历史文化学院　重庆　北碚　400715）

摘　要：蔡全法《新郑郑韩故城出土战国牛肋骨墨书账簿考》一文公布了四件郑韩故地出土的战国牛骨墨书账簿，蔡文对账簿文字进行了很好地释读研究。随后也有一些学者相继对账簿内容进行了深入讨论，解决了不少问题，但是账簿的文本释读仍存有不少值得商榷之处。账簿中的“昷”字，旧释为“卤”，并被认为是收支的物品“罏”或“卤牛肉”，其实此字当是动词，应读为“蕴”，意为存储。通过对账簿文字的校注，可以为充分发挥其经济学、会计学、古文字学价值提供帮助。

关键词：战国文字；先秦账簿；会计制度；文字考释

《华夏考古》杂志2014年第4期公布了4件属于战国时期韩国的牛骨墨书账簿，这批材料 1998 年出土于新郑市郑韩故地 H2164 灰坑。据蔡全法①介绍，出土的牛肋骨共 48 根，拼合之后成为 45 根，最长的有29.4厘米，最短的仅6.4厘米，其中39根牛骨上写有字数不一的文字。②从已公布的资料看，牛骨墨书的内容主要是某种物品的收支记录，也就是当时的会计账簿，这批材料对于先秦经

* 本文是重庆市社科规划博士项目“两周金文所见传世文献佚记古国研究”（项目编号：2017BS19）阶段成果。

① 为了行文的简洁流畅，引用诸家之说一律省略“先生”之称，希请见谅。

② 蔡全法：《新郑郑韩故城出土战国牛肋骨墨书账簿考》，《华夏考古》2014 年第 4 期，第 72—84 页。

济、会计研究具有十分重要的价值。然而从公布的照片来看，牛骨账簿的保存效果并不理想，文字多有残损，有些地方仅能看到断断续续的笔画。个别学者对账簿进行了考证研究①，多有创获，但是文字释读方面依旧存在不少疏漏，尤其是关键文字的释读问题较大，这就严重影响了这批会计档案资料重要价值的发挥。我们曾对账簿文字进行过补释②，现在原稿的基础上对账簿释文重作校注，以期为充分地发挥其各方面的研究价值抛砖引玉。

一、H2164：43（正）释文校注

（一）上部文字

七十九啇（言）舒昷（蕴）三束，方束，三蚤（包）分……巳。

啇（言）□昷（蕴）廿八束，昷十九蚤（包）……六束□蚤（包）分，巳。

八十四　蜀（？）虎昷（蕴）……卅四束，巳。

五十九　全（百）岁[昷]廿束……巳。

全（百）岁，昷（蕴）廿九束，三蚤（包）分……巳。

六十九　□□昷卅[束]，昷六束□束二蚤（？）……巳。

……昷（蕴）十束……[巳]。

1. 七十九

几件牛肋骨上部的“七十九”“八十四”“五十九”等数字，

---

① 蔡全法：《新郑郑韩故城出土战国牛肋骨墨书账簿考》，《华夏考古》2014年第4期，第72—84页；苗向敏：《郑韩故城战国会计档案的发现及其学术价值》，《档案管理》2015年第4期，第34—36页；陈敏，程水金，周斌：《郑韩故城战国牛肋骨会计账考论》，《会计研究》2015年第10期，第15—22页。

② Ma chao,Research on Newly-Found Writing of ox Bone in Warring States,*Cross-Cultural Communication*,No.3,2015,pp.88-91.此文初稿曾刊布于复旦大学出土文献与古文字研究中心网站（笔名孟起），http://www.gwz.fudan.edu.cn/Web/Show/2418（2015-01-09）。

尚不知其确切含义，或以为是物品位置的存放编号[①]，或以为是凭证编号[②]，均缺乏可靠的证据。

2. ⿱亡甘舒

蔡全法指出，此二字“隶定为吂舒。吂为姓。新郑出土战国兵器窖藏中，有‘八年吂令戈’。吂从口或从曰，亡声。此人与八年戈作者，同姓。魏兵吂，读芒，地名。”首字原篆作[③]，上从亡、下从甘，严格说来当隶定为“⿱亡甘”，古文字中“口”旁常讹变为“甘”，如“鲁”既作“”（史墙盘《殷周金文集成》[④]10175），又作“”（鲁伯愈父鬲《集成》00691）。因此“⿱亡甘”即是“吂”字，蔡先生意见正确，作为姓氏有学者认为即是“芒”姓[⑤]，亦有学者认为当读为“许”[⑥]，置此备参。

3. ⿱口皿

原篆作，此字在几条牛骨中多次出现，几乎涉及了所有的墨书记录，是正确释读账簿的关键。其字形较为清晰者如下：

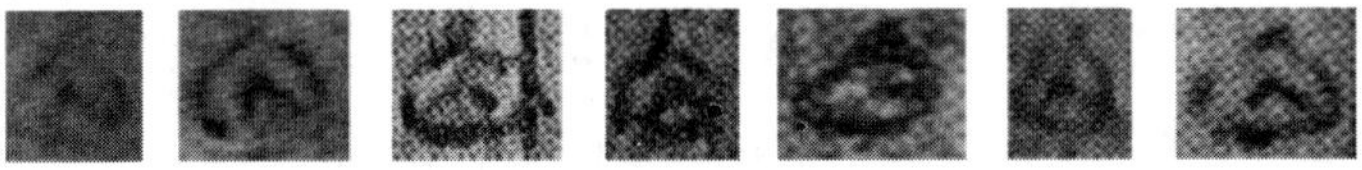

蔡全法从“胃”字上部的“田”旁在古文字中既可作“”“”又可作“”“”等出发，得出结论说“胃”字的“田”

① 蔡全法：《新郑郑韩故城出土战国牛肋骨墨书账簿考》，《华夏考古》2014 年第 4 期，第 74 页。

② 陈敏，程水金，周斌：《郑韩故城战国牛肋骨会计账考论》，《会计研究》2015 年第 10 期，第 20 页。

③ 蔡全法原文公布的牛骨墨书照片较小，肉眼难以细辨其中的文字。笔者使用扫描仪对原文进行了高清扫描并放大数倍，文中所引用的文字原形皆为放大后的照片。

④ 中国社会科学院考古研究所：《殷周金文集成》修订增补本，北京：中华书局，2007 年，以下简称《集成》。

⑤ 黄德宽主编：《古文字谱系疏证》，北京：商务印书馆，2007 年，第 1967 页；蔡全法：《新郑郑韩故城出土战国牛肋骨墨书账簿考》，《华夏考古》2014 年第 4 期，第 76 页。

⑥ 周忠兵：《战国文字中的“许”县和“许”氏》，中国古文字研究会、中华书局编辑部编：《古文字研究》第二十八辑，北京：中华书局，2010 年，第 351 页。

旁从米、十、人、/、\具可通。进而推测“（卤）”亦当有作“”形的写法，认为牛骨中的“”即是“卤”之简体或别体。在肋骨中读为“纑”，以为是“当今之棉线、麻线”。[①]蔡先生的说法得到了一些学者的认同，有学者在此基础上引申出“卤”指“卤牛肉”，并推测牛骨墨书记载的是店家牛肉的收入支出账等等结论。[②]然而释“卤”之说实不可取，在此基础上的种种引申更不可信。古文字中“卤”字，包括作偏旁时的写法从未见有省作“”之形者。

此字实当释为“昷”。甲骨文中有字，张政烺释为“昷”，并指出“昷”字的小篆形体“”，当是从皿“（昷）”声的字。[③]也就是说“”为昷之初文，后来到篆书中演变为“”且增加皿旁作“”。《包山楚简》260号简：“一奠（郑）弓一纷敓夬”，刘钊释“”为昷，认为“夬昷”即是“袂昷”，犹言“袖衣”或“袖套”。[④]

战国楚简文字中有从“昷”的“愠”字，作：

（《郭店简·性自命出》简34）、（《郭店简·性自命出》简35）、（《郭店简·语丛二》7）、（《上博简二·从政甲篇》简30）

关于“昷”字从甲骨向战国文字的形体演变，陈剑有过很好的总结：甲骨文中“昷”字异体作：（《甲骨文合集》33562）、（《甲骨文合集》28909）之形，再进一步演变即变为东周金文中的“”（王孙诰钟《铭图》15615）形，楚简文字中的“

---

① 蔡全法：《新郑郑韩故城出土战国牛肋骨墨书账簿考》，《华夏考古》2014年第4期，第82页。

② 陈敏，程水金，周斌：《郑韩故城战国牛肋骨会计账考论》，《会计研究》2015年第10期，第16、21页。

③ 张政烺：《张政烺文集·甲骨金文与商周史研究》，北京：中华书局，2012年，第11页。

④ 刘钊：《古文字考释丛稿》，长沙：岳麓书社，2004年，第149—156页。

（𥁕）”及“愠”所从之“”“”即与此一脉相承。[①]

经过张政烺、刘钊、陈剑等几位先生的研究，古文字中“𥁕”字的释读问题基本得到了解决。

牛肋骨墨书账簿中的与楚简文字中的“𥁕”字，以及《郭店简》中“愠”字上部所从的形体毫无二致，因此，毫无疑问当释为“𥁕”。

最初我们认为“𥁕”在牛肋骨中应读为“緼”，《说文解字·糸部》“緼，绋也，从糸𥁕声。”又据同部“绋，乱枲也。”因此将“緼”训为“乱麻”。[②]网友“zuochanrusi”指出：

> 四件牛骨所记内容可以分为上、下两个部分：上半部分的内容是“某某+𥁕+数字+束”，下半部分内容是“某某+取+数字+束”……从语法结构来看，“𥁕”和“取”一样，应该用作动词。颇疑“𥁕”当读作“薀”。《说文》：薀，积也。从艹、温声。《春秋传》曰：薀利生孽。牛骨上半部分是说储存了多少束，下半部分是说支出多少束。[③]

其说较我们的初稿旧说合理，当可信从。“𥁕（薀、蕴古通用，下文以统一用使用蕴字）”字的释出得以清楚的知晓牛骨账簿的主要内容即是：某种以“束”“”为单位的物品的存储、支出记录，与“纑”“牛肉”“緼”均无瓜葛。已公布的四条牛肋骨中并未交代收支物品的名称，未知其他未公布的牛肋骨中是否有相关记载。

---

① 陈剑：《殷墟卜辞的分期分类对甲骨文字考释的重要性》，《甲骨金文考释论集》，北京：线装书局，2007年，第428—431页。

② Ma chao,Research on Newly-Found Writing of ox Bone in Warring States,*Cross-Cultural Communication*,No.3,2015,pp.88-91.

③ 参阅马超发表在复旦大学古文字中心网站上《郑韩故地出土墨书账簿释文补释》初稿的第一楼评论。

4. 方束

“方”原文作，蔡全法释为“方”，以为是“另外之意”。[①]陈敏等人将“方”解释为“并”。[②]从肋骨文意看，“方”出现在“束”字之前，而“束”无疑是“量词”，则我们认为此处的“方”从意义上讲，当是“束”的修饰词。陈敏等人将其解释为“并”，具有启发意义。

《尔雅·释水》：“天子造舟，诸侯维舟，大夫方舟，士特舟，庶人乘泭。”郭璞注：“方舟，并两船。”

参照“并两船”之解，“方束”似乎可以理解为“并在一起的两束”，再引申一点思考，“方束”有可能是指“两束合并一起而成的一大束”之意。

5. 蚤（包）

“包”原文作“”，蔡全法释为“蚤”，读为“贷”。又将后文“分”读为“赋”，认为意指借贷产生的赋税，进而认为肋骨账簿内容是借贷记录。[③]陈敏等人赞成释“”为“蚤”，但将其读为“骚”，认为在账簿中是指骚牛肉也即新鲜牛肉。将“分”训为“分别”，认为账簿“数字+骚分”与分解动物牲体有关。[④]

“”字上部从“又”当无疑义，下部的“”旁则有多种可能。蔡全法认为是“虫”，但也有可能是“巾”旁，从又、从巾，即是“肀”字，古文字中“肀”字作偏旁习见，如：（“肆”毛公旅鼎《集成》02724）、（“肆”四十三年逑鼎《铭图》02505）、

① 蔡全法：《新郑郑韩故城出土战国牛肋骨墨书账簿考》，《华夏考古》2014年第4期，第83页。

② 陈敏，程水金，周斌：《郑韩故城战国牛肋骨会计账考论》，《会计研究》2015年第10期，第16、21页。

③ 蔡全法：《新郑郑韩故城出土战国牛肋骨墨书账簿考》，《华夏考古》2014年第4期，第81—82页。

④ 陈敏，程水金，周斌：《郑韩故城战国牛肋骨会计账考论》，《会计研究》2015年第10期，第17页。

“”（“肆”毛公鼎《集成》02481）诸字所从“”“”“”等。即使将此字理解为从又、从虫，也未必一定就应释为“蚤”字。楚简文字中有“（蚤）”字，见于《郭店简·尊德义》简 28：德之流，速乎置蚤而传命。裘锡圭指出《孟子·公孙丑上》“德之流行，速乎置邮而传命。”“蚤”从“又”声读为“邮”。[①]“蚤”为“蚤”之初文，《说文解字·䖵部》：“𧖴，啮人跳虫。从䖵、叉声，或从虫。”先秦出土文献中所见的“蚤”字均从又、从虫，作蚤，后世“蚤”所从之“叉”当为“又”之讹变。[②]

目前来看“”有释“蚤”“帇”“蚤”三种可能，“”字在账簿中有时出现在数词之后，有时出现在“分”字之前，有时单独出现，无疑当是一个与“束”类似的量词。牛肋骨账簿中所记载的这样物品以“束”为量词，证明其包含有可以“捆扎”的特性。“”字的释读应在“捆扎”“可以做量词”这样的意义范畴内思索。

我们认为“”最有可能是“蚤”字，而在账簿中应读为“包”。“蚤”上引裘锡圭的观点说明是从“又”得声的，“又”上古属匣母之部字，“勹”在货币文字中可以作为“（墨）”之叠加声符[③]，“墨”古音属明母职部，之职二部阴入对转。前文已述“蚤”为“蚤”之初文，“蚤”即属幽部字，从这个角度讲则“蚤”与“勹”韵部相同。从“又”得声之字有“灰”[④]，而“脄”又从“灰”得声，“脄”即属明母字。由此可知“又”“勹”古音当近，“蚤”可以读为“包”。“包”有束裹之意，与“束”意近。

《广雅·释诂四》：“包，裹也。”

《诗经·召南·野有死麕》：“野有死麕，白茅包之。有女怀

① 武汉大学简帛研究中心、荆门市博物馆编：《楚地出土战国简册合集（一）》，北京：文物出版社，2011 年，第 92 页。

② 黄德宽主编：《古文字谱系疏证》，北京：商务印书馆，2007 年，第 641 页。

③ 何琳仪：《古玺杂识续》，黄德宽主编：《安徽大学汉语言文字研究丛书·何琳仪卷》，合肥：安徽大学出版社，2013 年，第 251 页。

④ 黄德宽主编：《古文字谱系疏证》，北京：商务印书馆，2007 年，第 13 页。

春，吉士诱之。林有朴樕，野有死鹿。白茅纯束，有女如玉。”毛传：“包，裹也。”

《左传·僖公四年》：“尔贡苞茅不入，王祭不共，无以缩酒。”杜预注：“包，裹束也。”

《野有死麕》中“包”“束”对文见义，二字意近，非常明了。霸伯盂（《商周青铜器铭文暨图像集成》[①]6229）铭文言：“王史（使）伯考蔑尚厤（曆），归柔（茅）艿（苞）、旁（芳）鬯、臧（浆）”其中的“茅苞”当是“茅一苞（包）”也即一束菁茅之意。可见“包”与“束”一样也有量词的用法，账簿中的“三分”“十九分”即“三包半”“十九包半”（“分”训为“半”详下文）。账簿中此二字同时作量词，意义又当有区别，我们推测可能二字表示的物品多少有别，鉴于一条记录中往往是多少束在前，多少包在后，因此最有可能是一束的量大于一包的量。

6. 分

账簿中的“分”当训为“半”，此义古籍习见。

《春秋公羊传·庄公四年》：“襄公将复仇乎纪，卜之曰：‘师丧分焉。’”何休注：“分，半也。师丧亡其半。”

《荀子·仲尼》：“内行则姑姊妹之不嫁者七人，闺门之内，般乐奢汏，以齐之分奉之而不足。”杨倞注：“分，半也。”

《玉篇·八部》：“分，半也。”

战国文字中亦有“分”训为“半”之例。山东青州西辛战国墓地出土过几件银器，[②]铭文有：“受一粁分”（银豆）；“詈平一粁分”（银盘）；“詈平二粁分”（银匜）。有学者指出“詈”为地名。“平”表示这些银器都是已经过官府核定。“粁”即容量单位

① 吴镇烽：《商周青铜器铭文暨图像集成》，上海：上海古籍出版社，2012 年，以下简称《铭图》。

② 山东省文物考古所、青州市博物馆：《山东青州西辛战国墓地发掘简报》，《文物》2014 年第 9 期，第 4 页。

“升”之繁文。“分”训为“半”。以上三件银器铭文分别表示其容量为“一升半”“一升半”“二升半”。①

牛肋骨账簿中“分”出现在“包”字之后，前文已述“包”为量词，那么此处的“分”训为“半”是再合适不过的了，其文例“三包分”与西辛墓地银器铭文“一枡（升）分”“二枡（升）分”文例相同。

7. 巳

在牛骨账簿中多数记录的结尾都写有一个“巳（已）”字，从意义上说“巳”与“已”一字分化，有“毕”“讫”之意，在账簿每条记录的末尾当表示账目毕讫之意②，为结账符号。③牛肋骨账簿中出现的“巳（已）”字为汉简中一个字的释读提供了新的证据。在出土的汉代简册中，很多记录性文字的末尾时常会出现一个“”字。如《居延新简》EPT51.61：④

第五隧长董非子粟三石三斗三升少，自取。。

卒张奴粟三石二斗二升，吏非子取。。

卒庄忠粟三石二斗二升，吏非子取。。

此字还见于《居延新简》EPT51.60、EPT51.235A等；《居延汉简甲乙编》甲823、甲828等和《江陵凤凰山汉简》10号墓计算钱木牍、郑里廪籍简等（文例尚多，不烦赘举）。此字旧或释为“卩”或释为“巳（已）”，存有争议。从文例上说此字在汉简中

① 刘刚：《山东青州西辛战国墓地出土银器铭文小考》，http://www.gwz.fudan.edu.cn/SrcShow.asp?Src_ID=2352（2014-10-18）。

② 蔡全法：《新郑郑韩故城出土战国牛肋骨墨书账簿考》，《华夏考古》2014年第4期，第82页。

③ 陈敏，程水金，周斌：《郑韩故城战国牛肋骨会计账考论》，《会计研究》2015年第10期，第19页。

④ 甘肃省文物考古研究所等编：《居延新简——甲渠候官与第四燧》，北京：文物出版社，1990年，第176页。

5. 廿□朿

，蔡全法以为“廿”与“朿”之间无字。①从原文看二字之间有较大空隙，且依稀可见残存笔画，故当还有一个数字。

6. 先起

蔡全法先生释作“叔□”，首字作，蔡先生摹写作“”，疑为上从止，下为小之省，隶定为“尗（叔）”②。我们认为此字当释为“先”，“先”字《说文解字·先部》“先，前进也，从儿、从之”，甲骨文中作：、；西周金文作：、；春秋金文作：、；战国文字作：、。《古文字谱系疏证》言“‘先’字甲骨文中从止或之，从人，商周金文从之，从人，战国文字承袭商周金文。止或之在人上，犹在人前，会前进、前道之意。”③从图片及蔡全法先生的摹本来看，此字上从之下从人，当释为“先”。

第二字蔡文未释。此字原文作，虽然残损严重，但是仔细观察，此字右侧从巳，左上从夭还是可以辨明的，左下侧隐约可见“（止）”形之残。故而此字可以释为“起”。“起”字见于《说文·走部》，古文作“”；古玺作“”（《古玺汇编》3952）；《睡虎地秦简》作“”（《日书甲》140 背）、“”（《日书甲》131 背）、“”（《日书甲》138 背），可与账簿该字比较。

“先起”为人名，先姓起源于春秋时的晋国，《通志·氏族略三》载：“先氏，晋大夫先辅之后，世为晋卿。”又《左传》晋国有“先轸”“先克”“先友”“先都”等人。晋国为先姓的发源

① 蔡全法：《新郑郑韩故城出土战国牛肋骨墨书账簿考》，《华夏考古》2014 年第 4 期，第 75 页。

② 蔡全法：《新郑郑韩故城出土战国牛肋骨墨书账簿考》，《华夏考古》2014 年第 4 期，第 77 页。

③ 黄德宽主编：《古文字谱系疏证》，北京：商务印书馆，2007 年，第 2767 页。

地，韩国墨书账簿中出现“先”姓人名是合情合理的。①

7. 鄐予□

，开头二字蔡全法释为“鄐予”，认为“鄐”从“昜”得声，作为姓氏应读为“荡”②，可从。但是“予”字之下尚有文字痕迹“”，也应是人名，蔡文未能注意到，此字残泐过甚难以释读。

二、H2164：43（背）释文校注

（一）上部文字

……昷……

全（百）□昷十二朿，昷卅朿，巳。

□□昷卅朿，巳。

1. 全（百）□

，蔡全法释为“全忻”③。首字“全”当读为“百”（详参上文），第二字是否为“忻”值得怀疑，下部为“心”旁则是可以肯定的。

2. 昷卅朿

，“十二朿”之下尚有文字且较为清晰，应是“昷卅朿”三字，蔡文漏释。④

① Ma chao,Research on Newly-Found Writing of ox Bone in Warring States,*Cross-Cultural Communication*,No.3,2015,pp.88-91.

② 蔡全法：《新郑郑韩故城出土战国牛肋骨墨书账簿考》，《华夏考古》2014 年第 4 期，第 77—78 页。

③ 蔡全法：《新郑郑韩故城出土战国牛肋骨墨书账簿考》，《华夏考古》2014 年第 4 期，第 78 页。

④ 蔡全法：《新郑郑韩故城出土战国牛肋骨墨书账簿考》，《华夏考古》2014 年第 4 期，第 75 页。

3. □□

[redacted]，此二字蔡全法释为“耶𥐖”[1]，第一字模糊不清难以确识，第二字右侧为“易”应可信，左侧未必是“古”，暂时存疑。

（二）中部文字

……巳。

……束……巳。

背面中部文字仅有每条记录结尾的“巳”字，以及“束”字清晰可辨，其余难以确识。蔡全法释为“或纑十一束，讫；余贷赋三十束，讫。”[2]其中“余”字可能是正确的，其余不能确定。

（三）下部文字

逨（？）𦉝取十一蚤（包）。（此条书写后又被墨线删除）

陈缓取六束，巳。

□□取十束，巳。

1. 逨（？）𦉝

[redacted]，此二字蔡全法释为“逨𦉝”，认为“逨”即“速”字，作姓氏用为“郲”。[3]首字上部为“来”可信，下部是否为“止”则值得怀疑。

① 蔡全法：《新郑郑韩故城出土战国牛肋骨墨书账簿考》，《华夏考古》2014年第4期，第78页。

② 蔡全法：《新郑郑韩故城出土战国牛肋骨墨书账簿考》，《华夏考古》2014年第4期，第75页。

③ 蔡全法：《新郑郑韩故城出土战国牛肋骨墨书账簿考》，《华夏考古》2014年第4期，第78页。

2. 取十一蚤（包）

蔡全法释为“取纑十一束，贷”[①]，从原文看，“纑”字当是衍文，下两条释文蔡文同此误。“贷”当改释为“蚤（包）”，详参上文。

3. □□

□□原文作，蔡全法释此二字为“讧化”，认为“讧”作姓氏即“芒”之假借。[②]首字下部为“止”旁清晰可见，上部不清，第二字是否为“化”也很难确认。

三、H2164：42（正）释文校注

（一）上部文字

八十六七孙□昷（蕴）□束，昷……十一、三十八束，巳。

宗敢昷（蕴）九束，二……三……巳。

九十二　孙建昷（蕴）九[十]三束，……七（？）蚤（包）分，巳。

庆虎昷（蕴）卅六束……。

六十三　鄱舒昷（蕴）十二蚤（包）……巳。

全（百）岁昷（蕴）七十一，八……五十……[巳]。

□□　……昷（蕴）廿……三束，蚤（包），巳。

全（百）……昷（蕴）十三……余……[巳]。

---

① 蔡全法：《新郑郑韩故城出土战国牛肋骨墨书账簿考》，《华夏考古》2014年第4期，第75页。

② 蔡全法：《新郑郑韩故城出土战国牛肋骨墨书账簿考》，《华夏考古》2014年第4期，第79页。

1. 八十六七

，蔡全法释为“八六七”[①]。从账簿原文看，明显是“八”字中间有一“丨”笔，参照后文“八十”作，可知此处当释为“八十六七”四字。可能是表示“八十六”或“八十七”之一，也有可能此处有笔误。

2. 十一

原文“十一”之后紧接着就说“三十八”，“十一”之后没有量词，可能是承上下文省略。

3. 宗敢

，此二字蔡全法释为“宗敢”[②]，细看原文，其说有可能是对的。

4. 九[十]三

，原文中“九”“三”二字较为清晰，二字中间有较大空白，应还有文字才对。联系文意似乎应补为“十”字。

5. 备（包）分

，蔡全法释为“贷赋繿”[③]，“贷赋”按照我们的意见当是“备（包）分”，“分”字之下似乎应是“巳”字，释“繿”不确。

6. 十二备（包）

，蔡全法释为“十二束，贷”。[④]当是“十二备（包）”三

---

① 蔡全法：《新郑郑韩故城出土战国牛肋骨墨书账簿考》，《华夏考古》2014年第4期，第75页。

② 蔡全法：《新郑郑韩故城出土战国牛肋骨墨书账簿考》，《华夏考古》2014年第4期，第80页。

③ 蔡全法：《新郑郑韩故城出土战国牛肋骨墨书账簿考》，《华夏考古》2014年第4期，第75页。

④ 蔡全法：《新郑郑韩故城出土战国牛肋骨墨书账簿考》，《华夏考古》2014年第4期，第75页。

字，“缶（包）”字释读参上文，未见有“束”字形体。

7. 三束，缶（包）

，蔡全法释为“三束贷”。[①]“贷”当改释为“缶（包）”，“三束，缶（包）”即“三束，一包”之意。

8. 十三

，首字蔡文未释[②]，当是“十”字。

（二）下部文字

卅三、卌一、五、廿二，已。

“卅三、卌一、五、廿二”原文作、，蔡全法释为“□□□三十、三十四、一十五、二十二”[③]为竖写的四笔“|”，当即“卌”字，释为“四”不确，“一”“五”之间并没有“十”字。综合考虑，我们认为当释为“卅三、卌一、五、廿二”几个字。

四、H2164：42（背）释文校注

（一）上部文字

鄬□皿十二束、三□。

……皿二……。

① 蔡全法：《新郑郑韩故城出土战国牛肋骨墨书账簿考》，《华夏考古》2014年第4期，第75页。

② 蔡全法：《新郑郑韩故城出土战国牛肋骨墨书账簿考》，《华夏考古》2014年第4期，第75页。

③ 蔡全法：《新郑郑韩故城出土战国牛肋骨墨书账簿考》，《华夏考古》2014年第4期，第75页。

“鄱□”原文作，蔡全法释为“鄱杙”[①]，首字释为“鄱”正确无疑，第二字右侧为“弋”，左侧残缺未必是“木”旁，当存疑为是。

（二）下部文字

……巳。

韩□叐取五十束，巳。

……取卅二、五、三，巳。

1. 韩□叐

，此字上从石、下从又，严格来说当隶定为“叐”。蔡全法释为“反”[②]，不确。“反”一般作“”（九年卫簋《集成》02831）、“”（颂簋《集成》04335），李守奎指出“反”字从厂（即是《说文·厂部》“厂，山石之厓岩，人可居。”）确切无疑。[③]账簿此字上部为“石”旁，故不可能是“反”字。“叐”在账簿中用为人名，我们怀疑即是“拓”字，古文字中“又”与“手”意义接近，作偏旁时可以通用。如“择”“扶”篆书中从“手”作“”“”，而在金文中则从“又”作“”“”（参《新金文编》1602、1603页）。

2. 取卅二、五、三

蔡全法释为“取纑二十二、五十三（束）”。[④]所谓“二十二”账簿原作，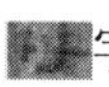字两侧的“丨”笔距离较大，试与“廿”作“”

① 蔡全法：《新郑郑韩故城出土战国牛肋骨墨书账簿考》，《华夏考古》2014年第4期，第79页。

② 蔡全法：《新郑郑韩故城出土战国牛肋骨墨书账簿考》，《华夏考古》2014年第4期，第79页。

③ 李守奎：《汉字学论稿》，北京：人民美术出版社，2016年，第128页。

④ 蔡全法：《新郑郑韩故城出土战国牛肋骨墨书账簿考》，《华夏考古》2014年第4期，第75页。

比较，且中间有残断笔画，似乎应释为“卅”。

“五”下一字原文为“”作三斜笔，五与三之间未见“十”字。

五、H2164：46（背）上部文字释文校注

全（百）二□昷（蕴）十……。

全（百）……。

全（百）……昷（蕴）廿……。

□□……九……。

□□……昷（蕴）□朿……。

公未（叔）货（？）昷（蕴）十三朿、六䍃（包）。

1. 全（百）二□

，“全（百）”字之后从账簿原文看尚有“二□”两字，蔡全法认为仅有一字，且未释。[①]

2. □□……昷（蕴）□朿……

，首字蔡全法释为“亲”[②]，待考。

3. 公未（叔）货（？）

，蔡全法释为“公未（叔）货”。[③]“公未（叔）”二字的释读当可信，第三字是否为“货”则值得怀疑，上部似为“北”字，尚待进一步研究。

---

① 蔡全法：《新郑郑韩故城出土战国牛肋骨墨书账簿考》，《华夏考古》2014年第4期，第75页。

② 蔡全法：《新郑郑韩故城出土战国牛肋骨墨书账簿考》，《华夏考古》2014年第4期，第79页。

③ 蔡全法：《新郑郑韩故城出土战国牛肋骨墨书账簿考》，《华夏考古》2014年第4期，第79—80页。

4. 六蚤（包）

，蔡全法释为“六束，贷”三字。[①]原文较为清晰，并无“束”字，按照我们的意见当是“六蚤（包）”二字。

六、H2164：40（正）[②]上部文字释文校注

□七：……
十九：鲁……束……。
……昷（蕴）……。
……十二……。
……。
……二……。
……二……。
……旮……。

“旮”原文作，此字蔡全法认为上从力、下从旦，隶定为“助”，并引何琳仪的观点认为是“勯”字异体。[③]笔者认为此字上部为“力”是可信的，但是下部似乎应是“日”旁，与“旦”不同。可以隶定为“旮”，意义不明，字待考。

七、H2164：40（背）上部文字释文校注

全（百）安（？）……。

---

① 蔡全法：《新郑郑韩故城出土战国牛肋骨墨书账簿考》，《华夏考古》2014年第4期，第76页。

② 蔡全法误将H2164：40正、反两面的释文颠倒，详见蔡全法：《新郑郑韩故城出土战国牛肋骨墨书账簿考》，《华夏考古》2014年第4期，第76页。

③ 蔡全法：《新郑郑韩故城出土战国牛肋骨墨书账簿考》，《华夏考古》2014年第4期，第80页。

□十四（？），庆□昷……。

“庆□”原文作，蔡全法隶定为“虒圢”二字，认为“虒”作为姓氏当读为“郚”。[①]其实首字当是“庆”字，可以和“庆”在战国金文作“”（郑令矛《集成》11559）、“”（宁寿令余庆戈《铭图》17324）；在楚系简帛中作“”（《包山楚简》2.131）、“”（《包山楚简》2.137 反）相对比。第二字，较为模糊，释为“圢”恐不确，“庆□”为人名，《古今姓氏书辨证》云：“庆，出自姜姓，齐公族大夫庆克，以王父为氏。又妫姓，陈桓公五世孙，亦为庆氏。[②]”

八、结语

郑韩故地出土的四件牛骨账簿虽然字数不多，但却非常重要，是十分难得的先秦时期账簿实物，肋骨墨书文字的价值还有待进一步发掘。H2164 位于郑、韩两国仓廪区附近，结合上文对账簿文字的释读，可知其内容大致是官方仓库对某种物品的存储与支出记录。可惜内容中未交代物品的名称，有学者认为是“纑”或“牛肉”，完全是建立在对文字错误理解的基础上，不可信据。从文中对此物品记录时所使用的量词“束”“包”判断，有可能是“粮草”“丝麻”之类可以捆扎的物资，更多的信息有待资料全部公布以后再来讨论。

附记：朱彦民先生、邹芙都师对本文的写作提供了诸多意见，笔者在写作过程中还曾与李鹏辉、查飞能先生进行讨论，在此一并致谢！

作者简介：马超，西南大学历史文化学院博士后，研究方向为出土文献与先秦史。

① 蔡全法：《新郑郑韩故城出土战国牛肋骨墨书账簿考》，《华夏考古》2014年第4期，第80页。

②（宋）邓名世撰、王力平点校：《古今姓氏书辨证》，南昌：江西人民出版社，2006年，第519页。

西汉五铢的盈亏平衡与铸币总量

李建雄

（南开大学　历史学院　天津　津南　300350）

摘　要： 西汉时期，五铢钱成钱总量多少的问题，可以从青铜货币铸造的盈亏平衡点着手考察。据《食货志》记载，此一时期盗铸问题的消解是因为参与平民“计其费不能相当”而实现，那么官铸从业者及其家属同期的生活成本便与其铸币产值相近。另外从语义考察，西汉五铢的铸币总量“二百八十亿万余”也应该是 280 万万钱略多。

关键词： 五铢钱；铸币总量；盈亏平衡；汉代经济

元狩年间，为整肃币制，汉武帝将全国通行货币改为五铢钱。颁行之初的五铢钱制虽然“周郭其下，令不可磨取鋊焉”[①]，但铸币活动却没有形成有效的国家垄断。天下郡国当时的货币流通秩序是“大氐无虑皆铸金钱矣”[②]，参与人数竟以百万计，以至形成“犯法者众，吏不能尽诛”[③]，甚至“京师尤甚”[④]的局面。然而与早期盗铸行为不同，此时百姓趋利避害的模式已成了“多奸铸钱，钱多轻”[⑤]。后来在严刑峻法基础上，制币权利收归三官、五

① 《史记》卷 30《平准书》，北京：中华书局，1959 年，第 1429 页。
② 《汉书》卷 24 下《食货志》，北京：中华书局，1962 年，第 1168 页。
③ 《汉书》卷 24 下《食货志》，北京：中华书局，1962 年，第 1168 页。
④ 《史记》卷 122《酷吏列传》，北京：中华书局，1959 年，第 3146 页。
⑤ 《史记》卷 30《平准书》，北京：中华书局，1959 年，第 1434 页。

铢钱再次标准化之后不久[①]，很快就出现“民之铸钱益少，计其费不能相当，唯真工大奸乃盗为之”[②]的局面。至此，西汉王朝的法定货币终于实现铸造成本与标称价值的均衡统一，西汉建国以来困扰官民九十多年的盗铸问题始告解决。

汉武帝之后直至王莽摄政，西汉王朝的货币制度基本没有变更。据《汉书》记载，从汉武帝元狩五年（前 118 年）到平帝元始中期大约一百二十年间，流通天下的铜钱一直都是五铢钱。其间铸币总量达到“二百八十亿万余”[③]之多。这里提到的“亿万”量级该是多少，学界历来聚讼纷纭。既有认为“万”字衍出，“亿”作“万万之用”，“二百八十亿万”当作现代数学意义的 280 亿[④]；也有认为“万”字不衍，亿为“十万”，铸币总量 2800 亿的[⑤]。以上两种猜测都有道理，但本文作者认为西汉一代五铢钱的铸币总量还当以 280 亿为是，而且“二百八十亿万余”的“万”并非衍字[⑥]。理由有两个方面。第一个方面是得到经济学领域盈亏平衡理论的启示。

首先，说什么是盈亏平衡，通俗说铸币问题中的盈亏平衡就是参与铸钱划不划得来。划不划得来如何界定？纯粹以经济角度考量，就是铸币者所铸钱数能不能满足他们的成本。此成本也就是

---

① 刚开始有赤侧五铢。

② 《汉书》卷 24 下《食货志》，北京：中华书局，1962 年，第 1169 页。

③ 《汉书》卷 24 下《食货志》，北京：中华书局，1962 年，第 1177 页。

④ 徐承泰《西汉货币铸造数量研究》，《湖北大学学报》（哲学社会科学版）1993 年第 5 期。

⑤ 秦晖：《关于西汉五铢钱的流通数额问题》，《陕西师大学报》（哲学社会科学版）1988 年第 2 期；叶世昌，潘连贵：《中国古近代金融史》，上海：复旦大学出版社，1983 年，第 277 页。

⑥ 查明辉先生也持此观点，他是从汉唐时期铜矿产量等几个方面和“亿”与“亿万”语义考察的角度来分析。笔者同意他的结论，但认为其部分论点在逻辑和史实上是欠妥的，例如他对黄金排挤铜钱的过分估计和私铸问题对总量判断的干扰。事实上黄金作货币非自汉武帝以后起，而私铸问题在汉武帝至王莽居摄一百余年之间却得到有效遏止，不构成切实的干扰因素。详见查明辉：《西汉五铢钱铸造量问题之考辨》，《江西师范大学学报》（哲学社会科学版）2004 年第 2 期；查明辉：《汉代货币问题研究》，南昌：江西师范大学硕士学位论文，2005 年。

《食货志》讲到的“计其费不能相当”的“费”。在此之前，我们必须明白这句话的指向是以前参与盗铸的人，到了这个时候，他们已经不能再承受，所以选择退出。在市场景气的时候，他们考虑成本的大项应包括钱户的衣食住行成本、纳税成本、材料成本、固定资产折旧成本，合理程度的管理费等。市场不景气的时候，他们可能先会忍耐一段时间，将固定资产折旧成本、居住成本视为忽略不计的沉没成本，并且管理者也成为劳动者，基本消除管理费。至于行的成本，众所周知古代农民对土地的依附性极强，铸币者对矿藏的依附性也是如此，在此前提下，他们的交通基本靠走，所以也可以不计。与此同时，可以想见他们多数凭借靠近铜矿的资源之便，才参与盗铸，此时天然矿石的开采花力气就能得到，也会暂且无视。但可以确定的是他们一定无法忽视自己及家人的衣食等必要消费的成本、纳税成本。所以铸币产值与基本生存计入纳税所需的总数持平是他们退出铸钱的临界点。

这个临界点具不具有稳定性？所谓“盛世无饥馁，何须耕织忙”，我们知道在中国古代，解决普遍温饱问题，一直都是古人盛世景象的极高想象。从汉简习见的一户数十亩的田产记录、亩产一石多的生产力水平，结合汉代一家五口的一般情况来看，这么说绝不夸张。照此推论，我们认为铸币产值与一般生活所需加纳税额总和相近，是汉代钱币铸造业的通常状态。因为一旦更加有利可图，便可能有人甘冒犯法成本去参与盗铸。

而且据《食货志》“计其费不能相当，唯真工大奸乃盗为之”的表述，可以确信作为一般等价物，五铢钱在此时成为充分市场竞争的商品，在其身上已不再具有虚加的价值意义。因为“真工”是马克思政治经济学理论定义的熟练工人，其技能水平高于行业平均，可以降低成本，铸钱仍然有利可图，他们生产的钱和上林三官成色、重量一样；而“大奸”是因为主要生产劣质轻币，勉强花出去也赚到钱。在这两个边界条件约束下，可以确定五铢钱已经成了社会一般劳动时间所界定的产物。在此基础上，铸钱和耕织求温饱也成了价值意义上无差别的社会劳动。

按以上讨论，笔者认为将五铢钱的铸币总量和铸钱群体的一般消费计入纳税之需的额度大致对等起来是没有问题的。这个一般生活成本我们可以试算一下，稳妥起见，再用恩格尔系数来检验这个试算结果。

汉代官钱铸造的参与劳力据《汉书·食货志》[①]、《汉书·贡禹传》[②]记载在十万人上下。这个数据是比较可靠的，因为自汉武帝之后，铸币权力收归国有，所有参与铸钱的人力资源都由官方掌控，统计工作也容易精确。按汉代户口平均一家五口计算、钱户人口总量在五十万人上下[③]。一个不言自明的前提是他们的家庭构成都是一父一母和三个未成年子女（成年子女按律需要分户析产）。按现代营养学测试结果，体重 65kg 的成年人在重体力劳动情况下每天大约消耗 3600 大卡热量，折算小米 1.99 斤[④]；体重 50kg 女子重体力劳动时日需 2700 大卡热量，折算 1.50 斤小米；10—13 岁儿童平均 45kg 的体重日需 2300 大卡热量，折算 1.27 斤小米[⑤]。按汉代一般米石三十钱的市价标准，钱户之家每户年需食资 1333 钱。《汉书·食货志》另载汉代平民每人每年的衣装之资约为 300 钱，未成年子女身量未足，我们平均以 150 钱计算，每户年需衣钱 1050 钱。这个标准不算过高，从河西物价情况来看，各类服装的市价都

---

① 《汉书》卷 24 下《食货志》，北京：中华书局，1962 年，第 1176 页。

② 《汉书》卷 72《王贡两龚鲍传》，北京：中华书局，1962 年，第 3075 页。

③ 《汉书·贡禹传》记载，铸钱劳力“中农食七人”，不事农耕则“七十万人常受其饥也”，既然有可能“常受其饥”，十万民户牵涉铸钱应该是汉武帝以后的常态，而且这一数据被概论西汉全期经济状况的《汉书·食货志》因袭。即便铸钱人数有所浮动，这里我们仅区分西汉铸币总量是 280 亿还是 2800 亿，只要不是平均上百万，或者平均一万以下，都不会对结果产生根本性的影响。

④ 100g 小米热量 1513 千焦，换算为 361 千卡。据吴景锋主编：《作物遗传育种工程技术》，郑州：河南科学技术出版社，2000 年，第 291 页。

⑤ 热量数据来自谷物概论编写组编：《谷物概论》，北京，中国财政经济出版社，1987 年，第 4 页。

在千钱以上，这就意味普通百姓三年才能添置一件新衣。温饱之余，假设他们每年还有 20%的杂项开支，据此推算钱户之家铸造五铢钱 120 年左右的生活成本为 343 亿钱略高，加上十五税一的税钱，约当 368 亿。在此情形下，他们的家庭消费恩格尔系数为 52%。按照联合国粮农组织提出的标准，恩格尔系数在 59%以上为贫困，50%—59%为温饱，40%—49%为小康，30%—39%为富裕，低于 30%为最富裕[①]。此时他们生活达到温饱水平。据统计，中国城市居民 1981—2003 年的恩格尔系数如表 1[②]所示。

表 1　中国城市居民 1981—2003 年的恩格尔系数（单位：%）

年份	1981	1982	1983	1984	1985	1986	1987	1988
恩格尔系数	56.66	58.64	59.2	57.96	52.24	52.43	53.74	51.49
年份	1989	1990	1991	1992	1993	1994	1995	1996
恩格尔系数	54.53	54.24	53.82	52.93	50.13	49.89	49.92	48.6
年份	1997	1998	1999	2000	2001	2002	2003	
恩格尔系数	46.41	44.48	41.86	39.18	37.94	37.68	37.12	

表 1 中的数据表明我们的数据符合农业中国的一般情况，总体合理[③]。为检查方便，相关数据如表 2 所示。

表 2　西汉五铢铸钱民户同期消费、纳税计算表

每户饭菜消耗折米斤数	父亲日需	1.99
	母亲日需	1.5
	子女一日需	1.27
	子女二日需	1.27

① 杭斌：《经济转型期中国城乡居民消费行为的实证研究》，北京：中国统计出版社，2006 年，第 144 页。

② 杭斌：《经济转型期中国城乡居民消费行为的实证研究》，北京：中国统计出版社，2006 年，第 144 页。

③ 参照组数据反映城市居民生活水平，农民数据实际要差一些。

续表

每户饭菜消耗折米斤数	子女三日需	1.27
	阖家日需	7.3
	阖家年需	2666
汉代米价每市斤（按米石三十钱）		0.5
每户阖家年需食资折钱数		1333
每户年需衣装之资折钱数	父亲	300
	母亲	300
	子女一	150
	子女二	150
	子女三	150
每户阖家年需衣装钱		1050
每户年需衣食钱		2383
每户每年生活成本（计入20%其余开支）		2859.6
10万钱户每年所需生活成本		285 960 000
10万钱户120年合计生活成本		34 315 200 000
计入纳税所需钱（十五税一）		36 766 285 714
当此条件的恩格尔系数		0.5221

表2中的这个计算是否可靠，我们还可以用中华人民共和国成立前（20世纪30年代）李景汉先生对河北定县农民的经济调查数据来检验。据《定县社会概况调查》载：

> 定县自普遍掘井灌田以来，农产物增加，大多数农民仅能饱粗食暖粗衣，在最低生活水平线下面活着，以不挨饿为侥幸，视饱食暖衣为福境。农民食品以小米、白薯为大宗，所食菜蔬有白菜、萝卜等物。所用调和甚少，除盐不得不用外，仅能吃少许之香油和醋。除元旦、端阳、中秋三节外，全年几不见肉类。所吃食品和所穿衣服多为本县土产。有地三十亩左右，6口之农家的全年各种生活费大略如下：食品170元，燃料20元，衣服15元，其他房屋，应酬，烟酒，家具，娱乐，拜神，卫生，教育，公差，兵差及各项杂费约计

40余元，一切费用总数约计240—250元。[①]

这里所说的农民处境可能与中国古代的绝大多数时候差不多，只是在美洲大陆发现以前，中国尚且没有白薯，全需以谷物替代。在此情形下，定县农民的恩格尔系数为69%，属于普遍贫困的水平。

一个基本的判断应该是：汉代古人的食量与今人没有差别，而且除常见谷物以外，他们也需要摄入食盐、蔬菜、肉类等调料副食。西汉时期中国古人对谷物以外的饮食消耗，我们很难估算其具体价值，但可以确定的是在工业化时代以前，国人的食量和饮食条件是与古人大致相似的，在此方面《定县社会概况调查》又为我们提供了一个很好的参照（引用有节略）：

> 九月至正月，六口之家的食品结构大略为白薯七斤上下（湿重），小米两斤多，杂粮一斤四五两，白菜和干菜两三斤。
>
> 二月至四月，小米将近五斤，白薯干两斤半，杂粮一斤上下，萝卜干一斤，间有小葱、菠菜、小白菜、韭菜、豆芽等青菜。
>
> 五月至八月，小米七斤半，杂粮一斤四两，青菜有北瓜、豆角、莨菠、黄瓜、茄子等。[②]

统计者所举六口之家的结构是一对老年夫妇、一对中年夫妇和两个小孩。去除人数差、年龄差的因素，我们所取汉代钱户一家五口每日需米7.3斤的数据是比较合理的。

有鉴于此，笔者认为在比较宽松的尺度下，十万钱户一百二十年的生活成本最多就是三百多亿，照此，西汉五铢钱铸币量受从业者“计其费不能相当”的限制就不会是2800亿余，而应是

---

① 李景汉编：《定县社会概况调查》，上海：上海人民出版社，2005年，第251页。

② 李景汉编：《定县社会概况调查》，上海：上海人民出版社，2005年，第252—253页。

280亿略多。

其次，“亿”指一万万，“亿万”在汉代往往并称，是一种高低位数组合起来表达高位数量级的语言现象。这种现象在现代汉语里也很常见，譬如我们说千百年来，气象万千，百十来人，等等，其语义都是表达高量级、忽略低量级，并表示这种数据带有余数。照这样讲，“亿万”就是一万万。这种情况在正史里面还有很多，例如，《后汉书》记载刘秀之子东平王苍生前身后“赐钱前后一亿”[①]。考刘苍本传，仅明章二帝对他的赏赐就有“加赐钱五千万，布十万匹”[②]、“钱千五百万”[③]、“特赐装钱千五百万”[④]，身故之后“复赐乘舆服御，珍宝舆马，钱布以亿万计”[⑤]。按照汉代视死如视生的仁孝观和厚葬观念，东平王生前得钱既已在八千万以上（与赐钱一亿相证），死后遗赠自然也在千万以上，因此这里所说钱和布的总值“以亿万计”是万万级别。假设是十万万规模，“赐钱前后一亿”就无从解释了。另据《后汉书·曹嵩传》记载，曹操之父“灵帝时货赂中官及输西园钱一亿万”[⑥]，这里的“一亿万”应该也是一万万钱，依汉制一金万钱，此即一万金，因为汉代一般称道的大富之人家资都在千金以上，而曹嵩借行贿“位至太尉”[⑦]，家产规模不在万金以上想必是不能如愿。类似的事例还有很多，比如《史记·建元以来侯者年表》称明天子（汉武帝）在上“内辑亿万之众”[⑧]，《汉书·司马相如传》称汉武帝开西南道“费以亿万计”[⑨]，《后汉书·邓训传》记载停治虖沱、石臼二河“岁省费亿

---

① 《后汉书》卷42《光武十王列传》，北京：中华书局，1965年，第1441页。
② 《后汉书》卷42《光武十王列传》，北京：中华书局，1965年，第1435页。
③ 《后汉书》卷42《光武十王列传》，北京：中华书局，1965年，第1436页。
④ 《后汉书》卷42《光武十王列传》，北京：中华书局，1965年，第1439页。
⑤ 《后汉书》卷42《光武十王列传》，北京：中华书局，1965年，第1441页。
⑥ 《后汉书》卷78《宦者列传》，北京：中华书局，1965年，第2519页。
⑦ 《后汉书》卷78《宦者列传》，北京：中华书局，1965年，第2519页。
⑧ 《史记》卷20《建元以来侯者年表》，北京：中华书局，1959年，第1027页。
⑨ 《汉书》卷57下《司马相如传》，北京：中华书局，1962年，第2581页。

万计”[①]，等等。

西汉的五铢钱铸币总量不可能低于百亿数量级，这一点也应该是确信无疑的。以东汉的流通货币总量为参照，据《后汉书·孝灵帝纪》载，中平二年（185 年）“税天下田，亩十钱”[②]，平帝时期天下垦田已在八百二十七万顷以上，一顷百亩，一亩十钱，那么当时仅田税一项就需要几十亿行钱保证，更何况西汉的“二百八十亿万余”钱还要计入历代翻旧成新的铸币额度。

综上，笔者认为《汉书·食货志》对西汉五铢钱铸币总量的记载含义为现代意义的 280 亿，而且也不存在衍字问题。

本文写作得到西南大学陈宝良教授、温翠芳副教授，南开大学闫爱民教授，梁轩、赵璐、张庆路、杨旭、张楠、张奇玮等同学，以及四川大学会计学专业硕士生陈琦等诸多师友的帮助，特此感谢！

作者简介：李建雄（1988—），男，汉族，陕西子长人，南开大学历史学院博士研究生，主要从事秦汉史、金石简帛学与中国科技史研究。

① 《后汉书》卷 16《邓寇列传》，北京：中华书局，1965 年，第 608 页。
② 《后汉书》卷 8《孝灵帝纪》，北京：中华书局，1965 年，第 351 页。

也说“禹生石纽”

钟周铭

（四川大学　历史文化学院　四川　成都　610065）

摘　要：“禹生石纽”同“禹兴于西羌”为两件事，双方在文献中出现的时间各异，影响的区域各异，涉及的内容各异。“禹兴于西羌”，对应的是夏族的发源；“禹生石纽”对应的是夏族的迁徙，实不能混为一谈。“禹生石纽”是“禹生于石”这一神话传说在流变过程中发生演化的结果，是夏人迁徙过程中将自己的神话传说同蜀人对山、石浓郁的崇拜相结合后的一种变异。此说反映的是蜀地同中原的文化交流和族群迁徙，而并非夏族起源于蜀地。

关键字：禹；西羌；夏人；蜀地；石纽；迁徙

大禹，作为上古帝系中较为特殊的一位，在今天祖国的境内广泛流传着关于他的神话传说。四川地区亦不例外，据《蜀王本纪》记载，大禹的出生地在石纽（今四川省汶川县境内），蜀地自汉晋时期便开始流传着广为人知的“禹生石纽”的传说故事。但由于学者所持研究视野和研究方法不同，故对文献的解读存在不同的看法。具体落到“禹生石纽”的文本解读上，学术界便存在完全不同的认识。笔者试结合传世文献和出土文献，对这一问题重新进行一番讨论，提供一点新的观点和认识，以求正于方家。

一、大禹发源地诸说的简单回顾

学术界对于大禹发源地的论断，大体上可以划分为中国西部说、东部说、南方说、中原说四大类，中原说又可以划分为豫西说、晋南说、濮阳说（古河济之间说）三小类，西方说又包含四川说一小类。

大禹源于东部说的观点，最早出自杨向奎先生。杨先生引《左传·哀公七年》《吕氏春秋·初音》《史记·夏本纪·索隐》《管子·封禅》《淮南子·氾论训》等文献，指出夏族实发源于山东，禹的父亲鲧也在这片区域活动。①顾颉刚先生在某个研究时期内也有相同的观点。②程德祺、杜在忠两先生亦持此说，认为二里头文化较大汶口——龙山文化晚出，二里头文化的形成是夏族迁徙后同当地族群融合的结果。③

大禹源于南方说的观点，源于顾颉刚先生。顾颉刚先生在《讨论古史答刘、胡二先生》一文中，明确谈到“禹是南方民族的神话中的人物”。④陈剩勇先生先后以论文和专著的形式对夏族源于东南说展开了详尽的论述。⑤李晓路先生亦持此见。⑥

大禹源于中原说的观点，也被一些学者提出。王玉哲、刘起釪两位先生都主张夏人兴起于晋南，然后从山西渡河进入豫境。⑦沈

---

① 杨向奎：《夏民族起于东方考》，《禹贡》1937 年第 6—7 合期。

② 顾颉刚，史念海：《中国疆域沿革史》，北京：商务印书馆，1999 年。

③ 程德祺：《夏为东夷说》，《中央民族学院学报》1979 年第 4 期，第 17—23 页；杜在忠：《山东二斟氏考略》，田昌五主编：《华夏文明》第一集，北京：北京大学出版社，1987 年。

④ 顾颉刚：《讨论古史答刘、胡二先生》，《古史辨》第一册，上海：上海古籍出版社，1982 年。

⑤ 陈剩勇：《东南地区：夏文化的萌生与崛起》，《东南文化》1991 年第 1 期；陈剩勇：《中国第一王朝的崛起——中华文明和国家起源之谜破解》，长沙：湖南出版社，1994 年。

⑥ 李晓路：《夏文化地望在东南地区说》，《江汉论坛》1987 年第 11 期。

⑦ 王玉哲：《夏文化研究中的几个问题》，中国先秦史学会编：《夏史论丛》，济南：齐鲁书社，1985 年，第 1—18 页；刘起釪：《古史辨续》，北京：中国社会科学出版社，1991 年，第 132—161 页。

长云先生根据《战国策·齐策》的记载，结合《左传》谈及的“卫都阳城”，认为在濮阳高城村发现的东周时期卫国都城下可能叠压着龙山文化时期的城址，并提出了夏族发源于濮阳的新说（古河济之间说）。[①]徐旭生先生早在20世纪50年代，亲自前往“夏墟”考察时，便提出“河南中部的洛阳平原及其附近，尤其是颍水谷的上游登封、禹县一带”应该特别注意的看法。[②]邹衡先生亦认为夏初的中心在豫西。詹子庆先生在比较了豫西说和晋南说后，认为“各有其道理，但前者证据较为充分”。[③]

顾颉刚先生在提出夏族发源于中国南方的观点后，随着研究的进一步深入，又提出了大禹兴于西部的新说。童书业先生对此观点极为认同，认为此言一出，对于大禹的出生地当“盖为定论矣”。[④]吴锐先生在顾颉刚先生研究的基础上继续论述，亦认为夏族发源于渭水流域一带。[⑤]认为大禹发源于今四川岷江流域，在学界主要有两次高峰，一次在中华人民共和国成立前，另外一次在21世纪初。[⑥]

二、对“禹生石纽”说的几点看法

仅依靠文献所载“禹生石纽”而将大禹出生地定在岷江流域，有学者是一开始便持否定态度的，如冯汉骥、于省吾、杨宽、蒙默

① 沈长云，张谓莲：《中国古代国家起源与形成研究》，北京：人民出版社，2009年，第162—165页。

② 徐旭生：《1959年夏调查豫西“夏墟”的初步报告》，《考古》1959年第11期。

③ 詹子庆：《走近夏代文明》，长春：东北师范大学出版社，2006年，第104页。

④ 顾颉刚：《九州之戎与戎禹》，吕思勉，童书业编著：《古史辨》第七册，上海：上海古籍出版社，1982年。

⑤ 吴锐：《“禹是一条虫”再研究》，《文史哲》2007年第6期。

⑥ 罗香林：《夏民族发祥于岷江流域说》，《说文月刊》1943年第9期；陈志良：《禹生石纽考》，《禹贡》1937年第6期；冯广宏：《禹生西羌广柔考》，《阿坝师范高等专科学校学报》2007年第3期；肖先进，邱登成：《鲧、禹神话与三星堆遗址》，《中华文化论坛》2005年第2期。

黄河上游甘青地区南下川西高原继而进入云贵地区文化走廊的重要组成部分，故发掘小组专家左志强先生根据皈家堡遗址所处年代和出土器物，认为当时活动在盐源一带的居民，可能同岷江上游茂县一带南下的族群有关。①

其次，未见与大禹族群相匹配的聚落组织。王震中先生曾将古代文明和国家起源过程划分为三大阶段：即由大体平等的农耕聚落形态发展为含有初步不平等和社会分化的中心聚落形态，再发展为都邑国家形态②，他又将大禹时代划分为邦国产生和族邦联盟的时代，相当于早期国家时代。③岷江上游地区属于高山峡谷地貌形态，山势陡峭，河谷狭小，气候干寒、恶劣，变化无常，有些地方常年积雪，只适合粗放农业，同四川盆地气候差异较大，属于两种完全不同的气候环境，并不适宜农耕聚落形态的形成与发展。按照王先生的理论，岷江上游实不具备产生邦国和族邦联盟的自然地理条件，更不会产生社会分化的都邑国家形态。实际上，事实也是如此，考古工作者至今未能在岷江上游寻找到同早期国家时代所对应的聚落组织。放眼中国境内，聚落形成初期往往同自然地理环境密不可分，如中原许昌地区较早形成的中心聚落。龙山时期，由于气候从多雨转为干凉，聚落组织开始往地势较为低矮的平原发展。许昌地区位于河南中部，平原面积 3638 平方千米，占该地总面积的 72.81%。④可见，有利的环境是聚落组织形成、发展不可或缺的因素，其实是人类早期时代，宽阔的平原对于文明起源的重要性不容忽视。这其实也回答了为何蚕丛会沿岷江南下平原的原因，也从侧面论及了大禹非居岷江上游，更无北上的理由。

---

① 《盐源发掘 64 座新石器时代遗存 川西南历史提早 2000 年》，《四川日报》2016 年 12 月 9 日，第 12 版。

② 王震中：《中国古代国家的起源与王权的形成》，北京：中国社会科学出版社，2013 年，第 52 页。

③ 王震中：《中国古代国家的起源与王权的形成》，北京：中国社会科学出版社，2013 年，第 378—379 页。

④ 裴安平：《中国史前聚落群聚形态研究》，北京：中华书局，2014 年，第 227 页。

再次，大禹族群并无北上的痕迹及中原文明起源的一脉相承。中原的文明起源至仰韶时期到龙山时期再到二里头时期，几乎是一脉相承，并无明显的打破痕迹。这从中原地区聚落的出现、增长、合并重组、扩大、再合并重组中可见一斑。如郑洛地区，仰韶时期由于气候变迁①，降水丰富，聚落规模大幅扩张，出现城沟、城墙、围沟、环壕（濠）等防御设施，甚至出现了双重防御设施的城墙。到了龙山文化时期，这些聚落自身的规模、防御设施更是上升到了一个新的高度，而这些聚落又同处于之前的郑洛地区范围，并无外界势力的强势入驻，而是自成一系。再小到如嵩山地区一带，迄今为止便已发现300余处龙山文化遗址，其中错落分布着20余处大中型聚落，这些中心聚落又有6处围以夯土墙或壕沟，每个聚落又由一、二级聚落和若干小型聚落组成。②聚落组织之间又分布着稀疏的缓冲带，说明当时这些聚落组织有一定的控制范围，各自为政，但在龙山晚期却由对峙走向整合，"聚落形态亦由多中心、对抗式聚落布局演进到单中心、凝聚式的布局结构"③，这种政治秩序的建立，并非是嵩山地区以外的大集团入侵所造成。长江流域的屈家岭、石家河也是在自身原有的基础上发展而来。④大禹族群由岷江入主中原，实无迹可寻。中原文明在其自我发展的过程中，所受周边地区文化因素的影响主要也只有三大方面，即泛东方文化系统，包括主要分布于豫北、豫东及更东的后岗二期文化、造律台文化或称王油坊类型，以及海岱龙山文化；南方文化系统，主要是长江中游的石家河文化；泛西北文化系统，含晋陕高原的各支龙山文化和甘青地区的齐家文化，中原文化中不见巴蜀文化的影响因素。

---

① 施雅风主编：《中国全新世大暖期气候与环境》，北京：海洋出版社，1992年。

② 许宏：《何以中国——公元前2000年的中原图景》，北京：生活·读书·新知三联书店，2016年，第46页。

③ 王立新：《从嵩山南北的文化整合看夏王朝的出现》，杜金鹏，许宏主编：《二里头遗址与二里头文化研究》，北京：科学出版社，2006年。

④ 可参裴安平：《中国史前聚落群聚形态研究》第三章至第四章，北京：中华书局，2014年。

最后，据《山海经·海内经》记载："西南黑水之间，有都广之野，后稷葬焉。爰有膏菽、膏稻、膏黍、膏稷，百谷自生，冬夏播琴。鸾鸟自歌，凤鸟自儛，灵寿实华，草木所聚。爰有百兽，相群爰处。此草也，冬夏不死。"都广之野即广都之野的倒文，也就是成都平原，可见当地的自然环境是十分优越的。而中原地区则"资源物产相对贫乏""自然环境资源较为匮乏""生产率较低"①，且两地分属粟作农业、稻作农业两大不同的农业系统。此外，中原地区并无明显的岷江上游地区的文化因素，假如大禹族群由岷江流域入主中原地区的话，那么中原地区当地的文化又去了哪里呢？大禹集团入主中原，面对如此多具有防御设施的聚落、聚落群甚至聚落群团，必定少不了血雨腥风，而史书却对此置若罔闻，显然违背常理。

（二）"禹兴于西羌"不等同于"禹生石纽"

认为大禹族群发源于今四川岷江上游一带的学者，往往将文献中所记载"禹兴于西羌"和"禹生石纽"并为一体引用，将石纽置于西羌所覆盖范围这一大环境内讨论，后又进一步指出，兴于西羌是泛指，生于石纽是实指。我们认为，两者并不是大与小、实与虚的关系，而应是前与后、渊源与迁徙的关系。"禹兴于西羌"，对应的是夏族的发源；"禹生石纽"对应的是夏族的迁徙，实不能混为一谈。下面本文试将文献所载有关大禹"兴于西羌""生石纽"的记载置于表1之中进行分析。

表1　有关大禹的文献记载

禹兴于西羌	文献出处	禹生石纽	文献出处
禹学于西王国	《荀子·大略》	禹本汶山郡广柔县人，生于石纽，其地名痢儿坪。禹母吞珠孕禹，坼副而生。于县涂山娶妻，生子名启	《蜀王本纪》

① 严文明主编：《中华文明史》第一卷，北京：北京大学出版社，2006年，第73页。

续表

禹兴于西羌	文献出处	禹生石纽	文献出处
大禹出于西羌	《新语·术事》	禹生于茂州汶川县，本冄駹国，皆西羌	《史记·六国年表·正义》
禹兴于西羌	《史记·六国年表》	皇甫谧曰：孟子称禹生石纽，西夷人也。传曰“禹生自西羌”是也	《史记·六国年表·集解》
禹学乎西王国	《韩诗外传》	禹生石纽，今之汶山郡是也	《三国志·秦宓传》
禹出西羌	《盐铁论·国病》	另外相关一说	文献出处
鲧娶于有莘氏之女，名曰女嬉。年壮未孳。嬉于砥山得薏苡而吞之，意若为人所感，因而妊孕，剖胁而产高密。家于西羌，地曰石纽。石纽在蜀西川也	《吴越春秋·越王无余外传》	鲧娶于有莘氏之子，谓之女志氏，产文命。 禹娶于涂山氏之子，谓之女憍氏，产启	《大戴礼记·帝系》
禹生西羌而圣哲	《理惑论》		
我若仲尼长东鲁，大禹出西羌，独步天下，谁与为偶	《后汉书·逸民列传》		
伯禹“西羌夷人也”	《帝王世纪》		
姒，禹氏。禹生戎地，一名文命	《太平御览》卷八十二引《尚书緯·帝命验》		

由表1可见，禹同西羌的关系十分密切，“学于西羌”“出于西羌”“兴于西羌”，或者直接就说禹是“西羌夷人也”。《国语·鲁语上》有云：“夏后氏禘黄帝而祖颛顼，郊鲧而宗禹。”夏族似乎和黄帝族群有较为深入的联系。《国语·晋语》又云：“昔少典氏娶于有蟜氏，生黄帝、炎帝。黄帝以姬水成，炎帝以姜水成，成而异德，故黄帝为姬，炎帝为姜。”可见，黄帝族群本发源于西方的姬水流域一带。再看《史记·夏本纪》的记载：“夏禹，名曰文命。禹之父曰鲧，鲧之父曰帝颛顼，颛顼之父曰昌意，昌意之父曰黄帝。禹者，黄帝之玄孙而帝颛顼之孙也。禹之曾大父昌意及父鲧皆不得在帝位，为人臣。”司马迁明确提到鲧、禹都属于黄帝一系，抛开战国大一统的理念构造帝系因素外，鲧、禹同西方的

联系实不应轻易否定。其实，这正是文献所载“禹兴于西羌”的缘由所在。

“禹生石纽”则完全不同。文献明确记载中原为夏族兴起的地域以及禹同其父鲧在中原活动的大量迹象。《国语·周语上》有云：“昔夏之兴也，融降于崇山。”《夏本纪·索隐》引《连山易》云：“鲧封于崇。”《国语·周语下》称鲧为“崇伯鲧”。《逸周书·世俘》云：“崇禹生开。”《尚书·尧典》“伯禹作司空”句下孔注：“禹代鲧为崇伯。”崇，即嵩，崇山，也就是嵩山。《太平御览》卷三十九引韦昭注云：“崇、嵩古通用。夏都阳城，嵩山在焉。”清代学者汪远孙曰：“嵩山在今河南登封县（登封市——引者注）北十里。”[①]文献中关于夏族活动在中原地区的记载还有很多，此处不再一一列举。

可见，“禹兴于西羌”当同“昔夏之兴也，融降于崇山”之间的关联更大一些，反映的是夏族由西向东，由西北高原东进中原地区后夏人的历史记忆，而同“禹生石纽”并无直接的关联。如前文所述，两者应是时间上前与后、渊源与迁徙的关系。

再看文献中关于“禹生石纽”的记载。从时间上来讲，此说较为晚出。徐中舒先生曾对《蜀王本纪》的作者和成书年代做了详尽的考证，指出该书不当出自扬雄之手，而应该是蜀汉时期学者谯周所著。[②]这样一来，“禹生石纽”说比“禹兴于西羌”说晚了近四百年。《三国志》《正义》《集解》的记载则又更晚了许多。从内容上来讲，皇甫谧引孟子言，“称禹生石纽，西夷人也”，将“禹生石纽”上升到圣人言的高度，但今本《孟子》不见该条记载，且《孟子》佚文在文献中并不多见，故对此内容当采取谨慎的看法。《吕氏春秋·慎行论·求人》记载大禹的活动范围遍及东南西北四

① 徐元浩：《国语集解·周语上》，北京：中华书局，2002年，第29页。
② 徐中舒：《〈蜀王本纪〉成书年代及其作者》，《论巴蜀文化》，成都：四川人民出版社，1981年，第138—149页。

方，文曰：

> 禹东至榑木之地，日出、九津，青羌之野，攒树之所，抿天之山，鸟谷、青丘之乡，黑齿之国；南至交阯、孙朴、续樠之国，丹粟、漆树、沸水、漂漂、九阳之山，羽人、裸民之处，不死之乡；西至三危之国，巫山之下，饮露、吸气之民，积金之山，其肱、一臂、三面之乡；北至人正之国，夏海之穷，衡山之上，犬戎之国，夸父之野，禺强之所，积水、积石之山。

积水，《路史·后记》卷十二作“积冰”，王利器先生表示认同①。又《淮南子·墬形训》曰：“北方曰积冰”，高诱注云：“北方寒冰所积，因以为名。”吕不韦组织门客编写《吕氏春秋》的时间据秦灭巴蜀已经将近一百年，秦对巴蜀的改造已经进行了很长的时间，对巴蜀的了解也比较深刻，《吕氏春秋·审时》中关于水稻耕种之论，反映的应该就是巴蜀一带农业生产的情况，青川出土的《更修为田律》亦可说明。禹至极寒之地在书中都有记载，按理说如果蜀地确为大禹出生、活动的区域，《吕氏春秋》的记载中不应该不无体现。从影响范围来讲，可以通过《三国志·秦宓传》的记载看出端倪。秦宓搬出禹生石纽的前提，是由于广汉太守夏侯纂认为蜀地没有人才②，作为土生土长的本地人的秦宓必须要予以回击，拉出英雄大禹堵住夏侯纂的嘴。这从另一侧面显示出中原人士并没有大禹出生在蜀地的认识。刘知几《史通·采撰》：“夫郡国之记，谱牒之书，务欲矜其州里，夸其氏族”，说的就是这个道理，对此刘氏提醒到“读之者安可不练其得失，明其真伪者乎？”《汉书·武帝纪》载：“三年冬，徙函谷关于新安”，颜师古引应

---

① 王利器：《吕氏春秋注疏》，成都：巴蜀书社，2002年，第2762页。

② 《三国志·蜀志·秦宓传》载：先主既定益州，广汉太守夏侯纂请宓为师友祭酒，领五官掾，称曰仲父。宓称疾，卧在第舍，纂将功曹古朴、主簿王普，厨膳即宓第宴谈，宓卧如故。纂问朴曰：“至于贵州养生之具，实绝余州矣，不知士人何如余州也？”

劭注曰："时楼船将军杨僕数有大功，耻为关外民，上书乞徙东关，以家财给其用度。""耻为关外民"可以作为理解生活在边缘的人群心理特征的一把钥匙。《汉书·王褒传》便直接道出了这种"边缘意识"，文曰："今臣辟在西蜀，生于穷巷之中，长于蓬茨之下，无有游观广览之知，顾有至愚极陋之累，不足以塞厚望，应明指。虽然，敢不略陈愚而抒情素！"①

综上，我们认为，"禹兴于西羌"和"禹生石纽"不是并行的两件事，西方是夏族的发源区域，"兴于西羌"是夏人的历史记忆，夏族由西向东逐渐来到中原地区发展。羌人有一支南下岷江上游，但并未进入成都平原，而是沿横断山脉继续南下。值得注意的是，这种羌人是否为夏族的一支，就目前的材料来看，并无法得出确定的结论，但结合禹的父亲鲧时便活动在中原地区的记载来看，此羌人不是夏族的一支的可能性更大一些。文献明确谈到"禹生石纽"，已经晚至蜀汉时期成书的《蜀王本纪》，根据夏侯纂轻蔑蜀人的言语来看，可能当时"禹生石纽"并非是全部华夏族的共识。但秦宓抬出大禹，应该非空穴来风，我们认为此应是流传在蜀地的神话传说。这一神话传说到了《索隐》《正义》作者的生活年代才在文献记载层面上被华夏族所熟识，这其实也是地区与地区之间互动的结果。

近些年，随着三峡地区考古工作的逐渐深入，出土了大量的实物证据，为继续讨论"禹生石纽"这一问题提供了新的材料。有学者据重庆市云阳县出土的东汉灵帝时期的巴郡朐忍令景云碑的记载认为禹生石纽当为信史，其实不然。据魏启鹏先生释读，景云碑内容如下："大业既定，镇安海内，匪志慷慨，术禹石纽、汶川之会，帷幄甲帐，龟车流遰，家于梓潼，九族布列，裳绝相龙，名右冠盖。"②细读下来，碑文中并无禹生石纽的相关记载，只是提到

① 《汉书·严朱吾丘主父徐严终王贾传》，北京：中华书局，1962年。

② 魏启鹏：《禹乡古代史料的新发现》，转引自蒙默：《禹生石纽续辨》，《西华大学学报》（哲学社会科学版）2010年第8期。

“术禹石纽、汶川之会”。“术”，即“述”，《说文解字》释作“循”，段玉裁亦持此说。“循”也就是巡守的意思，同出生地毫无联系。碑文的记载反而表明了至少在东汉时期，“禹生石纽”的说法并未成为蜀地广泛流传的主流神话传说。

三、华夏集团对南方的攻伐及其夏人的迁徙

近些年来，有些学者较为迷恋台湾学者带入的攀附理论[①]，并将这套研究模式用于中国古代的边缘问题研究之中。“禹生石纽”于是被有些学者解读为是“汉族精英的文本建构及羌人对华夏文化的攀附与认同”[②]，否认了文献取材的真实性。我们认为，上古的族群本身就处在繁衍、分裂、迁徙、融合的历史进程中，文献记载的素材也并非出自一时、一地、一人之手，其中可能存在讹误，但真实性应该很大，且随时接受周围人的共同监督。以攀附说否认“禹生石纽”在蜀地的流传，本身是缺乏证据的。我们更认同茅盾先生对神话传说的看法：“一切神话无非是原始的哲学、科学与历史的遗形。”[③]神话传说中当存有真实的历史素地，蜀地流传有关于禹出生的记载，并非空穴来风，也并非羌人攀附华夏集团的肆意捏造，而其来源当有所本，应同夏人的迁徙入蜀相关。

（一）华夏集团对南方的攻伐

徐旭生先生在《中国古史的传说时代》一书中，将我国古代族群划分为三大集团，夏人与南方族群分属华夏集团和苗蛮集团。早

① 王明珂：《历史事实、历史记忆与历史心性》，《历史研究》2001年第5期；王明珂：《华夏边缘：历史记忆与族群认同》，杭州：浙江人民出版社，2013年。
② 李健胜：《“大禹出于西羌”辩》，《中原文化研究》2014年第3期。
③ 茅盾：《神话研究》，天津：百花文艺出版社，1981年。

在夏人同苗蛮集团发生冲突前，华夏集团便已经同其展开了两个时期的战争铺垫。《吕氏春秋·召类》云："尧战于丹水之浦，以服南蛮。"《水经注·丹水》有云："丹水径流两县之间，历于中之北，所谓商于者也。故张仪说楚绝齐，许以商于之地六百里，谓以此矣。《吕氏春秋》曰："尧有丹水之战，以服南蛮。即此水也。又南合均水，谓之析口。"可见，这一时期华夏集团的南进仅限于河南西南一带。到了舜时，则已完全不同。《左传·昭公元年》云："虞有三苗。"《吕氏春秋·召类》云："舜却苗民，更易其俗。"《史记·秦始皇本纪》云："始皇还，过彭城，斋戒祷祠，欲出周鼎泗水。使千人没水求之，弗得。乃西南渡淮水，之衡山、南郡。浮江，至湘山祠。逢大风，几不得渡。上问博士曰：'湘君神？'博士对曰：'闻之，尧女，舜之妻，而葬此。'"《礼记·檀弓》还有"舜葬于苍梧之野"的记载。《史记·五帝本纪》也有"迁三苗于三危"的记载。可见，这一时期，华夏集团南进的深度（"易其俗"）与广度（"至湘山祠"）已经有了很大的飞跃。

《墨子·非攻下》记载了禹伐三苗的情景。文曰：

> 昔者三苗大乱，天命殛之。日妖宵出，雨血三朝，龙生于庙，犬哭乎市，夏冰，地坼及泉，五谷变化，民乃大振。高阳乃命玄宫，禹亲把天之瑞令，以征有苗。四电诱祇，有神人面鸟身，若瑾以侍，搤矢有苗之祥。苗师大乱，后乃遂几。禹既已克有三苗，焉磨为山川，别物上下，卿制大极，而神明不违，天下乃静。则此禹之所以征有苗也。

《逸周书·史记》云："外内相间，下挠其民，民无所附，三苗以亡。"《尚书·吕刑》云："苗民弗用灵，制以刑，惟作五虐之刑曰法。……皇帝哀矜庶戮之不辜，报虐以威，遏绝苗民，无世在下。"由此可见，大约在大禹伐三苗后，苗蛮集团彻底崩溃，已无力对抗来自北部的势力。也正是在此时期，来自中原地区的文化因素随着夏人的南下进入了长江流域江汉地区一带。[①]

在考古学层面上，有学者认为石家河文化应是三苗集团的代表文化。[②]考虑到石家河文化分布地域北起河南南部信阳盆地南缘，南至洞庭湖北岸，东至鄂东地区，西达西陵峡一带，张绪球先生的论断大致无误。从淅川下王岗晚一期[③]文化遗存中出土的陶器类型、纹饰来看，同石家河文化有明显的区别，已含有较多的中原地区龙山时期的文化因素，应该同华夏集团的攻伐有关，可能是中原集团南下的开端。

（二）夏人的迁徙

文献上关于夏人南迁的记录并不多，但在考古学文化层面上有较多的体现。夏代，二里头文化曾影响到了长江沿岸，黄陂盘龙城、荆州荆南寺、宜昌白庙诸遗址相当于夏代或夏商之际的文化遗存中都包含有二里头文化因素。[④]如地处江汉平原腹地的盘龙城遗址，根据《发掘报告》来看[⑤]，遗址一期出土的罐、鼎与二里头文化早期晚段出土的花边圆腹罐、深腹罐、鼎十分相似；遗址二期出土的罐同二里头文化晚期洛阳皂树出土的深腹罐类似。另外，出土的鬲、豆、尊等器物，其陶色、纹饰、类型都同二里头遗址出土器物相似，但也富有地方特征。黄陂盘龙城遗址虽富有地方特征，但

---

① 有学者持疑古态度，认为上古时期，大禹不可能远至长江流域。此说实为臆断，没有任何证据支撑。《史记·五帝本纪·正义》明确谈到三苗所处地望：“今江州、鄂州、岳州，三苗之地也。”徐旭生先生考证后也认为：“这一集团的地域似乎以湖北、湖南、江西等地为中心，迤北到河南西部熊耳、外方、伏牛诸山脉间。”徐旭生：《中国古史的传说时代》，北京：文物出版社，1985年，第57页。

② 张绪球：《石家河文化的分期、分布和类型》，《考古学报》1991年第4期。

③ 河南省博物馆：《河南淅川下王岗遗址的试掘》，《文物》1972年第10期；河南省文物考古所：《淅川下王岗》，北京：文物出版社，1989年，第201—263页。

④ 中国社会科学院考古研究所编著：《中国考古学·夏商卷》，北京：中国社会科学出版社，2003年，第472页。

⑤ 湖北省文物考古研究所：《盘龙城：1963—1994年考古发掘报告》，北京：文物出版社，2001年。

其文化面貌比起它北面的信阳地区甚至淅川下王岗、驻马店杨庄等遗址所体现的文化面貌还要更接近于二里头文化。可见，其除了保留有自身的文化传统外，明显受到了二里头文化的强烈影响，而这种跨过信阳盆地直入长江流域的“文化飞地”现象，可能是夏人南迁的结果，目的在于获取该地区的资源或者继续拓展军事据点。向桃初先生对此进一步补充，认为此遗存可能是二里头文化晚期夏人在较短时间内从中原地区直接南迁的结果。①据发掘该处遗址的考古工作者认为，这些活动于盘龙城的“外来者”，其进入该地区的时间下限应该就在二里头文化晚期。②

这里需要特别注意三峡地区和江汉平原地区的考古学文化面貌，因为在宜昌白庙、下岸，清江香炉石，江陵荆南寺等遗址中，既存在二里头文化因素，又存在三星堆文化因素。清江香炉石遗址③发现了石家河文化晚期遗存与三星堆文化共生的现象。遗址第六层中既有石家河遗址晚期的高领罐、圈足盘等陶器，又发现了与三星堆遗址四期同类器物相似的圜底罐、尖底杯等陶器。宜昌下岸遗址④中出土了高领罐、圈足盘等典型的石家河文化晚期的陶器，又出土了与二里头文化早期同类器物相似的绳纹罐。白庙遗址出土的编号为T1④的罐，敞口折沿平底、腹部划有绳纹，器物类型同二里头文化早期出土的编号为 IIH216 的罐特征相似。⑤据段天璟先生研究，三峡地区和江汉平原地区所见的三星堆文化因素和二里头文化因素，发生的时间应该是二里头文化在前，三星堆文化在后。⑥

① 向桃初：《二里头文化向南方的传播》，《考古》2011 年第 10 期。
② 湖北省文物考古研究所：《盘龙城：1963—1994 年考古发掘报告》，北京：文物出版社，2001 年。
③ 湖北省清江隔河沿考古队：《湖北清江香炉石遗址的发掘》，《文物》1995 年第 2 期。
④ 国家文物局三峡考古队：《湖北宜昌下岸遗址发掘简报》，《考古》1999 年第 1 期。
⑤ 湖北宜昌地区博物馆，四川大学历史系考古专业：《湖北宜昌白庙遗址试掘简报》，《考古》1983 年第 5 期。
⑥ 段天璟：《二里头文化时期的中国》，北京：社会科学文献出版社，2014 年，第 316 页。

三星堆遗址出土的陶盉、豆同二里头文化同类陶器大同小异[①]，三星堆二期出土的陶盉，上腹部向外翻鼓，同二里头文化晚期同类陶盉如出一辙。三星堆二期出土的一件陶觚，体形瘦高、腹部收缩程度较大，具有二里头文化陶器的显著特征。三星堆遗址出土的变形兽面纹铜牌饰，学界一般认为其是以二里头文化的同类器物为原型仿制而成。两地出土如此近乎一样的器物，再结合“禹生石纽”说在蜀地流传的文献记载来看，将其解释为族群迁徙可能比仅仅认为两地存在文化交流更可信一些。而夏人迁徙入蜀的主要路线，就现有的材料来看，应该是自江汉平原逆长江西上，经三峡地区进入四川盆地。理由如下：首先，从长江流域相关遗址中出土的二里头文化类型的陶盉、陶豆、陶觚、陶罐等器物来看，黄陂盘龙城→江陵荆南寺→宜昌白庙、下岸→秭归朝天嘴→四川盆地，明显可以连接成一条夏人迁徙入川的线路。其次，从时间的先后顺序来看，如石家河文化下岸期遗址中二里头的文化出现较早，为二里头文化早期前后，三星堆遗址最早可见的陶盉经研究为二里头文化中期，同二里头文化器物类似的陶觚、陶豆出土的时间约为二里头文化晚期。这样，便在时间上证明了夏人沿长江迁徙入蜀的可能性。

（三）禹生石纽——禹生于石传说与川西大石崇拜的结合

大禹同石头的关系，文献多有记载，反映了夏人对石头的崇拜，详见表2。

表2　大禹同石头的关系表

禹生于石	出处	注解
又东三十里曰泰室之山。……上多美石	《山海经·中山经》	郭璞：“启母化为石而生启，在此山。”
禹生于石	《淮南子·修务》	高诱：“禹母修己，感石而生禹，坼胸而出。”

① 邹衡：《三星堆文化与夏商文化的关系》，《四川考古论文集》，北京：文物出版社，1996年。

续表

禹生于石	出处	注解
禹跳石，误中鼓，……至嵩高山下，化为石，方生启。……石破北方而生启	《汉书·五帝纪》引《淮南子》	
见夏后启母石	《汉书·五帝纪》	应劭："启生而母化为石。"
天子南游于黄室之山，以观夏后启之所居	《穆天子传》卷五	郭璞："疑此言太室之丘嵩高山，启母在此山化为石，而子启亦登仙，故其上有启石也。"
舜升大禹石夷之野	《易林》	

由表 2 可见，至少在汉人眼里①，大禹同石头的联系发源地仍在中原地区嵩山一带，同蜀地并无联系。生活在两晋之间的学者郭璞，亦持此见。《淮南子·修务训》云："禹生于石。"高诱注云："禹母修已感石而生禹，折胸而出。"石为感生之物，同地名无涉。上文我们已提及，西方是夏族的发源区域，"兴于西羌"是夏人的历史记忆，夏族由西向东逐渐来到中原地区发展。文献所载"禹生于石"，则是夏人对石头的一种崇拜现象，顾颉刚先生对此现象早有论述："禹启父子之生都与石发生关系，这是一件奇巧的事：这大约本是社神的传说吧。"②其实，英国人类学家泰勒在《原始文化》一书中对这种现在早有论述，对于石头的崇拜是早期人类的普遍情况。这种崇拜现象，是原始人类认识和解释世界最重要的哲学观念之一，是人类自然宗教全盛的总的哲学。③

蜀地很早便有对于山、石等自然物的崇拜。据《华阳国志·蜀志》记载："有蜀侯蚕丛，其目纵，始称王。死，作石棺、石椁。国人从之。故俗以石棺椁为纵目人冢也。"蚕丛本生活在今川西岷山一带，章樵注《蜀都赋》引《先蜀纪》曰："蚕丛始居岷山石室中。"明代曹学铨《蜀中名胜记》卷 6 也载那里有蚕崖关、蚕崖

① 按《山海经》的记载和其成书年代来看，大禹同石头发生关系的说法可能出现甚早。
② 顾颉刚，童书业：《鲧禹的传说》，吕思勉，童书业编著：《古史辨》第七册下，上海：上海古籍出版社，1982 年。
③ （英）泰勒：《原始文化》第十一章，上海：上海文艺出版社，1992 年。

石、蚕岩市等地名。另据三星堆一号祭祀坑的坑位北朝西 55 度，面向川西岷山的情况来看①，此布局应该有着特定的含义，可能同蜀人携带对山、石的崇拜由川西高原下至成都平原有关。如《华阳国志·蜀志》有云：“时蜀有五丁力士，能移山，举万钧。每王薨，辄立大石，长三丈，重千钧，为墓志。今石笋是也。号曰笋里。”除了石笋外，还有石镜、武丁担、天柱石，地角石，支机石、五块石等同大石有关的遗存。《华阳国志·蜀志》又云：“（李冰）外作石犀五头以厌水精”“作三石人立三水中”，选择石头作为制作带有宗教性质“犀”“人”的素材，应与蜀人对石头的崇拜有密切的联系。

三星堆二号祭祀坑曾出土了一件玉璋，其射部和柄部的两面各阴刻两组相同的团，每组五幅。在每一组的第二幅和第五幅上，都有两座相连的山峰。每座山的内部，都包藏着一个即将成熟的人形，犹如母腹之内即将脱胎而出的婴儿。其中第二幅的两山之间，还刻有一个表示祭品或祭名的文字。每个人像均头戴平顶方冠，身着长衣，脚上套一双翘脚大鞋。人像双手抱于胸前，空拳相握，均作同一手势，似乎正在举行某种祭祀活动。段渝先生将其释作蜀人以群山作为祭祀对象，山峦是蜀人观念中的人类母体②，这是十分有见地的。赵殿增先生认为这是“祭祀图”“蕴含有一定的宗教意图”。③这支从岷山上游区域进入成都平原的族群，以山（石）作为其崇拜物，表现其对原居住环境的追念。再结合商周之际出现在川西北的岷江上游地区的典型石棺葬来看④，我们认为，这些都不约而同地表明蜀人具有对山、石崇拜的浓厚氛围。

这里需要特别注意的是，无论是大禹生于石还是蜀人生于石

① 其他祭祀坑，如三星堆二号祭祀坑，从目前已知的材料来看，大体都朝向西北方的岷山。

② 段渝：《成都通史·古蜀时期》，成都：四川人民出版社，2011 年，第 258 页。

③ 赵殿增：《三星堆文化与巴蜀文明》，南京：江苏教育出版社，2005 年，第 349 页。

④ 李水城：《石棺葬的起源与扩散——以中国为例》，《四川文物》2011 年第 6 期。

（山）、葬于石棺，背后都具有丰富的民俗文化和宗教意义：石头具有丰产的功能、生殖功能，石头具有典型的人格化趋势，应该是原生态的神话传说。但“禹生石纽”则不同，它既没有民俗学支撑，又不含宗教意义，只有一个单一的地名支撑，甚至连石纽这一地名的地望，有时都说不清道不明[①]，应该是次生态的神话传说。

综上，我们认为“禹生石纽”的本型是“禹生于石”，它由夏人迁徙入蜀而带进蜀地，因为蜀人本来就有对山、石浓厚的崇拜，故被蜀人接受，两者相互结合，遂演化为“禹生石纽”的神话传说。

这里需要特别指出的一点是，看待禹生石纽这一问题，还可以从文化层面、族群认同方面认识其内涵，表现的是生活在当地的“少数民族”对于华夏文化的认同，希望跻身华夏文化圈的努力。同时，华夏族群接受这类说法，也体现出华夏文明自身的包容性。

四、结论

总的来说，我们对于“禹生石纽”说考察后得出以下几个结论。

（1）川西岷江上游地区属于高山峡谷地貌形态，山势陡峭，河谷狭小，气候干寒、恶劣，变化无常，有些地方常年积雪，只适合粗放农业，并不适宜农耕聚落形态的形成与发展，不具备产生邦国和族邦联盟的自然地理条件，更不会产生社会分化的都邑国家形态。

（2）中原的文明起源至仰韶时期到龙山时期再到二里头时期，几乎是一脉相承，并无明显的打破痕迹。三星堆遗址中可见二里头文化时期的器物，但二里头遗址绝不见三星堆文化时期的器物。蜀地同中原的文化交流方向是：中原→（影响）蜀地而不是相反。“禹生石纽”后率领族群北上中原定都并无任何证据支撑，纯

---

① 蒙默：《“禹生石纽”续辨》，《西华大学学报》（哲学社会科学版）2010年第4期。

粹臆断。

（3）“禹生石纽”同“禹兴于西羌”为两件事，双方在文献中出现的时间各异，影响的区域各异，涉及的内容各异。“禹兴于西羌”，对应的是夏族的发源；“禹生石纽”对应的是夏族的迁徙，实不能混为一谈。

（4）“禹生石纽”是“禹生于石”这一神话传说在流变过程中发生演化的结果，是夏人迁徙过程中将自己的神话传说同蜀人对山、石浓郁的崇拜相结合后的一种变异。反映是蜀地同中原地区的文化交流和族群迁徙，而并非夏族起源于蜀地。

（5）据景云碑的记载来看，可能在东汉时期，“禹生石纽”的说法尚未在蜀地成为普遍流传的神话传说故事。从现有的文献记载来看，大约在三国时期，此说逐渐抬头，但影响范围不出巴蜀地区；到了李唐时期，禹生于石纽的传说被中原地区精英所接受认可。

（6）禹生石纽这一问题，还可以从文化层面、族群认同方面认识其内涵，表现的是生活在当地的“少数民族”对于华夏文化的认同，希望跻身华夏文化圈的努力。同时，华夏族群接受这类说法，也体现出华夏文明自身的包容性。

作者简介：钟周铭，四川大学历史文化学院博士研究生。

高敖曹与东魏“胡化逆流”

张冠凯

（南京大学　历史学院　江苏　南京　210023）

摘　要：在经历了六镇之乱以后，东魏政权中出现了“胡化逆流”的现象。高欢家族的鲜卑化、胡人为主的将领构成都是其“胡化逆流”的重要表现。东魏名将高敖曹作为汉人在军队中的代表，虽然地位尊崇，却处于孤立无援的地位，并被高欢限制性使用。但高敖曹却始终刻意突出自己的汉人族属，使得他与东魏众胡将的胡汉矛盾愈演愈烈。在河桥之战中，高永乐坐视高敖曹战死，也正是这种胡汉矛盾激化的表现。

关键词：“胡化逆流”；高敖曹；胡汉矛盾；高永乐

在北魏孝文帝改革之后，鲜卑民族的汉化成了不可逆转的趋势。但令人叹息的是，太和二十三年（499年），年仅33岁的孝文帝在改革尚未完全完成之时便溘然长逝，洛代之间的问题始终没有解决。① 原先作为贵族的六镇地位日益降低，迁洛臣子的地位越来越高，六镇与洛阳的矛盾越发激烈。“故自宣武以后，洛阳之汉化愈深，而腐化乃愈甚，其同时之代北六镇保守胡化亦愈固，即反抗洛阳之汉化腐化

① （日）吉田爱：《北魏雁臣考》，《史滴》2005年第27号，第81—117页；郑建民：《尔朱集团和北魏末期的政局》，上海：华东师范大学历史系硕士学位论文，2008年；胡箫白：《“深忌河洛暑热”与太子元恂之死》，《南京晓庄学院学报》2010年第4期，第27—30页；张金龙：《北魏孝文帝对保守势力的斗争和笼络》，《东岳论丛》2012年第8期，第36—46页；崔彦华：《“洛阳—平城”两都格局与北魏政权之败亡》，《山西大学学报》（哲学社会科学版）2012年第4期，第70—75页。

力因随之而益强”[①]。终于，在孝明帝正光五年（524年），北方六镇叛乱，北魏分裂，这时“北朝曾一度发生胡化的逆流”[②]。这一“胡化逆流”，实质上是民族矛盾的表现。而相较于西魏、北周，东魏、北齐的表现更加明显。

关于胡汉的民族区分，陈寅恪先生在其名著《隋唐制度渊源略论稿》中就指出“全部北朝史中凡关于胡汉之问题，实一胡化汉化之问题，而非胡种汉种之问题。当时之所谓胡人汉人，大抵以胡化汉化而不以胡种汉种为分别，即文化之关系较重而种族之关系较轻，所谓有教无类者是也”[③]。因此，东魏的“胡化逆流”，主要表现在胡人及胡化汉人在各方面较之汉人均占据优势。

高敖曹是东魏著名的将领，名动当世，甚至到了两百余年之后的唐朝，白居易还称赞他“姿体甚异，胆力过人。累经战伐，皆着功绩……其勇敢忠壮，冠于一时，时称为名将”，并奉敕令专门为他写赞，以表彰他“生扬勋烈，死谥忠武。武不顾身，忠不忘主”[④]的品质。他的战死对于东魏来说是极大的震动，史称高欢“如丧肝胆”，北齐人魏收甚至在写《魏书》时将高敖曹战败阵亡和天象结合了起来，“八月辛卯，有大流星出房、心北，东南行，长且三尺，尾迹分为三段，军破为三之象也。先是，行台侯景、司徒高昂围金墉，西帝及宇文泰自将救之。是月陈于河阴，泰以中军合战，大克，司徒高昂死之”[⑤]；对于西魏来说则是巨大的胜利，“赏斩昂首者布绢万段，岁岁稍与之，周亡犹未充”[⑥]。可见，高敖曹的死亡对于东西魏双方来说都是一件大事，而对于见死不救，直接导致高敖曹死亡的高永乐，高欢只处以了杖二百的刑罚。对于东魏北

① 陈寅恪：《隋唐制度渊源略论稿》，北京：中华书局，1963年，第42页。
② 万绳楠整理：《陈寅恪魏晋南北朝讲演录》，合肥：黄山书社，1987年，第267页。
③ 陈寅恪：《隋唐制度渊源略论稿》，北京：中华书局，1963年，第71页。
④ （唐）白居易著，谢思炜校注：《白居易文集校注》，北京：中华书局，2011年，第1155页。
⑤ 《魏书》卷105《天象志四》，北京：中华书局，1974年点校本，第2447页。
⑥ 《北史》卷31《高昂传》，北京：中华书局，1974年点校本，第1147页。

齐时代的渤海高氏，学界的关注重点更多的在于高敖曹的长兄高乾身上[①]，其实，高敖曹作为东魏军队系统的汉人代表，在东魏“胡化逆流”的大背景下，其悲剧是不可避免的。

一、东魏的“胡化逆流”

“众所周知，北齐的鲜卑化、西胡化风气比较浓厚，高氏父子自高欢开始，就以鲜卑人自居，因此在其统治集团中，鲜卑化的勋贵势力比较强大。因此，东魏的民族成见、民族隔阂与民族冲突均比较突出”[②]。这种胡化在高氏家族和军队中表现得最为明显[③]，以高氏家族为代表的六镇勋贵集团已经出现[④]。缪钺先生就认为高氏“虽其所凭借者胜于宇文，然并无调和汉人与鲜卑之方策，故东魏四十余年之中，其政治上常发生鲜卑与汉人之冲突，力量分散。齐为周灭，此其一因”[⑤]。

（一）高氏家族的鲜卑化

高欢虽然自称渤海高氏，不过作为东魏的实际统治者和北齐的统治者，高氏家族实际上已经鲜卑化。因为高欢祖父高谧犯法

① 参见陈群：《渤海高氏与东魏政治》，《中国史研究》1997年第2期，第70—80页；何德章：《高乾兄弟的命运——东魏解散豪族私家武装的过程》，《魏晋南北朝隋唐史资料》第16辑，武汉：武汉大学出版社，1998年，第42—49页。

② 李文才：《论北齐文宣帝高洋之用人》，《许昌学院学报》2008年第1期，第19—22页。

③ 参见黄永年：《六至九世纪中国政治史》，上海：上海书店出版社，2004年，第5—9页；仇鹿鸣：《“攀附先世”与“伪冒士籍”——以渤海高氏为中心的研究》，《历史研究》2008年第2期，第60—74页；张金龙：《高欢家世族属真伪考辨》，《文史哲》2011年第1期，第47—67页。

④ 参见韦琦辉：《勋贵集团与东魏政治》，济南：山东大学历史系硕士学位论文，2005年；薛海波：《东魏国家权力结构新论——以怀朔镇勋贵任官为中心》，《史学月刊》2014年第7期，第39—54页。另据许福谦研究，东魏还存在着西域胡化恩倖集团，不过已经是北齐后期的事情。许福谦：《东魏北齐胡汉之争新说》，《文史哲》1993年第3期，第26—29页。

⑤ 缪钺：《读史存稿》，北京：生活·读书·新知三联书店，1963年，第78页。

被发配到六镇之以的怀朔镇，因而“累世北边，故习其俗，遂同鲜卑”[①]。除此之外，他还娶了鲜卑大姓娄氏女为妻。这桩婚姻更是明确显示“高欢属于胡人婚姻圈……在心理上已自居鲜卑人”[②]。

高欢为鲜卑化汉人，娄氏为鲜卑人，故而时人也以鲜卑视之。如东魏大将侯景“素轻世子（高澄），尝谓司马子如曰：‘王在，吾不敢有异。王无，吾不能与鲜卑小儿共事。’子如掩其口”[③]。侯景直接以“鲜卑小儿”称呼高澄，但不屑的只是“小儿”，对于其“鲜卑”的身份还是承认的。非但如此，高欢家族的人也自以为鲜卑人，这一点，在高欢次子高洋身上表现得尤其明显。

高洋“尝问（杜）弼云：‘治国当用何人？’对曰：‘鲜卑车马客，会须用中国人。’显祖以为此言讥我……（天保）十年夏，上因饮酒，积其愆失，遂遣就州斩之，时年六十九。既而悔之，驿追不及”[④]。杜弼鄙鲜卑崇中国的言论显然在无意中触犯了高洋，而这种触犯是建立在高洋自认为鲜卑的基础之上。杜弼的这次言语之失也成为他最终丧命的原因之一。

由此可见，作为东魏实际统治者与北齐统治者的高氏家族，其实是一个早已鲜卑化的家族。

（二）胡人为主的将领构成

关于高欢父子所依仗的主要军事将领，相关史籍中大略有四条记载，第一条是在高欢势力初成之时上书孝静帝：

> 臣……遣恒州刺史厍狄干、瀛州刺史郭琼、汾州刺史斛律金、前武卫将军彭乐拟兵四万，从其来违津渡；遣领军将军娄

① 《北齐书》卷1《神武纪上》，北京：中华书局，1972年点校本，第1页。
② 毛汉光：《中国中古政治史论》，上海：上海书店出版社，2002年，第95—96页。
③ 《北齐书》卷2《神武纪下》，北京：中华书局，1972年点校本，第23页。
④ 《北齐书》卷24《杜弼传》，北京：中华书局，1972年点校本，第353页。

昭、相州刺史窦泰、前瀛州刺史尧雄、并州刺史高隆之拟兵五万，以讨荆州；遣冀州刺史尉景、前冀州刺史高敖曹、济州刺史蔡俊、前侍中封隆之拟山东兵七万、突骑五万，以征江左。皆约所部，伏听处分[①]。

第二条是高欢在弥留之际嘱咐其子高澄：

（侯）景专制河南十四年矣，常有飞扬跋扈志，顾我能养，岂为汝驾御也！今四方未定，勿遽发哀。厍狄干鲜卑老公，斛律金敕勒老公，并性遒直，终不负汝。可朱浑道元、刘丰生远来投我，必无异心。贺拔焉过儿朴实无罪过。潘乐本作道人，心和厚，汝兄弟当得其力。韩轨少戆，宜宽借之。彭乐心腹难得，宜防护之。少堪敌侯景者唯有慕容绍宗，我故不贵之，留以与汝，宜深加殊礼，委以经略[②]。

第三条是高洋登基后封赏诸功臣：

诏故太傅孙腾、故太保尉景、故大司马娄昭、故司徒高昂、故尚书左仆射慕容绍宗、故领军万俟干、故定州刺史段荣、故御史中尉刘贵、故御史中尉窦泰、故殷州刺史刘丰、故济州刺史蔡俊等并左右先帝，经赞皇基，或不幸早徂，或殒身王事，可遣使者就墓致祭，并抚问妻子，慰逮存亡……又诏封功臣厍狄干为章武王，斛律金为咸阳王，贺拔仁为安定王，韩轨为安德王，可朱浑道元为扶风王，彭乐为陈留王，潘相乐为河东王[③]。

第四条是高演即位后确定祖庙的配飨资格：

---

① 《北齐书》卷2《神武纪下》，北京：中华书局，1972年点校本，第14页。
② 《北齐书》卷2《神武纪下》，北京：中华书局，1972年点校本，第23—24页。
③ 《北齐书》卷4《文宣帝纪》，北京：中华书局，1972年点校本，第52页。

诏以故太师尉景、故太师窦泰、故太师太原王娄昭、故太宰章武王厍狄干、故太尉段荣、故太师万俟普、故司徒蔡儁、故太师高乾、故司徒莫多娄贷文、故太保刘贵、故太保封祖裔、故广州刺史王怀十三人配飨太祖庙庭，故太师清河王岳、故太宰安德王韩轨、故太宰扶风王可朱浑道元、故太师高昂、故大司马刘丰、故太师万俟受洛干、故太尉慕容绍宗七人配飨世宗庙庭，故太尉河东王潘相乐、故司空薛修义、故太傅破六韩常三人配飨显祖庙庭[①]。

根据上述史料，可以看出高欢父子所依赖的主要将领有厍狄干、郭琼、斛律金、彭乐、娄昭、窦泰、尧雄、高隆之、尉景、高敖曹、蔡俊、封隆之、侯景、可朱浑道元、刘丰生、贺拔焉过儿、韩轨、慕容绍宗、孙腾、万俟干、段荣、刘贵、贺拔仁、潘相乐、万俟普、高干、莫多娄贷文、王怀、高岳、薛修义、破六韩常 31 人[②]。

在东魏主要的31员将领中，厍狄干、娄昭、窦泰、可朱浑道元（可朱浑元）、贺拔焉过儿、贺拔仁、慕容绍宗、万俟洛（万俟干、万俟受洛干）、万俟普、斛律金、莫多娄贷文、破六韩常 12 人为胡人；彭乐、尧雄、尉景、蔡俊、侯景、刘丰生（刘丰）、韩轨、孙腾、段荣、刘贵、潘相乐（潘乐）、王怀、高岳 13 人为胡化汉人；高敖曹、高乾、高隆之、封隆之、薛修义 5 人为汉人；郭琼 1 人族属情况未明[③]。

---

① 《北齐书》卷 6《孝昭帝纪》，北京：中华书局，1972 年点校本，第 82—83 页。

② 薛海波《东魏国家权力结构新论—— 以怀朔镇勋贵任官为中心》一文指出，“北魏末年跟随高欢一同东出河北，在消灭尔朱氏、驱逐孝武帝、建立东魏过程中立下赫赫战功的怀朔镇勋贵”有窦泰、鲜于世荣、潘乐、斛律羌举、可朱浑元、可朱浑天元、可朱浑天和、徐远、尉景、韩轨、侯景、韩贤、尉长命、莫多娄贷文、厍狄干、厍狄盛、厍狄回洛、厍狄业、步大汗萨、斛律金、娄昭、娄睿、王基、王纮、破六韩常、刘悦、蔡俊、赵猛、傅元兴、独孤永业、段荣、段韶、孙腾、万俟普、万俟洛、皮景和、斛律平、暴显、云荣 39 人。薛海波：《东魏国家权力结构新论—— 以怀朔镇勋贵任官为中心》，《史学月刊》2014 年第 7 期，第 39 页。

③ 上述诸人的族属情况是根据《北齐书》《北史》及相关墓志等史料及《北朝胡姓考》《世家大族与北朝政治》《峼华山馆丛稿续编》等著作考订而成。

由此可以知道，在东魏的主要将领中，胡人和胡化汉人占了绝大多数，比例达到了惊人的80.6%，由于郭琼族属不明，故汉人的比例只有16.1%，在东魏的将领队伍中，胡人和胡化汉人占据了绝对多数的地位。

二、高敖曹的地位

（一）地位尊崇

在“胡化逆流”的大背景下，汉人被视为低人一等，但高敖曹的地位却十分尊崇。高敖曹的家族为渤海高氏，长兄高乾是最早迎奉高欢的河北士族，高敖曹当时也随兄长一起迎奉高欢。孝静帝即位后，“以太师、赵郡王谌为大司马，以司空、咸阳王坦为太尉，以开府仪同三司高盛为司徒，以开府仪同三司高昂为司空”[①]，元谌、元坦都是宗室，高盛则为高欢从叔祖父，高敖曹能与他们并列，除了高欢当时对河北士族的依赖之外，高敖曹的才能也是一个重要方面。

不仅有迎奉大功，高敖曹还是一员难得的猛将。其“幼稚时，便有壮气。长而俶傥，胆力过人，龙眉豹颈，姿体雄异”[②]，更兼“马槊绝世”“左右无不一当百，时人比之项籍”[③]。故而高欢对其青眼相加，多有优容。“昂尝诣相府，欲直入，门者不听，昂怒，引弓射之。神武知而不责。性好为诗，言甚陋鄙，神武每容之”[④]。在韩陵之战时，“高祖将中军，高昂将左军，岳将右军”。三军统帅中，高欢自不必说，高岳为高欢族弟，高敖曹却能统带左军人马，其在军中的地位可见一斑。

① 《魏书》卷12《孝静帝纪》，北京：中华书局，1972年点校本，第297页。
② 《北齐书》卷21《高昂传》，北京：中华书局，1972年点校本，第293页。
③ 《北史》卷31《高昂传》，北京：中华书局，1974年点校本，第1144页。
④ 《北史》卷31《高昂传》，北京：中华书局，1974年点校本，第1147页。

高欢麾下大将侯景“右足短，弓马非其长，所在唯以智谋。时欢部将高昂、彭乐皆雄勇冠时，唯景常轻之，言‘似豕突尔势何所至’”[①]。在这里，侯景之所以贬低高敖曹与彭乐，就是嫉妒高、彭两人具有他不具备的勇猛。彭乐素有“勇猛无双”之名，“时神武率乐等十余万人于沙苑与宇文护战。时乐饮酒，乘醉深入，被刺，肝肚俱出。内之不尽，截去之，复入战，护兵遂败。相枕籍死者三万余人”[②]，后人称“东汉贾复、北齐彭乐、唐郭琪，皆以临战肠出，力疾杀敌为奇勇”[③]，足见彭乐的勇猛。能够和彭乐并列，高敖曹的勇猛善战自不待言。

除了本身勇猛之外，高敖曹还“自领乡人部曲王桃汤、东方老、呼延族等三千人”，掌握着一支纯汉人的精锐部队。因此，高敖曹在军中地位尊崇，甚至可以以一人之力与诸胡将抗衡。“于时，鲜卑共轻中华朝士，唯惮服于昂。高祖每申令三军，常鲜卑语，昂若在列，则为华言”[④]，高欢以高敖曹在与不在作为自己申令三军用哪种语言的标准，而这一标准也为六镇勋贵诸将领所服膺，高敖曹的地位可见一斑。

（二）孤立无援

在前文提到的东魏五位汉族将领中，高隆之、封隆之多处理内政，出战不多；高敖曹的长兄高乾早逝，而他的死是高欢抑制武力强宗而有意为之的[⑤]；薛修义虽战功卓著，但宦海沉浮，几起

① 《南史》卷 80《侯景传》，北京：中华书局，1975 年点校本，第 1994 页。
② （宋）李昉等：《太平广记》卷 191《骁勇一·彭乐》，北京：中华书局，1961 年点校本，第 1431 页。
③ （清）陈康祺撰：《郎潜纪闻三笔》卷 4《破肚将军》，北京：中华书局，1984 年点校本，第 720 页。
④ 《北齐书》卷 21《高昂传》，北京：中华书局，1972 年点校本，第 294 页。
⑤ 何德章：《高乾兄弟的命运——东魏解散豪族私家武装的过程》，《魏晋南北朝隋唐史资料》第 16 辑，武汉：武汉大学出版社，1998 年，第 45 页。

几落，受到“收家口为质，勿与兵马”[①]的对待也毫无怨言，可以说，在“鲜卑共轻中华朝士”的东魏，唯一刻意突出自己汉人族属的高敖曹处于孤立无援的地位。所以高敖曹经常与六镇勋贵将领们发生冲突，而其“侠气凌物”的种种表现，其实都是对六镇勋贵集团不满的表现。高敖曹与六镇勋贵集团的对抗，实质上就是胡汉矛盾下汉人与胡人的对抗。最为典型的表现就是其与刘贵的冲突。

《北史·高敖曹传》载：

> （高）昂与北豫州刺史郑严祖握槊，（刘）贵召严祖，昂不时遣，枷其使。使者曰：“枷时易，脱时难。”昂使以刀就枷刎之，曰：“何难之有？”贵不敢校。明日，贵与昂坐，外白河役夫多溺死。贵曰：“头钱价汉，随之死。”昂怒，拔刀斫贵。贵走出还营，昂便鸣鼓会兵攻之。侯景与冀州刺史万俟受洛解之乃止。[②]

可见，高敖曹与刘贵的冲突主要有两次。第一次是刘贵召郑严祖，高敖曹不但不放人，反而将刘贵使者先枷后杀。第二次是刘贵与高敖曹处理公事时，因为“头钱价汉”的称呼而惹怒高敖曹，高敖曹当场拔刀砍刘贵，甚至要集合兵马攻打刘贵，在侯景和万俟洛的联合劝解之下方才罢休。

这两次冲突，第一次的原因是高敖曹“侠气凌物”[③]。第二次的原因是民族冲突。不过，将这两次冲突联系起来，就颇值得玩味了。因为在第一次冲突之时，即使高敖曹将刘贵派去的使者羞辱惩罚甚至杀死，刘贵都未敢与高敖曹争执，足可见刘贵对于高敖曹是惧怕的。但就在第二天，刘贵就当着高敖曹的面说出了“头钱价

---

①《北史》卷53《薛修义传》，北京：中华书局，1974年点校本，第1919页。
②《北史》卷31《高昂传》，北京：中华书局，1974年点校本，第1146—1147页。
③《北齐书》卷21《高昂传》，北京：中华书局，1972年点校本，第295页。

汉”，触动了高敖曹的逆鳞，险些招来大祸。按照黄永年先生的研究，“汉”在当时更多地作为侮辱性的词语来使用，民族指向并不明显[①]，这也是刘贵如何敢在高敖曹面前说“头钱价汉”的原因——他只是用了当时通用的侮辱性词语，而绝非针对高敖曹，“头钱价汉”只是刘贵的习惯用语罢了。面对素来畏惧的高敖曹，刘贵仍不避讳“头钱价汉”，足见刘贵平时用词一贯如此。而作为东魏胡化将领的代表，这样用词的也绝不仅仅是刘贵一人。这也是高敖曹为何反应如此之大，甚至不惜刀兵相见的原因。但高敖曹也不得不在侯景与万俟洛的劝解之下罢休——真要刀兵相见的话，没有任何助力的高敖曹必然是吃亏的一方。

除此之外，高敖曹还“酷好为诗，雅有情致，时人称焉”。在《先秦汉魏晋南北朝诗》中就收录了他的三首作品：《从军与相州刺史孙腾作行路难》、《征行诗》和《赠弟季式诗》，《太平广记》也因为这些作品将其归为“武臣有文”一类[②]。但高敖曹作诗的水平却不敢让人恭维，虽然偶有“河伯水中之神，敖曹地上之虎，行经君所，故相酬决”这样“爽快可喜”的妙笔出现[③]，但还是以“言甚鄙陋”为多。不过，若与当时“胡化逆流”的大环境联系起来，作诗便不只是高敖曹的个人爱好那么简单了。可以说，高敖曹正是利用作诗这种形式来彰显他的汉族属性。与作诗不作诗相比，诗的质量高不高显然处于次要地位。

高敖曹并不是没有意识到自己这种孤立无援的不利状态，因此他也在努力扩展汉族将领的势力。首当其冲的就是他的胞弟高季式。高敖曹与高季式的兄弟感情十分深厚，作为兄长，高敖曹始终对高季式显示出关心的一面。在高欢与尔朱兆的决战中，尔朱兆大

---

① 黄永年：《六至九世纪中国政治史》，上海：上海书店出版社，2004年，第34—39页。
②（宋）李昉等：《太平广记》卷 200《文章三·武臣有文·高昂》，北京：中华书局，1961年点校本，第1504页。
③ 赵翼：《陔余丛考》，北京：中华书局，1963年，第887页。

败，“高季式以七骑追奔，度野马岗，与兆遇。高敖曹望之不见，哭曰：‘丧吾弟矣！’夜久，季式还，血满袖”①，从此战高季式的表现来看，他也是像高敖曹一样的猛将，所以高敖曹对他给予了厚望。小关之战，高敖曹在撤军中为流矢所中，说“吾以身许国，死无恨矣，所可叹息者，不见季式作刺史耳”②，高欢听说后封高季式为济州刺史。在高季式即将上任之时，高敖曹以诗相赠“怜君忆君停欲死，天上人间无可比。走马海边射游鹿，偏坐石上弹鸣雉。昔时方伯愿三公，今日司徒羡刺史”③，诗中充满了对高季式的感情。而高季式也并未让兄长失望，在刺史任上他多次击破境内匪帮，“远近清晏”④，显示了一定的军事才能，“自领部曲千余人，马八百匹，戈甲器仗皆备”⑤，也掌握了一定的武装。

但高季式掌握武装不久，高敖曹就兵败阵亡，不久高慎又归降西魏，高季式失去了军政两大方面的助力，之后便籍籍无为了。

（三）限制性使用

在高欢大致平定内部之后，矛头便对准了西魏，高敖曹参加的主要有小关、沙苑和河桥三场战役。

小关之战时，高欢兵分三路，亲自领兵屯兵蒲阪，进逼龙门，“遣其将窦泰趣潼关，高敖曹围洛州”⑥、“以昂为西南道大都督，径趣商洛。山道峻隘，已为寇所守险，昂转斗而进，莫有当其锋者。遂攻克上洛，获西魏洛州刺史泉企，并将帅数十人。会窦泰失利，召昂班师……昂还，复为军司大都督，统七十六都督”⑦。

---

① 《北齐书》卷1《神武纪上》，北京：中华书局，1972年点校本，第8页。
② 《北齐书》卷21《高昂传》，北京：中华书局，1972年点校本，第295页。
③ 逯钦立辑校：《先秦汉魏晋南北朝诗·北齐诗》卷一，北京：中华书局，1983年点校本，第2258页。
④ 《北齐书》卷21《高季式传》，北京：中华书局，1972年点校本，第296页。
⑤ 《北齐书》卷21《高季式传》，北京：中华书局，1972年点校本，第296页。
⑥ 《周书》卷2《文帝纪下》，北京：中华书局，1971年，第22页。
⑦ 《北齐书》卷21《高昂传》，北京：中华书局，1972年点校本，第295页。

在小关之战中，窦泰和高欢的两路人马最为重要。因为高欢需要牵制宇文泰的主力部队，给窦泰部制造战机；窦泰则承担着攻破长安、灭亡西魏的任务。只有高敖曹一路是为偏师，扫荡河南，远离主战场。高敖曹虽然一路凯歌，攻克上洛，但因为窦泰的失利，也不得不撤军。

沙苑之战时，“东魏丞相欢将兵二十万自壶口趣蒲津，使高敖曹将兵三万出河南。时关中饥，魏丞相泰所将将士不满万人，馆谷于恒农五十余日，闻欢将济河，乃引兵入关，高敖曹遂围恒农”[①]。

在沙苑之战中，主力毫无疑问是高欢的二十万大军，主战场在长安和潼关之间的沙苑，而高敖曹又率领偏师在河南地进行攻略。由于高欢的失败，高敖曹的攻略也失去了意义。

元象元年（538 年）的河桥之战其实是沙苑之战的后续，“（高敖曹）与侯景等同攻独孤如愿于金墉城，周文帝（宇文泰）率众救之。战于邙阴，昂所部失利，左右分散，单马东出，欲趣河阳南城，门闭不得入，遂为西军所害，时年四十八”[②]。高敖曹战败阵亡。而对于闭门不出，直接导致高敖曹战死的高永洛，高欢也只是“杖永洛二百”[③]而已。

综合上述三次战役不难看出，高敖曹经常以一军统帅的身份独立作战，但往往不是主战场。这自然是高欢对高敖曹选择性使用的结果，“高祖将中军，高昂将左军”的境遇已经一去不复返。而从高欢对高永洛不轻不重的处罚中，也能看出高欢对高敖曹之死模棱两可的态度。

除了对高敖曹的选择性使用，高欢对高敖曹的军队也有染指之

① 《资治通鉴》卷 157“梁武帝大同三年”条，北京：中华书局，1956 年点校本，第 4883 页。

② 《北齐书》卷 21《高昂传》，北京：中华书局，1972 年点校本，第 295 页。

③ 《北史》卷 31《高昂传》，北京：中华书局，1974 年点校本，第 1147 页。

意。《北齐书·高昂传》载："随高祖讨尔朱兆于韩陵，昂自领乡人部曲王桃汤、东方老、呼延族等三千人。高祖曰：'高都督纯将汉儿，恐不济事，今当割鲜卑兵千余人共相参杂，于意如何？'昂对曰：'敖曹所将部曲练习已久，前后战斗，不减鲜卑，今若杂之，情不相合，胜则争功，退则推罪，愿自领汉军，不烦更配'"[①]。这种欲以鲜卑兵掺入高敖曹部曲的行为，实际上就是想削弱高敖曹对这支战斗力十足队伍的实际控制权，欲削高敖曹兵权之心昭然若揭。河桥之战高敖曹阵亡之后，其兄高慎以北豫州之地投降西魏，其弟高季式也逐渐远离军队，东魏的将领中几无汉人。

三、高永乐与高敖曹之死

《北齐书·高永乐传》载："阳州公永乐，神武从祖兄子也……河阴之战，司徒高昂失利退。永乐守河阳南城，昂走趣城，西军追者将至，永乐不开门，昂遂为西军所擒。神武大怒，杖之二百"[②]。可见，不开城门以致高敖曹阵亡的高永洛即为阳州公高永乐。

关于高永乐，史籍记载较少，不过也可以一一理清。关于高永乐，大致有三件事情比较重要。一为镇守河阳。二为攻击司马裔。三为任用裴监、辛公正。

关于镇守河阳，《通典·州郡七》载："孝文太和中筑之（河阳城），齐神武使潘乐镇于此，又使高永乐守南城以备西魏，并今城也"[③]。

河阳城始建于北魏孝文帝太和年间，很明显是将其作为洛阳的

---

① 《北齐书》卷21《高昂传》，北京：中华书局，1972年点校本，第294页。

② 《北齐书》卷14《高永乐传》，北京：中华书局，1972年点校本，第181页。

③ 《通典》卷177《州郡七·古荆河州·河南府》，北京：中华书局，1988年点校本，第4655页。

北大门。而在北魏分裂之后，东魏、西魏针对河南地区展开了长期的拉锯争夺[①]。作为战略要地，河阳也就成了东魏“精兵所聚”[②]的要冲。基于此，河阳守将就必须是东魏统治者最信任的人。高永乐的前任潘相贵自高欢出镇晋州时就追随高欢，是高欢最信任的将领之一。潘相贵之后，高永乐以高欢之侄的身份出镇河阳，高欢对其的信任可见一斑。

高永乐攻击司马裔，事见《周书·司马裔传》。“大统三年，大军复弘农，（司马裔）乃于温城起义，遣使送款。与东魏将高永洛、王陵等昼夜交战。众寡不敌，义徒死伤过半。”[③]司马裔为西魏名将，“逢蒙射法，力牧兵书，星辰高下之占，风雨逢迎之气”[④]，“频与东魏交战，每有克获”[⑤]，却败于高永乐之手，虽然众寡不敌，足见高永乐之骁勇善战。

至于任用裴监、辛公正，事即见其传。当时高永乐“罢豫州，家产不立。神武问其故，对曰：‘裴监为长史，辛公正为别驾，受王委寄，斗酒只鸡不入。’神武乃以永乐为济州，仍以监、公正为长史、别驾。谓永乐曰：‘尔勿大贪，小小义取莫复畏。’永乐至州，监、公正谏不见听，以状启神武。神武封启以示永乐。然后知二人清直，并擢用之。”[⑥]

---

① 参见史念海：《论我国历史上东西对立的局面和南北对立的局面》，《中国历史地理论丛》1992 年第 1 辑，第 57—112 页；李万生：《河南之地与三国之争——以侯景叛东魏为中心的考察》，《中国史研究》1998 年第 3 期，第 53—60 页；刘婷婷：《南北朝时期周齐梁的边境关系及军事斗争》，太原：山西大学历史文化学院硕士学位论文，2010 年；朱叶俊：《两魏周齐河南之争》，南京：南京大学历史系硕士学位论文，2011 年；权玉峰：《魏晋北朝河内郡研究》，洛阳：河南科技大学历史系硕士学位论文，2015 年。

② 《北史》卷 75《宇文弼传》，北京：中华书局，1974 年点校本，第 2569 页。

③ 《周书》卷 36《司马裔传》，北京：中华书局，1971 年点校本，第 645 页。

④ （北周）庾信撰，（清）倪璠注：《庾子山集注》，北京：中华书局，1980 年，第 804 页。

⑤ 《周书》卷 36《司马裔传》，北京：中华书局，1971 年点校本，第 645 页。

⑥ 《北齐书》卷 14《高永乐传》，北京：中华书局，1972 年点校本，第 181 页。

北魏后期，贪污之风大盛[①]，直接继承北魏的东魏政权自然也不能免俗，以至于“家产不立”的高永乐竟然成了一个异数，甚至高欢都劝他在无伤大雅的情况下进行贪污。不过，高永乐的廉洁并不是自律，而是长史裴监、别驾辛公正监督的结果。虽然如此，高永乐能够坚持重用二人、接受二人监督已经难能可贵了。甚至裴、辛二人的升迁也有高永乐的“功劳”在内。

综上，高永乐既是高氏宗亲，又具备军事才能，更可贵的是对下属的尊重和重用，可以说是高欢最信任的人之一。这样的人，本应和猛将高敖曹共同成为东魏的柱石，却偏偏在他们身上发生了萧墙之祸。从高永乐能够接受裴、辛二人的监督来看，他并不是一个心狭量窄的人，但偏偏是他“先与昂隙，闭门不受”，见死不救，害死了高敖曹。这更可以说明高敖曹之死是东魏“胡化逆流”的情况下，胡汉矛盾的表现。在“胡化逆流”的趋势下，“鲜卑共轻中华朝士”，像高敖曹这样桀骜不驯的人，势必不能在胡化势力最强的东魏军队体系中长期存在。

四、结语

在继承了六镇大部分遗产的基础上建立起来的东魏，不可避免地出现了“胡化逆流”的情况。具体表现在高氏家族的鲜卑化和以胡人为主的将领构成方面。高敖曹作为东魏重要将领中唯一的汉人代表，因为出身高贵、素有功劳、勇猛善战等原因有着尊崇的地位，但却不能改变“鲜卑共轻中华朝士”的局面。与人数众多的胡将相比，高敖曹在军中处于孤立无援的尴尬局面，甚至都被限制性使用。在这种不利局面下，高敖曹仍始终刻意保持自己的汉族特性，与胡将的胡汉矛盾越发激烈。作为高氏宗亲的高永乐坐视高敖

① 梁满仓：《北魏后期的贪污之风与治贪之策》，《探索与争鸣》1991年第3期，第37—44页。

曹阵亡，正是这种胡汉冲突下的产物。终东魏、北齐，胡汉矛盾一直未能得到妥善解决，这也是其亡于北周的原因之一。

作者简介：张冠凯，男，山西孝义人。南京大学历史学院2015级博士研究生，主要研究方向为魏晋隋唐史、历史地理学。

汉魏时期西域用水考略

戚裴诺

摘　要：古代西域，其大部分位于今新疆维吾尔自治区，整体自然情况虽然未及中原地区优良，但它一直以来就是重要的畜牧业产区。由于受到交通位置与食品来源的影响，生活在该地区的人群亦开展了各类农业生产活动。这些生产活动均和水资源的利用有密不可分的关系。为此，本文拟对汉至北魏时期西域地区使用水资源情况进行简略考释。

关键词：汉魏；用水；西域

古代西域，其大部分位于今新疆维吾尔自治区，由于受到周边板块撞击和人为活动等诸多影响，大多数区域现已成为典型的干旱地区。全区“年平均降水量为 145 毫米”，年蒸发量远大于降水量。然而，“境内河流很多，约有 320 多条”①，并且当地“山系共有冰川 18 600 多条，蓄水量约 2.58 万亿立方米，是天然的固体水库”②。无论是从史前时期地质、考古资料遗存的角度分析，还是从早期历史阶段相关史籍记载的方面来看，其所辖城市在环境史上具有与水源相伴而生的特点。③

同时，今新疆地区的整体自然情况虽然未及中原地区优良，但

---

① 《新疆维吾尔自治区概况》编写组编：《新疆维吾尔自治区概况》，北京：民族出版社，2009 年，第 2 页。

② 《新疆维吾尔自治区概况》编写组编：《新疆维吾尔自治区概况》，北京：民族出版社，2009 年，第 17 页。

③ 黄盛璋：《绿洲研究》，北京：科学出版社，2003 年，第 3—6 页。

它一直以来就为重要的畜牧业产区。且受到交通位置与食品来源的影响[①]，生活在新疆的人群亦在适宜的地区开展了各类农业生产活动。而以上这些生产活动，均和水资源的利用有密不可分的关系。为此，本文拟对汉代至北魏时期西域地区使用水资源情况进行简略考释。

一、今新疆地区地理环境概说

若考述今新疆地区环境，其深居内陆，远离海洋，以及周边山脉纵横的现实状况，造成了来自海洋上的暖湿气流难以进入区域内核心地区，形成了全区年均降水量少于 150 毫米。总体来讲，新疆是我国降水量最少的地区。由于昆仑山、天山、阿尔泰山形成褶皱式横断山系的缘故，使得来自大西洋的少量水汽凝结，或在迎风坡附近形成降水，或在山顶上形成冰雪覆盖的效果，储备了大量的固体水资源[②]，在春夏季融化，为时令河补充急需的水资源。

由于上述三大山脉的环抱，发源于山地当中的河流，由周边高地向盆地中心辐射，在戈壁与沙漠里形成一条条内流河。虽然它们流域范围交窄，但却为两岸星罗棋布的绿洲定居点建立提供了物质基础。而今称孔雀河和塔里木河汇流而成的古代“菖蒲海”（即现在已经干涸的罗布泊），更是成为该地区最早定居者古代塞人的栖息地之一。

基于这些原因，汉魏时期的人口聚落主要分布在塔里木河附近、吐鲁番盆地和准格尔盆地边缘。同时，古人的遗迹也为今人留下了宝贵的历史财富，并无声地诉说着它们过往的故事。

---

① 新疆地区百姓使用肉类多集中在冬季三个月。除此之外的季节，还是以奶制品作为主要食物，并伴以粮食等食品。而从曾生活在新疆地区的匈奴人、突厥人向河西等地区除获得金银财物，还掠夺人口的事实，我们也可以得出，当地民族的统治者需要有熟练掌握种植业的汉人为其提供谷物作物。因而，新疆地区虽然以畜牧业为主，但不乏种植农业等多种农业共同发展。

② 周聿超：《新疆河流水文水资》，乌鲁木齐：新疆卫生科技出版社，1999 年，第 56 页。

二、汉魏时期新疆地区水资源与水利设施之所记

翻阅史料，对西域地区风土人情有着详细记载的传世资料当属《汉书·西域传》。在总序中，班固对西域进行了概述式的描述："西域以孝武时始通，本三十六国，其后稍分至五十余，皆在匈奴之西，乌孙之南。南北有大山，中央有河，东西六千余里，南北千余里。东则接汉，厄以玉门、阳关，西则限以葱岭。……"[①]虽然史传文字以介绍政区情况为主，但也刊载了不少水资源的分布情况。其间，"中央有河"即指今我国最大的内流河塔里木河。接下来，《汉书》又分析了它的流势："其河有二源，一出葱岭山，一出于阗，于阗在南山下，其河北流，与葱岭河合，东注蒲昌海……"[②]。考今天的塔里木河流域范围，其所记内容与现今情况大致一致。如《汉书》提及的葱岭河，指今喀什噶尔河和叶尔羌河。于阗的名称，在 1949 年以后方改为和田。而另据《水经注·河水》篇记述，塔里木盆地存在"南河"与"北河"，南河沿昆仑山北麓东行，北河沿天山南麓东行，并于罗布洼地西部汇合后注入罗布泊。其载：

> 北河自歧沙东分南河……又东北流分为二木枝流出焉。北河自疏勒径流南河之北……南河又东径于阗国北，释氏《西域记》曰：河水东流三千里，至于阗，屈东北流者也。……河水又东径墨山国南。治墨山城，西至尉犁二百四十里。河水又东径注宾城南。又东径楼兰城南而东注。盖垅田士所屯，故城禅国名耳。河水又东注于泑泽，即《经》所谓蒲昌海也。[③]

---

① 《汉书》卷 96 上《西域传上》，北京：中华书局，1962 年点校本，第 3871 页。
② 《汉书》卷 96 上《西域传上》，北京：中华书局，1962 年点校本，第 3871 页。
③ （北魏）郦道元著，陈桥驿校正：《水经注校正》卷 2《河水》，北京：中华书局，2007 年，第 34—36 页。

而在《汉书·西域传》中，还有对当地水资源情况的其他记载：

> 车师前国王，治交河城。河水分流域下，故号“交河”。
>
> 于阗国，王治西城，去长安九千六百七十里。……于阗之西，水皆西流，注西海；其东，水东流，注盐泽，河原出焉。多玉石。西通皮山三百八十里。[①]

此外，我们在《汉书》所记载一些汉王朝与匈奴部族战争、外交交流过程中，如“乌孙国……不田作种树，随畜逐水草，与匈奴同俗”[②]，亦能体现出水资源对“西域三十六国”的重要性。

不能否认的是，该地区自然地理环境自古至今与中原地区相比，还是存在很大差距的。譬如，《汉书·西域传》中还记述了西域地区恶劣的气候特征，如“鄯善国，本名楼兰……地沙卤，少田……多葭苇、怪柳、胡桐、白草”[③]。其中的“怪柳、胡桐”，都是生长在罗布泊区域典型的防沙固沙树种，对水的需求量较少。东汉明帝永平十八年（75 年），面对匈奴部落的攻击，东汉守军也遭遇了被围困的情况，水粮断绝。在胶着状态下，“匈奴遂于城下拥绝涧水”，而汉军守将耿恭“于城中穿井十五丈不得水”。直至“向井再拜，为吏士祷”，方才“水泉奔出”，并使得匈奴“以为神明，遂引去”[④]。这则案例，虽有些神秘主义色彩，但也反映了水对于政治与军事的走向起到了决定性作用。而以上当地风土人情的内容，均体现了西域水资源的紧缺和分布不均的状态。

正因如此，汉魏时期的史料在表现中央王朝对西域地区有效统治之时，还屡次提出发展当地水利设施，为驻兵、屯田提供物质保障的意义，从而实现中央政权对西域地区有效管理的效果。

---

① 《汉书》卷 96 上《西域传上》，北京：中华书局，1962 年点校本，第 3881 页。
② 《汉书》卷 96 下《西域传下》，北京：中华书局，1962 年点校本，第 3901 页。
③ 《汉书》卷 96 上《西域传上》，北京：中华书局，1962 年点校本，第 3875—3876 页。
④ 《后汉书》卷 19《耿弇列传附耿恭传》，北京：中华书局，1965 年点校本，第 720 页。

而在西汉屯垦戍边时，即把内地的“开渠筑堤之法”和掘井、挖井渠之法传到了新疆，并在各校尉驻地附近修建了大量的水利灌溉渠道，如修伊循灌渠、筑拦河坝等，有力地推动了新疆古代农业生产的发展。这些政策，在汉武帝征和四年（前 89 年）颁布“罢轮台屯田诏”时，仍得到了正面的评价。时任搜粟都尉桑弘羊等上奏到：“故轮台东捷枝、渠犁皆故国，地广，饶水草，有溉田五千顷以上。”①随后，相关设施仍有不废之迹象，如居延汉简就存在“居延始元二年戍田卒千五百人为騂马田官穿泾渠，乃正月己酉淮阳郡”②（简 513. 17）的记载。而北魏时期，郦道元在记述西域形势时，还对当地修建水利设施，威震周边各政权的事件大加赞赏：“敦煌索励，字彦义，有才略，刺史毛奕表行贰师将军，将酒泉敦煌兵千人至楼兰屯田，起白屋，召鄯善、焉耆、龟兹三国兵各千，横断注滨河。……胡人称神，大田三年，积粟百万，威服外国。”③

另外，自近代斯坦因、伯希和涉足西域考古以来，许多学者都对戈壁之中旧有水利遗迹有所涉及。如黄文弼先生在 20 世纪 20 年代和 20 世纪 50 年代两次考察罗布泊周边地理环境与古遗迹时，就曾发现被当地人称之为“汉人渠”的汉代水渠遗址。对此，他在 1948 年出版的《罗布淖尔考古记》中回忆到：“筑隄障水，使水东南流灌地……由其隄障水之遗迹，可以明了矣。”④而水堤“长达二百华里”的磅礴气势，更令他赞叹不已。渠面引水的宽阔，以至于其未能继续渡河，实地考察一番。与此同时，遗址的发现亦表明

① 《汉书》卷 96 上《西域传上》，北京：中华书局，1962 年点校本，第 3912 页。

② 谢桂华，李均明，朱国炤：《居延汉简释文合校》，北京：文物出版社，1987 年，第 497 页。

③ （北魏）郦道元著，陈桥驿校正：《水经注校正》卷 2《河水》，北京：中华书局，2007 年，第 36—37 页。

④ 黄文弼：《罗布淖尔考古记》，北京：国立北京大学出版部，1948 年，第 111—112 页。关于这方面的论述，亦可参见（英）崔瑞德、鲁惟一编，杨品泉等译：《剑桥中国秦汉史·汉朝的对外关系》，北京：中国社会科学出版社，1992 年，第 399 页。

了河渠通过“筑堤断流，引水灌地”[①]的方法达到屯田的效果。而黄文弼在汉代烽燧周边之见，证实了孔雀河古道河畔为古楼兰屯田的实际所在地。而日后发掘的土垠遗址，更是为今人逐步恢复古楼兰人生活环境，提供了现实依据。

事实上，在中原王朝大力筑造沟渠时，我们还应该看到，修建这些水利设施的原因在于当地降雨较少的现实状况。到北魏中后期宋云出使西域时，“城中居民可有百家，土地无雨，决水种麦，不知用牛，耒耜而田”[②]。这种靠冰山融水滋养田地的方法，当属无奈之举。而如掘井取水的方法自新石器以来就出现在交河台地，并在西汉和北魏时期两度拯救守城士兵。[③]但伴随周边人口增加、垦区面积的扩大，地下水位出现下降，其自然也就丧失了实际用途。

三、水利资源对古代新疆地区人类生活的影响

从对汉魏时期西域地区水资源与水利设施的梳理情况中，我们初步可以得出以下论断：历史时期西北水利设施的修建，主要还是为满足原著居民及中原外迁将士的生活饮用之需。如西汉中后期，桑弘羊就曾列举了“遣屯田卒诣故轮台以东，置校尉二人分护，各举图地形、通利沟渠，务使以时，益种五谷”[④]、“田一岁，有积谷”及“募民敢徙者诣田所，就畜积为产业，稍稍筑亭，连城而西，以威西国，辅乌孙”[⑤]等屯田计划。而此后，小麦、粟、糜、

① （英）崔瑞德、鲁惟一编，杨品泉等译：《剑桥中国秦汉史·汉朝的对外关系》，北京：中国社会科学出版社，1992年，第399页。

② （东魏）杨衒之，范祥雍校注：《洛阳伽蓝记校注》卷5，上海：上海古籍出版社，1978年，第265页。

③ 李肖：《交河故城古井调查报告》，《交河古城保护与研究》，乌鲁木齐：新疆人民出版社，1999年，第311页。

④ 《汉书》卷96下《西域传下·渠犁》，北京：中华书局，1962年点校本，第3912页。

⑤ （东汉）荀悦著，张烈点校：《两汉纪》上《汉纪·孝武皇帝纪》卷6第15，北京：中华书局，2002年，第265页。

黍、麻、葡萄、果蔬等作物，都曾成为沟渠灌溉的对象。对水资源的利用，也成为西域地区行政机构所管理的一项重要事务。西晋时期在楼兰附近设立水曹官管理当地水利问题，如“水曹请绳十丈”（12号简）、“泰始三年二月廿八日辛未言书一封水曹督田椽鲍湘张雕言事使君营以邮行”（609号简）[①]。又有吐鲁番文书《北凉缘禾十年高昌郡功曹白请改动行水官牒》中有“佐隗达，代达行西部水，以摄仪□□□（张祇养）□□行中部水”[②]的记载，行文中还有当时官文模式化的“事诺约敕奉行”用语；《（西凉）建初二年功曹书佐谦、奏为以散翟定□补西部平水事》文书中，既有反映高昌郡传递行政命令的方式，又有水利灌溉设施是归功曹官主管的内容及负责具体事务官员“西部平水”的信息。[③]这些出土文献，均为我们了解西域水源调配的方式提供了第一手资料。

《史记·河渠书》所载的“发卒万余人穿渠，自徵引洛水至商颜下”[④]，据王国维《西域井渠考》一文的考证，在后世已化用为当地特有的坎儿井，并称：“西域本无此法，及汉通西域，以塞外乏水，且沙土善崩，故以井渠法施之塞下。”[⑤]今日在米兰遗址，还可以看到保存较为完整的古代灌溉渠道系统。其干渠上设有总闸和分水闸，两侧有七条支渠，顺地势山岭分布，采用双向灌溉先集中后分水的浇水方式，有效地控制着整个灌区。[⑥]

除农业外，在历史时期用水量最大的当属金属冶炼业。依《汉书·陈汤传》记载，金属冶炼业的传入当属汉对西域的战争。乌孙因“兵刃朴钝，弓弩不利”导致“胡兵五而当汉兵

---

① 林梅村：《楼兰尼雅出土文书》，北京：文物出版社，1985年，第30、69页。
② 柳洪亮：《新出吐鲁番文书及其研究》，乌鲁木齐：新疆人民出版社，1997年，第10页。
③ 国家文物局古文献研究室，新疆维吾尔自治区博物馆，武汉大学历史系：《吐鲁番出土文书》第一册，北京：文物出版社，1981年，第179页。
④《史记》卷29《河渠书》，北京：中华书局，1982年点校本，第1412页。
⑤ 王国维：《西域井渠考》，《观堂集林》上册，北京：中华书局，1959年，第620页。
⑥ 陈戈：《米兰古灌：概渠道及其相关的一些问题》，穆舜英编：《楼兰文化研究论集》，乌鲁木齐：新疆人民出版社，1995年，第253页。

一”[①]。而日后，由于俘虏汉族工匠，“颇得汉巧，然犹三而当一。”[②]其实，西域诸国能大量生产铁器，应与其所处位置相关。后代的郦道元在《水经注·河水》引《释氏西域记》的一段话则揭示了当中缘故：“屈茨北二百里有山，夜则火光，昼则但烟。人取此山石炭冶此山铁，恒充三十六国。”[③]但遗憾的是，这些传世典籍都未对具体冶炼地点和其周边环境进行详细的描述。直至清代中期以后，世人方才知晓金属工具具体铸造场所，而 1906 年伯希和一行自西向东对新疆腹地的考察，更让我们了解了当中过程。如：

> 在路途中，穿越激流冲刷的雀离塔格山狭谷之后，使会在一个侧谷中遇到库治一马哈拉希村（Koutchi-Mahalassi），其周围有一股小泉，在流动的水面上，有大片的石油污迹在漂动。土著民用一把葫芦瓢打捞它们，每天都可以用此方式搜集 2—3 公升的石油。逆河流而上稍远的地方，便是开采铜矿的中心地区，即位于一个叫拉什·凯奇克（Rach Ketchik）的地方。从焉耆（Qaraghchar）等地开采出的矿石，都集中到了那里，铜矿石就在那里冶炼。炼铜使用木炭，以人力用木料和皮料制造的手拉风箱吹风。总而言之，这是一种很原始的开发。人们甚至可以说，这对该地区是灾难性的。……[④]

二十余年后，中国学者黄文弼在考察罗布泊沿岸所发现的铜镜、铜矢簇等遗物[⑤]，以及现已探明并发掘的民丰尼雅古址、阿其

---

① 《汉书》卷 70《陈汤传》，北京：中华书局，1962 年点校本，第 3023 页。
② 《汉书》卷 70《陈汤传》，北京：中华书局，1962 年点校本，第 3023 页。
③ （北魏）郦道元著，陈桥驿校正：《水经注校证》卷 2《河水》，北京：中华书局，2007 年，第 39 页。
④ （法）路易·瓦杨：《中国西域地理考察报告》，（法）伯希和：《伯希和西域探险记》，昆明：云南人民出版社，2001 年，第 47 页。
⑤ 黄文弼先生分别在 1930 年和 1934 年春季两度赴罗布淖尔考察，并撰写相关报告。具体内容详见黄文弼：《罗布淖尔考古简记》，《黄文弼历史考古论集》，北京：文物出版社，1989 年，第 367—368 页。

克山和库车县阿艾山三处汉代新疆冶铁遗址，都以考古资料的形式提供了汉代以来冶炼金属器的具体形态。此外，钮仲勋先生还认为拜城克孜尔石窟第175窟晋代壁画反映了“西域已较普遍使用铁制工具”的情况，并将先进的农业发展和水利进步联系起来，指出“有的生产工具既可用于耕作，也可用于兴修水利”①。

值得一提的是，虽然当地的降水量远少于同纬度的东部地区，但受到冰山融水的影响，汉魏时期在贯穿南疆的塔里木河、孔雀河周边，还是有着较好的生态系统。这也促使了古楼兰人和古代塞人形成了渔猎的传统。楼兰遗址中出土了大量与鱼有关的文物，其中，鱼骨被认为是吉祥物。由此，可以推断出鱼对古楼兰人的生活有十分重要的作用。时至近代，罗布泊周边居民，在家里来客人时，还有打鱼待客的习俗。②而20世纪70年代出土的“居延新简”中“建武三年十二月候粟君所责寇恩事”一册③，便有提及“就载鱼五千头到觻得就贾用牛一头谷廿七石恩愿沽出时行钱卌万以得卅二万又借牛一头”（EPF22.29）的内容，亦可帮助我们管窥汉魏时期整个西域地区水产品流通的情况。

四、结语

通过以上材料的列举和简单的论证，我们可以发现，汉魏时期生活在新疆地区的居民，通过利用塔里木河及其周边资源，创造了属于自己的璀璨文化。而近人通过考古探险的方式，亦证实并发展

---

① 钮仲勋：《魏晋南北朝时期新疆的水利开发》，《西域研究》1999年第1期，第20—24页。

② 本文限于篇幅和实际能力，暂不讨论古楼兰人和罗布人的族属关系。（相关资料可以参见日本学者佐日透先生《新疆社会史研究》、马松般先生《现代之新疆民族》，以及《罗布淖尔与罗布人》一文。）但以环境变迁的角度考虑，从清朝至20世纪中期，对罗布人的相关记载中屡见他们渔猎的习俗，由此当可以推断汉魏时期塔里木河流域的古人是有能力且有需求去进行捕鱼、食鱼生活的。

③ 马怡，张荣强主编：《居延新简释校》下，天津：天津古籍出版社，2013年，第752页。

了史籍、文人笔记中所记述之事实，改变了人们以往在记忆深处的固有印象，可谓实现了王国维倡导之“二重证据法”。然而，难以抗拒的自然环境变化，以及诸如无序地砍伐树木、冶炼金属，亦导致了文化的式微，当是值得大家警醒的。

作者简介：戚裴诺，男，北京师范大学历史学院博士研究生，专业方向为中国史。

沉淀、碰撞与融合：舟曲多元文化格局及其形成探析

张永萍

（西北师范大学　历史文化学院　甘肃　兰州　730070）

摘　要：舟曲县地处甘南藏族自治州东南部，境内有一江两河环绕，从远古时期丰富的人类文化遗存，到历史悠远的氐羌文化，从古老神秘的藏文化，再到互相排斥又彼此借鉴的佛道文化的融入，这里汇集了种类繁多的文化，这里流传着多样的习俗。本文拟从舟曲历史发展的沿革，揭示多元文化在这里的沉淀、碰撞与融合。

关键词：马家窑文化；氐羌文化；苯教；藏传佛教；“婆婆”信仰

奔腾的白龙江，巍峨的西倾山，美丽的拉尕山，清澈的圣水湖，这幅绝妙画卷描绘的就是舟曲县。舟曲即藏语“龙江”之意，因为白龙江穿县境而过得名。它位于青藏高原最东端的甘肃省甘南藏族自治州东南部，东邻陇南市武都区，北接宕昌县，西接甘南州迭部县，南与四川省九寨沟接壤。舟曲县域内除了优美的景色、神秘的传说，还有独具特色的民俗风情。而要剥开这一层层面纱，就要从远古时代追溯至今。

一、远古文明的遗迹

人类在新石器时期的活动，在舟曲县域内就有迹可循。根据

《舟曲县志》记载，全县已调查发现文化遗址43处，其中能说明文化类型的有23处，主要包括距今6000年的庙底沟文化、距今5000年左右的马家窑文化及距今3700—3500年的齐家文化和距今3000年的寺洼文化。这不仅因为自然地理条件适宜人类生存和居住，还由于舟曲独特的地理位置。因为早在大禹疏导桓水时，桓水贡道就存在，桓水即白龙江。《尚书·禹贡》载："厥贡璆、铁、银、镂、砮、磬、熊、罴、狐、狸、织皮，西倾因桓是来，浮于潜，逾于沔，入于渭，乱于河。"[①]这就是说，当时进贡的玉石、银、兽皮等沿着桓水而下，船只从潜水（今四川省渠江及重庆合川以下一段嘉陵江）启程，然后离船上岸陆行，再进入沔水（今汉水），入渭水，最后横渡黄河，将贡物送至舜的国都阳城（今河南省登封东）。西倾山，南朝宋段国在《沙州记》中称为强台山[②]，《大清一统志》描述西倾山"亦称强台山……绵亘千余里，凡黄河以南诸山无大于此者"。[③]西倾山耸立于青海省东部，绵延至甘肃省西南部，属秦岭西端，是黄河支流洮河、长江支流白龙江发源地的分水岭。

根据野外文物考古调查资料，仰韶文化庙底沟类型主要见于东山井坪台地、城关北山坪、峰迭掌坪、牛头坪等遗址。马家窑文化从东到西，在白龙江两岸的八楞、果耶、大川、南峪、城关、峰迭、立节、大峪、巴藏，曲瓦等乡镇的黄土阶地和石洞地层均有存在，且往往叠压于齐家文化、寺洼文化遗层之下，形成同一遗址多层次、多元化文化的现象。其中在巴藏乡上巴藏村西边白龙江北岸二阶地的上坝子文化遗址中，除了陶制的盆、碗、壶之外，还发现一颗陶丸和半截陶祖。陶祖曾是我国远古社会广泛存在的一种男性生殖崇拜文化，说明当时已进入新石器时代晚期，男子的社会地位

① 李学勤主编：《十三经注疏》卷6《尚书正义》，北京：北京大学出版社，1999年，第153—154页。

② 王云五主编：《丛书集成初编》，上海：商务印书馆，1936年，第2页。

③ （清）穆彰阿等纂修：《大清一统志》卷412，上海：上海古籍出版社，2008年，第9册，第16页。

开始发生变化，在族群中享有较高威望，人们开始崇拜男性。齐家文化在县域内分布较广，遗址与马家窑文化几乎是同处一地，其文化地层基本在马家窑类型文化遗层之上。寺洼文化分布最广泛，集中于拱坝河和博峪河中下游及白龙江干流的高半山与河坝阶地，遗址层暴露明显。

关于仰韶文化和马家窑文化的分歧，考古学界意见不一。传统看法认为，马家窑文化是仰韶文化在甘肃的分支，故将马家窑文化称为“甘肃仰韶文化”，这些学者主张中原仰韶文化西去说，其证据是马家窑文化和仰韶文化在年代上的先后顺序与两个文化中彩陶的器形、纹饰惊人相似。而另一派学者通过分析马家窑彩陶的器形、纹饰，认为马家窑文化源于中亚安诺文化，这些学者主张彩陶文化西来说，以瑞典的安特生和苏联的瓦西里耶夫为主要代表，其证据是埃及及两河流域的彩陶文明和马家窑彩陶文化的时间传承关系，以及马家窑彩陶器形、纹饰与中亚彩陶的相似性。近年来又出现了一种新的观点——土著说，即马家窑文化以甘青地区土著居民的原始文化为主体，在发展中吸收了西方彩陶文化与东方仰韶文化元素，形成了新的风格。

综上，不论是西去说、西来说还是土著说，都说明从新石器时期开始到青铜时代前，舟曲不仅有人类活动，而且是东西方文化交汇的地方。仰韶文化、马家窑文化、齐家文化和寺洼文化这几种文化类型的存在，说明文化在传播过程中，有继承，有交流，更有创新。

二、氐羌文化

《尚书·牧誓》记载，随武王伐纣的八个部族有“庸、蜀、羌、髳、微、卢、彭、濮”，[①]这些部族，在今何地，说法不一。据

---

① 李学勤主编：《十三经注疏》卷6《尚书正义》，北京：北京大学出版社，1999年，第284页。

《中国历史地图集》记录，羌，在今甘肃境内马莲河上游。吕思勉在《微、卢、彭、濮考》中认为：“羌族蔓延甚广，从武王伐纣者，大概在陇蜀之间。”[①]说明周时，甘肃境内有羌族活动，且周、羌来往。

根据考古学发现，新石器时期至青铜时期，甘青地区都有众多民族活动居息。前述马家窑文化，广义上都和古羌人有一定的关系。羌，殷墟甲骨文频现，《说文解字》解释：“羌，西戎牧羊人也”[②]，是以畜牧业为主并经营农业的部族。《魏书》记载：“氐者，西夷之别种，号曰白马”[③]，又“氐，本也”，徐中舒认为氐即低之意。[④]由此推断氐族居住的地方是低地。鱼豢《魏略·西戎传》描绘氐人“俗能织布，善田种，畜养豕、牛、马、驴、骡”[⑤]，羌人则“地少五谷，以产牧为业”。[⑥]氐人“无贵贱皆为板屋土墙”[⑦]，羌人则“其屋，织犛牛尾及羴羊毛覆之”。[⑧]由此可知，氐族和羌族虽是同源，但随着发展两者在生产方式、生活方式方面发生了分流。这点在上述的寺洼文化遗址中也得到了印证，其时代大抵相当于商周时代。根据舟曲境内寺洼类型遗址出土的典型文物“马鞍形”灰陶器与二期寺洼文化，考古学家推断寺洼文化为白马、羌氐文化的代表，不仅北部白龙江干流新石器文化遗址有大量分布（齐家文化遗层之上），而且东南部八楞乡、果耶乡和拱坝河、博峪河流域河谷及半高山黄土台地居民聚居地皆有分布。因此有人推断，现在舟曲县内的大多数藏族居民当属寺洼文化时期羌氐、白马部

---

① 吕思勉：《中国民族史》，北京：东方出版社，1996 年，第 261 页。
② （东汉）许慎：《说文解字》卷 4 上，北京：中华书局，1985 年，第 115 页。
③ 《魏书》卷 110《氐传》，北京：中华书局，1974 年，第 2227 页。
④ 徐中舒：《论巴蜀文化》，成都：四川人民出版社，1982 年，第 79 页。
⑤ 《三国志》卷 30《乌丸鲜卑东夷传》裴松之注引鱼豢《魏略·西戎传》，北京：中华书局，1999 年，第 636 页。
⑥ 《后汉书》卷 87《西羌传》，北京：中华书局，1999 年，第 1939 页。
⑦ 《南齐书》卷 59《芮芮虏河南氐羌传》，北京：中华书局，1972 年，第 1027 页。
⑧ 《北史》卷 96《宕昌传》，北京：中华书局，1974 年，第 3190 页。

落的后裔。

史载，公元前四世纪初，羌人无弋爰剑之孙卯，惧秦压迫，携羌西徙。卯的子孙各成部落，数支（包括白马种广汉羌、参狼种武都羌）进入今白龙江流域定居。①秦昭王二十八年（前279年），秦国在少数民族聚居地设道管辖，秦昭王二十八年（前279年），“秦置陇西郡后，置有羌道”。②秦一统天下后，分天下为三十六郡，至汉武帝建元时期（前140—前135年），今舟曲东境仍属陇西郡羌道，治所舟曲城西北。武帝元鼎六年（前111年），“平西南夷，于白马氐地另置武都郡……时改道曰县。”③东汉时期，羌道县属武都郡，辖境扩大。三国时期羌道县成为魏蜀争夺的目标，初为魏辖，蜀汉建兴六年（228年），蜀丞相诸葛亮伐魏，夺取羌道县，之后姜维屡出兵陇上，扩充实力，以图中原，其赖以屯田的沓中地区就是舟曲西南部。及至西晋司马炎统一全国，羌道县废，地属武都郡。西晋末年，北方战火连绵，以白龙江流域为活动中心的参狼羌支宕昌羌豪勤自称王；西晋怀帝嘉元年（307年）划地称宕昌国，至周武帝天和元年（566年）间，今舟曲境皆属宕昌国。而早在宕昌国建立之前，氐族就在武都建立了仇池国，起初宕昌羌是仇池杨氏政权的属民，后因前后赵和前后秦在成县和文县设立郡治，宕昌羌才得以建立自己的政权。后仇池国被刘宋政权灭，宕昌国被北周政权所灭。综观宕昌国存续的一百七十余年中，为了生存不得不与周边的各种政权保持友好关系。除了前述和仇池国的这种臣属关系外，它和与其同时并存的邓至国一度联合，共同反对仇池国的压迫；为了摆脱仇池国的统治，它又向北魏示好，成为北魏的藩属；当北魏与吐谷浑争战处于劣势的时候，它又背叛北魏完全依附于吐谷浑。隋唐时期，舟曲名为宕州，受中央政权管辖。唐朝将其

① 《舟曲县志》，上海：上海三联书店，1996年，第11页。
② 《舟曲县志》，上海：上海三联书店，1996年，第11页。
③ 《舟曲县志》，上海：上海三联书店，1996年，第12页。

纳入地方行政系统，是唐朝对羌人地区控制增强的表现，也是羌人地区经济日益发展，吸纳内地先进经济技术和文化的契机。经过隋唐时期民族政策的推行，甘青境内的羌族先后融入藏族、汉族中。因此，现在的舟曲，虽然没有了氐羌族群，但仍保留着许多氐羌文化的印记，如火葬和哭嚎的丧葬习俗，是舟曲藏族继承氐羌传统的证据。

三、苯教和藏传佛教

苯教作为藏族地区的原始宗教和本土宗教，是传统藏文化的一个重要组成部分。早期苯教主要崇拜天地山川、水火雪山、土石草木、日月星宿、雷电冰雹、禽兽生灵等自然物，并崇尚念咒、驱鬼、占卜、重鬼佑巫等仪式。民众以占卜休咎、祈福攘灾、治病送死、役使鬼神等事为其主要活动。

根据苯教文献《穆日神山志》记载，在吐蕃止贡赞普时期，由于止贡赞普灭苯，迫使很多苯教徒离乡背井，来到安多地区，把苯教经典作为伏藏埋在迭部地区的者噶厦果神山和木日僧格宗神山。8 世纪中期，吐蕃赞普赤松德赞笃信佛教，在佛教徒和苯教徒间组织了一次辩论，辩论以苯教徒失败而告终。于是，苯教经典被焚烧，苯教徒要么改宗佛教，要么被流放。当时正值安史之乱，吐蕃趁唐王朝内缩防线、无力西顾之际进攻唐境，于是大量民众随吐蕃的征战迁入甘肃境内。而吐蕃王朝在长期进行兼并战争的过程中，内部矛盾和战线的拉长导致政权的分裂。于是，跟随吐蕃富家豪室和将领们征战的奴隶，乘机起义，脱离主人，自相纠合成部落。散居在甘、肃、瓜、沙、河、渭、岷、叠、宕等州。《新唐书·吐蕃传》记载："浑末，亦曰温末，吐蕃奴部也。虏法：出师必发毫室，皆以奴从，平居散处耕牧。及论恐乱，无所归，共相啸合数千人，以'温末'自号，居甘、肃、瓜、沙、河、渭、岷、廓、叠、宕间。”[①]这些散居在各地的信仰苯教士卒带来了苯教文化，与当地的氐羌文化融合。加之吐蕃统治者的引导，羌人部族接受了苯教文化，并对旧有文化进行了改造。

随着吐蕃军队的东扩，随从的奴隶、平民在今临潭、卓尼、岷县、迭部、宕昌都有散居，与舟曲一山之隔的松潘也有分布，独有舟曲没有记载。据闵文义研究推断：“这些散居在舟曲周边的蕃民通过多条路线进居今舟曲境内”[②]。因此，在佛教传入舟曲之前，舟曲藏族以信奉苯教为主。苯教对山神、土地神、灶神、屋神，以及赞神（天神）、年神（山神）、鲁神（水神）等多神崇拜和煨桑、杀牲祭祀、祈福禳灾等仪式，成为今天舟曲藏族日常生活中，对诸神恭敬不违进行祭拜的程式。现在藏传佛教占主要地位，舟曲境内建有三十一座佛教寺院，而当年安多三圣者在舟曲立节乡境内建立的苯教寺院——象帕寺却在受到藏传佛教冲击后衰落，至今未能恢复。但是苯教文化作为藏族文化的源头，仍根深蒂固地贯穿于藏族人民的日常生活和社会活动之中，并不断吸收和融合邻近地区的民族文化，逐渐形成了独具特色、自成体系的藏族原始文化。

尽管从唐代起，藏传佛教也在舟曲开始传播，但是由于苯教文化占有绝对优势，所以藏传佛教在将近千年的传播中都没有形成自己的传播中心——寺院，直到清朝才建立了藏传佛教寺院，形成了宗教传播中心。康熙年间建成黑峪寺，乾隆年间建成武坪寺。之后藏传佛教以两大寺院为依托，不断发展壮大，最终取代了苯教的位置，被广大藏族民众信仰。而苯教则处于从属地位，在民间流传。现在有些舟曲人在无法治愈重病或者怪病时，还寄希望于苯教巫师驱鬼辟邪。

舟曲的藏传佛教中，除曲瓦、巴藏等地有少数民众信仰宁玛派

---

① 《新唐书》卷216下《吐蕃传下》，北京：中华书局，1975年，第4646页。

② 闵文义：《东迁蕃民与舟曲藏族——舟曲藏族渊源初探》，《西北民族学院学报》（哲学社会科学版）1984年第2期。

的“红教”，其余大部信仰“黄教”。

四、地方神——“婆婆”

“正月十九迎婆婆”是舟曲传统的民俗节日，活动规模盛大，共迎接舟曲县各个汉族村寨供奉的十六位“婆婆”，这种以婆婆神为核心的地方神系统是舟曲最庞大的地方神灵系统。

舟曲“十九迎婆婆”是源于母系氏族社会的一种民俗活动。据传，舟曲迎“婆婆”活动始于隋朝时期。当时经过三国至南北朝300多年的战乱，北方地区人丁稀少，万户萧瑟。隋文帝杨坚统一北方后，采取了一系列发展生产的措施，并复兴宗教用以教化安民。明洪武年间，朱元璋大肆迁徙江淮秦晋人口于西北，当时舟曲不乏从国都南京、苏杭、扬州以及山西、陕西、安徽等地迁徙而来的移民，甚至包括一些带队的军政要员，商贾技工、经营业主。因此，汉地这种风俗就在舟曲沿袭下来。当地官民在举行元宵庙会时祭请当地苯教善神“婆婆”“出巡散福”，形成了每年正月十九“迎婆婆”的定例。舟曲县每个汉族村寨都供奉“婆婆”，各村的“婆婆”不尽相同，有的供奉“太乙元君九天圣母子孙娘娘”，有的供奉“三宵圣母”，有的供奉“百子娘娘”，有的供奉“送子观音”，据说都是掌管婚育大权的女神，是“女娲娘娘”的化身，慈悲为怀，帮助人们人丁兴旺，万事随心。

从各种不同的“婆婆”名号来看，除了观音来自于佛教，其他的都是道教尊奉的女神，其中“九天圣母”在全国各地均有供奉，因为九天圣母的司职众多。战乱年代，九天圣母对英雄战将赐天书、授兵法；到了太平盛世，为满足人们子嗣兴旺的需求，九天圣母又有了新神通——为民送子，成了一位送子娘娘。舟曲的九天圣母有“九天圣母子孙娘娘”和“九天圣母太乙元君”，供奉她们的庙宇有三十多处。她们的原型是周朝“三太”——太姜、太任、太姒。其中鸡头山洪福寺的楹联上书："懿德孔昭螽斯衍庆，母仪足式麟趾呈祥"，这描写的就是文王的妃子，武王的母亲太姒。但是各地民间因其需求不同，供奉的形式也有所不同。如北京郊区有座九天玄女庙，现在已被改造成了送子娘娘庙。而在山西长治平顺县，有一座"九天圣母庙"，除了正殿和献殿，在四周大大小小的神殿内，敬祀着形形色色的各方神明。这些神仙各自分管一部分事宜，人们根据自己的需求去敬神，形成列位神仙一站式的"政务大厅"。在舟曲，各位"婆婆"即是女娲的化身，法力自然无边，除了主要的职责——送子之外，还有各种神通可为人们分忧解难。所以在正月十九，就会把平时各村供奉的"婆婆"请出来"出巡散福"。

"婆婆"信仰是一种民间的信仰，它是社会的镜像，能反映出社会民众的需求。它是道教的一种异化形式，在长期的演化过程中，受到舟曲苯教的影响，认为万事万物皆有灵性，即使是一只鸟，抑或一块石头，都可能成仙成神。至于诸神，有的是神话传说，有的是历史人物，有的是民间贤德，都是来自本土的神仙。而观音和诸位"婆婆"平等的待遇，则是人们在观念中认为：观音不仅以慈悲为怀、救助众生，还可以"送子"，于是她和"婆婆"们职司一致，可以同等供奉。这种只管神仙职责，不论神仙"出身"的豁达态度，正体现着"婆婆"信仰的宽容和胸怀。因此可以推断，"婆婆"信仰是以道教为基础，受到苯教自然崇拜和汉传佛教的影响，而形成的一种具有地方特色的民间信仰。

五、基督教

鸦片战争后，西方列强通过一系列不平等条约中对外国传教利益的保护，使"福音"通过传教士合法地传入中国沿海、沿江及腹地。最早来甘南传播基督教的传教士是美国人伊斯顿。1860年，他来到临潭、卓尼，通过卓尼土司在卓尼附近开展传教活动。但信众寥寥，于是他回国。[①]时隔三十年，即1891年，英籍传教士克省吾与美籍传教士裴文光、席儒珍等受美国宣道会的派遣，从西安来到临潭旧城传教，为了便于传教，克省吾和席儒珍还学习了汉语和藏语，1895年，他们在洮州旧城建立了第一个传教点，开始宣教。当地汉民周肇南、袁氏、邱氏等接受了基督教，他们出资修建了礼拜堂，在旧城、新城、卓尼的阳坝等地发展信徒。1912年，席儒珍与克省吾在神学观念理解上发生分歧，次年席儒珍被克省吾撤职回国。之后，席儒珍加入了美国基督教神召会，于1917年改名辛普逊再次来到临潭，改名辛普逊意味着重新将福音传给世人。辛普逊与周肇南共同在卓尼阳坝成立了洮州境内第一个“自立神召会”，亦称福音园，周肇南为首任牧师。后神召会在岷县成立了总会，辛普逊任总监督，周肇南为副总监督。[②]当时舟曲人刘双喜信奉基督教，他派自己的儿子刘华育在岷县基督教圣经学院学习三年。刘华育毕业后，神召会每月发给他工资，他则利用自己所学点种水痘的技艺在文县、宕昌、舟曲、迭部等地传教。1926年，美国人麦约翰来西固（舟曲别名），成立巴藏藏族会（基督教会）。[③]1930年，基督教徒马文彬从临洮迁入西固县下巴藏居住，成立“神召会”，隶属于岷县的“西北神召总会”，取得经费支持后开始传道，形成了基督教在舟曲县和相邻迭部县的传播中心。[④]1947年，辛普逊回国，经费中断，马文彬独自创立中华基督教，刘华育也以自己的方式继续布道。现在舟曲县基督教徒约3000人，集中分布在城关镇、立节乡华严城、峰迭乡弓嘎村、巴藏乡等，信众主要是汉族。

基督教作为一种外来宗教，在舟曲县属于未开放教会，处于较

① 《临潭县志》，兰州：甘肃民族出版社，1997年，第800页。
② 《临潭县志》，兰州：甘肃民族出版社，1997年，第800—801页。
③ 《舟曲县志》，上海：上海三联书店，1996年，第31页。
④ 《舟曲县志》，上海：上海三联书店，1996年，第636页。

低层次，没有合法地活动场所——教堂，也没有固定的传教人员——牧师，长期以来处于由长老和执事等神职人员自我管理的状态。这种藏传佛教、“婆婆”信仰几乎各占半壁江山的宗教存在，着实艰难，但它还是固执地存在着，并拥有少量的信众。

六、汉传佛教和道教

汉传佛教，又称释门，是舟曲县汉族宗教信仰之一。古居白龙江流域的宕昌国境内的汉族与羌杂居的人民，受北魏佛教文化的影响，各地纷纷营建佛寺。盛唐时，今县城东南外建有大佛寺，石家山建塔蛇山梵严院，明初在翠峰山重建天寿寺。诸宗派各立门庭。[①]道教，又称“玄门”。自北魏以来，与汉传佛教一同传播，对县境都有影响。盛唐时提倡道教，明代县内建有驼岭玄天观和洪福寺、传瓦寺等。清代中期，道教衰微，清末民初再次复兴。1958 年，县境庵观、寺、院大都被拆毁，道士大部分脱俗，但民间仍行祈祷、斋醮活动。[②]舟曲现存道观庙宇有 30 余座，著名的有鳌山寺、翠云寺、龙山寺、东岳寺等。汉传佛教和道教的信众基本以汉族为主。

从历史的演进看，舟曲藏族是藏民族多元一体格局中具有鲜明特色的族支。其族源比较复杂，一部分是隋唐以来的氐羌部族，因为受到吐蕃苯教的影响，逐渐融入吐蕃文化而形成藏族。他们保留着氐羌的文化传统，如羌笛和口弦琴，本是古代羌族的民间乐器，现在舟曲藏乡山寨的妇女就擅长吹奏。一部分则是随吐蕃军队向唐境扩张时从前后藏及山南而来的吐蕃军人及他们的随从后裔，他们留居舟曲，至今还保留着和西藏一样的风俗，如舟曲山后一带的踏板房，和安多的民居不同，却和西藏林芝、工布一带的民居相似。还有，从地名的命名中也能窥见其中一二，博峪乡的“博峪”就是

---

① 《舟曲县志》，上海：上海三联书店，1996 年，第 634 页。
② 《舟曲县志》，上海：上海三联书店，1996 年，第 635 页。

藏语音译，意为“藏族故乡”。他们自称“地哇”人，为了使自己不忘故乡，将此地命名为“博峪”。

汉族并非舟曲的土著居民。北宋王安石变法之际，王韶发动了“熙河之役”，从吐蕃手中收复了白龙江中游的大片土地，于是政府开始招引蕃人头领，赐以汉姓，其中以赵姓和包姓最为著名。同时，招收土蕃人为弓箭手，赐予田地，以此对抗西夏和吐蕃。明代，在全国推行“卫所制度”，从江淮迁入大量军户屯田戍边，在舟曲设立西固守御千产所，开设茶马互市。所以，舟曲的汉族一部分是由原来的“蕃族”转化而来，一部分是从内地迁徙而来。

综上，舟曲是以藏汉两族为主的多民族杂居地区。以藏族为主要信众的苯教、藏传佛教，以汉族为主要信众的道教、汉传佛教、基督教和民间“婆婆”信仰与在这个有着悠久历史文化的地区冲突、碰撞、融合，使舟曲形成多种宗教并存的宗教格局，而复杂的族源使得诸多藏汉信众成为复合型宗教信徒。宗教的宽容、对话，民族的融合、发展，在舟曲的历史发展中成为主流，它也会成为今后舟曲发展的主旋律。

作者简介：张永萍，西北师范大学在读博士，甘肃民族师范学院历史文化系副教授，研究方向为华夏文明研究。

复归家庭——唐代已婚女冠死后与夫合葬现象探析

王丽娜

（中央民族大学　历史文化学院　北京　海淀　100081）

摘　要： 道教科仪规定，女性入道就须斩断六情，脱离家庭，死后也要独葬高山或深林，这种理念也为皇家女冠与某些女性遵行，如赵丽妃和李氏。但墓志中也有不少女冠终后与夫合葬，通过对许英、何氏、徐盼等个案的分析，发现在唐人的日常生活中，普遍的伦常观与道教思想其实是彼此共融的，这些女冠在入道之后，她们仍具有家人属性，这已是时人的共识；再加上家人为其丧葬时的自身能动性，于是就出现了与道教经典相悖的合葬现象。

关键词： 已婚女冠；合葬；普遍伦常观；道教思想

一、问题的提出

按照道教教义，女性一旦入道，就意味着遁入空门，自此脱离世俗生活，必须“制断六情，抑止贪欲”①，《洞玄灵宝道学科仪·都禁品》曰：“科曰：凡是道学，当知修身求度，终期正道，入次第门，先禁别嗜欲。若道士、女官，身出恩爱，已入法门，切

① 《三洞法服科戒文》，《道藏》第 18 册，北京、上海、天津：文物出版社、上海书店、天津古籍出版社，1988 年，第 229 页。

虑法门忌讳，誓愿都禁，直诣道场。”[①]死后也须清心寡欲，葬于山林或高坡之地，以求“真”意。《正一威仪经》云：“师亡，持服百日，心丧三年，殡诸山林，几棺布囊，举尸而已。造众福田，思念容止。”[②]《洞玄灵宝道学科仪·灭度品》载：“凿室有二种处，一者出山林中，二者于高寂之地”[③]但是，笔者却发现在《唐代墓志汇编》开元163《唐故广州都督府长史吴郡朱公妻颍川郡君许氏墓志铭》中，女冠许英死后竟与夫合葬。这一现象引起笔者浓厚兴趣，难道是家人不认可许英的女冠身份，还是许英本就未曾想断绝尘欲，或是说这种方式是已婚女冠安葬的普遍范式？诚然，相较于未婚女冠，已婚女冠的情况要复杂很多，由于她们入道前多已结婚生子，这就造成在处理这类女性的丧葬问题时，所牵扯的就不只是她们个人的道教信仰，更有其难以逃避的家庭责任，特别是妻、母责任。通过检索，笔者发现，目前学界对已婚女冠的丧葬问题未曾有深入探讨，而这一现象对探究中古社会和妇女生活有着极其重要的意义。首先，就目前发现的墓志情况看，已婚女冠的比例要远高于未婚女冠[④]，因此研究女冠必不可忽略已婚群体。其次，由于已婚这一特殊身份，她们的入道不仅涉及社会、家庭对其的认可，还触及如何处理女性普遍应该承担的责任与其道教信仰之间的关系，以及女性地位等众多问题。故本文尝试对这一现象做一探析解读，以期能有所贡献。

---

① 《洞玄灵宝道学科仪·卷下》，《道藏》第24册，北京、上海、天津：文物出版社、上海书店、天津古籍出版社，1988年，第774页。

② 《正一威仪经》，《道藏》第18册，北京、上海、天津：文物出版社、上海书店、天津古籍出版社，1988年，第255页。

③ 《洞玄灵宝道学科仪·卷下》，《道藏》第24册，北京、上海、天津：文物出版社、上海书店、天津古籍出版社，1988年，第778页。

④ 姚平：《唐代妇女的生命历程》，上海：上海古籍出版社，2004年，第251页。

二、《唐故广州都督府长史吴郡朱公妻颍川郡君许氏墓志铭》探析

从墓志看，许英家世显赫，祖父许绪是唐朝的“恕死功臣、散骑常侍、豫州刺史”[①]，地位崇高，父亲许本是沧州东光县令，可知，许英本家是生活在河南、河北一带的官宦世家。待许英长成，嫁予吴郡朱公，朱公是广州都督府长史，志文中还特别描述了他们在广州的生活场景：“桂林象郡，海物堆宝，朱公以天资贞白，高咏夷齐。”[②]盖推测，许英婚后与朱公主要生活于岭南地区，广州都督府是朝廷在岭南设置的重要机构，战略地位重要，长史则为都督之下第一要职，品阶仅次于都督。可以说，许英无论在婚前还是婚后，她的社会地位、物质条件等都处在社会中上层。

朱公逝世后，许英“归道全真”[③]，从其病逝“陆浑县之宫舍”[④]，即陆浑县道观看，她应是位居于道观潜心修行的女冠，至少她的这个行为表明她对道教还是保有相当的虔诚。因为在女冠独立修行制度还未完全成熟的唐代，居家修行仍是常见之举，据焦杰对《唐代墓志汇编》和《唐代墓志汇编续集》的统计，受过法箓但居家修行的女冠即有 7 例[⑤]；且其嗣子朱晃当时即任陆浑县尉，如若许英无丝毫信道之心，即便她接受法箓，凭其子的社会地位，她也大可常伴子孙左右，终于私第而非道观。据此可知，许英不仅行为上入道，在思想上确也有相当程度的道教信仰，但是，在这整篇

① 周绍良主编：《唐代墓志汇编》开元 163《唐故广州都督府长史吴郡朱公妻颍川郡君许氏墓志铭》，上海：上海古籍出版社，1992 年，第 1269 页。

② 周绍良主编：《唐代墓志汇编》开元 163《唐故广州都督府长史吴郡朱公妻颍川郡君许氏墓志铭》，上海：上海古籍出版社，1992 年，第 1269 页。

③ 周绍良主编：《唐代墓志汇编》开元 163《唐故广州都督府长史吴郡朱公妻颍川郡君许氏墓志铭》，上海：上海古籍出版社，1992 年，第 1269 页。

④ 周绍良主编：《唐代墓志汇编》开元 163《唐故广州都督府长史吴郡朱公妻颍川郡君许氏墓志铭》，上海：上海古籍出版社，1992 年，第 1269 页。

⑤ 焦杰：《唐代女性与宗教》，西安：陕西人民教育出版社，2016 年，第 166—167 页。

墓志铭中，却鲜有描述许英奉道的文字，只一句“绮罗珠翠，不饰于体，金璧犀象，不视于目。”[①]说明她不慕钱财，勤俭持家，似乎是反映道教所倡导的清心寡欲，而这一思想也并非道家独有，儒家、佛家等均有此提倡，且墓志中称赞非信道女性勤俭美德的情况很是普遍，如《大唐前房州房陵县尉苻君太夫人张氏墓志铭并序》曰：“雅尚谦俭，性略浮华”[②]，《大唐河南府汜水县丞刑倨夫人景氏墓志铭并序》记：“自夫人之归于我也，屡遭岁歉，频遇国艰，或家乏斗储，或财无尺布。夫人乃躬自纺绩，率下耕种，不爱难得之货，不受苟得之财。虽定性未入于空门，而雅操自偕于一贯。”[③]也可从许英墓志全文看，撰写者并无意突出许英对道教的虔诚，而是重在强调许英为女的孝行，“因心以孝慈”[④]；为妻的妇行，“以和如瑟琴，佐是名节”[⑤]、“由内及外，理获家正，仁资辅成”[⑥]；以及为母的慈行，“育兹令人，嗣其戬兮”[⑦]。而这些正是当时社会普遍认可的价值标准，在《唐河南元府君夫人荥阳郑氏墓志铭并序》中，白居易就通过比较历代女性，明确表达了唐人对女性的判断标准：“噫！昔漆室、缇萦之徒，烈女也；及为妇，则无闻。伯宗、梁鸿之妻，哲妇也；及为母，则无闻。文伯、孟氏之亲，贤母也；为女为妇时，亦无闻。今夫人女美如此，妇德又如

---

① 周绍良主编：《唐代墓志汇编》开元 163《唐故广州都督府长史吴郡朱公妻颍川郡君许氏墓志铭》，上海：上海古籍出版社，1992 年，第 1269 页。

② 周绍良主编：《唐代墓志汇编》总章 001《大唐前房州房陵县尉苻君太夫人张氏墓志铭并序》，上海：上海古籍出版社，1992 年，第 482 页。

③ 周绍良主编：《唐代墓志汇编》贞元 011《大唐河南府汜水县丞邢倨夫人景氏墓志铭并序》，上海：上海古籍出版社，1992 年，第 1844—1945 页。

④ 周绍良主编：《唐代墓志汇编》开元 163《唐故广州都督府长史吴郡朱公妻颍川郡君许氏墓志铭》，上海：上海古籍出版社，1992 年，第 1269 页。

⑤ 周绍良主编：《唐代墓志汇编》开元 163《唐故广州都督府长史吴郡朱公妻颍川郡君许氏墓志铭》，第 1269 页。

⑥ 周绍良主编：《唐代墓志汇编》开元 163《唐故广州都督府长史吴郡朱公妻颍川郡君许氏墓志铭》，上海：上海古籍出版社，1992 年，第 1269 页。

⑦ 周绍良主编：《唐代墓志汇编》开元 163《唐故广州都督府长史吴郡朱公妻颍川郡君许氏墓志铭》，上海：上海古籍出版社，1992 年，第 1269 页。

此，母仪又如此，三者具美，可谓冠古今矣。"[①]如此描述也广泛存在于各种称赞女性的文本中，如《故太夫人太原郭氏墓志铭并序》曰："夫人资于事父，能尽孝也；资于事母，能尽爱也；辞家事人，能尽节也；当家鞠子，能尽慈也；御物率下，能尽恩也。"[②]以至后人在撰写《新唐书·列女传》前言时就明确提出："女子之行，于亲也孝，妇也节，母也义而慈，止矣。"[③]故可知，虽然许英在夫死后已归道全真，甚至进入道观虔诚修行，但家人（虽无从考证撰写者是否为家人，但墓志书写必然要经过家人认可，反映家人的价值判断）对其的认知仍是儒家的"女孝、妇节、母慈"，称赞的仍是"固可以迈箴史之高躅，照阃闱之令范。"[④]对此，或许可以这样推测，面对许英入道的既成事实，家人自然是无法回避，但他们并不认可道教思想，不愿意用道教仪范来评价许英，在他们的价值判断体系中，许英最重要的身份是女儿、妻子和母亲，而不是脱离尘世的女冠，于是，在撰写墓志时，家人刻意隐晦了许英的道教信仰，转而采用其认同的世人普遍评判标准来评说许英的一生，以至将许英的入道也说成是"守节"的一种得体方式。

因此，在处理许英丧葬事宜时，家人也倾向于采用更合乎当时世俗礼法且颇为流行的夫妻合葬形式，而非道教经典规定的独葬。夫妻合葬在唐代具有相当的正统性，不仅符合传统礼制，如《故承务郎守□州司户参军□府君之墓志并序》云："先王制礼，岂同穴而能违；窀穸有期，匪贤愚之所越。"[⑤]而且有法律支持，《唐律疏

① （唐）白居易著，朱金城笺校：《白居易集笺校》卷 42，上海：上海古籍出版社，1988 年，第 2717 页。

② 周绍良，赵超主编：《唐代墓志汇编续集》开元 109《故太夫人太原郭氏墓志铭并序》，上海：上海古籍出版社，2001 年，第 529 页。

③ （宋）欧阳修，宋祁撰：《新唐书》卷 205《列女传》，北京：中华书局，1975 年，第 5816 页。

④ 周绍良主编：《唐代墓志汇编》开元 163《唐故广州都督府长史吴郡朱公妻颍川郡君许氏墓志铭》，上海：上海古籍出版社，1992 年，第 1269 页。

⑤ 周绍良，赵超主编：《唐代墓志汇编续集》大历 038《故承务郎守□州司户参军□府君之墓志并序》，上海：上海古籍出版社，2001 年，第 718 页。

议》曰："伉俪之道，义期同穴，一与之齐，终身不改。"[①]同时也是事实上的普遍葬法，在墓志铭中常可见"合葬于北邙山礼也"[②]、"宅兆归祔于万年县长乐乡青龙原亡夫张之坟，礼也"[③]等记载，即便是夫妻死时因种种原因无法立即合葬，后代仍会坚持努力，待条件许可时将其合葬，而无论这之间会间隔多久，花费多少精力。《大唐故高士朱君墓志铭并序》就记载，志主朱君信终于永徽五年（654 年），其妻殒于咸亨二年（671 年），由于某些客观因素，嗣子行斌当时未能将二老合葬，但合葬一事并未就此放弃，当嫡孙昭乘权居梁国、有足够能力后，他即主动资财将祖父母合葬在先茔，而此时已是开元十五年（727 年）。[④]先主夫妻合葬在唐人眼中的分量由此可见一斑，而且这一点也为政府极力推崇，《旧唐书·列女传》中表彰的郑神佐女就是一位历经艰险，独自将护父丧还，与其母合葬的女子。[⑤]至于唐人为何选择夫妻合葬，已有多位学者进行过探讨，总结起来大致有三大原因：一是古人相信灵魂不死的生死观，希冀死后仍能生活在一起。二是以正夫妇名分，表达唐代的夫妻礼法关系。三是合葬亡故双亲被认为是后代一大孝举。[⑥]

---

① （唐）长孙无忌等撰，刘俊文点校：《唐律疏议》卷 14《户婚律·妻无七出而出之》，北京：中华书局，1983 年，第 267 页。

② 周绍良主编：《唐代墓志汇编》咸亨 054《□唐故□君墓志铭并序》，上海：上海古籍出版社，1992 年，第 547 页。

③ 周绍良，赵超主编：《唐代墓志汇编续集》元和 035《故汝南郡君洛阳宗夫人墓志铭并序》，上海：上海古籍出版社，2001 年，第 626 页。

④ 参见周绍良主编：《唐代墓志汇编》开元 246《大唐故高士朱君墓志铭并序》，上海：上海古籍出版社，1992 年，第 1326—1327 页。

⑤ 《旧唐书》卷 193《列女传·郑神佐女附》，北京：中华书局，1975 年，第 5152 页。

⑥ 参见万军杰：《唐代多娶习俗之下的夫妇丧葬实态》，《武汉大学学报》（人文科学版）2008 年第 6 期，第 773 页；段塔丽：《从夫妻合葬习俗看唐代丧葬礼俗中性别等级差别》，《陕西师范大学学报》（哲学社会科学版）2005 年第 3 期，第 95—101 页；刑学敏《唐代夫妻葬俗的文化考察—— 以荥阳郑氏为中心》，《历史教学》2008 年第 4 期，第 24—27 页；陈弱水：《唐代的一夫多妻合葬和夫妻关系—— 从景云二年〈杨府君夫人韦氏墓志铭〉谈起》，《中华文史论丛》2006 年第 1 辑，后收录于陈弱水：《隐蔽的光景：唐代的妇女文化与家庭生活》，桂林：广西师范大学出版社，2009 年，第 230—258 页；卢建荣：《北魏唐宋死亡文化史》，台北：麦田出版社，2006 年；廖亦方：《唐代的母子关系》，台北：稻香出版社，2009 年，第 111 页。

经过上述分析可清楚看到，志主许英出生官宦世家，笄后嫁予官员，是位典型的社会中上层女性，其夫亡后，她进入道观修行，成为一名女冠，并最终卒于道观，从其经历讲，许英应该会有相当程度的道教信仰，但是志文对此却避而不提，全文都在陈述其为女、为妻、为母的儒家美德，清晰地映射出家人对其的价值评判标准是当时普遍流行的价值观，即儒家思想，故而由家人操作的许英丧式也采用了合乎儒家礼法的夫妻合葬。但是令笔者感到困惑的是，如若家人不认可许英的女冠身份，那为何会记述“归道全真”这四个字，既然有这种如实地陈述，那又为何完全忽略道教的礼仪规范，不实行独葬而采用夫妻合葬呢？要想对此做出解答，就必须先弄清道教的这种独葬仪式是否实际施行于已婚女冠，或是说道教经典中独葬规范是否本就是一纸空文，并不实际作用于已婚女道士。

三、丧葬已婚女冠的规范仪式

若想探究已婚女冠丧葬的规范仪式，具有示范效应的皇室无疑是一入手点，因为皇家行为一定程度上即是被官方承认的社会仪范。在崇道风气的影响下，唐代后宫中确也有多位女性入道，赵丽妃即是其中一例。

赵丽妃是玄宗嫔妃，原是伎人，“有才貌，善歌舞”①，玄宗出任潞州别驾时得幸，生子瑛后备受得宠，开元三年（715 年），子瑛被立为太子，同期，丽妃的父、兄皆至大官。但及武惠妃“特承宠遇”②后，丽妃“恩乃渐弛”③，太子瑛也因之受到冷落，而惠妃子寿王瑁却因母爱特见宠异，非诸子所比，对此，太子瑛将怨气推到

---

① 《旧唐书》卷 107《玄宗诸子·废子瑛》，北京：中华书局，1975 年，第 3259 页。
② 《旧唐书》卷 51《后妃上·玄宗杨贵妃》，北京：中华书局，1975 年，第 2178 页。
③ 《旧唐书》卷 107《玄宗诸子·废子瑛》，北京：中华书局，1975 年，第 3259 页。

母亲身上，常语内弟与鄂、光王等“自谓母氏失职，尝有怨望。”[①]惠妃乘势进一步行动，开始谋划废太子瑛一事，状告太子结党，玄宗由此震怒，萌生废太子的念头，幸得中书张九龄劝阻，此事才就此作罢。但惠妃并未放弃，继续寻找机会，加害丽妃母子。大约就在此时，丽妃得疾去世，也许是出于对宫廷争斗的厌恶，拟或是对儿子怨恨自己的感伤，还是希冀抹掉自己的伎人身份，以免影响儿子前程等，无论是出于哪种考虑，丽妃在临终前对玄宗皇帝说出了自己的遗愿——入道。“悬象告沴，经时寝疾，在蒙被之辰，答还辇之问。生可捐于浮假，心独系于玄真。神往上清，愿承恩而入道；形归下土，期去礼而薄葬。”[②]

面对丽妃最后也是唯一的遗愿，玄宗“闵而许之，咨嗟不已。”[③]一代皇妃随即陨世。虽然丽妃生前并未真正成为女冠，但因她是在临死这一特殊时间做出的入道决定，也就表明她对自己的丧葬安排是符合女冠价值判断的，即“去礼而薄葬”。又因玄宗应允此事，故可推断丽妃实际举行的丧葬应是依照女冠丧葬的规范做法：“七月十四日，薨于春华殿，殡于龙兴观之精屋，示以出家从道例也。命河南尹监护，河南令副焉。丧葬务约，成遗语也。二十六日，窆于故都之后，邙山之阳。”[④]

依“河南尹”推断，此处龙兴观应指洛阳龙兴观，是唐代著名道观，位于东京定鼎门街东明教坊内，紧邻宋璟宅和崔融宅[⑤]。从这段记载看，丽妃死后，遗体先殡放于道观精屋，据“示以出家从道例

① 《旧唐书》卷107《玄宗诸子·废子瑛》，北京：中华书局，1975年，第3259页。
② （唐）张说著，熊贤汉校注：《张说集校注》卷21《和丽妃神道碑铭并序奉敕撰》，北京：中华书局，2014年，第1008页。
③ （唐）张说著，熊贤汉校注：《张说集校注》卷21《和丽妃神道碑铭并序奉敕撰》，北京：中华书局，2014年，第1008页。
④ （唐）张说著，熊贤汉校注：《张说集校注》卷21《和丽妃神道碑铭并序奉敕撰》，北京：中华书局，2014年，第1008页。
⑤ （清）徐松辑，高敏点校：《河南志》，北京：中华书局，1994年，第5页；（清）徐松撰，李健超增订：《增订两京城坊考》卷5，西安：三秦出版社，1996年，第289页。

也”一句可知，这应是按照道教的丧葬惯例；此十二日后，丽妃被安葬在故都之后，邙山之阳，而非皇家陵墓，这种独立安葬形式显然也与开头所列《正一威仪经》和《洞玄灵宝道学科仪》中的规定相同，是道教科仪的规定。由此可知，丽妃的整个丧葬过程实际都严格遵循了道教的丧葬仪范，即死后先要将遗体殡放于道观，然后再独立安葬。在此过程中，可能唯一能体现丽妃高贵地位的，就是她的丧事是由河南尹监护、河南令辅之。依此推知，道教科仪其实并不是一纸空文，它对已婚女冠的丧葬有着实际的规范作用，且皇家对此规定也持赞同、支持的态度，并实际用于皇妃的丧葬仪式。

除却身份特殊的皇室女冠，一般已婚女冠死后独葬的情况也很普遍，《唐故许州扶沟县主簿荥阳郑道妻李夫人墓志文》中的志主李氏便是一例，李氏出生望族，是赵郡赞皇人，祖父是隋朝的开府行参军，父亲是唐朝右司郎中，渭、建二州刺史，笄后嫁予许州扶沟县主簿郑道，待其儿女长成后，她“遂屏绝世事”①，受法箓，崇庄老，学丹仙，最后终于河南私邸，可以说，李氏所处的社会地位、生活状态及入道时机都与前文的许英颇为相似，与许英经历唯一不同的是，许英是入观修行，而李氏的志文中没有任何记载显示她曾居住在道观，且其临终地点也是自己家中，盖推测李氏应是位居家女冠，从这点看，似乎许英的信仰更加坚定。但是在李氏的铭文中却用大量篇幅陈述其对道教的热忱，从幼年的“识洞真寂，体捐华侈”②，到诸子冠成后“吾平生闻王母瑶池之赏，意甚乐之”③，再到“晚年尤精庄老，都忘形骸”④，无不透露着李氏对道教的信

① 周绍良主编：《唐代墓志汇编》景龙 003《唐故许州扶沟县主簿荥阳郑道妻李夫人墓志文》，上海：上海古籍出版社，1992 年，第 1079 页。

② 周绍良主编：《唐代墓志汇编》景龙 003《唐故许州扶沟县主簿荥阳郑道妻李夫人墓志文》，上海：上海古籍出版社，1992 年，第 1079 页。

③ 周绍良主编：《唐代墓志汇编》景龙 003《唐故许州扶沟县主簿荥阳郑道妻李夫人墓志文》，上海：上海古籍出版社，1992 年，第 1079 页。

④ 周绍良主编：《唐代墓志汇编》景龙 003《唐故许州扶沟县主簿荥阳郑道妻李夫人墓志文》，上海：上海古籍出版社，1992 年，第 1079 页。

仰，而许英墓志中着重描述的“女”“妇”“母”三个角色在李氏墓志中却着墨不多，仅有“克励恭姜之节，聿遵孟母之言”[①]句，表示李氏对家庭尽职尽责。可以说与许氏家人刻意回避许的女冠身份不同，李氏的家人并不反感她入道，甚至在志文中两次引用其期望死后也归道的原话：一处是“因曰：夫死者归也，盖归于真；吾果死，当归于真庭，永无形骸之累矣。”[②]一处是“夫人有遗训曰：合葬非古，始自周公，淳真之道微矣。汝曹无丧吾真。夫孝在因心，仁□忘本。本之者真也。古人不封不树，丧期无数，斯盖得其真矣。”[③]于是，或是出于子女的“孝”，亦是出于对母亲道教信仰的认可，李氏的丧葬依照了她的意愿，独立安葬在北邙之平原，而不是与夫合葬。

由此，我们可以得出这样两个结论：一是道教经典中规定的独葬礼不仅是皇家女冠的示范，也实际作用于一般的已婚女冠，它不仅是文本记载，更有现实的实践依据。二是社会地位、生活状态、入道时机甚至对道教虔诚程度都相似的两位女冠，她们的家人对其评价却有极大不同，这不仅体现在墓志的书写，也体现在女冠最后的葬式选择。

如此也就解答了笔者之前的疑问，即已婚女冠安葬的范式应是道教经典中规定的独葬，如赵丽妃和赵君李氏，而非许英的合葬；许英之所以与夫合葬在一定程度上与家人对其的价值评价有关。但这就又会产生疑问：女性既已入道，本应属道教管理体系，遵守道教的科醮礼仪，而且政府也赞同道教的独葬仪式，社会上也大量存在这样的葬式，那为何许氏的家人就可以如此任性地全然不顾道教仪范，而依照自己的意愿或认可将许英与夫合葬，一面如实记录着

① 周绍良主编：《唐代墓志汇编》景龙 003《唐故许州扶沟县主簿荥阳郑道妻李夫人墓志文》，上海：上海古籍出版社，1992 年，第 1079 页。

② 周绍良主编：《唐代墓志汇编》景龙 003《唐故许州扶沟县主簿荥阳郑道妻李夫人墓志文》，上海：上海古籍出版社，1992 年，第 1079 页。

③ 周绍良主编：《唐代墓志汇编》景龙 003《唐故许州扶沟县主簿荥阳郑道妻李夫人墓志文》，上海：上海古籍出版社，1992 年，第 1079 页。

许英归一的事实，一面又堂而皇之地用当世价值观评述许英？

四、时代思想及家人的主体能动性

为解答这个问题，笔者不妨再举一例，《唐代墓志汇编》建中019《大唐故兵部常□上柱国王府君□□□》中的志主妻子是庐江何氏，因夫先逝，她早日寡居，到其晚年，三子成名后，她选择入道为冠，“志尚玄言，神栖虚寂，修元秉节，受箓□坛”[①]，可以说何氏的入道时机与前述许英颇为相似。但与许英墓志刻意避讳道教元素，长篇采用儒家礼制文字不同，此方墓志的撰者在描述何氏时多次特别采用了道教语言，以与何氏的道教信仰相配。而且从志文内容看，在何氏家庭中，道教不仅不是难以接受之物，还是生活不可或缺之元素，其夫王府君实际也是一位道教信徒。王府君出生官宦世家，曾任兵部官员，是宣节校尉行左卫司戈骑都尉之长子，天宝末年，安史之乱爆发，为避战乱，他归隐田园，并由此倾心黄老，待叛军平叛，又出仕为官，但因年事已高，不久就“高道不仕”[②]，可以说，何氏实际就生活于一个道教气息浓郁的家庭环境中，就家人对道教的认可程度讲，何氏甚至较之前分析的《唐故许州扶沟县主簿荥阳郑道妻李夫人墓志文》中的志主李氏更甚。但就是在这样的环境下，家人们却将王府君与何氏最终合葬在州城东南五里平原，并称“礼也”，这就不免有些奇怪。

从墓志看，何氏虽虔诚奉道，但并没有如内玉晨观上清大洞三景法师韩自明那样声名远扬，门第众多，[③]因此，处理二老丧事的

---

① 周绍良主编：《唐代墓志汇编》建中019《大唐故兵部常□上柱国王府君□□□》，上海：上海古籍出版社，1992年，第1834页。

② 周绍良主编：《唐代墓志汇编》建中019《大唐故兵部常□上柱国王府君□□□》，上海：上海古籍出版社，1992年，第1834页。

③ 周绍良，赵超主编：《唐代墓志汇编续集》大和033《唐故内玉晨观上清大洞三景法师赐紫大德仙官铭并序》，上海：上海古籍出版社，2001年，第906页。

应主要是其三子，嗣子庭晖是“冠军大将军、试太常卿”[①]，次子从岩是“朝散大夫、试□禄寺丞”[②]，三子从芬是“忠武将军、行左威卫翊府左郎将”[③]，三子均为官员，故于礼教必是相当重视且谙熟于心，又因成长于父母崇道的家庭环境中，他们对道教的科醮礼仪也势必十分通晓，故他们为其父母选择了传统的合葬，而非道教独葬就非常值得深思，幸而铭文中存有次子所写的一段文字，依此我们或可透析家人将二老合葬的原因：

> 周德鸿庆，弈世灵长，镇军勃兴，为国之光。七里卜居，河山之傍，三代以后，子孙其昌。王父滑台，布政琴堂，烈考禁卫，勋立名扬。不自我先，不自我后，哀哉柱国，时逢乱寇。晦迹逃名，飧霞养寿，鹤驾未成，鵩飞祸遘。呜呼夫人，令淑作嫔，敬夫举案，为子择邻。修元受箓，苦志栖神，五云何在，六气为因。灵坛寂寞，厚夜酸辛。移家中山，合祔易水，自南徂北，□官从子。贵□□□玄□□□，四阙云布，重门山起，夜夜悲风，千秋万□。[④]

次子从岩首先简评了父母生平，称其父生逢乱世，隐迹埋名，为国奉献而不得，奉道养寿却早逝，言语中流露着对其父的些许无奈与遗憾；称其母妇道雍穆，与夫相敬如宾，为子历尽辛劳，表达出对母亲的无尽赞美和感恩，在陈述何氏晚年皈依道教，授受法箓时，更是用了“苦志栖神”四字，表现自己对母亲此刻终于苦尽甘来，可以静心修行的喜悦。因此，如果说从岩对其父的感情是含蓄

---

① 周绍良主编：《唐代墓志汇编》建中 019《大唐故兵部常□上柱国王府君□□□》上海：上海古籍出版社，1992 年，第 1834 页。

② 周绍良主编：《唐代墓志汇编》建中 019《大唐故兵部常□上柱国王府君□□□》，上海：上海古籍出版社，1992 年，第 1834 页。

③ 周绍良主编：《唐代墓志汇编》建中 019《大唐故兵部常□上柱国王府君□□□》，上海：上海古籍出版社，1992 年，第 1834 页。

④ 周绍良主编：《唐代墓志汇编》建中 019《大唐故兵部常□上柱国王府君□□□》，上海：上海古籍出版社，1992 年，第 1834—1835 页。

的，隐约的，那他对母亲的亲情则是炽烈的，张扬的。可是，这浓烈的亲情与道教倡导的远离尘世思想却彼此相悖，从小深受道教文化熏陶的次子从岩自然明白，身为女冠的何氏，死后应该按照道教仪范独葬在高坡或山林，但于亲情来讲，从岩显然不愿接受这样的安排，因为在唐人的入土观念中，死亡并不代表彻底结束，而仅意味着此人要去另一个世界生活，这与道教的成仙说一脉相承，而区别于外传佛教的转世说，因此，唐人丧葬时所反映的思想也就代表着后人对死者未来生活的一种安排与期许，而道教之所以采取独葬其中的一大用意也是希望道士死后仍能远离尘世，以求真意。对母亲有着深厚情感的从岩来说，他当然不希望何氏死后与自己切断母子关系，为解决这个矛盾，文中写道："灵坛寂寞，厚夜酸辛"①，故"移家中山，合祔易水，自南徂北，□官从子。"②这个解释很值得玩味，从岩一反之前对母亲晚年入道的喜悦，转说母亲入道后要一个人独守灵坛，承受寂寞孤苦，出于"孝道"或是"人情"，他将母亲接回了家中，让她与家人一起，合祔易水。陈弱水在《隐蔽的光景——唐代的妇女文化与家庭生活》中曾写道："当一个人在讨论具体的礼律问题或一般性的规范时，他有两个选择。他可以说，他的看法合于经典，也可以说它顺乎'人情'。"③显然，从岩的这个解释更突出了"人情"，当然"合祔"和"从子"也合乎了"生则移天，死惟同穴"④的周公之制、孔子之典，满足了从夫从子的儒家经典，于是，次子将母与父合葬在唐人这种普遍伦常观的评价体系下便成了合情合理。

---

① 周绍良主编：《唐代墓志汇编》建中 019《大唐故兵部常□上柱国王府君□□□》，上海：上海古籍出版社，1992 年，第 1835 页。

② 周绍良主编：《唐代墓志汇编》建中 019《大唐故兵部常□上杜国工府君□□□》，上海：上海古籍出版社，1992 年，第 1835 页。

③ 陈弱水：《隐蔽的光景——唐代的妇女文化与家庭生活》，桂林：广西师范大学出版社，2009 年，第 11 页。

④ 周绍良，赵超主编：《唐代墓志汇编续集》久视 006《大周故刘郡君墓志铭》，上海：上海古籍出版社，2001 年，第 379 页。

从此方墓志的记载看，何氏情况较前述许英有很大不同，墓志撰写者（或是家人）不仅没有隐晦何氏的女冠属性，还用大量“玄”语确指何氏的道教信仰和整个家庭的道教氛围，对其晚年的受箓之举更是持承认、支持的态度。但即使是有这样的认可和支持，家人仍没有选择独葬，而是将其与夫合葬，令人欣喜的是次子为此做出了解释，称是不愿让母亲一人“厚夜酸辛”，是“人情”所至，其实，这里的“人情”所指就是子对母的“孝”，也即，当从岩给此解释时，他眼中的何氏就已然不是超脱家庭的女冠，而更重要的是自己的母亲，王府君的妻子，王家的媳妇。这也就说明，虽然家人对两位女性的道教信仰有不同的态度，但在处理丧葬问题时，两方墓志遵循的思想都是普遍伦常观，它合乎人情，合乎儒家经典。如果我们回过头看前已分析《唐故许州扶沟县主簿荥阳郑道妻李夫人墓志文》中的李氏，就会发现，虽然子女为李氏举行了独葬，但小子对独葬的解释却不是道教科仪或思想，而是“奉遗训也”[①]，即是子女对母亲的“孝”，同样是普遍伦常价值观。

那么，家人为何要采取普遍伦常观来处理丧葬问题呢？对此，我们不得不先简单探讨时人眼中普遍伦常观与道教思想的关系。如果细看此方墓志的记载，就会发现，撰写者在评述何氏生平时，一面称赞她履行了普遍伦常下的母亲之职，如“择邻有孟母之训”[②]；一面又描述其具有“望瑶池而心倾王母”[③]的道教信仰，似乎在撰写者看来，道教思想与普遍伦常观并无矛盾，一人可以同时兼备这两种思想，而这种观念在从岩的词中也有体现，他一面认可着何氏的道教信仰，支持她受箓为冠，赞同她追求自己的精神世界；一面

① 周绍良主编：《唐代墓志汇编》景龙 003《唐故许州扶沟县主簿荥阳郑道妻李夫人墓志文》，上海：上海古籍出版社，1992 年，第 1079 页。

② 周绍良主编：《唐代墓志汇编》建中 019《大唐故兵部常□上柱国王府君□□□》，上海：上海古籍出版社，1992 年，第 1834 页。

③ 周绍良主编：《唐代墓志汇编》建中 019《大唐故兵部常□上柱国王府君□□□》，上海：上海古籍出版社，1992 年，第 1834 页。

又毫不保留地表达着与何氏的母子情，称何氏是称职的妻子、母亲，是家庭不可或缺的成员。可以说，至少于何氏家人看来，女冠与妻、母身份并不对立，道教思想与普遍伦常观可以共存于一人身上。由于此方墓志只是缅怀先人、劝导后人之作，并无特殊的政治述求等因素。故依此，或许我们可以大胆推测，即在普通唐人生活中，入道实际并不意味着完全脱离人情，它更多的只是女性心灵层面的要求。在此笔者排除为了某些利益而故意借此转变身份、逃避责任的情况，特别如皇家女冠；加之此时道教教义还未系统化，日常戒律尚处完善期，居家女冠仍占主流，如此就使得流行于当时的普遍伦常观能够更为紧密地与道教思想相融，而这似乎已成为生活的常态，唐人的共识，因此也就无须另加说明，这与外来且教义相对完备的佛教有很大不同。①

另外，在丧葬中，一个不容忽视的事实是家人是对已婚女冠实施丧葬的主体，而家人之所以对其安葬的一个重要原因是他们与已婚女冠之间存在亲情关系，故他们眼中的女冠更应是家族亲人，而不是道教科仪中远离家庭的女道士，基于这种亲人的角色定位，他们在安排女冠的死后世界时，采取普遍伦常价值观中的合葬就非常合情合理。而且虽然道教仪范规定女冠死后要继续诚心向道，追踪灵仙，远离尘世，实行独葬，且现实中确实也有不少已婚女冠采用此方式，但政府和道教教团并无任何强制手段保证这一规定实施。更为重要的是，据前已分析的时代背景，即在一般唐人心目中，普遍伦理观与道教思想是可以相容的，入道并非意味着女性必须脱离家庭、远离亲情，她们完全可以一面享受亲情，一面追求自身的道教信仰，故按照这个思想，将她们与夫合葬，也就不会影响她死后

① 李晓培《唐代入道女性世界中的性别意识与情欲》曰："道教教义不同于佛教，入道者不需要和亲人完全切割，甚至可以在家里一面修道，一面享受亲情，如此一来也不会违背传统儒家孝道文化的核心价值。"李晓培：《唐代入道女性世界中的性别意识与情欲》，太原：山西教育出版社，2011年，第2—3页。

对道教的信奉，相反，倘若采取道教的独葬，那就只是保证了“灵坛”，却忽视了“孝”道与“人情”，而“孝”对负责已婚女冠丧葬的后人来说无疑更为重要，这点在许英与李氏的墓志铭中体现地更为明显，许英家人只提及许英妻、母身份，故采取合葬，李氏子则正是因要尽“孝”，故遵循其母遗言，对李氏采取独葬。

因此，在普遍伦理观与道教思想可以共存的时代思想下，加上家人主体能动的助推，女冠家人为其采取合葬的葬式就显得合情合理。概言之，家人的主体能动性与当时的时代思想可能是促成已婚女冠死后与夫合葬现象的两大原因，而这两点都浸透着浓郁的普遍伦常观。

为证实笔者的这个观点，我们再来对那些死后未与夫合葬的已婚女冠做些讨论，在此且举李德裕妻妾的葬式为例，李德裕是中唐著名的政治家、文学家，曾在文宗、武宗朝两度入相，政绩斐然，历代史家对其评价很高，宋代叶梦得即称他为“唐中世第一等人物”[①]，因他本人特殊的地位和成就，特别是其曾积极参与会昌灭佛，故对他的思想倾向很早就有引起学界关注。[②]虽然学者们对李德裕的道教信仰程度存在分歧，但他们都承认李德裕个人对道教有着特殊情感，他不仅多次与道士酬唱往来，如《寄茅山孙炼师》曰：“何地最悠然，华阳第八天。松风清有露，萝月净无烟。乍警

① （宋）叶梦得：《避暑录话》，北京：中华书局，1985年，第41页。

② 就李德裕的道教思想目前大体有两种看法：一是认为他虔诚地信奉道教，如王永平《李德裕与道教》（王永平：《李德裕与道教》，《文史知识》2000年第1期，第68—72页）、汤用彤《隋唐佛教史稿》等；一是认为李德裕的主导思想是儒家，他对儒、道更合适的说法是“道家风范，儒家情怀”，《李德裕年谱》中说：“按纵观李德裕一生的行事和思想，其主导思想应该是儒家，而不是道家。德裕在润州时，确有信奉道家之事，其妻妾并曾一度受道箓，但这主要是受社会上道教流行的影响。”（傅璇琮《李德裕年谱》，石家庄：河北教育出版社，2001年，第408页）另有如董理：《试论李德裕与道教》（《陕西历史博物馆馆刊》第15辑，三秦出版社，2008年，第137—143页）、李文才：《李栖筠及其政治生涯——“赞皇李氏与中晚唐政治”研究之一》（北京：社会科学文献出版社，2011年，第303页）等均持此观点。

瑶坛鹤，时嘶玉树蝉。欲驰千里恋，惟有凤门泉。”[①]还亲受法箓，自称“玉清玄都大洞三道弟子”[②]。或许是受其影响，其妻刘致柔、妾徐盼也都入道为女冠，可幸的是她们的墓志均完整地保留至今，且撰者均为李德裕，这就使我们有可能了解如李德裕这样的道教信徒或说是爱好者是如何处理兼具道士和亲人这两种身份女性的丧葬事宜。

《滑州瑶台观女真徐氏墓志铭并序》[③]的志主是李德裕妾徐盼，她的入道较之前分析的几位女性很不相同，更多是出于功利，希冀通过入道这种方式来治疗疾病，延长寿命，志文中称她是“疾亟入道”，为此她将名也改为“天福”；且从时间上看，李德裕任滑州刺史的时间是大和三年（829 年）九月，《旧唐书》记：“（大和三年九月）壬辰，以兵部侍郎李德裕检校户部尚书，兼滑州刺史、义成军节度使。”[④]徐氏去世时间是大和三年（829 年）十一月，而此铭文抬头是“滑州瑶台观女真徐氏”，意为徐氏挂籍在滑州瑶台观，这就说明徐氏的入道时间必为大和三年（829 年）九月至十一月期间，又，志文提到徐氏“抱沉疾兮弥十旬”，即徐氏在滑州的这段时间都是她病危期间，也就是说，徐氏为冠时期正是她遘疾之时，因此可以说，徐氏的入道更像是一种形式，是希望自己摆脱病痛、身体好转的一种方式，这也是当时许多女性选择入道的重要原因之一，如《唐故朝散大夫行吉州长史疋娄君夫人西河县君靳氏墓志铭》曰：“痗染轻尘，名医竭疗，上药何亲？俄捐侍省，归道全真”[⑤]等。徐盼去世后，身为丈夫的李德裕为她安排了丧葬，

① （清）彭定求等编：《全唐诗》卷 475《寄茅山孙炼师》，北京：中华书局，1960 年，第 5391 页。

② （唐）李德裕撰，傅璇琮，周建国校笺：《李德裕文集校笺》别集卷第七，石家庄：河北教育出版社，1999 年，第 544 页。

③ 周绍良主编：《唐代墓志汇编》大和 025《滑州瑶台观女真徐氏墓志铭并序》，上海：上海古籍出版社，1992 年，第 2114 页。

④ 《旧唐书》卷 17 上《文宗本纪上》，北京：中华书局，1975 年，第 532 页。

⑤ 周绍良主编：《唐代墓志汇编》开元 275，上海：上海古籍出版社，1992 年，第 1346 页。

作为一位与道士有密切往来，且还亲自受过法箓的政治人物，他的安排必然要考虑皇家的道教仪范及自己对道教的态度，为此，李德裕选择了独葬，但即便在这样的背景下，笔者在志文中还是发现这样的语句："粤以其年十二月二十日葬于洛阳之邙山，盖近我也，庶其子识尔之墓，以展孝思。"[①]"人情"于此表露无遗，而这样的安排也正体现了唐人对于入道与归家的态度，即这两样是可以共存的，入道并不意味着完全脱离家庭，已婚女性在成为女冠之后，她们原有的家人属性仍然存在，这是时人的共识，也是家人在处理丧葬事宜时必须要考虑的问题。诚然，道教科仪和儒家规范固然是行为的标尺，但在具体的实施中，家人们有着自己的主体能动性，时人也有自己的理解、接受情况，而这两方面才应是讨论已婚女冠丧葬问题时应该考虑的重点。同样，在李氏为其妻刘致柔撰写的志文《唐茅山燕洞宫大洞炼师彭城刘氏墓志铭并序》中，他更是鲜少描写刘氏崇道，而是着力表达自己与刘氏的相濡以沫，伉俪情深，最后为刘氏选择的丧葬地点也是临近家人，志曰："以某年某月某日返葬于洛阳榆林近二男一女之墓。"[②]这无疑都力证了笔者之前的观点。

五、结语

由此，我们就对女冠合葬现象有了更深入地理解，即家人选择与道教教义相悖的合葬，实际是有着深刻的时代背景，它体现着唐代特殊的思想观念和时人对女性入道行为的认知。特别对家人来说，女性入道与归家是可以共存的，选择接受法箓只是追求内心信

---

① 周绍良主编：《唐代墓志汇编》大和 025《滑州瑶台观女真徐氏墓志铭并序》，上海：上海古籍出版社，1992 年，第 2114 页。

② 周绍良主编：《唐代墓志汇编》大中 071《唐茅山燕洞宫大洞炼师彭城刘氏墓志铭并序》，上海：上海古籍出版社，1992 年，第 2304 页。

仰的一种方式，这并不会使原应承担和享受的家人角色就此终结，因此，将女冠与夫合葬也就合情合理。值得注意的是，在唐代之后，女性婚后入道的现象就大为减少，死后与夫合葬更是少见，这也使得本文更具意义，是否唐代的这种理念在后代消失了，还是与之相关的女性地位、价值评价体系出现了变化，这些都有待于学界进一步讨论。

作者简介：王丽娜（1990—），女，汉族，山西忻州人，中央民族大学历史文化学院博士研究生，主要从事隋唐五代史研究。

宋仁宗朝中后期中央财政事务决策与运作

孙朋朋

（云南大学　历史与档案学院　云南　昆明　650091）

摘　要：元丰改制前，宋廷中央政务决策体制以中书主管民政，枢密院主管军事，二者并为“二府”参与决策军国大事。三司使掌邦国财用大计、经略天下财用，号曰“计相”，职掌户部、度支、盐铁三个机构。宋仁宗庆历二年（1042年）七月，因宋与辽、西夏政权外交关系的日趋紧张，军政事务繁重，二府职能及军政事务决策机制需要不断调整和改革，以适应不断恶化的周边外交环境的需要，宋廷以施行宰相兼枢密使之制作为应对。至宋仁宗中后期，中央财政事务决策与运作也发生诸多改变，逐渐形成中书主民政、枢密主军政、三司主财政的政治格局。

关键词：宋仁宗；三司；中书；财政

制度的施行与变迁，必然无法摆脱人事、当时政治环境、以人事为主体的利益集团在朝廷中的相互博弈，以及与周边外交关系变化的影响。“认识特定的官僚政治制度、特定的官僚机构之性质，离不开对其渊源背景以及所处社会情势的理解，离不开对其职事规章的研究，也离不开对其职掌人选与机构、制度问题的结合分析。”[①]随着宋朝与周边关系以及内部政治环境的变化，中书干预

① 邓小南：《祖宗之法——北宋前期政治述略》，北京：生活·读书·新知三联书店，2006年，第252页。

三司事务决策的事例也时常发生。宰相干预财政，中书与三司权能及事务运作的不断调整和改革，均是为了适应新形势发展的需要。近年来关于北宋宰相相权与三司财权的研究成果丰硕[①]，本文通过对宋仁宗中后期是否形成三司使与宰相各自不相统摄，三司使与中书、枢密使鼎足而立的权力制衡局面加以探讨，剖析仁宗朝中后期三司事务决策与运作，借以讨论宋仁宗朝中后期中央财政体制变迁。不足之处，祈方家指正。

一、仁宗朝宰相兼枢密使体制下的中书财权

宋仁宗庆历年间，为应对来自辽与西夏的压力，施行宰相兼枢密使之制。该制度在北宋时期曾两次施行，分别是太祖建隆至乾德时的魏仁浦和宋仁宗庆历年间的吕夷简、章得象、晏殊、杜衍、贾昌朝、陈执中七人。在此二朝期间出现宰相兼枢密使的职位，这与当时的政治环境密切相关。庆历三年（1043 年）三月，昭文相吕夷简因病上书辞位，罢相及免兼枢密使。其后，仁宗以章得象为昭文相兼枢密使，晏殊为集贤相兼枢密使，枢密副使杜衍升为枢密使。在新的二府宰辅中处理对夏关系问题，章得象继续秉持其“浑厚有容”“居位自若”的为政风格[②]，而次相兼枢密使晏殊、枢密使杜衍均主张对夏议和，企图通过外交途径来解决问题，二府主要成员的调整奠定了宋夏和议基础。同年七月，辽因不满元昊侵扰其边界，出兵讨伐西夏。最终迫于宋与辽的压力，西夏称臣，于同年十月宋廷赐元昊誓诏，两月后又册命元昊为夏国主。从康定元年（1040 年）正月，宋夏爆发战争至宋册命元昊，宋夏长达五年的战

---

① 学界对于宋代宰相财权与三司财权的问题，学界已多所论述，成果丰硕。如曾我部静雄、汪圣铎、张其凡、包伟民、黄纯艳、张希清、方宝章、付礼白等诸位先生都有相关论述，不再一一枚举。

② 《宋史》卷三一一《章得象传》，北京：中华书局，1977 年，第 10205 页。

争状态正式结束。

随着宋朝与周边政权关系及内部政治环境的变化，中书与枢密院的权能和决策机制不断调整、改革，出现了自太祖朝以后再未施行的宰相兼枢密使一职。宰相权力不断集中，是为了适应当时因宋廷与辽、西夏关系恶化的需要。仁宗时期宰相与三司的事权关系的不断调整和改革，也是为了顺应新环境的需要。然而在这种机制调整的背后隐藏着更深层次的内涵，即君主理政能力下降的同时其治国基本方略却得以巩固和提升。范镇在仁宗罢宰相兼枢密使之制后曾上疏，提出中书、枢密院应与三司“通知民兵财利大计”的思想①，其目的是中央能够更好地统筹调节财力，使国用“公私匮乏”局面有所改变。另外，因施行宰相兼枢密使一职，北宋一朝共有七人曾经担任，在仁宗之前只有太祖时期的魏仁浦，其他六人均在仁宗时期。仁宗时期军事形势与政治氛围的变化，致使仁宗时期宰相兼枢密使的权能与太祖时相比表现出很大差异。太祖一朝宰相兼枢密使魏仁浦，只是负责二府的日常事务。“仁宗因长于深宫，在军、政、财之能无法与开国之太祖相媲美，在政务决策上已离不开二府官员的集思广益。除此之外亦需要一两个强势臣僚来主持局面，借此来强化君主权威。”②因此需要强力推动制度运行与决策实施的重臣。

为使宰相更好的统筹政务运作，协调“兵民财利大计”，使得宰相能够“与三司量其出入”，改善宋廷内外交困的局面，强化宰相管辖财政的权责以“制为国用”。臣僚上疏仁宗加强宰相财权，使中书、枢密院必须与三司“通知民兵财利大计”的思想是在“祖宗旧制”的基础上，不单从军队的粮草供应，而是从“制为国用”

---

① （宋）李焘：《续资治通鉴长编》卷一七九“至和二年四月丙辰”条，北京：中华书局，2004年，第4333页。

② 田志光：《试论宋仁宗朝宰相兼枢密使之职权》，《史学集刊》2012年第5期。

的高度，从而达到枢密院减兵→三司宽财→民力少宽的理财目标。[①]随着扩大中书财权、宰相干预三司财权的呼声愈来愈高。下面本文以仁宗时期，庆历、嘉祐年间两次出任三司使的张方平为例，试分析此时中书与三司之间的权能关系及财政体制变迁。庆历二年（1042 年）四月，张方平在出任三司使之后，为改变宋廷外困内忧的格局，上疏仁宗曰：

> 伏见西事已来，应付边备，天下被其劳，凡百赋增至数倍。当时朝旨盖为用兵之际，权宜应急，岂可为常？……臣恐民力日困，财用日匮，难以善于后矣。今内自三司，外至发运、转运使，凡掌财利之官，薄书期会，犹不暇给，岂暇为国家生民远虑哉。臣欲乞于两省已上官，选差才敏之士三两员就三司与使、副据国用岁计之数。量以为出，平货物之轻重，通天下之有无，较其利害之源，以革因循之弊。旋具事节，先到中书、枢密院开陈商量，必久远可行者奏上取裁，无大损益，徒成烦扰，不须施行。[②]

从上述张方平的奏疏可知：宋廷疲于应对与西夏的战事。其上疏仁宗希望“于两省已上官，选差才敏之士三两员就三司与使、副据国用岁计之数。”可见此前宰相对于三司岁收账目等事务并未知晓。后又言三司事务，应首先上报二府，使之能够及时通知财政事务，量入为出，通天下有无，教其利害之源。虽然宰相兼枢密使制度至同年七月才得以施行，在此之前大臣纷纷上疏，奏请中书了解三司岁入，以便能够统筹调节财力。但此举并非是说二府需要亲理三司事务，是宰相了解“国用岁计之数”，只需要改变宰相不知国用岁计的情况。之后也并未出现如同宰相参议枢密军事之时，令宰

① 方宝章：《论宋代集中财权的思想》，《中国经济史研究》2008 年第 4 期。
② （宋）李焘：《续资治通鉴长编》卷一三五“庆历二年四月戊寅”条，北京：中华书局，2004 年，第 3233 页。

相“书检”的诏命。[①]“强调要让宰相知晓岁计，由此也说明宰相通常情况下不知岁计。北宋君臣在谈及宰相与三司的关系时都强调宰相总大要、三司执细务的角色分工。”[②]三司使承担财政决策失误或是财政事务不力带来的责任，宰相与三司使具有明确的事权分工。然而张方平的建议并未被宋仁宗所完全采纳，说明此时宰相在中央财政体制运作与决策的过程中不过是总其大要而已，而三司仍职掌其出入细务。庆历三年（1043 年），张方平又上疏曰：

> 天下切务，无先货食，货食之源在三司，而计臣事务烦综，薄书期会之不暇，岂暇为国家根本之虑哉。臣去年曾上言，乞于两省已上官选差才敏之士三两员，就三司与使、副据岁计之所入，约中外之所费，移用之法权其轻重，率敛之物则通其有无，参究利害之原，划革因循之弊，所冀宽财用，抒民力，助三司均节。……前所上劄子，伏乞更赐详择。[③]

由上述两折奏疏可知：庆历年间，张方平出任三司使之职时，认为财政决策体制应作出必要地调整和变革，以适应时势的需求。希望三司在制定和执行财政事务之时，上报二府，使之能够及时知晓，以便统一调度全国财用。

宰相无法通知全国财政总收支，即使三司使也“不能尽知天下

① 据《续资治通鉴长编》卷一二六“康定元年三月庚辰”条记载：康定元年（1040年），宋军惨败三川口，刘平、石元孙等将被俘。宋夏三川口战败之后，朝野震惊，群臣纷纷上奏言军政、边事。面对臣僚奏请，康定元年（1040 年）二月，诏：“枢密院自今边事并与宰相张士逊、章得象参议之，即不须签检。”从仁宗诏命中可知，宰相虽可干预军政，宰相与议“不须签检”，也就是宰相不承担军事决策失误或是军政事务不力带来的责任，致使宰枢权责不明确即出现事权分离的局面。同年三月，知枢密院事晏殊奏请令参知政事同议边事，并令宰相“书检”，仁宗从其请。（宋）李焘：《续资治通鉴长编》卷一二六“康定元年三月庚辰”条，北京：中华书局，2004 年，第 2992 页。

② 黄纯艳：《宋代财政史》，昆明：云南大学出版社，2013 年，第 63 页。

③ （宋）李焘：《续修资治通鉴长编》卷一三五，庆历二年四月戊寅，北京：中华书局，2004 年，第 3233—3234 页。

钱谷之数”[①]，致使“其措置裒敛，取索支用，各不相知”[②]，国家财政经济常常处于混乱状态。有识之士呼吁宰相总领国计，对国家财政统一管理监督。仁宗时期，随着宋朝与周边政权关系及内部政治环境的变化，二府权能及军事决策机制不断调整和改革，庆历时期，因军事形势与政治氛围的变化，宋仁宗继宋太祖之后第二次实行宰相兼枢密使制度。臣僚呼吁中书干预三司细务，实现国家财政统一管理，从而解决财政困难。但因仁宗时期军事形势与政治氛围的变化，以及仁宗的自身因素，与太祖出身行伍具有极其出色的军事指挥才能不同，致使这一时期宰相兼枢密使的权能与太祖时相比表现出很大差异。如仁宗曾言：“措置天下事，正不欲自朕出。若自朕出，皆是则可。如有不是，难以更改。不如付之公议，令宰相行之。行之而天下以为不便，则台谏得言其失，于是改之为易矣。”[③]因其在扮演独裁天子政治角色时所面临的无力感，需要一两个强势臣僚来主持局面，借此来强化君主权威。但是当朝廷度过危机之后，这种非制度性的施政方式便不再为君主所推行。在宋朝祖宗旧制——二府对掌文武政务决策模式的压力下，为防君主猜忌，贾、陈二相主动奏请愿罢兼枢密使。处于新的政治环境下，宋廷中央财政决策与运作体制又产生了新的境况。

二、仁宗朝罢宰相兼枢密后中央财政事务决策与运作

仁宗庆历五年（1045年）十月，罢宰相兼枢密使之制后，仍有大臣呼吁朝廷实现事权归一，使得宰相统能够筹全国财用，此举虽触动到最高统治者权力制衡的御下之策。但处于特殊时期之时，

---

① （宋）李焘：《续修资治通鉴长编》卷一九六，嘉祐七年五月丁未，北京：中华书局，2004年，第4760页。

② 《宋史》卷一七九《食货下一》，北京：中华书局，1977年，第4347页。

③ （宋）杨时：《龟山先生语录》卷一二《语录三》，《景印文渊阁四库全书》第1125册，台北：商务印书馆，1986年影印本，第222页。

“通过集中财权达到有效地统筹调配全国钱物，控制财政收支平衡，防范财政财务收支上的不法行为，开源节流，从而解决财政困难。这种集中财权的思想在当时因三冗和战争支出巨大、国力匮乏的情况下，是具有较大的积极意义。”[①]如庆历七年（1047 年），张方平上奏仁宗曰：

> 窍闻近日中使传宣诸司，颇为繁数，其至三司，日或数次……欲乞今后除有指择中书、枢密院事特降中使外，自余细务，令下三司提举司、开封府等处者，只乞传宣中书、枢密院，下诸处二，所冀出纳有当，上下得休。[②]

同年十二月，又奏云：

> 臣以不才，谬当大计，职忧所切，心如焚灼。权诸利害，至于根本，则关配动静，臂指伸缩，乃系二府，非有司所预。谨具大略，乞下中书，枢密院审加图议，裁于圣断，变而通之。[③]

由上述二则史料可知，在其出任三司使之职时，极力建议将三司事务付诸二府，以期改变二府不知三司“细务”的局面，使得财用“出纳有当，上下得休”“量入为出”。然而在治平四年（1067 年）之时，张方平对于民政、军政、财政的运作模式就发生了极大的转变。如张方平在治平四年（1067 年）三月，其上《论国计疏》云：

> 财计之任虽三司之职，日生繁务、常程计度、薄书期会、则在于有司。至于议有系于军国之休，事有关军国之机，其根

① 方宝章：《论宋代集中财权的思想》，《中国经济史研究》2008 年第 4 期。

② （宋）李焘：《续修资治通鉴长编》卷一六〇“庆历七年七月丙辰”条，北京：中华书局，2004 年，第 3863 页。

③ （宋）李焘：《续修资治通鉴长编》卷一六一“庆历七年十二月庚午”条，北京：中华书局，2004 年，第 3896 页。

本在于中书、枢密卿，非有司可得而预也。[①]

“一项制度长时间的施行往往会带有一定的惯性，顷刻间取消可能会给权力运作带来一些不便。”[②]在罢宰相兼枢密使之后，宋廷中央政务决策与运作各司其职，中书对枢密、三司事务并未如同宰相兼枢密使体制下的中央政务运作。该体制的长期施行，使得宰相能够参议边事、知晓财政事务，有利于宰相统筹全局，制定较为合理的财政决策，顷刻间的取消会对各项政务带来诸多不便。英宗朝张方平《论国计疏》与仁宗庆历、嘉祐年间所上奏疏迥异。如上述张方平在治平年间的奏疏所言：“日生繁务，常程计度、薄书期会、则在于有司”，各司职权明确、各有分工、各有所重，财计之任乃三司之职，三司事务决策应归由三司。嘉祐年间，其却言希望改变中书不预三司细务的惯例，使得财政困窘的局面有所改善。张方平的两次奏疏主张在财政事务决策与运作方面发生了极大的转变。可见其秉承“事远必弊，法久必衰，原其始初，各有云设”的为政理念。[③]

三司职掌国用，为宋廷的最高财政长官。宋人曾形容三司职权曰：“国初沿五代之制，置使以总国计，应四方贡赋之人，朝廷不预，一归三司。”[④]三司的创置既满足了宋朝加强中央财政集权的需要，又成了君主掣肘宰相权力的重要机构，逐渐发展为居于国家财政的核心和主导地位。至宋仁宗中后期，宋朝权力中枢日益形成民政、军政、财政三权分立的政治格局，三者“上下相维、轻重相制”，以三司使掣肘宰相财权。宋朝关于中央政务决策中军、民、

---

① （宋）张方平：《张方平集》卷二四《论国计疏》，郑州：中州古籍出版社，1992年，第355页。

② 田志光：《北宋宰辅政务决策与运作研究》，北京：人民出版社，2013年，第77页。

③ （宋）张方平：《张方平集》卷六《政体论》，郑州：中州古籍出版社，1992年，第86页。

④ （宋）李焘：《续修资治通鉴长编》卷一六九“皇祐二年八月己未”条，北京：中华书局，2004年，第4054页。

财各不相知的说法，源于至和年间谏官范镇的奏疏，范镇此疏将至和二年（1055）时期的宋朝中央三大机构——中书、枢密院、三司的事权分工及相互关系概括得十分清楚。中书与枢密院在军、政、财事务统筹协调方面的策略大不如前，三者出现了分理军、民、财之政治格局。据载：

> 伏见周制冢宰制国用，唐宰相兼盐铁转运、或判户部、或判度支，然则宰相制国用，从古然也。今中书主民，枢密主兵，三司主财，各不相知。故财已曦而枢密院益兵无穷，民已困而三司取财不已，中书视民之困，而不知使枢密减兵、三司宽财以救民困者，制国用之职不在中书也。欲乞使中书、枢密院通知兵民财利大计，与三司量其出入，制为国用，则天下民力庶几少宽，以副陛下忧劳之心。此非使中书、枢密大臣躬亲繁务如三司使之比，直欲令知一岁之计以制国用尔。[①]

综上所述，庆历五年（1045年）十月宰相罢兼枢密使之后，中央政务决策逐渐形成“中书主民，枢密主兵，三司主财”的政务运作模式，三者“各不相知”，宰相无法统筹安排全国财用配置，造成了国家财政日益困窘的局面。希望宰相能够“知一岁之计以制国用尔”，使民力少宽。三司至仁宗朝中后期已逐渐完善，逐渐发展到了与二府分庭抗礼的地步，即范镇所谓之“今中书主民，枢密主兵，三司主财，各不相知”的地步，三司成为权力决策与运作——“军、政、财”三权分立中的一极。由皇帝施行权力制衡的御下之策，为了防止大权旁落，实行了行政、军事、财政三权分治。中书虽总领全国政务，却基本上不知财政细务。三司使虽“目为计相，官称省主”[②]但并非将其抬至与宰相相比肩的地位，而是强调其

① （宋）李焘：《续修资治通鉴长编》卷一七九“至和二年四月乙卯”条，北京：中华书局，2004年，第4332—4333页。

② 《宋史》卷一六二《职官二》，北京：中华书局，1977年，第3807页。

“位亚执政”的特征。三司地位和权威的提升，使其真正成了宰执的进用之途。宋人曰：“三司使有声绩，然后登之政府。”①三司使地位与权威的日益提升，也三司使以晋升二府作为目标。如仁宗时三司使王博文因年迈而痛哭上疏仁宗：“臣且死，不得复望两府之门。”②他将三司使视为进用宰执的必经之途。皇祐二年（1050年），因仁宗以外戚张尧佐为三司使，违背了外戚不得干预政事的祖宗之制而遭到何郯的指责，其上疏曰：“三司使位望，任使为二府之亚，跂步便至。”③由此可见三司使职位之重。庆历八年（1048年），曾公亮在《上仁宗答诏条画时务》中曾提出：

> 臣伏闻祖宗旧制，三司每季供粮草文账一本赴枢密院，夫枢密不主财赋而使供账者，是欲置废兵马，常使与刍粮照对也。往岁枢臣不练事体，称粮草本属中书，密院供账久为闲冗，乞自今罢之，则知枢密总兵，自来罕问粮草之有无。如此谋国，岂天下取安之计也？今圣虑轸及，中外大幸。愿陛下毕举而行之，使太平可致也。④

嘉祐年间，司马光也曾有过宰相不知财计的言论：

> 夫食货者天下之急务，今穷乏如是，而宰相不以为意者，以为非己之职故也。臣愿复置总计使之官，使宰相领之，凡天下金帛钱谷隶于三司，如内藏、奉宸库之类，总计使皆统之。小事则官长专达，大事则谋于总计使而行后之，一凡三司使、

---

①（宋）徐鹿卿：《清正存稿》卷一《壬子聚讲癸丑论政府制国用并乞厘正检正官名劄》，《景印文渊阁四库全书》第1178册，台北：商务印书馆，1986年影印本，第821页。

②（宋）李焘：《续修资治通鉴长编》卷一二二“宝元元年四月癸酉”条，北京：中华书局，2004年，第2871页。

③（宋）李焘：《续修资治通鉴长编》卷一六九“皇祐二年八月己未”条，北京：中华书局，2004年，第4054—4055页。

④（宋）赵汝愚：《宋朝诸臣奏议》卷一四八《上仁宗答诏条画时务》，上海：上海古籍出版社，1999年，第1679页。

副使、判官、转运使及掌内藏库、奉肩库之官，皆委总计使察其能否，考其功状以奏而赏之……今译经润文犹以宰相领之，岂有食货国之大政，而谓之非宰相之事乎？①

曾公亮希望枢密院知财计，以期量力而行，最终使得三司宽财、民力少宽的目的。司马光建议置总计使，以宰相领之，二者奏议与范镇所提出的中书、枢密院须与三司“通知民兵财利大计”之说异曲同工。奏书中都指出因财权分散，致使宰执不能统一指挥调配国家金帛钱谷。司马光明确提出设总计使，进一步强调集中财权，由宰相担任，统一指挥协调全国财政收支，量入为出，解决当时财政多头管理，收支不明的问题。而且，司马光建议宰相对三司使、转运使及掌内藏、奉宸等库之官拥有考核之权，借此以对理财之官的考核权来保证对财政的控制权。其目的都是想通过打破君主行政、军事、财政三权分治的运行权力制衡之策，作为解决宋廷财政困难的一种手段。仁宗时期，宋人对于宰相需知晓财计的言论也比比即是，如宰相需“凡除执政必先除三司使更历钱谷之事”，以及“祖宗旧制，选除执政侍从必先选历钱谷”等言论②，都指出宰相需要通知财计，才能更好地统筹政务决策与运作。

三、仁宗朝中央财政体制变迁的缘起与缘由

宋人心目中的“祖宗之法”，是一核心精神明确稳定而涉及面宽泛的综合体。它既包括治理国家的基本方略，也包括统治者应该遵循的治事态度，即包括贯彻制约精神的规矩设施，也包括不同层次的具体章程。从根本上讲，它是时代的产物，

① （宋）李焘：《续修资治通鉴长编》卷一九六“嘉祐七年五月丁未”条，北京：中华书局，2004年，第4760—4761页。

② （清）徐松等辑：《宋会要辑稿》职官六之二四，上海：上海古籍出版社，2014年，第3166页。

是当时的社会文化传统与政治、制度交汇作用的结晶：其出发点着眼于“防弊”，主要目标在于保证政治格局与社会秩序的稳定。”①

张方平庆历五年（1045年）十月，在上仁宗《乞令中书枢密院依旧聚厅议事》，奏曰：

臣伏见宰相贾昌朝、陈执中等乞解兼枢密使，已降诏允所请。……今疆场虽即渐宁，戍守未能解备。蓄北虏如蓄虎，饥则噬人；养西戎如养鹰，饱且扬去。两相既罢去此职，退朝必更不聚厅，便如路人，往来杜绝。今虽有处分，凡于军国机要及边陲事宜，令依旧同共商量施行。又缘朝廷举动惜体，中外人情易摇，三边忽有小虞，两地即须聚议，便是非常之事，远动四方之疑。合固易离，离则难合。今圣恩已听昌朝等解罢使名，即密院文书自不通署，诸房事务亦罢呈禀。臣愚以为其边防奏报、军马机宜，依旧常且聚厅，每事并皆同议。于后或有警急，庶务得以周知。倘值有事商量，亦免动人视听。若或圣心采纳，乞特宣谕施行。②

可知：第一，罢宰相兼枢密使之职。第二，二府聚厅议事制度也随之而罢。在贾昌朝、陈执中罢宰相兼枢密使之职后，“忽有小虞，两地即须聚议”此等二府聚议之事，在以前被视为司空见惯之“非常之事”便不复存在。“庆历而后，边事略定，二府同议极鲜，几至寖废。”③然而一项制度长时间的施行往往会带有一定的惯性，正如张方平奏书中所言的“合固易离，离则难合”，仍希望

① 邓小南：《试论宋朝的“祖宗之法”：以北宋时期为中心》，袁行霈主编：《国学研究》第七卷，北京：北京大学出版社，2000年，第2页。

② （宋）赵汝愚：《宋朝诸臣奏议》卷四六《乞令中书枢密院依旧聚厅议事》，上海：上海古籍出版社，1999年，第490页。

③ 梁天锡：《宋枢密院制度》第一章《枢密院之产生及发展》，台北：黎明文化事业股份有限公司，1981年，第20页。

二府能够“依旧常且聚厅”，以达“或有警急，庶务得以周知”之便。然而最终仁宗并未采纳张方平“二府再次聚厅议事”的建言，“二府行遣终不相照。”[①]解析上述张方平的奏疏之前，应先了解当时宋廷所处的政治环境。庆历四年（1044 年），宋廷与西夏达成和议，两方罢兵言和；在富弼出使辽朝，与其签订协议之后，二者关系也较为融洽。在这种相对和平的外部环境下，宰相兼枢密使统揽全局已然不再符合皇帝权力制衡的御下之策。“专制君主如果要确实达成其皇帝一元统治的政治目的，就必须完整地掌握住文武官员的动态。”[②]因此，朝廷危机解除之后，仁宗便不再设宰相兼枢密使之职。

三司与二府之间军、政、财事权分立，缘何到仁宗时形成此种朝政格局？是因为北宋中期三冗（冗兵、冗官、冗费）问题在宋真宗时期就已出现，到了宋仁宗时期，则形成进一步严重化的趋势。据《续资治通鉴长编》记载：

> 真宗时，内外兵九十一万二千，宗室、吏员受禄者，九千七百八十五。宝元以后，募兵益广，宗室蕃衍，吏员岁增。至是，兵二百十五万九千，宗室、吏员受禄者万五千四百四十三，禄廪俸赐从而增广。又景德中，祀南郊，内外赏赉缗钱、金帛总六百一万，及飨明堂，增至一千二百余万，故用度不得不缺。自天圣以来，帝每以经费为虑，命官裁节者数矣，臣下亦屡以为言，而有司不能承上之意，牵于习俗，卒无所建明，议者以为恨焉。[③]

“三冗”问题的存在，费用无度，朝廷财政支出不断增加，国

① （宋）王明清：《挥麈录》后录卷一，上海：上海书店出版社，2001 年，第 53 页。
② 刘静贞：《从皇后干政到太后摄政——北宋真仁之际女主政治权力试探》，鲍家麟：《中国妇女史论集续集》，台北：稻乡出版社，1991 年，第 142 页。
③ （宋）李焘：《续资治通鉴长编》卷一七九“至和二年四月丙辰”条，北京：中华书局，2004 年，第 4333 页。

用常常出现捉襟见肘的情况。此局面进入仁宗朝之后表现愈加剧烈，仁宗庆历二年（1042 年）七月，因宋与辽、西夏政权关系紧张，军政事务繁重。随着西夏的迅速崛起及与契丹关系的不断恶化，来自边关的压力剧增，军备耗用无度，朝廷统筹配置财力就显得尤为必要。庆历八年（1048 年），仁宗曾下诏："间者西陲御备，天下驿骚，趣募冗兵，急调军食，虽常赋有增，而经用不给，累岁于兹，公私匮乏。加以承平浸久，仕进多门，人浮政滥，员多阙少，滋长奔竞，縻费廪禄。"以至于仁宗对此一筹莫展向臣僚寻计问策，"朕思济此急务，罔知所从。以卿硕望，故兹访逮，躬伫条画。"①内忧外困的窘境，使得仁宗心力交瘁。中书虽总领行政事务，但其基本上不参与财政事务。从上文可知，仁宗时期宰相不知三司财政收支的情况已是普遍现象，以至于出现了国用"天下率无二年之备"的现象。②考诸史籍，宋代"中书主民，枢密主兵，三司主财，各不相知"一说始于范镇上谏仁宗的奏疏。权力制衡是自太祖时期便成为宋代君主的御下之策，然而为何到了仁宗时期却出现了臣僚上疏皇帝加强宰相职权的呼声？这就与宋廷朝政的三权分治体制主要是着眼于通过分权达到行政、军事和财权的分割，防止大权旁落，有利于皇帝大权独揽，无所不总密切相关。

三司使自宋太祖建国始设，为适应不断加强中央集权的需要，三司总理全国财政，有"计省"之称。宋太宗时期，为防止出现三司使"恣下吏为奸，怙恩宠"的现象，③屡分三司之权。三司官员上言道："（三司）官司各建，政令互出，难以经久，极言其非便。"④至宋真宗时期，"三司之事，哗言日闻于上，颇烦亲决，文

---

① （宋）陈均：《皇朝九年纲目备要》卷第一三"庆历八年二月"条，北京：中华书局，2006 年，第 304 页。

② （宋）程颐：《二程文集》卷六《上仁宗皇帝书》，《景印文渊阁四库全书》第 1345 册，台北：商务印书馆，1986 年影印本，第 646 页。

③ 《宋史》卷二五七《王仁赡传》，北京：中华书局，1977 年，第 8958 页。

④ 《宋史》卷二六七《陈恕传》，北京：中华书局，1977 年，第 9200 页。

符互出，莫知适从。”[①]三司分权，造成如此多的弊端，宋真宗颇为其烦，对于烦琐的三司事务“莫知适从”。真宗并盐铁、度支、户部为一使，以寇准充三司使。并诏令：“（三司）判使非奏事及有所更张，则止属按检，余皆本部副使、判官主之。三司自是始预内朝。”[②]改置之后，三司“始预内朝”，其地位和权威都得到了大幅度的提升。至宋仁宗朝罢宰相兼枢密使之后，三司使成了宋人笔下名副其实的“为二府之亚，跂步便至”[③]，其直接对皇帝负责，权力和地位达到了顶峰，宋人曾有“今之三司即尚书省”的感叹[④]。作为“执政四巨头”之一的三司使成为大臣们晋升宰执的近途。[⑤]此时的中央政务决策模式，形成了中书主民政、枢密主军政、三司主财政的政治格局。制定三司经济制度的皇帝拥有最终裁决权，宰相的干预取决于皇帝。故而三司具体执行议论过程和贯彻新政策时，宰相在其间总大要而已，并非关键环节。对于二府执政比三司使地位更高、权位更重，这是不争的事实。[⑥]然而宋人对三司权能的认知，到仁宗朝时期却出现了新的认知。

正如范镇所云，中书、枢密院、三司分掌行政、军政、财政体制的缺陷，在仁宗朝对西夏长期的战争致使宋廷财力消耗严重、财政困难的情况下凸现出来，即三权分治不能很好协调征收赋税、战争对财力的消耗、财政是否足以支持等之间的关系。三司历经太祖、太宗、真宗时期的发展，已逐渐取得了与二府分庭抗礼的地

① （宋）李焘：《续资治通鉴长编》卷五五“咸平六年六月丙戌”条，北京：中华书局，2004年，第1205页。
② （宋）李焘：《续资治通鉴长编》卷五五“咸平六年六月丙戌”条，北京：中华书局，2004年，第1205页。
③ （宋）李焘：《续资治通鉴长编》卷一六九“皇祐二年八月己未”条，北京：中华书局，2004年，第4054页。
④ （宋）孙逢吉：《职官分纪》卷八《录尚书事》，《景印文渊阁四库全书》第923册，台北：商务印书馆，1986年影印本，第194页。
⑤ （宋）洪迈：《容斋随笔》续笔卷三《执政四入头》，北京：中华书局，2015年，第251页。
⑥ 黄纯艳：《宋代财政史》，昆明：云南大学出版社，2013年，第56页。

位，这也是宋仁宗尊奉权力制衡的控御臣下之策。通过提升三司使的地位与权威分割宰相财权，以达掣肘宰相擅权。仁宗施行宰相兼枢密使制度，是为了通过二府角色的不断调整，以适应新环境的需要，当来自外部的威胁消除之后，便罢宰相兼枢密使制度。调整机制的背后隐藏着更深层次的内涵，即宋朝皇帝（宋仁宗）理政能力下降的同时，其治国基本方略却得以巩固和提升。虽有臣僚屡次建言，但宰相兼枢密使制度被仁宗罢黜之后，终仁宗一朝，再未加以施行。虽然嘉祐七年（1062 年）五月，宰相韩琦上疏言："愿诏密院同三司量岁入金帛数，约可赡兵马几何，立为定额。仍核见开宝、至道、天禧、庆历中外兵马之数。"[①]得到了仁宗批准，诏令中书与枢密院同议。但二府聚议、商议事务只是临时性就某一军政事务的商议，并非如同庆历年间宰相兼枢密使之时，"忽有小虞，两地即须聚议"的局面。[②]

四、余论

有宋一代实行"事为之防，曲为之制"的统治策略，君臣间关系、臣僚间关系、上下级间关系等错综复杂。这一点从宋仁宗朝宰相兼枢密使制度的实施，各项政策、法令的制定与颁布，以及其背后的推动力、制度在运作的演变过程中表现的淋漓尽致。三司使分割宰相财权，对相权的掣肘，是君主控御之策中臣下权力制衡的体现。伴随着中央集权制的增强，宋代官僚政治体系的民主制度也达到了高峰，君臣之间的关系也呈现出了一种新的特点。"所谓'关系'，既包括一制度与它制度相互之间的外在关系，也包括决定制度本身性质的内在关系。制订制度的人、形成制度的过程、制度的

① （宋）王应麟：《玉海》卷一三九，上海：上海书店出版社，1987年，第2593—2594页。
② （宋）赵汝愚：《宋朝诸臣奏议》卷四六《乞令中书枢密院依旧聚厅议事》，上海：上海古籍出版社，1999 年，第 490 页。

规定与实施，无不反映着形形色色的利益关系；正是各类关系与制度本身之间形成的‘张力’，决定着制度运行的实际曲线。”[①]宰相兼枢密使制度的施行，使宋朝较为成功的应对了来自辽、西夏的威胁，然而尊奉“异论相搅”为御下理念的宋朝君主，不希望宰相权重的现象再次出现。三司作为分割宰相财权，掣肘宰相专权，为皇帝所倚重，三者之间的关系与“张力”，决定着宋代宰相兼枢密使制度下三司事务的实际运作。自庆历五年（1045 年）十月，宋仁宗罢宰相兼枢密使制度之后，令中书、枢密、三司等机构各司其职，宋仁宗朝权力中枢实行民政、军政、财政三权分立，三者“上下相维、轻重相制”的政务决策与运作模式。如若将制度的制定与运作、人事与政治事件置于一个总的权力场中，那么它“可以呈现出各种权力的纠合与角力，透视各种关系的和谐与紧张，全方位地展示一个时代的政治态势。”[②]从这个“总的权力场”出发，来观察宰相与三司使的关系与权力配置，用微观的视角来审视在政治活动中其相互制衡与依存，进而把握其背后深层次的基本治国理念，如此才能更好地解读制度运作及其变迁的整个过程。

作者简介：孙朋朋（1990—）男，汉族，河南商丘人，云南大学历史与档案学院博士研究生，研究方向：宋史。

① 邓小南：《走向“活”的制度史：以宋代官僚制度史研究为例的点滴思考》，《浙江学刊》2003 年第 3 期。

② 王瑞来：《宰相故事——士大夫政治下的权力场》，北京：中华书局，2012 年，第 12 页。

人与自然的交互诠释：植物的人化和神化[①]
——以宋朝为中心的考察

郭幼为

（华南师范大学　历史文化学院　广东　广州　510631）

摘　要： 宋代植物全面进入人们的日常生活，在衣食住用等方面的作用日益重要。充斥其间的群卉众柏让宋人精神世界里有了花的绚丽多姿和树的挺拔傲立。植物的人化在宋代基本完成，命名、修谱、立传，人类已将植物归为己类；变异的植物经常被人们用来占卜吉凶，预测未来。但吉凶不定，未来无形，植物的喻示在吉凶间无规律的摇摆也让人们对植物的崇拜多了些理性；植物的人化、喻示，令宋人在思想观念中赋予其更多的神话色彩。树神、花鬼、草精，敬也好惧也罢，反映了时人多元的信仰对象和信仰过程中较为明显的实用色彩。于此，我们可以知道各种自然事物如何影响人的精神情感，古代先民又是如何认识和理解自然。人与自然的和谐共生在植物的人化和神化过程中得到诠释。

关键词： 宋代；植物；人化；神化；崇拜。

得益于人工栽培技术的日益精湛，宋代的植物进入兴盛发展时期。以花卉为例，宋代的花卉品种渐趋增多，一些名贵花卉如牡

① 题目受王利华教授所著的《人竹共生的环境与文明》（北京：生活·读书·新知三联书店，2013年）中的第六章“人与自然的相互诠释——竹的人化和神化”启发，在此表示感谢。

丹、菊花之类，已达百余种；数量日益繁盛，牡丹、菊花等花卉的种植面积动以亩计，在一些花卉主产区已屡见不鲜。万紫千红的花卉、千奇百怪的树木在时人的精神世界里也闪耀出夺目的光辉。植物的人化过程在宋代基本完成，命名、修谱、立传，人类已将植物赋予生命，归为己类；植物的变异经常被人们用来占卜吉凶，预测未来。但祸福不定，未来无形。吉凶间无规律的摇摆也让人们对植物的崇拜多了些理性，少了些盲从；承接前朝，宋人鬼怪的世界里亦有了植物的一席之地，以某树、花、草为原型的精、怪、神、鬼们更成为宋代玄怪小说中的常客。关于宋代植物的人化与神化，当代学者还未曾涉猎。基于此，本文进行试探性考察，冀求窥视自然事物之于人类的文化烙印和人类之于自然的文化意识，不足之处恳请方家指正。

一、植物的人化

一则故事说开去——竹不根而茂：

> 寇莱公卒于海康，诏许归巻。道出荆南之公安县，邑人迎祭于道，断竹插地，以挂纸钱。竹遂不根而生，滋茂殆一亩。①

故事大意是：寇准迭遭贬黜，后死于海康，朝廷诏许榇还洛阳。当寇准的棺椁路过公安县时，当地人自发送葬，以竹插地，挂物为祭。孰料竹无根而茂，百姓以为神，立庙于侧，祀奉甚谨。

竹不根而茂的故事先后被《类说》《竹谱祥录》《倦游杂录》《青琐高议》《渑水燕谈录》《麈史》节引和被时人刘敞、王陶“各为文刻石志其事”②。一则可见该故事在当时的影响程度非常

① （宋）彭□：《墨客挥犀》，朱易安等主编：《全宋笔记》第三编第一册，郑州：大象出版社，2008年，第5页。

② （宋）王得臣：《麈史》，上海古籍出版社编：《宋元笔记小说大观》第二册，上海：上海古籍出版社，2007年，第1366页。

之大。二则也是更为重要的是，无论是“立庙于侧，祀奉甚谨”的公安县百姓，还是节录此文的数位士人，大家都相信上天有志，万物有灵，人间的不公会反馈给上天，上天的旨意会通过世间万物的变异或反常来昭示。《墨子》中的“昔者三苗大乱，天命殛之，日妖宵出，雨血三朝，龙生于庙，犬哭乎市，夏冰，地坼及泉，五谷变化，民乃大振……逮至乎夏王桀，天有诰命，日月不时，寒暑杂至，五穀焦死，鬼呼国，鹤鸣十夕余……逮至乎商王纣，天不序其德，祀用失时，兼夜中十日，雨土于薄，九鼎迁止，妇妖宵出，有鬼宵吟，有女为男，天雨肉，棘生乎国道……”[①]便是此意，这种变异或反常与其说是天志，不如说是民意，“感时花溅泪”反映了人们通过将植物人格化来表达自己的价值取向和是非观念。

（一）植物的人化之一：命名 修谱 列传

1. 命名

为人或物命名并不是临时起意的行为，因为人们往往习惯于把自身的价值取向隐藏于名称的背后。为植物命名也是如此，它是人们在对植物的认知基础之上，以极富时代感的文化价值观来对植物的命名进行各种层次的筛选和过滤，只有那些符合命名群体文化信仰的名称才能匹配植物。

宋人为植物命名就有许多说法。欧阳修在《洛阳牡丹记》中就解释了各类牡丹名称的来历“牡丹之名，或以氏、或以州、或以地、或以色、或旌其所异者而志之”[②]。这种命名行为的本身就证明人们将植物视同己类，认为周围的植物也像人类自己一样具有知觉、感觉等感知体验和心理特征。至于那些带有时代烙印的植物名称就进一步说明，人们在植物的自然属性基础之上，找到了植物和

---

① （战国）墨子：《墨子》，北京：中华书局，第 173 页。

② （宋）欧阳修：《洛阳牡丹记》，《景印文渊阁四库全书》第 845 册，台北：商务印书馆，1986 年，第 3 页。

社会文化之间的衔接点，从而演绎出植物更多的人化特征。兹举几例，以示说明：

虞美人草。此草生于山谷，因闻曲应节的特性而得名。“状如鸡冠，大而无花，叶相对。行路人见之，或唱《虞美人》，则两叶渐摇动如人抚掌之状，颇应节也”[①]。

人形柳。柳的一种，是因“一日三起三倒”[②]的特性而得名。

让木。楠树的别名，因其“枝叶不相妨，蜀人谓之让木”[③]而得名。

一擪红。牡丹的一种，因颜色“多叶浅红花，叶杪深红一点，如人以三指擪之”而得名。

洗妆红。此亦是牡丹的一种，因形态“如妇人洗去朱粉而见其天真之肌莹洁温润”[④]遂得名。

上述植物因其特性、形态、颜色而得名，而接下来的几种植物名称便淡化了它们的自然属性，多经士人的文化价值观检验而具有其文化价值意义。带有君子、郎、侯等名称的植物将士人的价值取向体现得淋漓尽致。试看：

护阶君子——麦门冬、鹿葱

锦心氏绣腹郎——槐树

慈恩傅粉绿衣郎——酴醾花

馨列侯、香祖——兰花

萧寒郡假节侯——芦

草帝——芭蕉

① （宋）张洎：《贾氏谭录》，上海古籍出版社编：《宋元笔记小说大观》第一册，上海：上海古籍出版社，2007年，第242页。

② （宋）赵令畤：《侯鲭录》，上海古籍出版社编：《宋元笔记小说大观》第二册，上海：上海古籍出版社，2007年，第2042页。

③ （宋）江休复：《江邻几杂志》，上海古籍出版社编：《宋元笔记小说大观》第一册，上海：上海古籍出版社，2007年，第576页。

④ （宋）欧阳修：《洛阳牡丹记》，《景印文渊阁四库全书》第845册，台北：商务印书馆，1986年景印本，第6页。

2. 修谱（记）

为植物修谱并不是宋人首创。宋代之前，植物类专谱已经现世（晋朝戴凯之的《竹谱》），花卉类的综合谱系也有撰述（唐朝贾耽的《百花谱》）。但若从数量和质量上来看，宋代的植物谱系却远迈前代，试以表 1 予以说明。

表 1　宋代植物谱系

植物	序号	著作名称	作者
牡丹	1	洛阳牡丹记	欧阳修
	2	天彭牡丹谱	陆游
	3	洛阳花木记	周师厚
	4	洛阳牡丹记	周师厚
	5	越中牡丹记	僧仲休
	6	洛阳花谱	张峋
	7	江都花谱	不著名氏
	8	彭门花谱	任璹
菊花	1	刘氏菊谱	刘蒙
	2	史氏菊谱	史正志
	3	范村菊谱	范成大
	4	百菊集谱	史铸
	5	胡氏菊谱	胡融
	6	沈氏菊谱	沈兢
	7	菊谱	马揖
芍药	1	扬州芍药谱	王观
	2	芍药谱	刘攽
	3	芍药谱	孔武仲
兰花	1	金漳兰谱	赵时庚
	2	王氏兰谱	王贵学
海棠	1	海棠谱	陈思
	2	海棠记	沈立
梅花	1	范村梅谱	范成大
桐树	1	桐谱	陈翥

表 1 中上述谱（记）的作者多为士人，其中不乏历史上的名人，

如欧阳修、陆游等，这些士人多按照品种、释名、风俗记等篇章结构为植物修谱撰记，使植物不但有名亦有谱录，人化特征进一步彰显。

3. 立传

如果说命名、修谱还只是植物人化的进行时，那么为植物立传就是植物人化的完成时，俨然将植物活脱脱的看成是人。为植物立传的历史最早可追溯到先秦，“被誉为“咏物之祖”的屈原在《橘颂》中，明确地赋予“橘”以士人的理想人格，其所颂之“橘”不只是一种南国嘉树，而俨然是“行比伯夷”的士君子，具有诸多高尚品德……在那里，人与橘已然没有分别，橘即是人，人即是橘，颂橘即是颂人”[①]。至宋代不断有人仿照正史列传的形式为植物作传记。如宋人刘子翚的《苍庭筠传》（竹子）、邢良孠的《黄华传》（菊花）、马揖的《鞠先生传》（菊花），这些文章以幽默笔调，综汇历代竹史或菊史典故，详述其家世传承、流衍、功业和品德操行，使这些植物具备了完整的理想人格，成为君子、贤人的化身。

（二）植物的人化之二：尊卑有序 听命于君

人世间，芸芸众生有优劣之分，所以人们认为植物的大千世界里肯定也讲究尊卑顺序。“崇胜寺后有竹千余竿，独一根秀出，人呼为竹尊者”[②]。一根竹子因与它竹迥异，就被擢置首列，赋予尊位，植物排序的色彩渐浓。

> 昔张敏叔有《十客图》，忘其名。予长兄伯声尝得三十客：牡丹为贵客，梅为清客，兰为幽客，桃为妖客，杏为艳客，莲

---

① 王利华：《人竹共生的环境与文明》，北京：生活·读书·新知三联书店，2013 年，第 343 页。

② （宋）吴曾：《能改斋漫录》，上海师范大学古籍整理研究所编：《全宋笔记》第五编第四册，郑州：大象出版社，2012 年，第 57 页。

为溪客，水犀为岩客，海棠为蜀客，踯躅为山客，梨为淡客，瑞香为闺客，菊为寿客，木芙蓉为醉客，酴醾为才客，腊梅为寒客，琼花为仙客，素馨为韵客，丁香为情客，葵为忠客，含笑为佞客，杨花为狂客，玫瑰为刺客，月季为痴客，木槿为时客，安石榴为村客，鼓子花为田客，棣棠为俗客，曼陀罗为恶客，孤灯为穷客，棠梨为鬼客。[①]

以花为客说明人们将植物已视同己类，而贵客、清客与佞客、恶客亦能看出植物在时人心中已有好坏之别。当然，此种排序多为士人所为，他们自然要将自己的价值取向寄予其中，植物世界也就如仕途，尊卑有序，听命于君。

1. 尊卑有序

尊卑有别的植物排序在宋人的著作中可以说是俯拾皆是。张翊便按周代官爵的九个等级撰述花经，将各类花卉按九品九命进行升降次第：

一品九命 兰 牡丹 腊梅 酴醾 紫风流
二品八命 琼花 蕙 岩桂 茉莉 含笑
三品七命 芍药 莲 薝蒲 丁香 碧桃 垂丝梅 棠
四品六命 菊 杏 辛夷 豆蔻 后庭 忘忧 樱桃 林禽 梅
五品五命 杨花 月红 梨花 千叶李 桃花 石榴
六品四名 聚八仙 金沙 宝相 紫薇 凌霄 海棠
七品三命 散水 真珠 粉团 郁李 蔷薇 米囊 木瓜 山茶 迎春 玫瑰 金灯 木笔 金凤 夜合 踯躅 金钱 锦带 石蝉
八品二命 杜鹃 大清 滴露 刺桐 木兰 鸡冠 锦被堆

---

① （宋）龚明之：《中吴纪闻》，朱易安等主编：《全宋笔记》第三编第七册，郑州：大象出版社，2008年，第240页。

九品一命 芙蓉 牵牛 木槿 葵 胡葵 鼓子 石竹 金莲[1]

邱濬将牡丹的各个品种按王、妃、嫔、世妇、御妻、师傅、彤史、命妇、嬖幸、近属、疎属、戚里、宫闱、丛脞等进行排序，撰成《牡丹荣辱志》。此种皇帝后宫妃嫔的排序方法，若非在官场浸淫许久，断不会如此谙熟。

即使如修剪植物的步骤和所需材料，士人也按皇帝赐给诸侯、大臣有殊勋者的九种礼器，以示最高礼遇来进行排列。“罗虬撰《花九锡》重顶帷（障风）金错刀（剪折）甘泉（浸）玉缸（贮）雕文台座（安置）画图 翻曲 美醑（赏）新诗（咏）”[2]。

2. 听命于君

在古代官僚体系中，尊卑排序自然少不了金字塔顶的天子。天之骄子，替天行道，他不仅号令群臣，也主宰世间万物，作为世间一员的植物当然也要听命于他。即使在历代正史中我们亦能可以看到这类君王的影子。如《史记》曾载：“秦始皇遂上泰山，立石封祀祠下，风雨暴至，休于树下，遂封其树为五大夫”；《唐诗纪事校笺》卷三载“天授二年腊，卿相诈称花发，请幸上苑，有所谋也。许之。寻疑有异图，乃遣使宣召曰：‘明朝游上苑，火急报春知；花须连夜发，莫待晓风吹。’于是凌晨名花瑞草布苑，群臣咸服其异。”到了宋代何薳在《春渚纪闻》中也详细记录了宋神宗希望银杏生实，后得数斛；以笔点枯枝，后枝回枯起死，忽复再荣的故事：

> 元丰间，禁中有果名鸭脚子（银杏——引者加）者四，大树皆合抱。其三在翠芳亭之北，岁收实至数斛，而托地阴翳，无可临玩之所；其一在太清楼之东，得地显旷，可以就赏，而

---

① （宋）陶穀：《清异录》，上海古籍出版社编：《宋元笔记小说大观》第一册，上海：上海古籍出版社，2007年，第41—42页。

② （宋）陶穀：《清异录》，上海古籍出版社编：《宋元笔记小说大观》第一册，上海：上海古籍出版社，2007年，第42页。

未尝著一实。裕陵（宋神宗——引者加）尝指而加叹，以谓事有不能适人意者如此，戒圃者善视之而已。明年，一木遂花，而得实数斛……又朝廷问罪西夏，五路举兵，秦凤路图上师行营憩形便之次，至关岭，有秦时柏一株，虽质干不枯，而枝叶略无存者。既标图间，裕陵披图顾问左右，偶以御笔点其枝，而叹其阅岁之久也。后郡奏秦朝柏忽复，一枝再荣。

当然，何薳转录此故事后，还有一段耐人寻味的阐述，“由是观之，凡为人君者，其一言动，固自与造化密契，虽于草木之微，偶加眷瞩，而荣谢从之，若响应声，况于升黜贤否，意所与夺生杀贵贱之间哉！”①可见，他的用意并不是只是为了彰显皇帝的恩威浩大，而是借此阐明天子有点石成金、化腐朽为神奇的能力。天下万物都受其统领，他可以如《论语》所说的“一言以兴邦，一言以丧邦”。所以对任何事物，哪怕再细微，天子也要谨慎小心。

（三）植物的人化之三：爱憎分明　鸣冤叫屈

从严格意义上来说，为植物命名、修谱、排序等还不能令植物拥有完整人格。按照马克思“人是社会关系总和”的概括，一个个体只有与社会接触，具备了明爱憎、鸣不平、辨忠奸等情商和智商，才能算完整的人。对于行进在人化道路上的植物也是如此。

1. 爱憎分明

宋人张功甫在《玉照堂梅品》中为我们勾勒了一枝爱憎分明的梅花：

花宜称凡二十六条 澹阴 晓日 薄寒 细雨 轻烟 佳月 夕阳 微雪 晚霞 珍禽 孤鹤 清溪 小桥 竹边 松下 明窗疏篱 苍崖 绿苔 铜瓶 纸帐 林间吹笛 膝上横琴 石枰下棋 扫雪煎

① （宋）何薳：《春渚纪闻》，北京：中华书局，1983年，第1—2页。

茶 美人淡妆簪戴

花憎嫉凡十四条 狂风 连雨 烈日 苦寒 丑妇 俗子 老鸦 恶诗 谈时事 论差除 花径喝道 对花张绯幕 赏花动鼓板 作诗用调羹驿使事

花荣宠凡六条 主人好事 宾客能诗 列烛夜赏 名笔传神 专作亭花 边歌佳词

花屈辱凡十二条 俗徒攀折 主人悭鄙 种富家园内 与粗婢命名 蟠结作屏 赏花命猥妓 庸僧窗下种 酒食店内插瓶 树下有狗屎 枝下晒衣裳 青纸屏粉画生 猥巷秽沟边[①]

无独有偶，邱濬的《牡丹荣辱志》中亦描述了泾渭分明的牡丹花：

花君子 温风、细雨、清露、暖日、微云、沃壤、永昼、油幕、朱门、甘泉、醇酒、珍馔、新乐、名倡

花小人 狂风、猛雨、赤日、苦寒、蜜蜂、蝴蝶、蝼蚁、蚯蚓、白昼、青蝇、黄昏、蝙蝠、飞尘、妬芽、蠹、麝香、桑螵蛸

花亨泰（亨通安泰——引者加）闰三月、五风十雨、主人多喜事、婢能歌乐、妻孥不倦排当、僮仆勤干、弟韫藉、正开值生日、欲谢时待解酲、门僧解栽接、借园亭张筵、从贫处移入富家

花屯难（祸乱——引者加） 丑妇妬与怜、猥人爱与嫌、盛开值私忌、主人悭鄙、和园卖与屠沽、三月内霜雹、赏处着棊鬬茶、筵上持七八、盛开债主临门、箔子遮围、露头跣足对酌、遭权势人乞接头、剪时和花眼、正欢赏酗酒、头戴如厕、听唱辞传家宴、酥煎了下麦饭、凋落后苕帚扫、园吏浇湿粪、落村

① （宋）周密：《癸辛杂识》，上海古籍出版社编：《宋元笔记小说大观》第五册，上海：上海古籍出版社，2007年，第5617—5618页。

僧道士院观里[①]

2. 鸣冤叫屈

自然为人鸣冤叫屈最著名的莫过于元代的六月飞雪，鸣窦娥的千古奇冤。事实上宋代的植物亦通过自然属性为人鸣不平和洗刷罪名。如“洛阳椒兰殿故基之前，传是朱温弑昭宗处，寻丈间生草皆赤色，谓其冤血所染而然也”[②]。洛阳生草受冤血侵染而赤，数百年来颜色不改，控诉着臣下犯上的暴行。再如开头所述的竹无根而茂的故事，《青琐高议》记录了其他版本，“寇莱公赴贬雷州，道出公安，剪竹插于神祠之前而祝之曰：‘准之心若负于朝廷，此竹必不生。若不负朝廷，此竹当再生。’其竹果生”[③]。这个版本的故事虽与实际不符，但既然能被士人记录在册，想必流传甚广，拥有一定信众。无论如何，在这个杜撰的故事中，植物成为昭雪洗冤的关键。南宋洪迈的《夷坚志》中亦有这样一个故事说的是有一个孝敬老人的好儿媳却善招恶报，遭人诬陷下狱，屈打成招后秋后问斩，行刑之时将簪在髻上的石榴花交于行刑者，令其为她取此花插坡上石缝中，后指天立誓，“我实不杀姑，天若监之，愿使花成树。我若有罪，则花即日萎死”。后石榴花“已生新叶，遂成树，高三尺许，至今每岁结实”[④]，为此妇女洗脱了冤屈。

二、植物的喻示

一则故事说开去——四相簪花：

---

① （宋）邱濬：《牡丹荣辱志》，《景印文渊阁四库全书》第 846 册，台北：商务印书馆，1986 年，第 946　948 页。

② （宋）周密：《癸辛杂识》，上海古籍出版社编：《宋元笔记小说大观》第五册，上海：上海古籍出版社，2001 年，第 5864 页。

③ （宋）刘斧：《青琐高议》，《宋元笔记小说大观》第一册，上海：上海古籍出版社，2007 年，第 1030—1031 页。

④ （宋）洪迈：《夷坚志》，北京：中华书局，2006 年，第 647 页。

韩魏公庆历中以资政殿学士帅淮南，一日，后园中有芍药一榦，分四岐，岐各一花，上下红，中间黄蕊间之。当时扬州芍药未有此一品，今谓之“金缠腰”者是也。公异之，开一会，欲招四客以赏之，以应四花之瑞。时王岐公为大理寺评事通判，王荆公为大理评事佥判，皆召之。尚少一客，以判钤辖诸司使，忘其名，官最长，遂取以充数。明日早衙，钤辖者申状，暴泄不至。尚少一客，命取过客历，求一朝官足之，过客中无朝官，唯有陈秀公时为大理寺丞，遂命同会。至中筵，剪四花，四客各簪一枝，甚为盛集，后三十年间，四人皆为宰相。[①]

故事大意为：一种名叫金缠腰的芍药花，枝开四岔，被时任扬州太守的韩琦剪下，插在他宴请的三位宾客（王珪、王安石、陈升）以及他自己头上，后来四人先后做了宰相。这就是史上有名的“四相簪花”故事。该典故在宋朝便名扬天下，先后被《后山谈丛》《清波杂志》《墨客挥犀》《丞相魏公谭训》《西畬琐录》等转录，可见影响深远。故事中有几点信息也值得注意：（1）韩琦家后园中枝开四岔的金缠腰，是宋代30多种芍药花中的一种，种类多样的芍药花从一个方面反映了宋代花卉的品种繁盛。而花卉能够变异出众多品种得益于宋代较为先进的人工壅培技术，完善的培育体系为宋代的花卉兴盛提供了较为坚实的技术基础。（2）花卉品种繁多使得以芍药会为代表的赏花活动在宋时成为雅俗共赏、老幼皆喜的文化娱乐活动，所以也就有了韩琦“开一会，欲招四客以赏之”的文化习俗。（3）男子簪花始于唐，盛于宋，与今天女子簪带头饰不同，政治意义较浓。上述三种多为新鲜之物，或出于宋，或在宋朝得到发展，但故事中韩琦趋吉避凶的观念却是远古自然崇拜的传承。只是因不同阶层的价值取向不同，才有了不同含义。在

① （宋）沈括：《梦溪笔谈·补笔谈》，朱易安等编：《全宋笔记》第二编第三册，郑州：大象出版社，2006年，第241页。

宋代，植物的变异经常被人们用来占卜吉凶，预测未来。但未来无形，吉凶不定，本具嘉祥之兆的植物变异却也给人带来不祥之祸，甚至是血光之灾。

（一）喻示之一：吉祥

前述四相簪花的典故是士人阶层对未来命运的展望，反映出该阶层攫紫夺朱的期盼和封侯拜相的愿望。事实上，有宋一朝，上至君王下至黎民都将对未来命运的诸种期许渗透在植物的变异之中，期盼天下太平、皇位永固、风调雨顺、家道中兴等。

1. 天下太平

对于“普天之下，莫非王土，率土之滨，莫非王臣”的君王自然是将天下承平、皇权永固孕育在植物世界的特殊变化现之中。

在五代十国末期，后蜀君王得一木“中有紫纹隶书‘太平’两字”，蜀王以为祥瑞，但“有识者解云：‘不应此时，须至破了方见太平尔。’果然一语成谶，“自圣朝吊伐之后，频颁旷荡之恩，宽宥伤残之俗，后仍改太平兴国之号”①。后来仁宗朝皇宫内的天章阁有瑞物十三种，其中一种是瑞木。这种木因何具祥瑞之兆？是因其“隐起成文”。那么成何文呢？“大运”②、“太平之道”③是也。到了英宗朝，“汀州军事解桐木为板，心有文，成四字，曰：‘天下太平’。”该地官员便将其“诣阙献之”④。皇家能够收集这种太平木，应是受自东汉而兴的谶纬观念的影响，反映统治者借助植物纹络偶成汉字的现象，祈愿天下太平的美好愿望。

---

①（宋）黄休复：《茅亭客话》，上海古籍出版社编：《宋元笔记小说大观》第一册，上海：上海古籍出版社，2007年，第399页。

②（宋）邵博：《邵氏闻见后录》，上海古籍出版社编：《宋元笔记小说大观》第二册，上海：上海古籍出版社，2007年，第1848页。

③（宋）范镇：《东齐记事》，北京：中华书局，1980年，第5页。

④（宋）吴曾：《能改斋漫录》，上海师范大学古籍整理研究所编：《全宋笔记》第五编第四册，郑州：大象出版社，2012年，第240页。

2. 科举中第

在古代，读书人撰书，供读书人读之，他们因识文断字而几乎垄断了书籍的出版和发行。在植物变异引来嘉祥的记录中，他们的价值观表达的也最为充分。读书人的价值观为何？“万般皆下品，唯有读书高”。读书人读书何用？“学而优则仕”。士人也就借此表达科举中第的美好愿望。兹举几例，以示说明：

> 鄱阳高嵲，就馆于邑宰，以无讼堂为学舍。池中莲生花双头……至秋获荐送，廷对为第一。

池中莲生花双头——吉祥，“至秋获荐送，廷对为第一”①。

> 绍兴戊午冬，予兄弟同奉先夫人之丧。居无锡大池坞外家坟庵，庵前后巨松二万株。次年春，两松各结一毬。松高四五丈，毬生其颠……而予伯氏、仲氏，乃以壬戌年中博学宏辞，盖习此科时，正在庵肄业，遂合二毬之瑞。

松颠生二毬——吉祥，“中博学宏辞，合二毬之瑞”②。

> 沈蒙老博士初为太学率履斋生，晨起盥颒已，盆水尚温，忽变牡丹花状，枝叶扶疏，蕊萼相承，宛然如画。次年同舍登科者十余人。

晨起，以水洗面，水忽变牡丹花状——吉祥，“同舍登科者十余人”③。

> 泉州文宣王庙……庭中有皂荚树，每州人将登第，即生一

---

① （宋）洪迈：《夷坚志》,北京：中华书局，2006 年，第 738—739 页。

② （宋）洪迈：《夷坚乙志》，北京：中华书局，2006 年，第 270 页。

③ （宋）郭彖：《睽车志》，上海古籍出版社编：《宋元笔记小说大观》第四册，上海：上海古籍出版社，2007 年，第 4091 页。

荚，以为常矣。梁贞明中，忽然生一荚有半，人莫喻其意。乃其年州人陈逖进士及第，黄仁隶学究及第。仁隶耻之，复应进士举。至同光中，旧生半荚之所复生全荚，其年仁隶及第。

皂荚树生荚——吉祥，“州人将登第，即生一荚，以为常”①。

木中有字三衢毛氏庭中，一木忽中裂，而纹成“衍”字，如以浓墨书染者，体作颜平原书。会其子始生，因以名之。后衍登进士第，官至龙图阁而终。

木裂，纹成“衍”字，遂有名为毛衍之人——吉祥，“衍登进士第，官至龙图阁而终”②。

3. 官运亨通

科举中第是时人在仕途崭露头角的第一步，在这个如金字塔般的官僚体系中，士人当然希望平步青云，到更大的舞台一展宏图，所以官运亨通也就成了士人价值取向中的不二之选。试看：

婺源尉朱庆源罢任方还，家在豫章之丰城。庭中地甚爽垲，忽生莲一枝，其家骇惧，多方以禳之。莲生不已，乃筑堤堰水以沼之。遂成大池，芰荷甚茂。其年庆源授南丰令，后三岁，入为大理评事。

地中忽生莲，后莲生不已，遂成大池，芰荷甚茂——吉祥，“入为大理评事”③。

吕仲发显谟宰安吉日，县圃有大杏一株，十月间忽开花四

① （宋）徐弦：《稽神录》，上海古籍出版社编：《宋元笔记小说大观》第一册，上海：上海古籍出版社，2007年，第201页。
② （宋）何薳：《春渚纪闻》，北京：中华书局，1983年，第79页。
③ （宋）徐弦：《稽神录》，上海古籍出版社编：《宋元笔记小说大观》第一册，上海古籍出版社，2007年，第183页。

朵，全是蔷薇，殊不类杏。自是吕从刘恭甫枢密之辟，不逾年，凡四迁秩。亦花之瑞也。

杏树之上忽开蔷薇花——吉祥，一年之间，“四迁秩”[①]。

孟处义去非，知楚州。元夕享客，以通草作梅花，缀桃枝上，插两铜壶中。未尝贮水也。中春后，桃枝忽结花甚盛，数日方落。孟殊以自喜，至秋乃有闺门之戚。明年而为淮漕。

梅接桃枝，无水自繁——吉祥，“有闺门之戚”“明年为淮漕”[②]，可谓双喜临门。

4. 出将入相

封侯拜相是众多以官本位思想为核心价值观的士人的终极梦想，当然也要在植物的喻示中得以显现。再看：

李氏河中永乐有宅，庭槐一本，抽三枝，直过堂脊，一枝不及。李氏同堂昆弟三人，曰石、曰程，皆登相位，唯福一人历七镇使相而已。[③]

槐树抽三枝——吉祥，昆弟三人，位及人臣。

学士院第三厅学士阁子，当前有一巨槐，素号“槐厅”。旧传居此阁者多至入相。学士争槐厅，至有抵彻前人行李而强据之者。

扔弃前人行李强据槐厅——只因槐厅有嘉祥，“居此阁者多至

① （宋）郭彖：《睽车志》，上海古籍出版社编：《宋元笔记小说大观》第四册，上海：上海古籍出版社，2007年，第4122页。
② （宋）洪迈：《夷坚志》，北京:中华书局，2006年，第627页。
③ （宋）乐史：《广卓异记》，朱易安等编：《全宋笔记》第一编第三册，郑州：大象出版社，2003年，第62页；

入相”[①]。

5. 家道中兴

相较期许皇位永固的帝王、出将入相的士人，没有太多官本位思想羁绊的黎民百姓对植物变异的期许更为现实，风调雨顺、家道中兴是百姓对未来最殷实的愿望。

> 鄱阳石门民张二公仆家，竹篱上生重台牡丹一枝甚大，吾家田人汪二十一家，镬内现金色莲花，有僧立其上……此异所未闻也。是年雨泽及时，乡老以为大有年之祥。

竹篱生牡丹，锅内现莲花——吉祥，“是年雨泽及时”[②]。

> 晋江尤氏，其邻朱氏圃中有柿木，高出屋上。一夕雷震，中裂木身，亦若以浓墨书“尤家”二字，连属而上，不知其数……尤氏乞得其木，作数百段分遗好事……朱氏后以其圃归尤氏。

朱圃内柿木中裂，纹成“尤家”——吉祥，“朱圃归尤氏”[③]，家道中兴。

（二）喻示之二：灾难

先贤老子“福兮祸之所倚，祸兮福之所存”的福祸观点在植物变异方面亦有体现。其实，人生无常，吉凶不定，植物的变异带来的不一定都是吉祥，也有灾祸。这种不详既有专属士人的名落孙山、科举不第，也有各阶层都想规避的战乱频仍、居家不宁、身陷囹圄及危及生命的血光之灾。现兹举几例，予以证明：

---

① （宋）沈括：《梦溪笔谈》，朱易安等编：《全宋笔记》第二编第三册，郑州：大象出版社，2006年，第11页。

② （宋）洪迈：《夷坚志》，北京：中华书局，2006年，第74页。

③ （宋）何薳：《春渚纪闻》，北京：中华书局，1983年，第79页。

1. 科举不第

建昌军南城悲猿驿东十里，曰周壶，进士许公岳家其间。皇祐四年（1052 年），公岳被乡荐，覆试在南宫，家人未知榜信。夏四月，公岳门前溪涨，里人龚文遂见溪中有两青竹，双合逆流而行，文遂怪之，沿岸随而观焉。竹行不已，可半里许，文遂观之已餍，乃投一石击之。两竹被击，忽化为龙，头角崭然骇人。文遂惊仆，移时始苏，不知龙之所在。周壶之人，皆以为公岳必登第，然是岁乃不为有司所取。

许公岳见竹杖化龙，时人皆以公岳必登第，但天不遂人愿，公岳“不为有司所取”[①]，不吉。

2. 兵戎祸起

开禧兵兴之先，江南草木秋冬生花，有山矾而生栀子花，桃树而生李实者，村落铁谷生金花或神佛像，此天地之气先乱也。冯此山为余言，谓其家尊厚斋之说。

“山矾生栀子花，桃树生李实”[②]，招致兵戎之祸，大不吉。

3. 居家不宁

青州谯氏，大家也。其所居堂后有大柿树，围三丈许，盖百馀年之物。崇宁二年冬，雪寒太甚，木冻裂至根。中有奇石，长袤丈，纹理莹然，碧色可爱。闻者争来观，郡僚亦至，莫能测其兆应，多以为吉祥。然自此家道浸代替，售宅于他人，居之复不宁。洎宜和末，不及三十年，屡易主矣。[③]

① （宋）吴曾：《能改斋漫录》，上海师范大学古籍整理研究所编：《全宋笔记》第五编第四册，郑州：大象出版社，2012 年，第 240 页。

② （宋）罗大经：《鹤林玉露》，上海古籍出版社编：《宋元笔记小说大观》第五册，上海：上海古籍出版社，2007 年，第 5336 页。

③ （宋）洪迈：《夷坚志》，北京：中华书局，2006 年，第 1263 页。

谯氏居堂有柿树，一日冻裂现奇石，观者皆以为吉祥，孰料家道由此衰落，居之不宁，不吉。

4. 阴阳相隔

蓝公佐良辅，绍兴二十年奉祠居平江。所居圃中梅一本，结实皆双，谓为嘉祥。未几，妻无夫人生须数茎，长寸许，又以为寿证，然是岁两人皆亡，相去才七十日。①

梅结实皆双，本为嘉祥，孰料，亡两人，不吉。

千叶牡丹李司空昉，淳化中，家园牡丹一岁中有千叶者五苞，特为繁艳，李公致酒张乐，召宾客以赏之。自是，再岁内，长幼凡五丧。②

牡丹千叶繁艳，以为嘉祥，置酒张乐，邀客共赏。孰料，一年之内命丧五口，不吉。

5. 牢狱之灾

臧德材恺之为徽州祁门宰，绍兴二十七年初夏，县圃有桃，著子矣，一巨枝忽粲然再花，德材嘉之，绘画刻石，邀往来文士作诗纪之。三子未有孙，采桃花之瑞，预为立名。然至次年，乃以非罪为部民所讼，下宪台验治，不能堪，怏怏而卒。③

桃花“粲然再花”，本为吉祥。孰料，无罪获刑，“怏怏而卒”，不吉。

---

①（宋）洪迈：《夷坚志》，北京：中华书局，2006年，第1749页。

②（宋）杨亿：《杨文公谈苑》，上海古籍出版社编：《宋元笔记小说大观》第一册，上海：上海古籍出版社，2007年，第534页。

③（宋）洪迈：《夷坚志》，北京：中华书局，2006年，第1749页。

（三）喻示之三：宋人凶吉观

在吉与凶毫无规律的摇摆中，宋人对变异植物有自己的看法，地反物为妖、祥瑞不可凭使得植物崇拜的堡垒嫌隙顿生，而人为虚造的植物变异又使得人们识破了禁忌的虚妄，崇拜的幻象濒临破灭。

1. 地反物为妖

出于《左传》的“地反物为妖”在宋朝被人拿来与吉凶勾连。北宋时欧阳修就对地反物为妖有过精确论断，“地反物为妖，中和为正道……凡物不常有而为害乎人者曰灾，不常有而徒可怪骇不为害者曰妖。语曰：‘天反时为灾，地反物为妖’”[①]。他认为所谓“地反物为妖”即为事物不常有，出现后令人骇叹，但却无害于人。陆游也有描述“蜀孟氏，苑中忽生百合花一本，数百房，皆并蒂。图其状于圣寿寺门楼之东颊壁间，谓之《瑞百合图》，至今尚存。”后发出“乃知草木之妖，无世无之”[②]的感叹。欧陆两人认为于人无害的地反物为妖在其他宋人那里就多与灾祸联系在一起。如前述杨亿在《杨文公谈苑》中对繁艳的千叶牡丹致人家命丧五口，有“盖地反物之验”的评语。无独有偶，洪迈对粲然再花的桃花致人无罪获刑，怏怏而卒，也做出了“地反物为妖，兹可信矣”的论断。从杨洪两人的评论可看出在宋朝将地反物为妖与灾祸联系的大有人在，但也有人持不同意见，如方勺就以亲身经历来说明“地反物为妖”亦有给人带来吉祥的例子。勺近游建康，见太府少卿吴德素云：“先舍人顷寓太学，斋后千叶桃忽结子十八枚，其中一颗甚大。诏下，会同舍拈阄以卜升沉，唯徐铎得其大者。是举本斋预

---

① （宋）欧阳修：《洛阳牡丹记》，《景印文渊阁四库全书》第845册，台北：商务印书馆，1986年，第3页。

② （宋）陆游：《老学庵笔记》，上海古籍出版社编：《宋元笔记小说大观》第四册，上海：上海古籍出版社，2007年，第3479页。

奏名者十八人，而铎遂冠多士”[①]。士人对地反物为妖的不同看法，可看出时人的观念在吉凶间摇摆，崇拜之中多了理性少了盲从。

2. 祥瑞不可凭

在宋朝，有士人援引前朝或本朝事例直接阐述所谓植物变异有祥瑞是无中生有的虚妄。如孔平仲以唐朝故事验证，

> 祥瑞之不可凭也，止以唐事验之。肃宗上元二年二月……甲辰延英殿御座梁上生玉芝，一茎三花，上制《玉灵芝诗》……是岁玄宗、肃宗俱崩，则玉芝者不足为瑞矣……七月洛水泛溢，人颇被害，而太庙二室芝草生，十一月获赤兔，十二月彗星见，则日月重轮、芝草、赤兔又不足为瑞矣。夫一岁之中，灾祥并出。以为祥瑞与，则安得有灾，故吾以为祥瑞不可凭也[②]。

而周密举当朝事例亦在说明祥瑞不可凭。

> 至如政和隆盛之际，地不爱宝，所在奏贡芝草者，动二、三万本。蓟、黄间，至有一铺二十五里之间，遍野而出。密州山间，至弥满四野，有一本数十叶、众色咸备者。太守李文仲采及三十万本，作一纲进，即进职，除本道运使……一时君臣称颂，祥瑞盖无虚月。然越数岁，而遂罹狄难，邦国丧乱，父子播迁。所谓祥应，又如此也……世有喜言祥瑞之人，观此亦可以少悟矣[③]。

由祥瑞不可凭的观点不断抛出，可以看出植物崇拜的拥趸中出现了质疑的人群，坚固的崇拜观念嫌隙渐起。

---

① （宋）方勺：《泊宅编》，上海古籍出版社编：《宋元笔记小说大观》第二册，上海：上海古籍出版社，2007年，第2144页。

② （宋）孔平仲：《珩璜新论》，朱一安等编：《全宋笔记》第二编第五册，上海：上海古籍出版社，2006年，第250页。

③ （宋）周密：《齐东野语》，上海古籍出版社编：《宋元笔记小说大观》第五册，上海：上海古籍出版社，2007年，第5505页。

3. 崇拜的附会

木裂有纹的奇异现象被屡次记录[①]，应起自于真宗朝伪造天书，大兴祥瑞，粉饰太平的虚造。“祥符崇尚道教，建立宫观，专尚祥瑞。王钦若献芝草八千一百三十久本，丁谓献芝草三万七千余本”[②]。上有所好，下必甚焉，有人揣度君意假借植物的奇特现象，投君所好，寓意嘉祥，“守臣茹孝标奏城内小山生芝三百五十本，悉以上进，改名其山曰：‘紫芝山’”。只不过碰上不以其为祥瑞的宋仁宗，并遭仁宗的训斥，“朕以丰年为瑞，贤臣为宝，草木虫鱼之异，乌足尚矣！”[③]更有人铤而走险，伪造祥瑞，“政和二年，待制李譓进蟾芝，上曰：“蟾，动物也，安得生芝！闻大相国寺市中多有鬻此者，为玩物耳。惠从臣，何敢附会如此！”命以盆水渍之，一夕而解，竹钉故楮皆见”[④]，落得欺君罔上、贬官放逐的下场。媚上的伪造，虚假的祥兆，令明君震怒，使崇拜的幻象破灭。

从上述仁宗的话来看，包括植物崇拜、鬼神崇拜、自然崇拜、宗教崇拜在内的诸种崇拜，其核心在于人的信与不信。信则有，不信则无。拿植物崇拜来说，人们若不信，植物就是植物，春生、夏荣、秋萎、冬枯。若相信，它就是吉祥的化身，灾难的先兆。植物变异本属自然现象，却因人们的多元信仰变得破朔迷离，难以捉摸。

---

① 除前述几例还有《茅亭客话》中载：“大中祥符六年，绵州彰明县崇仙观柏柱上有木纹，如画天尊状，毛发眉目，衣服履舄，纤缕悉备”。此外，《梦溪笔谈》中载：“木中有文，多是柿木。治平初，杭州南新县民家折柿木，中有“上天大国”四字。余亲见之，书法类颜真卿，极有笔力。”

② （宋）张端义：《贵耳集》，上海古籍出版社编：《宋元笔记小说大观》第四册，上海：上海古籍出版社，2007 年，第 4283 页。

③ （宋）王林：《燕翼诒谋录》，上海古籍出版社编：《宋元笔记小说大观》第五册，上海：上海古籍出版社，2007 年，第 4604 页。

④ （宋）周煇：《清波杂志》，上海古籍出版社编：《宋元笔记小说大观》第五册，上海：上海古籍出版社，2007 年，第 5131 页。

三、植物世界里的仙怪精灵

一则故事说开去——千年树精：

> 岳州唐白鹤寺前有古松，合数围，平顶如龙形。吕洞宾昔尝憩其下，有一翁自松顶而下，前揖甚敬，洞宾诘之，曰："我，树神也。"洞宾曰："邪耶？正耶？"翁曰："若其邪也，安得知真人哉。"言讫，升松而去。洞宾即题于寺壁，曰：独自行时独自坐，无限世人不识我。惟有千年老树精，分明知是神仙过。[①]

千年树精显身拜谒吕洞宾的故事在宋人范致明的《岳阳风土记》中也能见到，只不过范氏又加入了树精求丹，洞宾赐诗的桥段，也就有了"旧松枯槁，今复郁茂，得非丹饵之力邪"的猜想。到了南宋，洪迈又在此基础上为该故事编撰续集，让吕洞宾故地重游，造福人类，"绍兴二十二年，大风拔树无数，此松遂枯。有道人过之，折也仆一枝插于旁，咒曰：'彼处难安身，移来这里活'。自是日以畅茂，即今稺松也。道人者，蓋吕仙翁云"[②]。当然，树精不可见，吕洞宾也早已忝列八仙之一，翩然过海而去，不知所踪。但"惟有千年老树精，分明知是神仙过"的题壁诗确实存在过。无论是范致明的《岳阳风土记》中的"李守岳阳，因访前事，果城南有老松，以问近寺僧曰，先生旧题诗寺壁久巳摧毁，但能记其诗曰：独自行来独自坐，无限世人不识我，惟有城南老树精，分明知道神仙过"[③]，还是叶梦得《岩下放言》中的"余记童

---

① （宋）王巩：《闻见近录》，朱易安等编：《全宋笔记》第二编第六册，郑州：大象出版社，2006年，第21页。

② （宋）洪迈：《夷坚志》，北京：中华书局，2006年，第1415页。

③ （宋）范致明：《岳阳风土记》，朱易安等编：《全宋笔记》第二编第七册，郑州：大象出版社，2006年，第80页。

子时，见大父魏公自湖外罢官还道岳州，客有言洞宾事者：近岁尝过城南一居寺，题诗二首壁间而去……其二云："独自行时独自坐，每恨时人不识我。惟有城南老树精，分明知道神仙过"[①]，均可予以证明。至于题壁诗的作者究竟是不是吕洞宾，已无从考证，也并不重要。重要的是，诗的作者见参天古松而想到树精，这种联想是"千年古树易成精"的观念沁入骨髓，近乎本能的自然流露。事实上，千年树精只是众多神鬼精怪的一种，在宋人的神鬼世界中也有植物的一席之地，以植物为原型的精、怪、神、鬼们更成为宋代笔记小说中的常客。敬也好，惧也罢，反映了动植物崇拜自魏晋南北朝始向精怪化方向发展的趋势没有中断，鬼神文化的观念继续传承。

（一）仙怪神物依植物而生

植物相较于人类，与天地的接触更为紧密，树比人高，枝侵天，吸日月精华；草比人低，根扎地，嗅泥土芬芳。神、鬼、灵物居于此可获得自身所需的营养，故植物也就成为神怪栖身的最佳场所，试看：

1. 桑上生仙

偃师孙道中为余言，尝村居，每月下闻笛声，甚清越。一日，因即其声听之，在一老桑枝上，记其处。明日往观，于桑枝上生一仙人横笛者，其眉宇、衣服纤悉毕具。因持归，声遂绝。[②]

2. 木中灵物

1）龙

汉州举子王文昌，政和间在乡里读书于南禅寺。后山有古

① （宋）叶梦得：《岩下放言》，朱易安等编：《全宋笔记》第二编第九册，郑州：大象出版社，2006年，第336页。

② （宋）邵伯温：《邵氏闻见录》，上海古籍出版社编：《宋元笔记小说大观》第二册，上海：上海古籍出版社，2007年，第1806页。

木甚巨，其中隐隐常有笙箫声，间闻龙麝气。一日，雷震树中，有白龙腾出，若巨练萦纡霄汉间，木寻死。[①]

2）蛇

洪、抚之间，地名清远，有净居院……寺后山上有寿章亭，亭前樟木围三寻，多题诗，云三经霹雳，中有巨蛇也。[②]

3）蜥蜴

豫章新建县治，乾道四年七月，夜半大雷震，令厅屋瓦皆鸣。家人共聚一室，闻风声汹汹，窗棂戛然。疑即有覆压之患，五鼓乃定，及明眂之。圃后拔出巨柳，其长三丈，大十围。寸断如截，遍满丞主簿舍中。一蜥蜴色如渥丹，长仅尺，僵死地上。[③]

3. 树下鬼怪

平江凌知县建宅桑林巷，颇壮丽而多怪，门户时自开阖，或飞掷瓦砾。居既不安，乃损价鬻之。有阎太尉者买之以居，其怪如故。人皆谓凶宅，转鬻不复售。适官创武宪公廨，乃拆买其材，而总管开兆得其地。上有银杏树，大数围，枝干尉茂，覆地甚广。开疑怪所依，乃伐去之，且发其根下，得遗骸一具，支节皆全，弃湖中。今复为宅，而怪不复见。[④]

综上，植物的上、中、下分别居住着仙、灵物、怪，恰好符合古人的神话观念——仙飘乎人间之上，居于天庭，形象与人无异，

① （宋）马纯：《陶朱新录》，上海师范大学古籍整理研究所编：《全宋笔记》第五编第十册，郑州：大象出版社，2012年，第160页。

② （宋）庄绰：《鸡肋编》，上海古籍出版社编：《宋元笔记小说大观》第四册，上海：上海古籍出版社，2007年，第4048页。

③ （宋）洪迈：《夷坚志》，北京：中华书局，2006年，第470页。

④ （宋）郭彖：《睽车志》，上海古籍出版社编：《宋元笔记小说大观》第四册，上海：上海古籍出版社，2007年，第4122页。

慈眉善目，法力高强。即便没有造福于人，至少也会与人为善，不会加害于人；灵物以龙为首，蛇和蜥蜴长期与龙组合成为半神，法力稍逊于仙，因法力不够不能变得人身，无法逍遥于人间之上。但一旦修成正果，则能直冲云霄，成为镇守一方的神仙；鬼怪遁于地下，与黑暗为伍，其目的多是加害于人。因面目狰狞以原貌见人恐无法达成目的，故多变成俊男美女魅惑凡人。

（二）不可忤逆的社神

本部分开篇故事中的松精，其形象谦卑。但需注意的是，这种谦卑是在法力更胜自己的吕洞宾面前才会表现。而对凡人，他们就是不可轻易冒犯的树神。纵览宋人笔记中关于树神的记载，可发现该神对于人类的初次冒犯还是讲究先礼后兵的。往往先是托梦求救，晓以利害，希望人类能够幡然悔悟，迷途知返。试看：

蒋静叔明……邑多淫祠，悉命毁撤……唯柳将军庙最灵，未欲辄废，故隐然得存。庙庭有杉一株，柯干极大，蔽阴甚广，蒋意将伐之。日昼卧琴堂中，梦异人被甲乘马，叩阶而下，长揖言曰："吾姓木卯氏，居此方久矣。幸司成赐庇，不敢忘德，后十五年当复来临。"觉而知其为神，但不晓司成为何官，颇加叹讶。因置木不伐，仍缮修其堂宇。逮秩满，诣庙告别。[①]

广州清远县之东峡山寺……有古飞来殿，殿西南十步许，大松傍崖而生，婆娑偃盖。大观元年十月，南昌人皇城使钱师愈，罢广府兵官北还。檥舟寺下，从者斧松根，取脂照夜。明年，殿直钱吉老，自广如连州。过寺，梦一叟鬓须皤然，面有愁色，曰："吾居此三百年，不幸值公之宗人。不能戢从者，至斧吾膝以代烛。使我至今血流。公能为白方丈老师，出毫发力补治。庶几盲风发作，无动摇之患，得终天年，为赐大矣。"

① （宋）洪迈：《夷坚志》，北京：中华书局，2006年，第2页。

吉老问其姓氏及所居，曰："吾非圆首方足，乃植物中含灵性者。飞来之西南，即所处也，幸无忘。"吉老觉.疑其松也……以语令建安彭銶.政和二年，銶解官如广府，过寺即以吉老言访之，果见巨松去根盈尺，皮肤伤剥，膏液流注不止，盖七年矣。乃白主僧和土以补之，围大竹护其外。①

福州仪门外夹植榕树，每树有白鹭千数，巢其上，鸣噪往来，秽污盈路，过之者皆掩鼻。薛直老弼为守，尝乘凉舆出，为粪污衣，以为不祥，欲尽伐其树而未言。是夜安抚司参议官曾悟，梦介胄者恳云："某受命护府治，所部数百人，皆栖榕间。今府主欲伐去，吾无所归矣。愿为一言。"悟既觉，以不闻伐树事，不以为意。明夜复梦曰："乞即言之，不然无及矣。府主所恶，不过鹭秽耳，此甚易事。请期三日，悉去之。"悟许诺，明日过府为言。薛惊曰："吾固欲伐之，然未尝出诸口。而神已知，可敬也。"至暮大雨，阅三日乃止。鹭群悉空，树濯濯如新。②

若人不听劝阻，一意孤行，则会触怒树神，招致血光之灾。再看：

鄱阳松子源民程氏，家山有大樟木一株……高至侵云霄。庆元元年，族长知万与众议，以与荐福寺，使自伐之。监寺僧绍禧往莅其事。木半生瘿，隆起三四尺，一匠先升高削其瘿，既脱，中有泓水澄湛，一蛇苍褐色，见人若惊，跃空而下。匠以语禧，禧惧，欲舍之，知万不可，曰："吾举宗聚谋，发心施佛，渠可中止。"卒仆之，悉芟刈干枝，独留木身，矫然如断虹长堤。时农人种稻在田……木展转东西，五人遭压，知万侄亦死，其伤股败面者又十余辈……绍禧以他事为郡倅所治，

① （宋）洪迈：《夷坚志》，北京：中华书局，2006年，第154页。
② （宋）洪迈：《夷坚志》，北京：中华书局，2006年，第234—235页。

囚械狱户，将受杖而听赎。[①]

丹阳妙明真人吴元净居常州横山，命其弟襄寻得一枫木，有三瘿，令取其二。梦老人植杖而来责襄曰："吾三子，汝遽杀其二，何也？"襄惶惧，答以真人之命。老人曰："若非真人，吾不赦汝。"以杖击其鼻，曰："可出血一升。"来旦，鼻衄，及一升血。[②]

伊阳深山中有黑松山，平高四十里，其上皆大松。有二株尤大，一号大将军，一号小将军，大者围绢三匹，小者围一匹。木客取材于此者，皆祭之，以绢围讫，造幡挂其上。郑和间，求明堂柱，而邑官以无中程者闻。既而有人告发，云："大松不可出，小松可取也。"乃命告者以官，而令佐皆谪。已伐之，亦不可出，告者寻死。[③]

王田功，抚干建阳人。居县境之灵泉寺，寺前有田，田中有墩，墩上巨木十余株，径皆数尺，藤萝绕络，居民目为鬼魅，幽阴肃然，亦有岁时享祀者。王将伐为薪，呼田仆操斧，皆不敢往。王怒，欲挞之，不得已而行，才施数斧，木中血流，仆惧乃止，还白焉。王挞其为首者二人，曰："只是老树皮汁出，安得血。"群仆知不可免，共买纸钱焚之，被发斫树，每下一斧，即呼曰："王抚干使我斫。"竟空其林，得薪三千束。时绍兴十三年也。经月，王疽发于背，自言见祟物。既死，祟犹不去。众为别栽木其处以谢之。今蔚然成林，祟始息。[④]赵善澄清臣都监，居于铅山，乾道九年，于县西别造宅。其后丛祠曰三圣庙。一樟树大数围，正临宅畔，每风作摇动，必损屋瓦不

① （宋）洪迈：《夷坚志》，北京：中华书局，2006年，第938—939页。

② （宋）释祖秀：《可书》，上海师范大学古籍整理研究所编：《全宋笔记》第四编第三册，郑州：大象出版社，2008年，第187页。

③ （宋）马纯：《陶朱新录》，上海师范大学古籍整理研究所编：《全宋笔记》第五编第十册，郑州：大象出版社，2012年，第158页。

④ （宋）洪迈：《夷坚志》，北京：中华书局，2006年，第578—579页。

> 胜整葺之烦。命匠者芟除枝柯，众相视不肯任责，赵甚怒。独钟四者，性粗愚，索酒浆一升饮，持斧奋升木杪，凡与墙邻者悉斫去之。赵赏以钱二百文。是夜钟归，微觉右臂痒，俄生两肉瘤，稍大，如鸡卵，积渐长如碗，虽无痛苦，然颇有妨碍。凡如此半年，因用力太过，瘤忽破裂，血出不止。外医用药不能疗，至夜，情识荡漾，所见皆鬼神，口中语言，亦不类常日声音。人有问者，随即应曰："赵都监福尚盛，我不能兴祸。此匠身衰，故得甘心耳。"后五日而亡。[①]

以上从托梦求救、促人悔悟到树颜震怒、降灾于人，《夷坚志》等笔记小说的作者，不吝笔墨、近乎重复的记录关于树神的传说，其目的是想以这种只改地点、时间、人物，情节却一以贯之的笔触，向世人灌输因果轮回、生死报应的禁忌观念。神鬼思想于此发挥了积极作用，在信仰世界为爱惜树木，禁止乱伐，保护生态平衡筑起了一座道德大闸。

当然，宋人的笔记小说中也有人不为所动，逆势而动，不但没有招来杀身之祸，反而乐享高寿，无疾而终。兹举两例，以示说明：

> 淳熙中，南岳庙火，诏潭州重修，命湘潭令薛大圭督役。所用材木绝大，深山穷谷，求取殆遍，而正殿缺一梁……搜访不可得。或言湘潭境内黄冈白马大王庙前有巨杉……今将集事，非此木不可，但庙神灵威怖人，那复敢近。薛审访得实，即具文牒，遣邑尉王以宁焚于庙下，然后领工匠百辈，厉斤斧伐木。至其傍，见长蛇蟠踞根株，匠手颤股栗，拱立相视。尉遣信驰报薛，薛策马亲诣庙，致牲牢酒醴……取杯珓掷之，得吉卜。于是百斧并进，闻树杪锵然如剑戟声，匠惧欲止，薛不听。明日，树根汁出如血，迸流满地，大声如雷，树既断，而

① （宋）洪迈：《夷坚志》，北京：中华书局，2006年，第1529页。

盘空旋绕，欲堕不堕。薛魔众趋避，复白神云："既已许我，愿勿以声响灵异动人。"如是者踰时方仆。[①]

显谟阁待制董正封彦国知荥州，使宅一楼极高，可以远眺，而为大桐树所蔽，举目殊有妨，命伐去。吏辈罗拜乞留……董赋性刚烈，叱众退，自率工匠运斤斧，自朝至暮，木已倒仆芟削。忽暴风驾云起根中，屋瓦飘扬，雷电晦冥，骤雨倾泻……老幼咸怖，泣叫相闻。董怡然不为动。未三刻，风雷皆息，内外晏如，略无所挠，郡人始叹诵其明决。董寿过八十乃终。[②]

以上两例，与之前看似乎矛盾，却有合理的成分。一方面，鬼神思想孕育的禁忌观念本就是信则有，不信则无。"它的破与立与人们认识自然的过程和实践活动紧密相连，当人们的鬼神思想浓重时，禁忌也就倍显神秘；而一旦人们识破了其中的虚妄，禁忌观念也就势必被打破"[③]。另一方面，上述二例也反映出，在宋代随着生产力的提高，人们进一步摆脱蒙昧状态，不再匍匐在自然的脚下，裹足不前。而是在遵循自然规律的基础上适当开发自然，改善人居环境。而这种人与自然的关系，与之后"人定胜天"所造成的人与自然剑拔弩张的紧张关系不同。人类与自然不是有你无我的零和博弈，而是人在敬畏的心里基础上，适度开发自然，已达到你中有我、相互均衡的和谐状态。

（三）植物世界里的鬼怪精灵

在古人的意识状态中，宇宙世界分为三层，神居上界，人住中间，鬼在地下游荡。这种分层在植物的大千世界里也不例外，于是以某植物为原型的鬼怪精灵便活跃在宋人的笔记小说中，演绎出或

① （宋）洪迈：《夷坚志》，北京：中华书局，2006年，第922—923页。
② （宋）洪迈：《夷坚志》，北京：中华书局，2006年，第1237页。
③ 邹辉：《植物的记忆与象征——一种理解哈尼族文化的视角》，北京：知识产权出版社，2013年，第99—100页。

荒诞或诡异、恐怖的神话传说。

1. 树怪

1）树妖

> 宋安国，为浙西都监，驻湖州，其行天心法犹不废。德清民家为祟扰，邀宋至其居。治不效，更为鬼挫辱。宋忿怒，诣近村道观，斋戒七日，书符诵咒，极其精专。乃仗剑被发，入民居后大树下，禹步（道士在祷神仪礼中常用的一种步法动作，传为夏禹所创，故称禹步。——引者加）旋绕。忽震雷从空起，树高数丈，大十围，从顶至根析为两。又震数声，枝干无巨细，皆劈裂如算筹，堆积蔽地。怪遂扫迹。

从“诣近村道观，斋戒七日，书符诵咒……乃仗剑被发……禹步旋绕”，可知宋安国为一道人。由前知树神见了道教宗师吕洞宾还要主动示好，法力远不如神的树妖却自不量力，“挫辱”宋氏，招致道人怒不可揭，施符诵咒之后树妖落得“枝干无巨细，皆劈裂如算筹，堆积蔽地”①的下场。

2）沙木怪

道人法力高强，鬼怪斗不过他尚情有可原，但有时碰上力量稍大的凡人，鬼怪们也要甘拜下风。章炳文在《搜神秘览》中就描述了这样两个沙木怪，说二怪经常“负人置溪水中”，这种行为在今天看来似是一场恶作剧。但也令人“无敢独往来”。有胆大者“特往伺之”，人鬼相遇，一番角力后“反为人负而行”，最终两怪落得“碎之，有血贯焉”②的下场。

---

① （宋）洪迈：《夷坚志》，北京：中华书局，2006年，第568页。

② （宋）章炳文：《搜神秘览》，朱易安等编：《全宋笔记》第三编第三册，郑州：大象出版社，2008年，第160页。

3）杉木怪

洪迈在《夷坚志》中所描写的杉木怪与前述沙木怪较为相像。它夜间窃稻被人执后“置小缶，和汤煮之，薪火方炽，臭不可忍。”该怪毫无办法只能“号叫哀泣曰：‘幸赦我，我不敢复扰君’”[①]，摇尾乞怜之后才求得不死。

4）皂角鬼

杉木怪窃稻差点丢了性命，而出自同书的皂角鬼因抢油酥雪糕而被人“持刀斫之四五，损处汁流清血。”稍有反抗，令行凶人“昏昏感疾”，但又被人“以钉贯其节，血迸如倾”，虽“至今犹存”[②]，想必已是元气大伤。

5）杨树精

以上几个树怪因贪玩、贪嘴引来杀身之祸或血光之灾，而洪迈笔下的杨树精却因贪色而亡。故事的大概是：农夫出外佣耕，两月未返。其妻年少，颇有容色，引得杨树精和狐精垂涎不已，二精变成学究之状，与妇嬉戏，一番挑谑，拨的农妇春心荡漾，红杏出墙，分别与二精发生关系。一日，杨树精正与农妇行苟且之事，不料农夫归来，树精仓皇逃窜。但难逃被伐树、除根，汁出如血的厄运[③]。

6）桐郎

近女色丢性命的又何止是杨树精，这位桐郎也因魅惑少女而被其家人伐之丢了性命：

> 古桐一株，其大合抱，蔽荫甚广。师中女及笄，尝登楼外顾，忽若与人语笑者，自是日事涂泽，而处楼上，虽风雨寒暑不辍。师中颇怪之，呼巫访药治之，不少衰。家人但见其对桐笑语，疑其为祟，命伐之。女惊嗟号恸，连呼桐郎数声，怪乃

① （宋）洪迈：《夷坚志》，北京：中华书局，2006年，第305页。
② （宋）洪迈：《夷坚志》，北京：中华书局，2006年，第1756—1757页。
③ （宋）洪迈：《夷坚志》，北京：中华书局，2006年，第1804页。

绝。女后亦无恙，询其前事，盖恍然无所觉也。[①]

7）槐树精

此精是树神怪中为数不多的女性精灵，她因人白日“惠顾，恻然兴怜，感恩义殊常，是用致谢。”寥寥几言，落落大方，毫无媟狎之态，引得凡人“怀想迨旦，目不交睫”[②]。

2. 花妖

1）酴醾妖

平江陈祖安兄，待秀州司户。于其家有一美妇人，素衣而来，久与之处，形神俱瘁。妇人每来异香满室。后年余其兄卒，妇人复媚祖安。渠一旦顿悟，乃园中一古酴醾为妖，遂以锯断，血为之流。

酴醾为妖，魅惑陈祖安兄，吸精纳气后，其兄“形神俱瘁”[③]，不久便亡。

2）玫瑰鬼

故事梗概与其他有关鬼的故事类似，花鬼（玫瑰）夜扮美人，色诱僧人，“曲意延接，遂同入房，闭户张灯”。云雨之后，令该僧“卧病累日”，幸得他人指点才躲过一劫[④]。

3）花精

《夷坚志》中亦有关于花精的记载：

刘縡……梦神告曰：“已戒从吏搜索，乃花精所为，非鬼也，行且治之矣。”縡还家，梦其故妾秦奴者，来曰：“寺后呼

---

① （宋）洪迈：《夷坚志》，北京：中华书局，2006年，第421页。
② （宋）洪迈：《夷坚志》，北京：中华书局，2006年，第1312页。
③ （宋）张知甫：《可书》，上海师范大学古籍整理研究所编：《全宋笔记》第四编第三册，郑州：大象出版社，2008年，第187页。
④ （宋）洪迈：《夷坚志》，北京：中华书局，2006年，第774页。

君者，盖我耳。君若不相忘，无令伽蓝神急我。”缔又为牒，如世间缴状，遣人投于祠。数日，又梦妾来别曰：“君已投状，我不敢复留。”泣而去。秦奴者，京师人，死于临安，至是时已六年矣[①]。

秦奴者，生时为奴，死后成花精，亦不改从前卑微之姿，因不堪神之欺扰，求之于夫君，达其所愿后便不敢复留。从其唯唯诺诺之中，可见花精的法力没有仙那样神通广大，也不会如鬼一样加害于人。

3. 草精

草本植物中的鬼怪以巴蕉精为代表：

兴化人陈忱……与郡士刘李二生同榻……一夕刘觉，体畔甚热，见一物，如茜被包裹卧其旁．大惧．明夜……李所睹亦然，皆不敢言。至夜争据便处。陈曰：“岂有所畏邪，我请尝之。”既寝，闻户外叹息声。若欲入而不敢者。他夕陈先就枕，刘奏厕方来，不得已复居外。见如前时，始以实告陈。陈奋然以身当之，复闻有声，即大呼而出，其物踉蹡越窗外，至巴蕉丛而灭。明日尽伐去蕉，又穿地丈余，无所得。自是怪遂绝，咸疑为巴蕉精云。[②]

芭蕉精如“欲入而不敢”，只在窗外徒叹，遇人大呼即踉跄出逃，一副古时女子羸弱怯懦之态。

植物世界的诸神怪在与人交往的过程中，传达的几点信息颇值玩味：（1）植物的神、鬼、怪有了明显的性别归属，树神因其法力高强而多具男性的阳刚之气。而鬼怪尤其是花草精多怀女性的阴

① （宋）洪迈：《夷坚志》，北京：中华书局，2006年，第347页。
② （宋）洪迈：《夷坚志》，北京：中华书局，2006年，第152页。

柔之姿，法力几乎为零，如前述的秦奴花精遇神欺辱，无计可施，只得求前世夫君庇护。这与古时男尊女卑、男强女弱的社会观念不谋而合。（2）植物的神、人、鬼之间，按照能量大小已现强弱之分，神仍居首位，与其他领域的诸神地位相似。但人鬼之间却位置颠倒，这从上述一系列人鬼角力中就可明察。植物的鬼怪在与人的角力中全面落于下风，即使做些魅惑凡人的勾当，也被人伐树除根，轻取性命。人鬼位置的颠倒，进一步彰显了人的主体地位。（3）上述所举的十余种精怪，有近一半事例发生在伦理场域中。事实上，鬼怪本就是阴暗的代名词，所干勾当令人不齿，人与鬼怪发生的男欢女爱也定是不伦。所以无论是男人心猿意马，还是女人寂寞难耐，偷食禁果的下场便是一方或惙然疲痿，只剩皮囊在人世，或卧病累日，一命呜呼。这也符合古时社会传统的伦理观念——性爱应建立在婚姻基础之上，不是出于结婚和延续香火目的所进行的性爱都是有悖伦理观念的。

四、结语

人之于植物大致经历三种驯化阶段，从自然野生到人工壅培再到煎炒烹炸，这是人类驯化植物的物用阶段。但诚如王利华教授所言："人是拥有文化的动物，对各种自然物并不局限于物质利用，他还赋予自然世界以文化意义，具有不同特性的自然物，因此常常变成了特定的文化象征符号，用以表达某种思想情感和观念意识，构成人类精神系统中充满自然生命气息的鲜活元素。"人类赋予植物以文化意义，便是人驯化植物的第三阶段，表现在精神生活方面。活跃在人类精神层面的植物也成了人类植物崇拜的滥觞。先秦时期，随着原始农业发展，人们的植物崇拜主要与农业有关，如黍、稷、稻、麦等。到了秦汉时期，受到人们崇拜的植物增多，一些植物更是被视作祥瑞，比如灵芝，蓂荚、朱草、嘉禾等，成为天下太平、国泰平安、政治清明的预示；魏晋南北朝时期，动植物崇拜向精怪化方向发展。《玄中记》《三国志》《洛阳伽蓝记》《荆楚岁时记》《搜神记》等一批玄怪小说中均有植物精怪的身影。在该时期人们的信仰观念也认为有些植物还可以辟邪去灾，预兆吉凶；如果说植物在魏晋南北朝开始被“妖魔化”的话，那么在隋唐时代，植物的人化与神化已在士人阶层中成为一种主流文化意识。

到了宋代，植物进入宋人的社会生活，在衣食住用等方面的作用日益重要。“物质决定意识，意识是头脑对物质的反映”，充斥其间的群卉众柏让宋人精神世界里有了花的绚丽多姿和树的挺拔傲立。植物的人化、喻示，令宋人在思想观念中赋予植物更多的神话色彩。树神、花鬼、草精，敬也好惧也罢，反映了古人多元的信仰对象和在信仰过程中较为明显的实用色彩。于此我们可以知道各种自然事物如何影响人的精神情感。古代先民又是如何认识、理解自然。人与自然的和谐共生在植物的人化和神化过程中得到充分诠释。

作者简介：郭幼为（1986—），华南师范大学历史文化学院博士研究生，主要从事宋史研究。

辽代射柳文化考述

姚　庆

（上海大学　历史系　上海　宝山　200444）

摘　要：辽代射柳活动是我国古代北方少数民族体育重要组成部分，形成演变受到多元文化因素影响。采用文献资料法和考古材料分析，对契丹射柳文化内涵进行研究，得出射柳活动具有一套完备的活动仪式，举行时间以4—6月为主，场所则不固定，视仪式活动内容而定；举行目的除祈雨外，还涉及祭祀、狩猎、竞技比赛、宴饮等方面；在射柳用具的选择上则有弓射和弩射之分，铁镞的选用以横镞箭为标准，既反映契丹族骑射军事水平的高超，也体现了射柳文化多元性和传承性的文化特征。

关键词：契丹；射柳；瑟瑟仪；体育文化；祈雨

射柳，又称“蹯柳”“斫柳”“扎柳”“剪柳”，为挽弓射柳枝意，属古匈奴、古鲜卑族俗[①]，“从族源上看，契丹族属东胡体系，为鲜卑宇文部别支。”[②]故射柳运动起源于北方古老的游牧民族骑射活动，亦是我国传统民俗体育运动之一，并占据核心地位。不过，骑射游乐这一功用仅是射柳运动的外延表现，与射柳活动相关的宗教祭祀、祈雨仪式、尚武精神、节日庆典而言，则是其内涵的文化表征，也是考察射柳运动对契丹体育文化变革的关键层面。虽

① 《汉书》，北京：中华书局，1962年，第3752页。

② 武玉环：《辽制研究》，长春：吉林大学出版社，2001年，第214页。

然有关射柳运动研究已有若干成果[①]，但这些研究多以宏观民族体育史角度切入，论及射柳项目也以综合性研究出现，缺乏个案分析研究，如涉及射柳运动研究多结合瑟瑟仪，但不少学者将瑟瑟仪直接等同于射柳，则有失欠妥，又如射柳的目的之一是天旱祈雨，而并非射柳运动的开展仅是祈雨，它还涉及辽代其他祭祀活动，如再生仪、祭山仪等，这些都是本文值得探讨的问题。契丹体育文化是中华民族文化重要组成部分，射柳活动兴盛于辽代是大家公认的事实[②]，属华夷同风论，对后代（宋、金、元、明、清）体育文化起到传承作用，加之射柳体育文化是"整个辽朝体育体系中的核心与灵魂"[③]，因此对契丹族射柳文化的探讨显得十分必要。为此，笔者运用文献资料与考古材料相结合方法，以辽代为时间轴（916—1125年），以射柳体育项目为研究对象，将其置于辽代体育文化体系中分析，以期探析辽代射柳文化内涵，发展规律及功能特征。

一、契丹射柳体育文化内涵

中国北方特定地理与自然环境制约契丹族体育项目的发展和布局，逐水草而居，以游牧、畜牧业为生，"马逐水草，人仰湩

① 有关射柳运动研究成果参见（日）岛田正郎：《辽朝史之研究》，东京：创文社，1979年；朱瑞熙等：《辽宋西夏金社会生活史》，北京：中国社会科学出版社，1998年；熊志冲：《中国古代射柳活动综考》，《成都体育学院学报》1987年第3期，第33—40页；黄聪：《中国古代北方少数民族体育文化研究（上）》，《体育科学》2008年第8期，第3—15页；韩丹：《我国古代东北民族的射柳活动考》，《哈尔滨体育学院学报》2004年第2期，第1—3页；冯继钦：《契丹人的几项体育运动》，《求是学刊》1991年第18期，第84—87页；王承礼：《契丹的瑟瑟仪和射柳》，《民族研究》1988年第3期，第46—53页；王晓衡：《辽体育研究》，《体育文化导刊》2015年第33期，第172—175页；郭康松：《辽代娱乐文化之研究》，《北方文物》1995年第1期，第48—54页；张元锋：《射柳运动变迁研究》，《体育文化导刊》2016年第2期，第181—188页。

② 王久宇：《论金代体育》，《体育文化导刊》2009年第5期，第90—92页。

③ 赵杰：《论辽朝击球、射柳之社会本质》，《昭乌达蒙族师专学报》（汉文哲学社科版）1995年第4期，第1—10页。

略，挽强射生，以给日用”[①]，促成马术文化繁盛。故而契丹人崇尚武勇，善于骑射，射柳运动亦逐渐趋于制度化、礼仪化，成为定期举行的国礼。长期以来，大多数学者认为射柳活动仅仅是通过吉礼瑟瑟仪形式表现出来，更有甚者直接称射柳为瑟瑟仪[②]。“契丹射柳活动往往在举行瑟瑟仪祈雨时进行”[③]，表明射柳活动是瑟瑟仪祈雨时的表现形式之一，并非绝对化；瑟瑟仪出现在部落联盟时期，“瑟瑟礼，祈雨射柳之仪，遥辇苏可汗制。”[④]作为国礼则是始于辽太祖耶律阿保机参照契丹古老族俗制定的[⑤]，但是射柳运动则是起源于古匈奴、古鲜卑时期，延续至契丹族，虽表现形式有所变化，但其“射柳”内涵未变，射柳出现在瑟瑟仪之前，时间次序前后不一，功能从属亦有不同，如将两者概念等同则有失欠妥。

（一）史料中射柳体育文化内涵分析

据《辽史·礼志一》中关于瑟瑟仪表述如下：

> 瑟瑟仪：若旱，择吉日行瑟瑟仪以祈雨。前期，置百柱天棚。及期，皇帝致奠于先帝御容，乃射柳。皇帝再射，亲王、宰执以次各一射。中柳者質誌柳者冠服，不中者以冠服质之。不胜者进饮于胜者，然后各归其冠服。又翼日，植柳天棚之东

---

① 《辽史》，北京：中华书局，1974年。

② 有部分学者将瑟瑟仪与射柳运动混为一谈，写道：“射柳发展到辽金时期已经成为一种比较规范的礼仪形式，是各种祭祀活动中必不可少的项目，在当时也被称为瑟瑟仪”（钱芊：《我国古代射柳文化习俗溯源》，《兰台世界》2015年第27期，第163页）；如“射柳本是辽代一种重要的礼仪，又名瑟瑟礼，主要是祈雨时用之。”（刘刚：《辽代皇帝体育》，《体育文史》1994年第2期，第32页）；又如“（射柳）在辽代又被称为瑟瑟仪：若旱，择吉日行瑟瑟仪以祈雨”（王银婷：《射箭运动在金朝的发展研究》，《体育科技文献通报》2013年第11期，第128页）。上述说法均为错误观点，射柳运动与瑟瑟仪是两种不同活动，瑟瑟仪可以通过射柳形式表现出来，而并非两者为同一称谓。

③ 朱瑞熙等：《辽宋西夏金社会生活史》，北京：中国社会科学出版社，1998年，第279页。

④ 《辽史》，北京：中华书局，1974年。

⑤ （日）岛田正郎：《辽制之研究》，东京：汲古书院，1973年，第547页。

南，巫以酒醴、黍稗荐植柳，祝之。皇帝、皇后祭东方毕，子弟射柳。皇族、国舅、群臣与礼者，赐物有差。既三日雨，则赐敌烈麻都马四匹、衣四袭；否则以水沃之。①

由此段话可得出以下分析：

（1）天旱、瑟瑟仪、祈雨、射柳四者之间是相互独立关系，顺联发生。正如天若大旱，必使当年农业生产量下降，影响国计民生，而祈雨是缓解旱灾的方法之一，受契丹本民族习俗及中原儒家礼仪影响，需要举行国家性祷告方式——瑟瑟仪，而射柳是瑟瑟仪祈祷过程中需要使用的手段之一。正如“以岁旱，泛舟于池祷雨；不雨，舍舟立水中而祷，俄顷乃雨。”②此间“射柳祈雨，復以水沃群臣。”③可证四者之间属连带关系，并非如“瑟瑟仪”与“射柳”为同称谓关系。

（2）此射柳活动具有等级性。表现有二：其一，射柳次序方面具有尊卑等级之分。“皇帝致奠于先帝御容，乃射柳。皇帝再射，亲王、宰执以次各一射。”④皇帝先射两次，之后由亲王、宰执各射一次，表明射柳活动在射击次序上已有明确规定。其二，射柳活动在奖励方面存在等级差别。“皇族、国舅、群臣与礼者，赐物有差。”⑤射柳活动结束后，皇帝按照皇族、国舅、群臣、礼者的顺序依次奖赏，在赏赐数量和质量是有差别的。

（3）瑟瑟仪具有一套完备的活动程序。首先需要在活动开始前几天“置百柱天棚”，活动当天需要先祭拜祖先，然后开始依次射柳，射柳结束后的几天需要“植柳”，之后祭祀东方，再进行射柳，最后对参加人员给予不同程度的赏赐，每一环节必不可缺。至

---

① 《辽史》，北京：中华书局，1974年。
② 《辽史》，北京：中华书局，1974年。
③ 《辽史》，北京：中华书局，1974年。
④ 《辽史》，北京：中华书局，1974年。
⑤ 《辽史》，北京：中华书局，1974年。

此，该瑟瑟仪射柳活动结束。

（4）射柳比赛具有严格优胜劣汰规则。规定射中柳枝者给予冠服，未射中者要抵押自己冠服给获胜者，失败者则需要向获胜者进酒，然后再互相归还各自冠服，具有“较胜负、比高下竞技内容”①。另冯继钦载道：“若断柳枝，并以手接住，飞驰而去者为上即优胜者，给与冠服；断而不能接去者，次之；断其青处，中而不能断，不能中者为负，要押出冠服给优胜者。比赛后，归还各自的冠服。”②其言意与上同。

（5）射柳活动具有宗教祭祀色彩。该活动以祈雨为目的，本身便附有宗教迷信色彩，在瑟瑟仪及射柳活动结束后，如不见降雨，则会继续对礼官以水泼之，如降雨则会赏赐马匹衣帛，其结果反映出对雨的渴望，对水的崇尚。

（二）考古材料中“弓”与“镞”的内涵分析

契丹族善于骑射，史料中有关辽代弓箭发达的实例很多，如辽军“便于弓矢，拙于剑戟”③，征战时“万弩齐发，飞矢蔽地”④，皆说明弓箭的使用已成为契丹族生产、生活中不可或缺的重要装备。近年来，随着考古材料的增多，辽代大量弓、弩、铁镞实物的出土对研究我国古代兵器演变序列具有重要导向意义，同时通过考古实物形制特征对进一步分析射柳文化承载体提供重要价值。射柳活动中，箭的选用具有特定要求，辽代军事传统意义上使用的箭镞多为分叉类铁镞、宽刃类铁镞、棱形铁镞、矛式铁镞、叶式铁镞、三翼类铁镞、多锋尖铁镞⑤，如用此种形制箭，则无法射断圆滑的

① 张国庆：《辽代契丹习俗文化源流考》，《学术交流》1994年第5期，第104—109页。
② 《金史》，北京：中华书局，1975年，第826—827页。
③ 王曾瑜：《辽金军制》，保定：河北大学出版社，2011年，第118页。
④ 《资治通鉴》，北京：中华书局，1976年，第9298页。
⑤ 刘忠涛：《浅析中国古代北方民族箭镞形制》，呼和浩特：内蒙古大学硕士学位论文，2012年，第22—23页。

柳枝。《辽史》中虽无关此记载，但“金因辽旧俗”[①]，引《金史·礼志》载：“先以一人驰马前导，后驰马以无羽横镞箭射之”[②]可证，射柳所用箭很大程度上是无羽毛且横镞形制。现依据考古材料，对出土实物弓、弩、镞进行考古标型学分析，以进一步揭示射柳活动所使用弓与镞的选用标准。

（1）弓。辽代的弓，由于材质为木制，出土时多已腐朽，故出土数量不如铁镞多，但在一定程度上说明弓的选用、制作是有一定标准的。由弓身和弓弦组成，弓整体呈扁弧形，弓用桦木制，并绕以桦树皮，中部宽，两端较窄，弓弦则有皮弦和铜丝弦两类，如陈国公主墓中出土一木弓 H79，木质弓背，弓弦用铜丝做成，长 138 厘米、直径 0.2 厘米[③]；皮弦如巴彦库仁 1 号墓[④]、霍林郭勒辽墓[⑤]、上烧锅 1 号墓[⑥]均出土弓实物。

（2）弩。据考古出土实物，其材制多为铜或铁质，弩身左右两侧起脊，脊上有相互对称的穿孔，底部有两个长穿孔，弩底部两端呈燕尾状，平底，中部交叉内凹。如辽上京宫城出土铜弩机 H15：1，脊上对称两孔径均为 0.6 厘米，底部长穿孔长为 3.3—4.0 厘米、宽 0.35—0.7 厘米，通长 12.4 厘米、宽 1.7—2.7 厘米、高 2.1 厘米[⑦]。又如姑营子 1 号耿氏墓出土铁制弩机，形制与上同，有木痕，通长 8.5 厘米[⑧]。

---

① 《金史》，北京：中华书局，1975 年，第 826 页。

② 《金史》，北京：中华书局，1975 年，第 27 页。

③ 内蒙古自治区文物考古研究所，哲里木盟博物馆：《辽陈国公主墓》，北京：文物出版社，1993 年，第 62 页。

④ 呼伦贝尔盟文物管理站，陈巴尔虎旗文物管理所：《内蒙古陈巴尔虎旗巴彦库仁辽代墓葬清理报告》，刘庆柱主编：《考古学集刊》第 14 辑，北京：文物出版社，2004 年，第 267—279 页。

⑤ 哲里木盟博物馆：《内蒙霍林郭勒市辽墓清理简报》，《北方文物》1988 年第 2 期，第 39—40 页。

⑥ 项春松：《土烧锅辽墓群》，《内蒙古文物考古》1982 年第 2 期，第 35—42 页。

⑦ 中国社会科学院考古研究所内蒙古第二工作队：《内蒙古巴林左旗辽上京宫城城墙 2014 年发掘简报》，《考古》2015 年第 12 期，第 78—97 页。

⑧ 朝阳地区博物馆：《辽宁朝阳姑营子辽耿氏墓发掘报告》，《考古》编辑部编：《考古学集刊》第 3 辑，北京：中国社会科学出版社，1983 年，第 168—195 页。

（3）铁镞。铁镞是箭的重要组成部分，也是目前出土数量最多，且形制多样的武器装备。根据镞身形制特点的不同，可分为以下 6 种类型：

（1）A 型。整体呈铲状，镞锋平刃微凹或弧凸刃，刃部较宽，铤身分为有无分界两种，圆铤，镞尾内收，呈宽翼状。如敖汉旗沙子沟 M1：37，平刃，铤身无分界线，长 7.7 厘米、宽 2.5 厘米①；顺义安辛庄辽墓出土箭镞锋部铲形，凸弧刃，铤身有明显分界，长 9 厘米、铤长 3.3 厘米、刃宽 2.5 厘米②；后刘东屯 2 号墓出土铁镞，为平弧刃，锋下部有脊，尾部为圆锥木铤，通长 10 厘米③；耶律羽之墓出土铁镞，扁平状，尾部有銎，内插木制圆铤，通长 6 厘米④；辽宁北票辽墓出土平头铁镞，镞身扁平，如一倒置的等腰三角形，有的前端刃线略呈弧形，为扇面铁镞”⑤。

（2）B 型。整体呈燕尾状，铤锋内弧凹呈“V”或“U”状，铤身较长，呈“Y”或“×”形，尾部较宽、双翼。如敖汉沙子沟 M1：87，铤锋为“V”形内凹，铤身呈“Y”形，锋长 8.2 厘米、宽 5.5 厘米⑥；敖汉沙子沟 M1：68，铤锋为“U”形，铤身呈“×”状，长 7.6 厘米、宽 2.9 厘米、铤长 2.1 厘米⑦。

（3）C 型。整体呈三翼形，刃部为三翼形，并斜直向下，铤身呈

---

① 敖汉旗文物管理所：《内蒙古敖汉旗沙子沟、大横沟辽墓》，《考古》1987 年第 10 期，第 889—904 页。

② 北京市文物研究所：《北京顺义安辛庄辽墓发掘简报》，《文物》1992 年第 6 期，第 17—23 页。

③ 铁岭市文物办公室：《辽宁康平县后刘东屯 2 号辽墓》，《考古》1988 年第 9 期，第 819—825 页。

④ 内蒙古文物考古研究所：《辽耶律羽之墓发掘简报》，《文物》1996 年第 1 期，第 4—32 页。

⑤ 辽宁朝阳地区文物组：《北票扣卜营子辽墓发掘简报》，《文物资料丛刊》第 2 辑，北京：文物出版社，1978 年，第 129 页。

⑥ 敖汉旗文物管理所：《内蒙古敖汉旗沙子沟、大横沟辽墓》，《考古》1987 年第 10 期，第 889—904 页。

⑦ 敖汉旗文物管理所：《内蒙古敖汉旗沙子沟、大横沟辽墓》，《考古》1987 年第 10 期，第 889—904 页。

圆锥状，镞尾向上凸起。如科左呼斯卓墓出土铁镞1件，圆锥形铤[①]。

（4）D型。整体呈四棱形，铤锋细长，有凹槽，铤身为四棱尖刀状，斜面向下，尾部有圆銎。如高力戈15号墓，M15：5，铤身与铤之间无明显界限，长6.9厘米、铤直径0.6厘米[②]；M15：2，铤与铤身有明显分界，长7.5厘米、厚0.3厘米[③]。

（5）E型。整体呈三叶状，圆锥形铤，铤身短且宽，有脊，铤尾下凹成环状。如朝阳姑营子M1：27，铤身起脊，横剖面呈菱形，长11.2厘米，铤长7.4厘米[④]。

（6）F型。整体呈倒扁梯形，平刃，锋部两侧向下内收，圆铤，锋部与铤身有明显分界。如张家窑1号墓，平头式直刃，长8.2厘米、锋长5.4厘米、刃宽1.0厘米、厚0.5厘米[⑤]。

通过以上考古材料分析，辽代弓、弩、铁镞的大量出土，尤以铁镞数量多，且形制多样，说明契丹族作为北方游牧民族在骑射方面军事战斗力的强大。这些武器不仅应用在军事战斗中，在宗教礼仪仪式上也较为常见。在《辽史》等文献史料的记载中，对关于射柳工具的直接描述较少，仅从《金史》："以无羽横镞箭射之"[⑥]中得出横镞箭的名词，而通过考古材料发现，所谓横镞箭应为平刃，镞锋为横弧形的铁镞，与A型铲状镞类似，这种箭镞是辽代较为常见的铁镞类型，同时也是目前出土数量最多的镞，占到辽墓出土箭镞总数的一半以上[⑦]。徐秉琨也撰文论述"横镞箭"其前端应是一

① 张柏忠：《科左后旗呼斯淖契丹墓》，《文物》1983年第2期，第18—22页。

② 吉林省文物考古研究所：《吉林双辽高力戈辽墓群》，《考古》1986年第2期，第138—146页。

③ 吉林省文物考古研究所：《吉林双辽高力戈辽墓群》，《考古》1986年第2期，第138—146页。

④ 朝阳博物馆，朝阳市城区博物馆：《辽宁朝阳市姑营子辽代耿氏家族3、4号墓发掘简报》，《考古》2011年第8期，第31—45页。

⑤ 裴耀军：《康平张家窑1号辽墓》，《辽海文物学刊》1996年第1期，第57—62页。

⑥ 《金史》，北京：中华书局，1975年，第826页。

⑦ 崔跃忠：《辽墓出土兵器探索》，长春：吉林大学硕士学位论文，2009年，第17页。

条横的刃线，只有横刃才能射断圆的柳枝。”[①]由此证，射柳活动所用箭镞应为A类型镞，即横镞箭，也表明弓箭的使用已渗入到契丹族生产生活的各个方面。此外，以往关于射柳的研究，多认为以“弓”而射，而考古材料中出土弩机实物，证明射柳活动中不仅有挽弓而射，也有弩射的情形出现，史料中如《东京梦华录》卷七《驾登宝津楼诸军呈百戏》中载：“又以柳枝插于此，数骑以划子箭。或弓或弩射之，谓之蜡柳枝。”[②]也可证明。史料中有关弓弦的记载如《契丹国志》言：“弓以皮为弦”[③]，而在辽陈国公主墓中发现铜丝为弦的弓，为射柳用具制作工艺拓宽了思路。据出土弓、弩、镞形制特征进行分析，对进一步研究辽代射柳活动的发展具有重要意义，同时射柳活动与军事武器装备的完善及国防力量的强大具有重要关联，这也是契丹族积极学习中原先进文化及生产技术的结果。

二、契丹射柳活动发展规律

射柳活动作为契丹族重要体育运动，其发展演变规律及文化表征必定影响辽代体育文化体系的变迁，其波及范围上至皇亲国戚，下至普通百姓，皆受到射柳体育文化的影响，故而对契丹射柳运动寓意考证显得很有必要。日本学者岛田正郎《契丹的射柳仪》中总结道共有“20次射柳仪式和5次射柳祈雨仪式。20次的射柳仪式中，二月份举行的有一次，四月份举行的有三次，五月份举行的有五次、六月份举行的九次、七月份举行的有二次。5次的射柳祈雨仪式中，四月份举行的二次，五月份举行的一次，六月份举行的二

---

① 徐秉琨：《横镞箭与射柳仪》，《社会科学辑刊》1980年第4期，第126—128页。

② （宋）孟元老：《东京梦华录》，北京：中华书局，1982年，第195页。

③ （宋）叶隆礼撰，贾敬颜、林荣贵点校：《契丹国志》，北京：中华书局，2014年，第251—252页。

次。”[①]王承礼《契丹的瑟瑟仪和射柳》[②]一文，对“射柳”“瑟瑟仪”曾做过详加考证，总结出相关记载三十六条，之后艾萌《辽代“射柳”考论》[③]一文，专门总结“射柳”一词，归纳出二十三条史料记载，但是两篇文章在考证射柳、瑟瑟仪方面还存有史料未尽翔实，且在分析射柳体育文化体系方面还存在片面看法，不能仅仅将射柳、瑟瑟仪单独孤立考证，要置于契丹体育文化大环境视野下考证，例如“册皇太后日，给三品以上法服，三品以下用大射柳之服。”[④]此即说明射柳活动还涉及专门射柳服饰“大射柳之服”的考证，这也是考究射柳体育文化内涵演变的一个重要因素。以此为切入点，结合《辽史》中有关“射柳”“瑟瑟仪”等表示射柳意寓记载，再详加考证，得出 43 条，以期探究射柳体育运动研究诸因素（时间、类别、形式、特点等）演变规律，详见表 1。

表 1 《辽史》关于“射柳”“瑟瑟仪”“较射”意条目统计表

庙号	年代	史料内容	史料出处
辽太祖	神册元年（916 年）正月丙寅	其后行瑟瑟礼、大射柳，即此服	《辽史》卷五十六《仪卫志二》
辽太宗	天显三年（928 年）六月己卯	行瑟瑟礼	《辽史》卷三《太宗上》
	天显四年（929 年）五月戊子	射柳于太祖行宫	《辽史》卷三《太宗上》
	天显四年（929 年）五月癸巳	行瑟瑟礼	《辽史》卷三《太宗上》
	天显五年（930 年）五月	射柳。如沿柳湖	《辽史》卷六十八《遊幸表》
	天显五年（930 年）六月己亥	射柳于行在	《辽史》卷三《太宗上》
	天显六年（931 年）四月	观银冶。射柳	《辽史》卷六十八《遊幸表》
	天显六年（931 年）闰月庚寅	射柳于近郊	《辽史》卷三《太宗本纪上》
	天显九年（934 年）五月	射柳	《辽史》卷六十八《游幸表》

① （日）岛田正郎：《辽朝史之研究》，东京：创文社，1979 年。
② 王承礼：《契丹的瑟瑟仪和射柳》，《民族研究》1988 年第 3 期，第 46—53 页。
③ 艾萌：《辽代“射柳”考论》，《佳木斯大学社会科学学报》2015 年第 5 期，第 138—141 页。
④ 《辽史》，北京：中华书局，1974 年。

续表

庙号	年代	史料内容	史料出处
辽太宗	天显十一年（936年）六月	射柳	《辽史》卷六十八《游幸表》
	天显十二年（937年）六月	射柳	《辽史》卷六十八《游幸表》
	会同五年（942年）四月丙子	晋遣使进射柳鞍马	《辽史》卷四《太宗下》
	会同九年（946年）六月	射柳	《辽史》卷六十八《游幸表》
辽穆宗	应历七年（957年）六月	射柳	《辽史》卷六十八《游幸表》
	应历七年（957年）七月	射柳	《辽史》卷六十八《游幸表》
	应历十一年（961年）六月	射鹿于赤山。射柳	《辽史》卷六十八《游幸表》
	应历十二年（962年）五月庚午	因旱，皇帝命左右以水相沃，顷之，果雨	《辽史》卷六《穆宗上》
	应历十三年（963年）二月癸巳	观群臣射，赐物有差	《辽史》卷六《穆宗上》
	应历十三年（963年）五月	射柳	《辽史》卷六十八《游幸表》
	应历十六年（966年）五月甲申	以岁旱，泛舟于池祷雨；不雨，舍舟立水中而祷，俄倾乃雨	《辽史》卷七《穆宗下》
	应历十七年（967年）四月丙子	射柳祈雨，复以水沃群臣	《辽史》卷七《穆宗下》
辽景宗	保宁元年（969年）五月丙申朔	射柳祈雨	《辽史》卷八《景宗上》
	保宁三年（970年）五月	射柳	《辽史》卷六十八《游幸表》
	保宁四年（971年）六月	观群臣射柳	《辽史》卷六十八《游幸表》
	保宁四年（971年）七月	射柳	《辽史》卷六十八《游幸表》
	保宁七年（974年）四月辛亥	射柳祈雨	《辽史》卷八《景宗上》
	乾亨二年（980年）四月庚辰	祈雨	《辽史》卷九《景宗下
辽圣宗	统和元年（983年）六月乙酉	册承天皇太后，给三品以上用汉法服，三品以下用大射柳之服	《辽史》卷十《圣宗一》《辽史》卷五十六《仪卫志二》
	统和二年（984年）二月丙午	上与诸王大臣较射	《辽史》卷十《圣宗一》
	统和十年（992年）四月庚寅	命群臣较射	《辽史》卷十《圣宗四》
	统和十六年（998年）四月己酉	祈雨	《辽史》卷十四《圣宗五》

续表

庙号	年代	史料内容	史料出处
辽圣宗	开泰元年（1012年）三月乙酉	诏卜日行拜山、大射柳之礼	《辽史》卷十五《圣宗六》
	开泰七年（1018年）八月丙午	行大射柳之礼	《辽史》卷十六《圣宗七》
辽兴宗	重熙三年（1034年）二月	射柳	《辽史》卷六十八《游幸表》
	重熙七年（1038年）四月	射柳。猎。	《辽史》卷六十八《游幸表》
	重熙九年（1040年）六月	射柳祈雨	《辽史》卷十八《兴宗一》
辽道宗	清宁元年（1055年）	皇帝射柳讫，诣风坛，再拜	《辽史》卷四十九《礼志一》
	清宁二年（1056年）	会行瑟瑟礼，入朝陈时政得失	《辽史》卷九十《萧阿剌传》
	清宁七年（1061年）六月丁卯	幸弘义、永兴、崇德三宫致祭。射柳，赐宴，赏赉有差	《辽史》卷二十一《道宗一》
	清宁七年（1061年）六月戊辰	行再生礼，复命群臣分朋射柳	《辽史》卷二十一《道宗一》
	咸雍四年（1068年）四月	射柳	《辽史》卷六十八《游幸表》
	大康六年（1080年）五月庚寅	以旱，祷雨，命左右以水相沃，俄而雨降	《辽史》卷二十四《道宗四》
天祚帝	乾统八年（1108年）六月丙申	射柳祈雨	《辽史》卷二十七《天祚帝一》

表1中关于射柳、瑟瑟仪寓意记载共43条，据此史料记载得出以下5点规律：

（1）契丹射柳活动举行时间往往在一月至八月举行，并集中于四、五、六月份。具体统计为：一月1次，二月3次，三月1次，四月9次，五月10次，六月13次，七月2次，八月1次。由此知射柳运动主要集中于上半年举行，即一月至八月，其原因应与地理气候有关，在此期间北方逐渐由寒转暖，并且柳树等植物复苏，天气也较为干旱，因此盛行射柳活动，下半年则恰好相反。此外，从时间间隔看，并非每年都有射柳活动，究其原因有二：一是《辽史》本身在编撰过程中就有缺失，因此在统计过程中定会不完整。其二射柳活动还并未像金代一般每年有固定时间举行，即“五月，甲戌，拜天射柳。故事，五月五日、七月十五日、九月九日拜天射柳，岁以为常。”[①]辽代一般在天旱祈雨或者举行某些祭祀活动时才举行射柳活动。

（2）射柳活动具有一套完整礼仪体系，分为国家祭祀性质或国家大典性质射柳活动与平时狩猎游玩性质射柳活动两类。由《辽史·礼志一》中“瑟瑟仪”对射柳活动的描写，可知射柳运动程序、规则等内容，但这仅提及表面现象，而未说明射柳活动的礼仪化程式。据考，辽代国家祭祀性质或国家大典性质射柳活动则有特定礼仪方式，亦称“大射柳”，有特定的服饰、鞍马等，如“其后行瑟瑟礼、大射柳，即此服。”[②]这说明举行瑟瑟仪祭祀活动时，射柳活动有专门服饰，即“大射柳服。”“诏卜日行拜山、大射柳之礼”，祭山礼，“辽国以祭山为大礼，服饰尤盛”[③]，故在祭山行射柳活动时要行“大射柳服。”“册皇太后日，给三品以上法服，三品以下用大射柳之服。”[④]举行国家大典、皇太后册封时，三品以下官员则穿“大射柳服”，以上为大射柳服的考证。又据“晋遣使进射柳鞍马”[⑤]，表明外交使臣来朝，进奉射柳所用鞍马，故射柳活动所用鞍马与普通马匹不同。此类射柳活动多出现于《辽史·本纪》中国家性质祭祀活动。平时狩猎游玩性质射柳活动，其史料则主要见主要见于《辽史·游幸表》中。该类型射柳活动无过多礼仪限制，如上表中多处载有仅“射柳”两个字，并无加注举行盛大祭祀仪式而开展的射柳活动，故此种类型射柳运动更具大众化、普及性。此举与中原地区骑射活动相仿，“辽代的大射柳似即相当于中原的“大射”礼。有“大射柳之服”，即所谓朝服衷甲。大射柳行瑟瑟礼，平时射柳归入《游幸表》，与狩猎烨幸同列，大

---

① 《金史》，北京：中华书局，1975年，第826页。
② 《辽史》，北京：中华书局，1974年。
③ 《辽史》，北京：中华书局，1974年。
④ 《辽史》，北京：中华书局，1974年。
⑤ 《辽史》，北京：中华书局，1974年。

概相当于唐之‘燕游小射’，可能也不着专服，不行会礼。”①

（3）射柳活动并非瑟瑟仪唯一表现形式，再生仪、祭山仪、册封、祭祀祖先皆可举行射柳活动。为祈雨而举行瑟瑟仪一定会涉及射柳活动，但举行射柳活动并非都是瑟瑟仪，也并非所有射柳活动都是以祈雨为目的，这也纠正某些学者将瑟瑟仪与射柳活动等同的错误说法。“行再生礼，復命群臣分朋射柳。”②表明在举行再生礼这一重大活动之后，命文武百官举行射柳活动，以示庆贺。“诏卜日行拜山、大射柳之礼。”③举行祭山仪之时，同时也举行国家祭祀性质的“大射柳”活动，故有“每谒拜木叶山，即射柳枝，诨子唱番歌前导，弹胡琴和之，已事而罢。”④《文献通考》⑤中也有同样记载，这些亦可表明射柳活动为祭山仪表现之一。“射鹿于赤山。射柳。”⑥辽穆宗于赤山狩猎之时，继而举行射柳活动，即属上文提到的平常狩猎游玩性质射柳活动。“幸弘义、永兴、崇德三宫致祭。射柳，赐宴，赏赉有差。”⑦此处弘义、永兴、崇德分别为辽太祖、辽太宗、承天太后之御帐，“太祖曰弘义宫，太宗曰永兴宫，承天太后曰崇德宫”⑧，在此处祭祀祖先，而后举行射柳活动。由以上例证可知，射柳活动贯穿于辽代多种重大祭祀活动，并非为瑟瑟仪所专属，也并非为祈雨专用。

（4）射柳活动除祈雨形式出现外，还出现在娱乐宴饮、竞技体育及狩猎活动中。“幸弘义、永兴、崇德三宫致祭。射柳，赐宴，赏赉有差。”⑨皇帝祭祀祖先之后，便开始举行射柳仪式，并

---

① 徐秉琨：《横镞箭与射柳仪》，《社会科学辑刊》1980年第4期，第126—128页。
② 《辽史》，北京：中华书局，1974年。
③ 《辽史》，北京：中华书局，1974年。
④ （宋）孟元老：《东京梦华录》，北京：中华书局，1982年，第195页。
⑤ （元）马端临：《文献通考》，北京：中华书局，1986年；（清）厉鄂：《辽海拾遗》，王云五主编：《丛书集成初编》，上海：商务印书馆，1935年，第321页。
⑥ 《辽史》，北京：中华书局，1974年。
⑦ 《辽史》，北京：中华书局，1974年。
⑧ 《辽史》，北京：中华书局，1974年。
⑨ 《辽史》，北京：中华书局，1974年。

准备酒宴，以供宴饮娱乐。“统和十年四月庚寅，命群臣较射。”[①]辽圣宗命文武群臣以射柳方式比赛，以较量高低，为辽代日常体育竞赛活动。“统和二年二月丙午，上与诸王大臣较射。”[②]亦说明皇帝在日常活动中，经常开展比赛类射柳活动。在此仅说明一点，较“射”能够解释为射柳吗？是否解释为射猎？据《辽史》文献考证，“射”字多见于射柳，如是打猎之意，则为“猎”“狩”“获”，虽有射木兔、射虎、射鹿语，但一般在其后注明地点，“于某地”，如“射鹿于凤凰门”[③]、“射鹿于遥斯岭”[④]等；再结合语境，群臣比较高下，亦未出现狩猎场所，只能是就近场所，就近而射，“射柳于近郊。”[⑤]“射柳于行在。”[⑥]皆可说明此问题；加之契丹受本族骑射传统影响，盛行以射柳活动方式竞技运动，又据“观群臣射，赐物有差”[⑦]，与瑟瑟仪中“赐物有差”同，并在“保宁四年六月，观群臣射柳”[⑧]中直接出现皇帝观看群臣“射柳”语，故据上述原因推断此“较射”为射柳运动比赛。有关狩猎活动的表现，“射鹿于赤山。射柳。”[⑨]及“射柳。猎。”[⑩]均可表明狩猎活动中，于其前后都可举行射柳体育活动。

（5）契丹射柳活动场所的选择并不固定，根据礼仪活动附属而确定。由表2统计得出，举行射柳活动的地点有行宫、沿柳湖、行在、近郊、狩猎山野、祭祀场所，具体地点的选定则受仪式活动的影响。“天显四年五月戊子，射柳于太祖行宫。”[⑪]此为举行国

---

① 《辽史》，北京：中华书局，1974年。
② 《辽史》，北京：中华书局，1974年。
③ 《辽史》，北京：中华书局，1974年。
④ 《辽史》，北京：中华书局，1974年。
⑤ 《辽史》，北京：中华书局，1974年。
⑥ 《辽史》，北京：中华书局，1974年。
⑦ 《辽史》，北京：中华书局，1974年。
⑧ 《辽史》，北京：中华书局，1974年。
⑨ 《辽史》，北京：中华书局，1974年。
⑩ 《辽史》，北京：中华书局，1974年。
⑪ 《辽史》，北京：中华书局，1974年。

家性祭祀祖先活动，故将射柳活动的场所选择在太祖行宫。“幸弘义、永兴、崇德三宫致祭。射柳，赐宴，赏赉有差。”[①]与上同意。“天显五年五月，射柳。如沿柳湖。”[②]沿柳湖地望，“据木叶山较近。木叶山位于潢河与土河二水相会处附近，则沿柳湖也应距此不远。”[③]而木叶山为辽代圣山，为辽代祭山仪主要场所，故在其附近沿柳湖举行射柳活动，亦国家祭祀范畴射柳活动。“天显五年六月己亥，射柳于行在。”[④]指此次射柳活动举行选择在皇帝行在处，其缘由当为竞技娱乐性质射柳运动。“天显六年闰月庚寅，射柳于近郊。”[⑤]说明辽太宗选择近郊举行射柳竞赛活动。“射鹿于赤山。射柳。”[⑥]与“射柳。猎。”[⑦]皆说明皇帝在狩猎之地，举行射柳活动，从中也表明“射”与“猎”是两种完全不同的活动。“射柳祈雨，復以水沃群臣。”[⑧]、“行再生礼，復命群臣分朋射柳。”[⑨]、“射柳于太祖行宫。”[⑩]分别表示在瑟瑟仪、再生仪和祭祖活动场处举行射柳活动。

三、契丹射柳体育文化特征

射柳活动的形成，除受到地理与自然环境制约外，还包含有“礼”与“武”因素。古代儒家所教授“六艺”，便包括“射”的内容，其意为骑射技术，《礼记·射义》提到：“是故古者，天子

① 《辽史》，北京：中华书局，1974年。
② 《辽史》，北京：中华书局，1974年。
③ 王守春：《辽代西辽河冲积平原及邻近地区的湖泊》，《中国历史地理论丛》2003年第1辑，第131—138页。
④ 《辽史》，北京：中华书局，1974年。
⑤ 《辽史》，北京：中华书局，1974年。
⑥ 《辽史》，北京：中华书局，1974年。
⑦ 《辽史》，北京：中华书局，1974年。
⑧ 《辽史》，北京：中华书局，1974年。
⑨ 《辽史》，北京：中华书局，1974年。
⑩ 《辽史》，北京：中华书局，1974年。

以射选诸侯、卿大夫、士。射者，男子之事也。”[①]“武”则代表一种军事变革，《战国策·赵策二》载：“今吾将胡服骑射，以教百姓，而世议寡人矣。”[②]其“骑射”语意赵国效仿胡人军事改革，实行胡服骑射，为古代北方少数民族射柳早期雏形文化表征。受北方地区长期战乱、民族纷立、政治分裂、经济落后、文化趋同等因素制约，辽宁以前关于射柳活动的文献记载呈现出资料短缺匮乏、语意混淆的特点，故未形成独立的体育文化体系，而辽代不仅继承北方游牧民族古老的体育文化，而且吸收了中原地区的儒家体育文化，在辽代崇尚武勇和体育开放政策的社会环境下，射柳运动被推至顶峰，其文化特征对后代体育运动发展也产生重要影响。

（1）射柳文化具有宗教性。萨满教是契丹族传统宗教[③]，辽代举行瑟瑟仪以祈雨为目的，并举行射柳活动，而“辽代契丹的风俗和制度，几乎都是建立在萨满教世界观的基础之上的。”[④]，故射柳体育文化亦带有宗教色彩表征。瑟瑟仪祈雨完毕后，“既三日雨，则赐敌烈麻都马四匹、衣四袭；否则以水沃之。”[⑤]如在三日后降雨，则对敌烈麻都给予赏赐，否则重复以水泼之，以示对水崇拜之意。“应历十七年五月庚午，以旱，命左右以水相沃，顷之，果雨。”[⑥]及“大康六年五月庚寅，以旱，祷雨，命左右以水相沃，俄而雨降。”[⑦]均描述到复以水沃群臣后，雨乃降，此处带有虚妄迷信色彩，仅是表达契丹人对雨水的渴求之心。

（2）射柳文化具有民族地域性。射柳体育文化源于北方游牧

---

① （清）阮元校刻：《礼记》，北京：中华书局，1980年，第1687页。

② 缪文远：《战国策新校注》，成都：巴蜀书社，1998年，第568页。

③ 邱冬梅：《辽代契丹人萨满信仰研究述评》，《黑龙江民族丛刊》2016年第1期，第71—77页。

④ （日）蒲田大作：《释契丹古传说——萨满教研究之一》，王承礼：《辽金契丹女真史译文集》，长春：吉林文史出版社，1990年，第293页。

⑤ 《辽史》，北京：中华书局，1974年。

⑥ 《辽史》，北京：中华书局，1974年。

⑦ 《辽史》，北京：中华书局，1974年。

少数民族骑射运动，善骑射，且尚武，并且受到祭祀文化影响，对天神、山神、日神等多有崇拜，这与中原地区骑射运动受儒家礼仪化有所不同。“行再生礼，復命群臣分朋射柳。”[①]“其后行瑟瑟礼、大射柳，即此服。”[②]“诏卜日行拜山、大射柳之礼。”[③]皆体现出射柳体育运动与具有契丹本族文化特色的再生仪、瑟瑟仪、祭山仪等祭祀仪式的结合，故此射柳文化考证对研究契丹民族文化具有重要意义。

（3）射柳活动具有多元体育文化互通性。辽代射柳体育文化具有鲜明本土文化特色，而且不断吸收其他民族及中原地区体育文化因素，不断丰富扩充射柳文化内涵。“契丹人在体育上也吸收了被他们所征服的汉族和其他民族的比较先进的体育内容。”[④]契丹射柳文化多元化体现在辽国人口复杂性，据统计辽国汉人占了总数的 63.4%[⑤]，很容易将中原地区的体育文化因素渗入到射柳体育活动中；辽国在政治及文化体制上实行“藩汉分治”政策，给予汉人、渤海人足够大的发展空间，促进多元体育文化互通与融合。据《辽史》记载，举行瑟瑟礼时，首先需要“置百柱天棚”，再祭拜祖先，然后依次射柳，之后祭祀东方，再进行射柳，最后给予赏赐，其程式规矩繁琐，深受中原儒家祭祀礼仪文化影响，是两种体育文化相互影响融合而成。

（4）射柳活动具有娱乐竞技性。射柳体育运动除了以祭祀或国家大典形式出现外，还出现在日常体育竞赛活动中，其全民参与化程度较高。“统和十年四月庚寅，命群臣较射。”[⑥]“应历十三年

① 《辽史》，北京：中华书局，1974 年。
② 《辽史》，北京：中华书局，1974 年。
③ 《辽史》，北京：中华书局，1974 年。
④ 谷世权：《试论辽金两代体育的民族文化特征》，《体育科学》1992 年第 5 期，第 16—19 页。
⑤ 郭康松：《辽代娱乐文化之研究》，《北方文物》1995 年第 1 期，第 48—54 页。
⑥ 《辽史》，北京：中华书局，1974 年。

二月癸巳，观群臣射，赐物有差。”[①]“统和二年二月丙午，上与诸王大臣较射。”[②]以上皆反映出射柳活动作为一种竞技比赛娱乐于契丹人生活中，但是也应看到射柳活动的普及还具有阶级性，在竞赛中射柳是有次序的，“皇帝再射，亲王、宰执以次各一射”[③]，具有尊卑等级，并且多出现在上层统治阶层，按照辽代开放的政治文化政策，在下层普通民众中也会举行射柳形式竞技娱乐活动，不过至金代、宋代更为广泛而已。

（5）射柳文化具有传承性。射柳活动在辽代主要以祭祀及国家大典形式出现，而“女真的射柳是沿袭契丹射柳习俗，契丹射柳习俗却与鲜卑的绕林而祭有很大关系，鲜卑这一习俗却与匈奴的秋季大会蹛林有一定的渊源关系”[④]；金代在继承射柳活动祭祀功能基础上，将其固定化，以节日的形式出现，并且在全民娱乐方面更为普及，宋代、元代则主要以军事训练形式出现，明代成为一种民间娱乐表演活动，至清代中期，射柳体育活动开始逐渐淡化，但其作为一种体育文化并未随之消失，只是在多种体育文化发展过程中受到同化影响，射柳体育文化因素以一种新的内涵渗透于各种体育文化之中。

四、结语

辽代射柳活动作为我国古代北方少数民族一项重要的体育项目，已经被赋予宗教和娱乐特质。从国家层面而言，它具有一套完备的活动仪式，举行射柳活动场所亦不固定，视仪式活动内容而定；从社会层面来看，它则是狩猎游玩活动的必备项目之一。以往

① 《辽史》，北京：中华书局，1974 年。
② 《辽史》，北京：中华书局，1974 年。
③ 《辽史》，北京：中华书局，1974 年。
④ 黄聪：《中国古代北方少数民族体育文化研究（上）》，《体育科学》2008 年第 8 期，第 3—15 页。

对射柳用具材质的理解局限在史书的零星记载当中，而通过考古材料得证射柳活动有“弓射”和“弩射”两类，并且在铁镞的选择方面以横镞箭为标准，既可以提高射箭速度，又可以提升穿透力，这一特征与当时辽代军事装备水平相符。此外，辽代射柳活动还起着承上启下的重要作用，在保留民族特色和地域特征基础上，积极吸收中原地区及其他少数民族文化特质，赋予其多元性、传承性的体育文化特征，在促进我国民族体育文化形成和发展方面具有重大贡献。

作者简介：姚庆（1987—）男，河北石家庄人，上海大学文学院历史系2015级在读博士研究生，研究方向：辽金考古、文化遗产保护。

丝绸之路沿线出土佉卢文书研究综述

韩树伟

（兰州大学　敦煌学研究所　甘肃　兰州　730021）

摘　要： 丝绸之路沿线出土的佉卢文书是研究古代佉卢文使用国家及其周边地区历史、法律社会、经济的重要史料。佉卢文书的发现，除了印度西北部、巴基斯坦、阿富汗、乌兹别克斯坦等处外，在中国新疆塔里木盆地南缘亦有发现，尤其是尼雅等地出土的佉卢文书为大宗。近年来，随着国内外专家和学者对有关佉卢文的出土资料及传世文献的释读、整理与研究，尤其是法律、社会、经济类文书的发表、出版逐渐增多，故有必要对这些研究成果进行系统的梳理，从遗址考古发掘、对出土文书文物的释读、地理环境的变迁等方面，为学界同仁深入研究古代新疆塔里木盆地鄯善、于阗及其他地区的社会形态、民族构成、区域关系、历史地理等提供参考资料之便利，对丝绸之路、西域史研究大有裨益。

关键词： 丝绸之路；佉卢文；楼兰；鄯善；于阗

佉卢文是古代流行于中亚、新疆塔里木盆地边缘绿洲的一种文字，起源于犍陀罗，使用时间大致是公元 3—5 世纪，5 世纪之后因最后使用其文字的鄯善国灭亡而随之消失。它与印度贵霜王朝有密切的关系，据传是由古代印度一位叫驴唇的神仙所创，故又名为驴唇文[①]。

---

① （唐）段成式撰，曹中孚校点：《酉阳杂俎》卷 11，上海：上海古籍出版社，2012 年，第 62 页。

实际上，它与古印度的梵文同属于阿拉美文的变体，书写时从右往左。20 世纪末，佉卢文以经卷、文书、碑铭、题记和钱币的形式，被发现于印度、巴基斯坦、阿富汗、乌兹别克斯坦、吉尔吉斯斯坦，以及中国新疆塔里木盆地的和田、库车、尼雅、楼兰、米兰等地，甚至在河西走廊的敦煌、河南洛阳等地也有发现。

佉卢文的发现、释读，与欧洲的考古探险家如斯坦因、伯希和、斯文赫定，语言学家如普林谢普（J.Prinsep）、拉森（Ch.Lassen）、拉普逊（E.J.Rapson）等密不可分。当然，这些佉卢文材料，由于历史的原因大多散藏在英、法、德、印度等国家。本文所说的佉卢文文书主要是指英国考古学家、探险家斯坦因（M.A.Stein）于 1901—1931 年 4 次在塔里木盆地南缘的尼雅、楼兰遗址考察、挖掘所得的1000余件的文书。文书出土后，斯坦因委托英国语言学家拉普逊等人对文书中大约 764 件进行了转写、释读、发表。前 3 次探险期间所获的文书，拉普逊和法国的塞纳、波叶尔进行了第 1 次、第 2 次的释读、整理，随即以《奥莱尔·斯坦因博士在中国新疆发现的佉卢文文书》①第 1—2 册发表；第 3 册由拉普逊与他相中的诺布尔进行释读整理并发表②。斯坦因第 4 次探险所获的 48 件文书，因中国当时有识之士和政府的反对阻止而未能带走，于是雇佣当时英国驻喀什领事舍利夫对文书进行了拍照，经过拉普逊整理后为《收自奥莱尔斯坦因爵士的佉卢文文书照片》，但未刊布照片。1995 年，兰州大学的王冀青先生在英国留学时，将这批照片刊布在《英国国家图书馆藏奥莱尔·斯坦因爵士第四次中亚考察所获文书写本照片集》③上。1937 年，拉普逊的弟子贝罗公布了斯坦因第 4 次中亚考

① A.M.Boyer,et al.,*Kharoṣṭhī Inscriptions,Discovered by Sir Aurel Stein in Chinese Turkestan*, Part I-III,Oxford:The Clarendon Press,1929.

② 王冀青：《拉普生与斯坦因所获佉卢文文书》，《敦煌学辑刊》2000年第1期，第22页。

③ Wang Jiqing,Photographs in the British Library of Documents and Manuscripts from Aurel Stein's Fourth Central Asian Expedition,*The British Library Journal*,Vol.24,No.1, 1998,pp.23-74. 可参阅王冀青：《斯坦因第四次中亚考察所获文书》，《敦煌吐鲁番研究》第 3 卷，北京：北京大学出版社，1998 年，第 259—250 页。

察所获佉卢文书的转写与英文翻译，并以《尼雅佉卢文书别集》[①]为题发表。之后，开始英译整个斯坦因所获佉卢文书，直到1940年完成。中国学者王广智先生将其翻译成《新疆出土佉卢文残卷译文集》[②]。这本书里面含有大量的世俗文书，尤以法律、经济类文书居多。

随后，国内外专家和学者对有关佉卢文的出土资料及传世文献进行了释读、整理与研究，发表、出版论著逐渐增多。因笔者博士论文涉及佉卢文书，故对其研究成果进行了大量的查阅与系统的梳理，下面从简牍文书释读、遗址考古发掘、城镇地理讨论、环境变迁、经济社会、法律契约、宗教艺术、王号世系、早期居民人种构成、述评等作一概述，旨在为学界同仁深入研究古代新疆塔里木盆地鄯善、于阗及其他地区的社会形态、民族构成、区域关系、历史地理等提供参考资料之便利，对丝绸之路、西域史研究大有裨益。

一、简牍文书释读

不论是出土的简牍文书，还是传世文献，它们都是研究古代新疆塔里木盆地政治、经济、宗教、历史文化、区域关系、地理环境等的关键性材料。自佉卢文书被发现后，学界对其进行了文字上的介绍和内容上的考释。如赵俪生先生对新疆出土佉卢文的简书内容做了考释，语言铿锵有力、掷地有声，论据充分，认为Supi人即苏毗，分析了鄯善国的政治经济情况，论证了都护制度的作用。[③]马雍

① T.Burrow,Further Kharoṣṭhī Documents from Niya,*Bulletin of the School of Oriental Studies,University of London*,Vol.9,No.1,1937,pp.111-123.

② T.Borrow,*A Translation of the Kharoṣṭhī Document from Chinese Turkestan*,London:The Royal Asiatic Society,1940. 可参阅王广智译：《新疆出土佉卢文残卷译文集》，韩翔主编：《尼雅考古资料》，内部资料，1988年，第183—267页。

③ 赵俪生：《新疆出土佉卢文简书内容的考释和分析》，《兰州大学学报》（社会科学版）1979年第1期，第54—67页。

先生对佉卢文书及其研究史作了全面的介绍、调查、归类和分析。[①]史继忠、龙基成阐述了历史上的多种文字，对文字之间的关系进行了比较，其中对佉卢文的说明，有助于我们对佉卢文的认识。[②]段晴、张志清对中国国家图书馆所藏的相关佉卢文、梵文文书进行了释读与研究，并呈现在读者面前。[③]黄盛璋先生翻译并介绍了美国学者邵瑞琪（Richard Salomon）释读兰州大学吴景山先生骑自行车去尼雅遗址考察时捡到的残片，文章指出这块残片的“下片”被斯坦因曾经获取，并收藏在印度德里博物馆，并希望获得 212 号照片来证实。[④]平明先生对 1980 年新疆楼兰考古队在楼兰古城所获的 65 件汉文文书、1 件佉卢文尺牍进行了重新核校与考证。[⑤]孟凡人[⑥]、侯灿[⑦]、杨代欣[⑧]、胡平生[⑨]等人对罗布泊西岸楼兰遗址出土的木简残纸文书进行了介绍与论证，对探讨魏末晋初楼兰地区的社会历史情况有一定的意义。郝茂将魏晋时期楼兰简纸文字歧释现象的成因归纳为多草体、多俗体、古体字的干扰和单位整字确定的歧异 4 个

① 马雍：《佉卢文》，《中国民族古文字会议论文集》1982 年，第 162—165 页；马雍：《新疆所出佉卢文书的断代问题——兼论楼兰遗址和魏晋时期的鄯善郡》《古代鄯善、于阗地区佉卢文字资料综考》，《西域史地文物丛考》，北京：文物出版社，1990 年；马雍：《新疆佉卢文书中的 Kosava 即氍叟毛考——兼论“渠搜”古地名》，《西域史地文物丛考》，北京：文物出版社，1990 年。

② 史继忠，龙基成：《少数民族文字比较探源》，《贵州民族研究》1994 年第 2 期，第 110—117 页，

③ 段晴，张志清：《中国国家图书馆藏西域文书：梵文、佉卢文卷》，上海：中西书局，2013 年。

④ 黄盛璋：《尼雅新出的一件佉卢文书》，《新疆社会科学》1986 年第 3 期，第 86—90 页。

⑤ 平明：《一九八〇年楼兰出土文书考释》，《文史》第 36 辑，北京：中华书局，1992 年，第 157—170 页。

⑥ 孟凡人：《楼兰鄯善简牍年代学研究》，乌鲁木齐：新疆人民出版社，1995 年。

⑦ 侯灿：《楼兰新发现木简纸文书考释》，《文物》1988 年第 7 期，第 40—55 页。

⑧ 侯灿，杨代欣：《楼兰汉文简纸文书集成》，北京：天地出版社，1999 年。

⑨ 胡平生：《楼兰木简残纸文书》，《新疆社会科学》1990 年第 3 期，第 89—97 页；胡平生：《魏末晋初楼兰文书编年系联（上）》，《西北民族研究》1991 年第 1 期，第 67—77 页；胡平生：《魏末晋初楼兰文书编年系联（下）》，《西北民族研究》1991 年第 2 期，第 6—19 页；胡平生：《楼兰出土文书释丛》，《文物》1991 年第 8 期，第 41—47 页。

方面，从语言文字学的角度列示辞例展开讨论。[①]路志英根据楼兰出土的汉文简纸文书，对其中的物量表示法与量词进行了统计，指出简纸文书物量表示法基本形式有3种，出现一般量词17个，度量衡单位量词 18 个，并指出各种钩画在楼兰汉文简纸文书所处的魏晋时期的演进程度、发展速度不一，而且现代汉字中的大部分钩画在这一时期尚未定型，呈现出历时序列中的共时现象，认为魏晋时期是汉字钩画形成的关键期。文章还对楼兰汉文简纸文书中钩画的类型及形成的影响因素进行了分析。[②]

在佉卢文的释读与考证上，北京大学的林梅村先生成果斐然，《沙海古卷》对塔里木盆地南缘的楼兰、于阗、尼雅等遗址出土的东汉佉卢文、双语文书、佉卢文书信进行了考释与论述，对了解当时的历史具有重要的参考价值。[③]中山大学刘文锁先生对林氏《沙海古卷》做了进一步的补充和考释[④]，其《新疆出土简牍的考古学研究》[⑤]一文梳理了简牍在新疆的考古发现，为佉卢文相关研究提供了便利。王樾对新疆文物考古研究所收藏的两件汉文木简进行了辨读，认为是汉代小学字书“苍领篇”中的文字，这在新疆出土还

---

① 郝茂：《楼兰汉文简纸文字歧释的成因》，《西域研究》2003年第1期，第84—92页。

② 路志英：《楼兰汉文简纸文书物量表示法与量词》，《山西大学学报》（哲学社会科学版）2014年第6期，第56—62页；路志英：《楼兰汉文简纸文书字形中的钩画研究》，《语文研究》2015年第1期，第45—48页。

③ 林梅村：《沙海古卷——中国所出佉卢文书（初集）》，北京：文物出版社，1988年；林梅村：《楼兰新发现的东汉佉卢文考释》，《文物》1988年第8期，第67—70页；林梅村：《新疆佉卢文书释地》，《西北民族研究》1989年第1期，第72—80页；林梅村：《新发现的几件佉卢文考释》，《中亚学刊》第三辑，北京：中华书局，1990年，第63—70页；林梅村：《新疆尼雅所出犍陀罗语〈解脱戒本〉残卷》，《西域研究》1995年第4期，第44—48页；林梅村：《犍陀罗语文书地理考》，《传统文化与现代化》1997年第6期，第31—41页；林梅村：《新疆文物考古研究所藏佉卢文译文》，《中日共同尼雅遗迹学术调查报告书》第2卷，1999年；林梅村：《尼雅96A07房址出土佉卢文残文书考释》，《西域研究》2000年第3期，第42—43页；林梅村：《新疆营盘古墓出土的一封佉卢文书信》，《西域研究》2001年第3期，第44—45页等文章。

④ 刘文锁：《沙海古卷释稿》，北京：中华书局，2007年。

⑤ 刘文锁：《新疆出土简牍的考古学研究》，《西北史地》1996年第3期，第58—65页。

是第一次。它的出土，佐证了中西文化的交流，具有重要的意义。[①]陈明从一件新发现的佉卢文药方进行考释，并对照梵文、于阗文、回鹘文的相似处方，据其剂量的变化，探究彼此之间的关系，以此来说明西域医药文化交流的特点，认为处方中的绝大多数药物系唐宋本草中的常用药物，得出佉卢文药方受过中原医学的影响。[②]

二、墓葬、遗址的考古发掘

佉卢文的发现，离不开考古。自欧洲探险家在新疆等地挖掘出大量文书、文物后，引起国内仁人志士的重视，随后展开一系列的考古与调查，同样获得了大量的地下文物。其中，还有“中瑞西北科学考察团”“中日共同尼雅遗迹学术考察队”等中外合作的考古队、考察队。加上之前斯坦因考古挖掘所获的文书，在新疆塔里木盆地南缘遗址出土了大量的文书、文物，这对研究古楼兰、鄯善、于阗等具有重要意义。侯灿《楼兰遗迹考察简报》等文章报道了楼兰古城发掘的遗迹遗物，并介绍了相关的历史文化。[③]肖小勇对以塔里木盆地为中心的新疆天山以南地区涉及史前时代的墓葬进行综合分析，认为墓葬类型与年代之间存在直接的关系，同时体现文化的多元特点。[④]吐尔逊·艾沙指出 1979 年在孔雀河下游老开屏发掘东汉墓一座，1980 年在楼兰古城东郊两处高台地发掘东汉墓八座。[⑤]

---

① 王樾：《略说尼雅发现的“苍颉篇”汉简》，《西域研究》1998 年第 4 期，第 55—58 页。

② 陈明：《一件新发现的佉卢文药方考释》，《西域研究》2000 年第 1 期，第 12—22 页。

③ 侯灿：《楼兰遗迹考察简报》，《历史地理》，上海：上海人民出版社，1981 年创刊号；侯灿：《楼兰考古文化研究》，徐海生主编：《新疆古代民族文化论集》，乌鲁木齐：新疆大学出版社，1990 年，第 64—92 页；侯灿：《论楼兰城的发展及其衰废》，《中国社会科学》1984 年第 2 期，第 155—171 页；侯灿：《楼兰古城址调查与试掘简报》，《文物》1988 年第 7 期，第 1—22 页；侯灿：《楼兰城郊古墓群发掘简报》，《文物》1988 年第 7 期，第 23—39 页等文章。

④ 肖小勇：《西域史前晚期墓葬类型研究》，《西域研究》2013 年第 1 期，第 50—60 页。

⑤ 吐尔逊·艾沙：《罗布淖尔地区东汉墓发掘及初步研究》，《新疆社会科学》1983 年第 1 期，第 128—134 页。

牛耕《近年来罗布淖尔地区的考古发现》一文大大丰富了楼兰方面的资料。他认为，新的发现证明，在距今四千年前后开始，罗布淖尔地区存在着一支独特的青铜时代考古学文化，以小河墓地和古墓沟墓地为代表，这不仅对新疆史前史，同时对相邻其他地区的史前考古都会产生重要的影响，为深入研究汉晋时期罗布淖尔地区人们的物质、精神生活、对外经济文化交流提供新的基础材料。①

这些考古活动大多集中在古代绿洲遗迹，李遇春在《尼雅遗址的重要发现》中指出，出土的大批丝织品对研究汉代各种丝织工艺取得了重要样本；出土的佛教内容虁染棉布说明早在汉代就有佛教传入新疆，并在当地种植棉花、织布。②贾应逸在《略谈尼雅遗址出土的毛织品》中指出，出土较多的是平纹组织的毛织品，最引人注目的是 10 号遗址出土的罽，彰显了中原地区纺织技术对新疆地区毛纺织业的影响。③另外，他还对新疆尼雅遗址出土的“司禾府印”进行了研究，指出这是一方汉代管理屯田机构的印章，表明了汉代对这一地区的管理。④无独有偶，关于印章的发现与研究，吴勇《楼兰地区新发现“张市千人丞印”的历史学考察》一文根据外观造型及制作技法认为该印有可能是在本地制造，推知“张匝千人丞印”为一枚秩三百石的官吏印，此印的发现填补了汉晋时期西域长史营的职官系统这一空缺，为深入研究两汉至魏晋时期西域职官制度具有重要的学术价值。⑤吴勇先生还对尼雅遗址出土的 62 件珊瑚进行了记录，指出尼雅遗址是新疆地区迄今为止在一地发现珊瑚最多的一处；认为其来源于西方，是丝绸之路商品交易之一，充分说明了中西方贸易的往来与交流。⑥墓出铜镜、丝绸、棉布佛画时

① 牛耕：《近年来罗布淖尔地区的考古发现》，《西域研究》2004年第2期，第84—86页。
② 李遇春：《尼雅遗址的重要发现》，《新疆社会科学》1988年第4期，第37—46页。
③ 贾应逸：《略谈尼雅遗址出土的毛织品》，《文物》1980年第3期，第78—82页。
④ 贾应逸：《新疆尼雅遗址出土“司禾府印”》，《文物》1984年第9期，第87页。
⑤ 吴勇：《楼兰地区新发现“张市千人丞印”的历史学考察》，《西域研究》2017年第3期，第41—48页。
⑥ 吴勇：《新疆尼雅遗址出土的珊瑚及相关问题》，《西域研究》1998年第4期，第页。

间大致在魏晋时期，墓地年代为公元四世纪初至中叶。[①]在《1995年尼雅考古的新发现》中，于志勇认为它使近百年的尼雅考古学及丝绸之路南道汉晋考古学研究走向了一个新的阶段，使考古学基础研究资料得到大大充实，有力地推动了西域史各领域的研究。[②]同时，他对新疆尼雅遗址95MNIM8的概况进行了初步研究，对其发掘简报作了介绍，使我们对汉晋时期此地的历史文化有了清晰的认识，对研究汉晋时期西北民族关系起到积极作用，有助于我们认识和分析尼雅河流域古代的生态环境。[③]俞伟超通过对尼雅95MNI号墓地M3与M8的墓主身份进行确认后，认为墓主为精绝王继承者的墓，其年代在汉末建安左右至魏晋时期。[④]阮秋荣对尼雅遗址的聚落形态进行了探讨，展现了古代尼雅地区的生活面貌，有助于我们对古代尼雅文明的认识。[⑤]岳廷俊根据大量佉卢文、汉文资料和考古资料论证了尼雅遗址的废弃是政治因素和自然因素综合作用的结果，废弃时间大约为公元45—376年。[⑥]塔克拉玛干综考队考古组考察了那勒克遗址、玉姆拉克开特买遗址、札洪鲁克墓地、阿孜利克居住遗址、阿亚克塔他让烽火台遗址，认为属于鄯善国时期的文化遗存，指出车尔臣河流域人类与生态环境的变化。[⑦]刘文锁、郑渤秋利用记载有关“尼壤”的佉卢文和汉文史料，从“尼壤”和“尼壤城”的时代入手，将讨论引向深入。[⑧]王华、张伍连对尼雅遗址出土的东汉蜡染布分五个方面展开了深入讨论，详细论证了这块蜡染布出自于

① 孟凡人：《论尼雅59MN001号墓的时代》，《西域研究》1992年第4期，第50—62页。
② 于志勇：《1995年尼雅考古的新发现》，《西域研究》1996年第1期，第115—118页。
③ 于志勇：《新疆尼雅遗址95MNIM8概况及初步研究》，《西域研究》1997年第1期，第1—10页；于志勇：《新疆民丰县尼雅遗址95MNI号墓地M8发掘简报》，《文物》2000年第1期，第4—40页。
④ 俞伟超：《尼雅95MNI号墓地M3与M8墓主身份试探》，《西域研究》2000年第3期，第40—41页。
⑤ 阮秋荣：《试探尼雅遗址聚落形态》，《西域研究》1999年第2期，第51—60页。
⑥ 岳廷俊：《尼雅遗址废弃浅析》，《西北史地》1999年第4期，第99—103页。
⑦ 刘文锁：《且末县古代文化遗存考察》，《新疆文物》1990年第4期，第20—29页。
⑧ 刘文锁，郑渤秋：《“尼壤”考述》，《西域研究》2000年第2期，第38—44页。

印度犍陀罗地区及印度蜡染起源较早的观点。[①]张弛通过对尼雅95MNIM8出土的弓矢形制和数量进行研究，认为精绝王族的丧葬习俗受到汉代礼制的影响，反映出中原与西域地区的文化交融。[②]

考古中还发现有佛寺遗址，贾应逸认为尼雅新发现的佛寺遗址是汉代精绝国故址，展现了汉晋时期精绝地区佛教寺院、佛教艺术和佛教发展的状况和特点，使尼雅遗址的研究取得了突破性的进展。[③]张铁男对尼雅遗址中编号为93A35的佛教寺院发掘作了介绍，并结合尼雅其他编号遗址中出土的材料，认为佛教最早传入尼雅的时代应与佉卢文传入时间一致，尼雅有严格的僧团组织，佛教成为全民皆信的宗教。[④]

对于一些建筑遗迹，王宗磊《尼雅古建工艺及其相关问题》有助于我们了解和认识当时的社会情况、生产力发展水平、人们的生活习俗及建筑的工艺水平和人们的审美观点等，为我们深入研究尼雅王国的政治、经济、文化和尼雅王国与中原地区在建筑工艺的交往提供了丰富的材料。[⑤]紧接着，刘文锁对尼雅遗址遗物、简牍、建筑遗迹作了详细的介绍与说明，指出有很多遗迹（群）的使用延续了较长的时间，越往早期的遗迹（群）数量越少，造成这一现象的原因除了越早期的遗存越难保存下来以外，越往早期人类的活动规模越小。[⑥]

除了尼雅遗址，还有对古墓沟、巴什夏尔遗址、营盘墓地、山普拉古墓地、小河墓地的考古发掘。如1979年新疆社会科学院考古研究所在罗布淖尔地区孔雀河下游古墓沟发掘的一处原始社会氏族

① 王华，张伍连：《尼雅遗址出土的东汉蜡染布研究》，《东华大学学报》（社会科学版）2006年第1期，第24—27页。
② 张弛：《尼雅95MNIM8随葬弓矢研究——兼论东汉丧葬礼仪对古代尼雅的影响》，《西域研究》2014年第3期，第7—12页。
③ 贾应逸：《尼雅新发现的佛寺遗址研究》，《敦煌学辑刊》1999年第2期，第48—55页。
④ 张铁男：《尼雅佛教寺院遗址的发掘与研究》，《西域研究》2000年第1期，第47—53页。
⑤ 王宗磊：《尼雅古建工艺及其相关问题》，《西域研究》1999年第3期，第67—72页。
⑥ 刘文锁：《论尼雅遗址遗物和简牍与建筑遗迹的关系》，余太山主编：《欧亚学刊》第3辑，北京：中华书局，2002年，第116—149页。

公共墓地，有助于我们对古代居民生活有清晰的认识，对研究古代人种具有重要的意义。[①]有人还对古墓沟墓地的植物遗存进行了考述，对研究古代植被、地理环境都有重要价值。[②]巴什夏尔遗址，是南丝绸之路东端上的一处十分重要的遗址，是当时中亚粟特人居住、活动的中心。出土的相当于宋、元初期的玻瑞器皿，既与古代波斯、中世纪的阿拉伯玻璃器皿有相当多的共同特性，又在中原地区的遗址和墓葬中发现过。但巴什夏尔玻璃器皿是新疆本地所产原料熔制生产的，具有本地的鲜明特点，是东西方贸易往来的重要见证。[③]另外，还有人采用激光剥蚀等离子体光谱技术对尼雅遗址出土的玻璃器进行表面微损分析，继而用电子探针技术，采用激光烧蚀等离子体质谱技术对抽取的小容量样本进行有损镶样分析，结合扫描电镜能谱仪观察显微结构，这是一次对古玻璃材料史本土化的研究。[④]新疆尉犁县营盘是汉晋时期由楼兰向西沿孔雀河岸至西域腹地交通线上的一处枢纽重镇。15号墓是1995年营盘发掘墓葬中保存最好、最具特色的一座，其出土文物汇集了古代东西方不同的文化因素，对于研究当时丝绸之路贸易、交通、中西文化交流具有重要的学术价值。周金玲等人对墓地埋葬方式、出土文物所反映出的文化特征、经济形态及墓地年代等作了分析研究。[⑤]1992—1993 年，新疆洛浦县山普拉古墓地共发掘古墓 18 座，该墓地出土文物丰富

① 王炳华：《孔雀河古墓沟发掘及其初步研究》，《新疆社会科学》1983年第1期，第117—128页。

② 张贵林等：《新疆罗布泊古墓沟墓地植物遗存研究》，孟宪实，朱玉麒主编《探索西域文明：王炳华先生八十华诞祝寿论文集》，上海：中西书局，2017年。

③ 张平：《若羌县巴什夏尔遗址出土的古代玻璃器皿》，《新疆社会科学》1986年第3期，第87—92页。

④ 林怡娴：《新疆尼雅遗址玻璃器的科学研究》，北京：北京科技大学博士学位论文，2009年。

⑤ 新疆文物考古研究所：《新疆尉犁县营盘墓地15号墓发掘简报》，《文物》1999年第1期，第4—16页；周金玲：《新疆尉犁县营盘古墓群考古述论》，《西域研究》1999年第3期，第59—66页；周金玲，李文瑛：《新疆尉犁县营盘墓地1995年发掘简报》，《文物》2002年第6期，第4—45页；新疆文物考古研究所：《新疆尉犁县营盘墓地1999年发掘简报》，《考古》2002年第6期，第58—74页等文章。

多样，反映出汉晋时期这一地区的社会、经济和文化生活情况，以及繁荣的丝绸之路经贸与文化交流景象。①刘文锁阐述了山普拉墓地在埋葬制度方面的特征，探究了山普拉的社会组织形式。②2016年，新疆洛浦县比孜里墓地发掘墓葬40座，墓葬类型多样，葬具、葬式、出土器物等有较大差别，显示了不同的葬俗；墓葬存在多组相互叠压打破关系，对研究丝绸之路南道汉晋时期墓葬提供了绝佳的考古学地层关系，并对墓葬形制的演变提供了参考。M5 墓室内出土的一枚羊脂白玉对研究古代新疆和田玉的使用及其传播等方面具有重要意义。③梁一鸣等采用红外方法对小河墓地出土草篓所含的黄褐色颗粒状残留物进行了分析，利用蛋白质组学方法推断出该残留物为牛奶制品。这是迄今为止我国发现最早的牛奶加工证据，说明牛奶是小河墓地先民食物的重要组成部分，揭示了小河墓地先民生活方式和社会活动的相关信息。④梅建军等对小河墓地出土的12 件金属样品和 7 件金耳环实物标本作了初步分析，其中锡耳环和金银耳环均为迄今中国境内经科学鉴定发现的最早的锡和金银合金制品。小河墓地金属器在材质和加工工艺上所展现出的多样性，反映了小河墓地与周邻地区早期文化之间存在着广泛的联系或互动。⑤

三、历史地理、环境变迁

楼兰、鄯善、于阗等是古代丝绸之路新疆段南道的重要节点，

① 肖小勇，郑渤秋：《新疆洛浦县山普拉古墓地的新发掘》，《西域研究》2000年第1期，第42—46页。

② 刘文锁：《山普拉墓地的埋葬制度》，《西域研究》2002年第3期，第50—55页。

③ 胡兴军，阿里甫：《新疆洛浦县比孜里墓地考古新收获》，《西域研究》2017年第1期，第144—146页。

④ 梁一鸣等：《小河墓地出土草篓残留物的蛋白质组学分析》，《文物保护与考古科学》2012年第4期，第81—85页。

⑤ 梅建军等：《新疆小河墓地出土部分金属器的初步分析》，《西域研究》2013年第1期，第39—49页。

余太山先生考证了楼兰、鄯善、精绝这三个地名的来龙去脉，追本溯源，将玄奘东归路线清晰地展现读者面前。[①]殷晴认为在西汉时期特别在前期，有所谓的楼兰“东西道”，即沿塔里木盆地南北缘而行的北道；汉朝掌控天山东部以后，以车师为起点的北道，才开始畅通。同时，充分的资料证明，南道的存在与通行，是无可置疑的事实。[②]对城镇遗址的地理位置进行探讨与分析，有助于揭开古代新疆塔里木盆地绿洲的神秘面纱。

首先，是对楼兰国都的考证，林梅村《楼兰国始都考》对学术界关注的焦点进行了介绍，接着探讨了学界对楼兰国都的不同看法，认为楼兰国都位置在LE城。[③]不久黄盛璋对此提出了异议，从楼兰城与国都争论必须遵循地理方位和烽燧证据、LE古城不是楼兰城/Kroraina——林文自我否定的证据、LE城的年代、隶属、职能与废弃下限等三个方面，探讨了斯坦因对楼兰遗址编号中的LE，同林氏进行了讨论。[④]紧接着王守春从生态环境的角度阐述了楼兰古城在古代丝绸之路上的重要地位，以及环境变迁对它的重大影响。此文具有重要的现实意义。[⑤]

其次，对于阗国、精绝国、且末等亦有研究。李吟屏详细而有力地论证了于阗国都故址在阿拉勒巴格，认为约特干是国都附属，哈奈不存在，纳格拉罕纳为在王城东南角。[⑥]林梅村对汉代精绝国

---

① 余太山：《楼兰、鄯善、精绝等的名义——兼说玄奘自于阗东归路线》，《西域研究》2000年第2期，第32—37页。

② 殷晴：《汉代丝路南北道研究》，《新疆社会科学》2010年第1期，第121—128页。

③ 林梅村：《楼兰国始都考》，《文物》1995年第6期，第79—85页。

④ 黄盛璋：《初论楼兰国始都楼兰城与LE城问题》，《文物》1996年第8期，第62—72页。

⑤ 王守春：《楼兰国都与古代罗布泊的历史地位》，《西域研究》1996年第4期，第43—53页；王守春：《历史上塔里木河下游地区环境变迁与政治经济地位的变化》，《中国历史地理论丛》1996年第3辑，第60—73页；王守春：《历史时期塔里木河下游河道的一次大变迁》，《干旱区地理》1996年第4期，第10—18页）。

⑥ 李吟屏：《古代于阗国都再研究》，《新疆大学学报》（哲学社会科学版）1989年第3期，第40—47页。

与尼雅遗址之间的关系进行了研究，对中西文化交流和研究丝绸之路具有重要的意义。[①]李肖对以往学术界在且末古城地望问题上的考察和研究进行了全面总结，认为且末古城位于车尔臣古河床的东岸，距今来利勒克古城 3 日路程的地方，指出如果以此为圆心，以 3 日路程为半径，由南向北划圆，在与车尔臣古河床交会处找到且末古城的可能性较大。[②]刘文锁利用转写和译释的佉卢文，根据对其记录内容、年代与出土地点组合关系的分析，对遗址的历史地理问题做了探讨，大致复原出尼雅遗址在佉卢文时代鄯善国凯度多州时期的行政区划及其所对应的遗迹和遗迹区。[③]

环境变迁是塔里木盆地边缘古国演变的重要因素，相关的研究成果有助于我们了解新疆在古代历史地理上所经历的沧海桑田。水涛指出西域史前文明的发展演变不仅受到来自于周边地区古代文明中心的影响作用，而且受到环境因素的极大制约。其主要特点表现为农业、畜牧业文化的长期共存发展和相互借鉴，而草原游牧文化的不断南下和东进，是造成大范围文化传播和人群迁移活动的主要动因，新疆地区则是连接东西方古代文明的桥梁和纽带。[④]王永兴、阚耀平根据考古资料、文献记载、遥感资料和实地考察，认为河流变迁是人类活动与沙漠因素的先导，探讨了古河流演变，指出由于第四纪地质构造运动的影响，古代水系强烈变化，并演化为现今态势，而原先沿河而居的古城，则因河流变迁而遗弃于沙漠之中。[⑤]周廷儒论证了罗布泊的迁移问题，认为它在历史时期从来没

---

① 林梅村：《汉代精绝国与尼雅遗址》，《文物》1996 年第 12 期，第 53—59 页。

② 李肖：《且末古城地望考》，《中国边疆史地研究》2001 年第 3 期，第 37—45 页。

③ 刘文锁：《尼雅遗址历史地理考略》，《中山大学学报》（社会科学版）2002 年第 1 期，第 18—25 页；刘文锁：《尼雅遗址行政区划复原》，《华夏考古》2003 年第 4 期，第 63—70 页。

④ 水涛：《西域史前文明发展的若干理论问题》，《西域研究》2005 年第 4 期，第 44—51 页。

⑤ 王永兴、阚耀平：《塔里木盆地南部 2000 年来的环境变迁》，《干旱区地理》1992 年第 3 期，第 38—45 页。

有迁移到别处，而是在湖盆内部受到最新构造运动和水文变化的影响，表现出各个时期积水轮廓的变动，并非“游移湖”。[①]苏北海先生对史书中记载的“蒲昌”“蒲昌海”“秦海”几个地理概念作了解释和说明，有助于我们对塔里木盆地边缘位置的认识。[②]奚国金指出罗布泊经历了楼兰、屯城、英苏—阿拉干、喀拉库顺库尔、罗布泊、台特马湖等历史时期，认为其终点湖位置是变化的，罗布泊的位置和存在决定了塔里木河下游的洼地分布和水文变动情况。[③]

四、宗教艺术

佉卢文简牍内容显示，汉晋时期的于阗、鄯善等地盛行佛教，不论是从佛寺遗址、壁画艺术，还是出土的丝织品看，都有着深深的佛教艺术烙印。而鄯善国的僧侣在世俗生活与戒律上，与古代印度佛教有显著差异。黄振华通过列举文书中“沙门”名称与其相关的梵文词源进行对比，确认其为佛教僧侣无疑，从而为研究鄯善王国的佛教社会提供可靠的文献基础，弥补了鄯善国宗教历史研究的不足。[④]夏雷鸣通过研究佉卢文 511 号文书认为它是鄯善国举行浴佛法会的祈愿词。该文书反映了鄯善国佛教信众因地制宜地改变了佛典规定的浴佛形式，说明鄯善国的小乘佛教奉多佛说，属大众部，指出该文书也是若羌、且末地区皮肤病最早的史料见证，并认为凡有佛教的地方，世俗与出世互为依存，指出鄯善因世俗佛教的上源在西北印度的贵霜王朝，敦煌世俗佛教的重要发端是

---

① 周廷儒：《论罗布泊的迁移问题》，《北京师范大学学报》（社会科学版）1978 年第 3 期，第 34—40 页。

② 苏北海：《蒲昌·蒲昌海·秦海考》，《喀什师范学院学报》1986 年第 1 期，第 55—62 页。

③ 奚国金：《罗布泊迁移的历史过程及其新发现》，《西域研究》1992 年第 4 期，第 5—16 页。

④ 黄振华：《魏晋时期楼兰鄯善地区佛教研究札记——佉卢文沙门名号考证》，《民族研究》1996 年第 4 期，第 84—88 页。

鄯善国世俗佛教。[①]敦煌研究院杨富学先生探讨了鄯善国时期佛教界普遍存在着“有信无戒”现象，僧人不守戒律，他们不仅娶妻生子、饮酒食肉，而且置产敛财、役奴使婢。许多僧人虽然在寺院挂籍，却常年居住在俗家，与家人共同生活。鄯善国的僧侣虽名为出家人，但实际上过的却是一种地地道道的俗家生活。有些僧人还兼有户主身份，成为政府合法的纳税人。说明当时不管是世俗社会还是佛教界，都不以为这些现象是违戒的，而且是合法的。从佉卢文文书看，鄯善国也曾存在规范僧人行为的规章，但世俗味非常浓厚，与正统的佛教戒律大相径庭，而对违戒僧人的处罚方式，也多是俗家的经济手段，使僧人的行为融入鄯善国的伦理道德之中，比较深刻地反映了鄯善国佛教的世俗化倾向。鄯善国凸显出的佛教戒律问题在中原早期佛教界同样存在，故而可将鄯善国佛教看作中原早期佛教的一个标本。不难看出，此时的鄯善国僧侣不仅地位高，而且依仗权势参与世俗事务，一方面反映了佛教盛行；另一方面反映出印度在向周边传播佛教时所展现的强大力量。[②]李博亦探讨了公元三至五世纪鄯善国僧人娶妻、收养行为的世俗生活，认为其产生受该地区自然地理环境、国家发展需要及文化习俗等多方面原因的影响。这对以后中国佛教的世俗化发展产生了极为重要的作用。[③]李瑞哲对新疆克孜尔石窟壁画

---

① 夏雷鸣：《从“浴佛”看印度佛教在鄯善国的嬗变》，《西域研究》2000 年第 2 期，第 45—52 页；夏雷鸣：《从佉卢文文书看鄯善国僧人的社会生活——兼谈晚唐至宋敦煌世俗佛教的发端》，郑炳林，樊锦诗，杨富学主编：《丝绸之路民族古文字与文化学术讨论会论文集》，西安：三秦出版社，2007 年，第 95—103 页；夏雷鸣：《从佉卢文文书看鄯善国佛教的世俗化》，《新疆社会科学》2006 年第 6 期，第 116—122 页。

② 杨富学：《论鄯善国出家人的居家生活》，南华大学敦煌学研究中心编：《敦煌学》第 27 辑，台北：乐书书局，2018 年，第 215—221 页；（印）阿格华尔著，杨富学、许娜译：《佉卢文书所见鄯善国佛教僧侣的生活》，《甘肃民族研究》2006 年第 4 期，第 100—104 页；杨富学：《鄯善国佛教戒律问题研究》，《吐鲁番学研究》2009 年第 1 期，第 59—76 页；杨富学，徐烨：《佉卢文文书所见鄯善国之佛教》，《五台山研究》2013 年第 3 期，第 3—9 页。

③ 李博：《古代鄯善国僧人娶妻与收养行为探究》，《中华文化论坛》2013 年第 9 期，第 69—74 页。

的内容从佛教本生、因缘、譬喻故事考究认为属于小乘佛教戒、定、慧三学在佛教实践中的反映。根据佛教“九分教”或“十二分教”的划分，这些壁画内容都属于律藏系统，这些故事画绘在石窟中，起到强化戒律、静思禅定的作用，这与古代龟兹地区一向戒律严谨是相一致的。①

五、经济社会

我们从出土的佉卢文简牍、汉佉二体钱来看，新疆古代塔里木盆地边缘绿洲主要是鄯善国存在农牧业等现象，其社会生产力相对落后，有人口买卖行为，还有对妇女状况的记载。关于葡萄种植，张南依据佉卢文书、吐鲁番文书，并结合其他文献对新疆塔里木盆地东南缘、吐鲁番盆地种植葡萄与酿造业的发展进行了论述。文章认为，从汉代开始，新疆种植葡萄、饮用葡萄酒渐成习俗，酿酒及贮酒的技术已有较高水平。②卫斯从经济史角度出发，通过对尼雅遗址出土的佉卢文简牍中相关农业经济方面文书的研究，揭示出农奴社会制度下的精绝国土地所有制的主要形式，作者指出，作为私有财产，无论是买卖，还是抵押葡萄园土地，双方均有契约或协议书。可知，葡萄园种植是精绝国的一项经济支柱产业，精绝国大面积种植葡萄园促进了葡萄酿酒业的发展，当时政府对酒业的管理十分严格，设有酒局征收酒税，以村或百户为单位向酒局上缴税酒，国家将税酒运到周边国家与地区，酒税自然成了精绝国的一项主要财税来源。葡萄种植户若拖欠税酒则是要支付利息的。③丁君涛以

① 李瑞哲：《新疆克孜尔石窟壁画内容所反映的戒律问题》，《西域研究》2008年第3期，第69—76页。

② 张南：《古代新疆的葡萄种植与酿造业的发展》，《新疆大学学报》（哲学社会科学版）1993年第3期，第51—57页。

③ 卫斯：《从佉卢文简牍看精绝国的葡萄种植业——兼论精绝国葡萄园土地所有制与酒业管理之形式》，《新疆大学学报》（哲学·人文社会科学版）2006年第6期，第66—70页。

新疆尼雅出土的佉卢文葡萄园买卖契约为基础，考察鄯善国时期葡萄园的买卖、经营等活动，对鄯善国的葡萄酒酿造、销售等进行了探索，通过对鄯善国时期与高昌时期的葡萄园买卖契约进行对比研究，发现鄯善国时期精绝地区的葡萄园产业已经初具规模，且利润可观。①

关于农牧业，王欣指出鄯善地区在史前时期的社会经济以畜牧业为主，同时绿洲农业的端倪已经显现。汉代通西域后，其绿洲农业、园艺业开始兴起，而鄯善王国的局部统一又进一步促进了这一地区社会经济的发展，为保证丝绸之路南道的畅通提供了坚实的物质保障，对东西丝绸之路经济交流起到了重要作用。②王欣、常婧《鄯善王国的畜牧业》一文指出鄯善国的牧业经济不仅为丝绸之路交通提供了充足的畜力资源，而且在王国的政治、社会和经济生活中占有重要地位，为此，鄯善王国设置专门的官吏进行管理，甚至鄯善王还常以敕谕的形式直接参与畜牧事务的管理，各类牲畜在民间的商贸活动中充当着货币的角色。③张婧从解读的佉卢文书中指出骆驼、马不但是鄯善国重要的运输工具，而且也是官员和出公差人员的“专车”。同时还是税收的来源之一，更执行着货币的职能，也被用作祭祀的牺牲。骆驼和马在该国上层社会是权力的标志，在普通百姓处是财富的象征，有着广泛的用途。④有关鄯善国丝织业研究，杨富学先生从出土的佉卢文简牍，指出其内容有不少涉及 3—4 世纪鄯善国内丝织品流通及贸易等问题，丝织品在鄯善国

① 丁君涛：《从佉卢文契约看鄯善国葡萄园买卖》，《北方工业大学学报》2017 年第 6 期，第 88—94 页。

② 王欣：《古代鄯善地区的农业与园艺业》，《中国历史地理论丛》1998 年第 3 辑，第 81—94 页。

③ 王欣，常婧：《鄯善王国的畜牧业》，《中国历史地理论丛》2007 年第 2 辑，第 94—100 页。

④ 张婧：《鄯善国骆驼用途归类初探》，《西北农林科技大学学报》（社会科学版）2012 年第 2 期，第 137—140 页）；张婧：《鄯善国马之用途初探》，《西安文理学院学报》（社会科学版）2017 年第 4 期，第 21—24 页。

内走俏并深入鄯善国社会生活的各个方面，伴随着中西丝绸之路商贸的不断发展，鄯善国及其周边贸易亦趋向多元。①

关于古代鄯善国及塔里木盆地南端的社会现象，李博指出收养子女在当时是一种交易行为，并受到国家法律的保护；养子女被收养之后，与本生之家要彻底脱离关系，完全归属于收养人。收养双方经济利益上的联系也使收养行为变得较为慎重。用于支付的奶费都是一些实物如牲畜，这一方面表明南疆地区畜牧业的发展状况；另一方面表明实物交换方式依然是该时期社会经济生活中的主流现象。②钱伯泉认为魏晋时期鄯善国已是以农业生产为主，牧业生产已经退居次要地位。土地有所谓的王田、公田、私田，存在剥削与被剥削的对立关系，实际上还是套用传统史观来进行评析，不足为据。③杨富学、徐烨指出在鄯善国内已经形成了以国王为首的地主阶级，他们向耕种自己土地的农民或农奴收取地租，农民或农奴是鄯善国最基本的劳动生产者，说明魏晋时期的鄯善国已经迈入了封建社会的门槛，认为当时鄯善国社会还保留着一定的奴隶制残余，存在着“奴仆”和“私属”，从佉卢文书看，这部分人一般不参加生产劳动，具体劳动性质不详。④李天石根据发现的佉卢文献指出在 3—5 世纪的鄯善王国存在着奴隶阶层和奴隶制度。从奴隶的身份特征来看，其法律地位类同财产，生命权利缺少保障，奴隶劳动

---

① 杨富学，刘源：《佉卢文简牍所见鄯善国丝织品贸易》，《石河子大学学报》（哲学社会科学版）2017 年第 3 期，第 52—60 页；王立恒：《鄯善国丝织业与丝路贸易》，兰州：西北民族大学硕士学位论文，2011 年；刘源：《佉卢文书所见鄯善国与周边纺织品贸易》，兰州：西北民族大学硕士学位论文，2017 年；杨富学，徐烨：《佉卢文简牍与鄯善国经济史的构建》，《石河子大学学报》（哲学社会科学版）2015 年第 1 期，第 105—110 页等。

② 李博：《新疆出土佉卢文书中所见收养人给付送养人“奶费”现象管窥》，《中南大学学报》（社会科学版）2012 年第 6 期，第 201—210 页。

③ 钱伯泉：《魏晋时期鄯善国的土地制度和阶级关系》，《中国社会经济史研究》1988 年第 2 期，第 92—97 页。

④ 杨富学，徐烨：《鄯善国社会性质再议》，《新疆师范大学学报》（哲学社会科学版）2014 年第 4 期，第 84—89 页；徐烨：《佉卢文文书所见鄯善国的奴隶与农奴》，兰州：西北民族大学硕士学位论文，2014 年。

在当时社会中占有相当比重。其身份特征与中原奴婢制、罗马奴隶制相比，在相似点上前者大于后者。①张婧从对含违约惩罚的奴隶买卖文书中指出，3—5世纪的新疆南部社会存在着奴隶买卖，也存在着买卖双方的违约行为，而且在一些文书中出现了违约惩罚的条款。违约惩罚条款反映了当地的一些乡规民约，也反映了当时当地的一些社会制度问题：国家保护奴隶主的利益、奴隶买卖合法。当时的违约惩罚有两种形式，即物质惩罚和刑事处罚。②关于鄯善国妇女的现状与问题，杨富学先生从一些表达妇女的不同词汇对斯坦因所获的佉卢文书进行了分析，这是一种全新的视角，透过对这些女性不同称呼的词汇，可以看出女性的身份、地位，有助于整件文书的解读，对了解当时妇女的处境及公元2—4世纪的社会、宗教、政治和经济生活都具有重要意义。③并对佉卢文书Kh.677号进行了研究，指出仅有此件文书记载了鄯善国妇女的土地问题，认为鄯善国妇女对土地拥有所有权，并与吐鲁番出土的其他文书做了对比。文书提到，该地既不交seni税，也不纳niciri税。④实际上，妇女在古代男权主宰的社会中地位不是很高，我们不能拿今天的角度去思考，更何况不能仅凭一件文书就认为鄯善国妇女对土地拥有所有权。一种解释是此妇女为寡妇，或者是家中失去男性劳动力的女人，在这种情况下，当地政府总不能剥夺其生存的权利吧，最终还是认可其拥有土地所有权。

---

① 李天石：《试论3—5世纪鄯善王国奴隶制的几个问题——兼与中原奴婢制、罗马奴隶制比较》，《山西大学学报》（哲学社会科学版）2014年第2期，第19—26页。

② 张婧：《三至五世纪新疆南部社会史状研究——以奴隶买卖的佉卢文文书为据》，《社会科学家》2011年第4期，第30—34页；张婧，谢宝利：《三至五世纪新疆南部地区奴隶疏离原主史题考——以佉卢文书为据》，《社会科学家》2012年第1期，第141—143页。

③ （印）阿格毕尔著，徐烨、文俊红译，杨富学校：《新疆出土佉卢文简牍所见妇女的处境》，《中国边疆民族研究》第八辑，北京：中央民族大学出版社，2014年，第229—238页。

④ 文俊红，杨富学：《佉卢文书所见鄯善国妇女土地问题辨析》，《石河子大学学报》（哲学社会科学版）2015年第2期，第40—44页。

关于出土的钱币，英国学者克力勃对和田汉佉二体钱作了细致的探讨，明确了它的归属和时代，说明了它的政治、经济、文化背景，为我们补充了贫乏的中亚史知识。[①]林梅村先生利用佉卢文书Kh.661号及汉佉二体钱详加考证出两位于阗王，即《魏书》中的“秋仁”（Gugramaya）、《梁书》之“山习”（Vijida Simha）。认为该文书接近鄯善依卢文书年代的上限，大致在公元3世纪中叶，正值我国历史上三国鼎立时期。而汉佉二体钱铸造年代上限不早于公元175年，下限不晚于公元220年。[②]杨富学先生利用佉卢文书中涉及的鄯善国货币，指出高昌回鹘时代，回鹘文契约文献中经常出现的Satir一词，与佉卢文satera/sadera和希腊文stater有某种联系，反映了东西方文化在西域地区的碰撞与吸收。[③]袁炜从钱币上的佉卢文铭文勾勒出于阗国在东汉、贵霜之间灵活的外交手腕及多元的文化现象，但仅从铭文中有关“大王”等称号并不足以说明“于阗国不隶属于贵霜帝国，其与贵霜是一种平等的关系”之说法，若似作者所言“于阗国仅是汉王朝的属国”，那钱币铭文何不只现汉文呢？因此，这背后反映的文化现象，仅凭铭文上反映的年号，是说明不了于阗国与贵霜、东汉的关系的。至多就是于阗小国，首鼠两端，运用灵活的外交手腕，对东西方文化采取了兼容并蓄。[④]

六、王号世系

对鄯善王、于阗王世系的研究，有助于对于阗、鄯善国政治历

① （英）克力勃著，姚朔民编译：《和田汉佉二体钱》，《中国钱币》1987年第2期，第31—40页。

② 林梅村：《佉卢文书及汉佉二体钱所述于阗大王考》，《文物》1987年第2期，第35—43页。

③ 杨富学：《佉卢文书所见鄯善国之货币——兼论与回鹘货币之关系》，《敦煌学辑刊》1995年第2期，第87—93页。

④ 袁炜：《从汉佉二体钱上佉卢文铭文看于阗国与东汉、贵霜的关系》，《中国钱币》2016年第4期，第3—6页。

史脉络的把握，同时对塔里木盆地区域及周边地区关系具有重要意义。通过出土佉卢文书的记载，可大致推理出鄯善、于阗国的王号世系。林梅村对和田文管所收藏的一件佉卢文进行了考释，从内容判断其为离婚契约，时间大致在前凉建兴二十三年（335 年）与前秦建元十八年（383 年）之间，推测有位叫 Sulica 的鄯善王在谱系中应排在元孟与休密驮之间，披露出尼雅遗址的最后废弃和尼雅河下游水源逐渐枯竭相关的新材料；又利用出土的佉卢文书，考证出鄯善王童格罗迦纪年，这对研究鄯善王世系大有裨益，并为我们披露了一百年左右不见史乘的鄯善轶史，填补了鄯善王国世系中的空白，对我们研究鄯善国历史文化与周边关系，提供了清晰的脉络。① 土登班玛对新疆所出鄯善佉卢文书与中国境外所出的贵霜佉卢文献进行对比，探讨鄯善佉卢文书所用王号的渊源，论据很有说服力，对“侍中”做出了“胜者”的解释，对鄯善王俗名“元孟”解为“善男”之义，这种论述很有创见，笔者赞同此论点。②段晴以尼雅遗址 29 号出土的 22 件佉卢文书为依据，以萨迦牟云的经历为线索，对古代鄯善王国社会生活进行个案研究。③杨巨平利用近年新发现的碑铭钱币资料，通过对公元前后巴克特里亚希腊人、塞人、月氏人、贵霜人互动关系的追溯，以及对贵霜前期钱币类型的比对，认为 Soter Megas 乃受命于阎膏珍去“监领”“天竺”的将军。因其钱币造型独特，与贵霜早期诸王钱币差异明显，故表明他不可能是贵霜王系中的正式成员。④

① 林梅村：《佉卢文时代鄯善王朝的世系研究》，《西域研究》1999 年第 1 期，第 39—50 页；林梅村：《新疆尼雅发现的佉卢文契约考释》，《考古学报》1989 年第 1 期，第 121—136 页；林梅村：《尼雅新发现的鄯善王童格罗迦纪年文书考》，马大正，杨镰主编：《西域考察与研究续编》，乌鲁木齐：新疆人民出版社，1998 年，第 196—216 页。

② 土登班玛：《鄯善佉卢文书所见王号考——兼论所谓“侍中”》，《中国边疆史地研究》1992 年第 3 期，第 72—84 页。

③ 段晴：《萨迦牟云的家园——以尼雅 29 号遗址出土佉卢文书观鄯善王国的家族与社会》，《西域研究》2016 年第 3 期，第 54—64 页。

④ 杨巨平：《“SoterMegas”考辨》，《历史研究》2009 年第 4 期，第 140—152 页。

七、法律契约文书

根据出土的佉卢文简牍文书内容来看，大多为经济、法律、契约类，这对研究古代鄯善国政治、经济、法律、社会具有重要价值。殷雯指出鄯善国的法律对民间的交换行为、经营活动是加以保护的，除国家立法外，所属各州亦有自己的法律，国王具有无限的权力，他颁布的诏令频见于出土文书。鄯善国的法律制度是为了维护奴隶主阶级的统治，有助于我们对鄯善国社会经济、政治法律状况的了解。[①]李博指出3—5世纪鄯善国收养契约在内容上主要包括主题语、封印、立契时间、当事人、收养对象、交易方式、权利与义务等。[②]这些佉卢文契约文书在时间上早于吐鲁番、敦煌所出之同类型文书，且以不同的语言形式表述，有“封检式”书写传统，讨论了文书的基本格式、分类及与早期契约有关的若干问题，对进一步研究契约文书有参考意义。[③]关迪对新疆和田博物馆新征集的一件佉卢文木牍的写作年代与地点进行了考证，对木牍内容进行了拉丁文字母转写与翻译，并判定这件佉卢文木牍为一件长达8年的跨国买卖纠纷的判决书。[④]刘文锁从调查得到的一件佉卢文离婚契约的格式、内容等，论述公元3—4世纪精绝及鄯善所实行的婚姻法及离婚问题。作者指出财产关系处置和女方在离婚中具有主动地位是这种问题的明显特征，他认为这一点与敦煌文书中的“放妻书”所反映的婚姻文化有很大差异，但又与中亚粟特地区有某种相

① 殷雯：《鄯善国法律初探》，《新疆师范大学学报》（哲学社会科学版）1987年第3期，第86—91页。

② 李博：《三至五世纪鄯善国收养契约探析》，《中南大学学报》（社会科学版）2013年第4期，第242—246页。

③ 刘文锁：《佉卢文契约文书之特征》，《西域研究》2003年第3期，第78—87页。

④ 关迪：《和田博物馆藏佉卢文判决书考释》，《西域研究》2014年第4期，第9—15页；关迪：《古鄯善国佉卢文简牍的形制、功用与辨伪》，《西域研究》2016年第3期，第84—93页。

似性。[①]段晴对中国国家图书馆藏 BH5-3[1] 佉卢文买卖土地契约从文书形制、翻译、注释、词汇等方面进行了介绍[②]，并对中国国家图书馆藏 BH5-1 号佉卢文书进行了研究，认为其与另外两件造立契约《高僧卖女》《舅卖甥女》不同，是人亡故后对契约的蠲除。而这种蠲除契约的法律形式及文案的结构属首次出现，对再现于阗社会的历史、人文风俗显得弥足珍贵。[③]皮建军对中国国家图书馆藏 BH5-4、BH5-5 号佉卢文信件和买卖契约从其形制、格式、内容作了详细介绍，释读出相关的王号和契约内容，具有重要价值。[④]吴贇培对和田博物馆藏佉卢文尺牍放妻书进行了再释译，提供新的原文转写及汉译，反映出尼雅在疏梨阇统治时期家庭离婚的情况。[⑤]王臣邑亦对和田博物馆藏的一件佉卢文木牍进行了研究，指出此木牍是迄今为止来自龟兹地区最早的世俗文献，涉及龟兹古国的国王 Pitrrbhakta，特别是为鄯善国的佉卢文称谓 Nuava 提供了原始证据。[⑥]段晴、才洛太对青海藏医药文化博物馆藏佉卢文尺进行了研究，对安归伽二十六年佛图军相关事迹进行了释读，并讨论了公元 3 世纪末鄯善王国的职官变革等。[⑦]张婧的博士论文《新疆出土佉卢文人口买卖文书及相关问题研究》分八个部分，主要围绕人口买卖文书浅析、佉卢文人口买卖文书、人口买卖合法性问题、人口买

---

① 刘文锁：《说一件佉卢文离婚契》，《西域研究》2005 年第 3 期，第 107—111 页。

② 段晴：《中国国家图书馆藏 BH5-3[1] 佉卢文买卖土地契约》，朱玉麒主编：《西域文史》第六辑，北京：科学出版社，2011 年，第 1—16 页。

③ 段晴：《〈伏闍达五年蠲除契约〉案牍》，《敦煌吐鲁番研究》第 13 卷，2013 年，第 291—304 页。

④ 皮建军：《中国国家图书馆藏 BH5-4、5 号佉卢文信件和买卖契约释读与翻译》，《中国藏学》（英文版）2012 年第 2 期，第 39—47 页。

⑤ 吴贇培：《和田博物馆藏佉卢文尺牍放妻书再释译》，《西域研究》2016 年第 3 期，第 75—83 页。

⑥（哥）王臣邑：《和田博物馆藏源于龟兹国的一件佉卢文木牍》，《西域研究》2016 年第 3 期，第 65—74 页。

⑦ 段晴，才洛太：《青海藏医药文化博物馆藏佉卢文尺牍》，上海：中西书局，2016 年；段晴，才洛太：《佉卢文的证言——青海藏医药文化博物馆藏两件佉卢文尺牍研究》，孟宪实，朱玉麒主编：《探索西域文明：王炳华先生八十华诞祝寿论文集》，上海：中西书局，2017 年。

卖文书中的买卖双方、被卖人、奴隶生存状况、3—5世纪新疆南部地区社会状况等进行了研究。作者后来在各期刊、学报上又进行了补充、发表。[①]陈国灿指出佉卢文契约中的人口买卖大部分是奴婢的买卖，被卖者有家贫卖儿鬻女者、被劫掠者、战俘、逃亡者；买进者多是官僚、权贵和地主。也有非奴婢的买卖，如买女口为妻者、买劳动力者。展现了公元3—4世纪鄯善王国奴隶社会的基本特征。[②]乜小红、陈国灿《对丝绸之路上佉卢文买卖契约的探讨》对出土佉卢文有关土地、人口买卖契约进行了探讨，认为这些契约在公元3—4世纪出现了许多吸收汉文契约因素的新变化，指出它是鄯善国与汉、晋王朝政治、经济关系日益密切的结果。[③]逻辑缜密、思路清晰，论据充分。然佉卢文契约与中原契约的关系，到底是谁受谁的影响大，笔者认为佉卢文契约受贵霜或者印欧契约的影响比较大，因为西域商业之风浓厚，更有利于契约的健全，而当时政治、经济格局的变化，都有可能将这种契约通过丝绸之路传至塔里木盆地进而影响到中原契约。

八、区域关系

从考古发掘的文书、文物可以看到，东西方文化在塔里木盆地相互交融，相互影响。王炳华先生从佉卢文书、汉佉二体钱、新疆出土贵霜钱币，以及佛教经典、佛教艺术等方面论证了贵霜王朝与古代新疆的关系，体现了丝绸之路中西文化的交流。[④]孟凡人先生针对一些国外学者提出的公元2世纪后半期（175年以后）至3世

① 张婧：《新疆出土佉卢文人口买卖文书及相关问题研究》，西安：陕西师范大学博士学位论文，2012年。

② 陈国灿：《略论佉卢文契约中的人口买卖》，《西北师大学报》（社会科学版）2015年第3期，第46—50页。

③ 乜小红，陈国灿：《对丝绸之路上佉卢文买卖契约的探讨》，《西域研究》2017年第2期，第64—78页。

④ 王炳华：《贵霜王朝与古代新疆》，《西域研究》1991年第1期，第35—38页。

纪前半期贵霜王朝被萨珊王朝灭亡为止，鄯善王国在贵霜王国统治之下、佉卢文亦随之传入鄯善的说法，孟凡人先生根据《史记》《汉书》《后汉书》《三国志》等传世典籍和《尼雅遗址和东汉合葬墓》简报、鄯善境内发现的出土文书等文献论证指出贵霜统治鄯善之说纯属虚构。[①]刘洁在对比研究汉、藏文献及尼雅考古资料的基础上，指出民间商业的发展与佛教的东传是佉卢文在汉晋时期流传于新疆塔里木盆地诸城郭的主要推动力，认为月氏（贵霜）、象雄（苏毗）羌人的族源与古代藏族有密切关系，古代象雄苏毗部落的入侵是导致精绝国衰亡的主要原因。尼雅考古与汉藏文献所揭示的精绝、中原王朝、贵霜、象雄等文化在同一历史时期、同一地域的真实交汇，为我们生动诠释了古代象雄文明多元化的过程。[②]羊毅勇指出文化的多元性是尼雅遗址的显著特征，作者结合传世文献与尼雅出土的丝织品、漆器、铜镜说明汉文化对当地的影响，从当地特有的一些西域土著文化及佛教艺术等出发，认为它又受到其他文化的影响。[③]林梅村指出犍陀罗语东渐疏勒、于阗、龟兹，直至鄯善，月氏人起到了传播的积极作用，且将佛教输入了中原，而以犍陀罗语文学为媒介，加强了中印文化之间的交流。[④]尼雅出土的“五星出东方利中国”彩锦织文是我国古代星占学上极具重要意义的一条占辞，真实地反映了古代先民追求吉祥昌盛的良好祈愿和朴素的感情。有力地证明了汉晋时期中原王朝与西域地区存在着十分密切的政治、经济、文化关系，它的出土对这批墓葬的断代亦将有所裨益。[⑤]

---

① 孟凡人：《贵霜统治鄯善之说纯属虚构》，《西域研究》1991年第2期，第29—39页。

② 刘洁：《汉晋时期西域精绝国与贵霜、苏毗关系考略》，《山东社会科学》2015年第4期，第105—109页。

③ 羊毅勇：《尼雅遗址所反映的中外文化交流》，《西域研究》1999年第2期，第61—66页。

④ 林梅村：《犍陀罗语文学与古代中印文化交流》，《中国文化》2001年第1期，第225—235页。

⑤ 于志勇：《新疆尼雅出土“五星出东方利中国”彩锦织文初析》，《西域研究》1996年第3期，第43—46页。

九、早期居民、人种溯源

林梅村研究了吐火罗人的起源与迁徙，探讨了吐火罗人与龙部落的关系，认为在以佉卢文字母书写的犍陀罗语（Gandhari）传入塔里木盆地之前，楼兰人说的是吐火罗语，楼兰人是吐火罗人的一支。①黄盛璋先生利用传世文献与出土文书，对楼兰—鄯善为何人所建、所操语言特点、国都的变迁等问题进行了探讨，认为楼兰人是塔里木盆地东缘有记载的早期居民，并非贵霜贵族，他们建立了楼兰国，否认其操吐火罗语。作者虽然论据充分，但有违史事，其实塔里木盆地边缘的早期居民与印欧人种是有关系。②谢承志等人对一例尼雅股骨样本线粒体高可变一区进行扩增和测序，并做了编码区的限制性片段长度多态性分析，结果显示这一个体属于 U3 亚型，而 U3 亚型在现代人群中主要集中分布在近东和伊朗，又与其他新疆古代人群对比显示：尼雅人群和山普拉人群可能存在一定的母系遗传联系，与潘其凤先生的体质人类学分析结果一致。并指出山西虞弘墓主人属于主要分布在西部欧亚大陆的单倍型类群 U5，而虞弘夫人的单倍型类群 G 主要分布在东部欧亚人群中，这对研究历史上各民族的族源、迁徙、分化、融合等提供了分子生物学证据。③邵兴周等人根据出土文物对新疆洛浦县山普拉人颅骨、下颌骨做了研究，判断其年代约为公元前 1 世纪末期至公元 3 世纪，在人种特征上，既有蒙古人种的大部分特征，又有欧罗巴人种的一些

---

① 林梅村：《开拓丝绸之路的先驱——吐火罗人》，《文物》1989 年第 1 期，第 72—74 页；林梅村：《吐火罗人与龙部落》（《西域研究》1997 年第 1 期，第 11—20 页；林梅村：《吐火罗人的起源与迁徙》，《西域研究》2003 年第 3 期，第 9—23 页等。

② 黄盛璋：《塔里木盆地东缘的早期居民》，《西域研究》1992 年第 1 期，第 1—14 页。

③ 谢承志等：《尼雅遗址古代居民线粒体 DNA 研究》，《西域研究》2007 年第 2 期，第 51—55 页；谢承志：《新疆塔里木盆地周边地区古代人群及山西虞弘墓主人 DNA 分析》，长春：吉林大学博士学位论文，2007 年。

明显特征，为人类学、形态学及临床医学提供了资料。[①]韩康信接着谈到，山普拉古墓地的古代居民在体质形态上应是接近长颅欧洲人种地中海东支类型，而不是具有“大蒙古人种大部分特征，但也有欧罗巴人种一些较明显特征”的混血类型。作者指出，正确鉴定山普拉古代人头骨的种系特点，对了解新疆境内古代居民的种族历史有重要意义。[②]张全超等人采用 ICP-AES 法测定表明罗布淖尔古代居民的食谱中以动物类食物为主，植物类食物为辅，牛羊肉、奶制品和鱼类是动物类食物的主要来源，而植物类食物的摄入来源于小麦等谷类植物，这为进一步研究古代人群的食谱结构提供了科学的参考依据，对深入研究新疆地区早期农业资源的利用与开发有重要的意义。[③]

作者简介：韩树伟（1989— ），男，甘肃陇西人，兰州大学敦煌学研究所博士生，主要从事敦煌学、法律社会史、西域史研究。

---

① 邵兴周等：《新疆洛浦县山普拉出土颅骨的初步研究》，《新疆医学院学报》1984 年第 2 期；邵兴周等：《新疆洛浦县山普拉人下颌骨的研究（一）》，《新疆医学院学报》1984 年第 2 期。

② 韩康信：《新疆洛浦山普拉古墓人骨的种系问题》，《人类学学报》1988 年第 3 期，第 239—248 页。

③ 张全超，朱泓：《新疆古墓沟墓地人骨的稳定同位素分析——早期罗布泊先民饮食结构初探》，《西域研究》2011 年第 3 期，第 91—96 页；张全超，朱泓，金海燕：《新疆罗布淖尔古墓沟青铜时代人骨微量元素的初步研究》，《考古与文物》2006 年第 6 期，第 99—103 页。

理学盛而汉学弱——简论清代中州学风

许　倩

（华东师范大学　历史系　上海　闵行　200241）

摘　要：清代河南的理学发展始终较为兴盛，未受到乾嘉汉学兴起的根本冲击。它处于官方意识形态保障和地方官员支持的大背景下，并在清初中州名儒的集群效应及书院教学活动中定下主基调。中州学术史著作在清代大量问世，重申的是理学“道统”论和中州理学学脉的正统性，这种重宋明理学而轻汉唐经学的指向同时体现在中州文献的整理中，一并加固着理学的主体地位并使汉学的兴起缺乏必要的思想和文献资源。清代中州理学的延续起到了保存文化传统的作用，在多因循继承少发挥创造中呈现出明显的头重脚轻特点，其背后蕴藏的是中州学术整体地位的日渐没落和创新活力的式微。

关键词：清代；中州；理学；汉学；道统

河南地区旧称“中州”，是华夏文明和中国传统文化的主要发源地之一，不仅长期作为全国政治中心，也在古代学术思想文化流变史上留下了浓墨重彩的一笔。清代河南于顺治年间被确定为省，清代前期全省共设 8 府 7 直隶州，大致与现今河南省的地域范围相似。[①]有清一代中州学术界风气以“崇理学”为主，这与全国“兴汉学”的学术主流背道而驰，某种程度上呈现出相对独立发展的局面。

---

① 河南省地方史志编纂委员会编：《河南省志·区域建置志》，郑州：河南人民出版社，1994 年，第 73—74 页。

中州是二程“洛学”的故乡，而“洛学”作为宋代理学四大流派之一经南宋朱熹继承发展而集大成后成为理学正统，主导元明清三代官方意识形态数百年之久。关于清代中州学术思想界这一专题，龚书铎主编的《清代理学史》[①]作为国内首部专论清代理学的专著对理学重镇河南多有涉及，在全国理学发展的大背景下分阶段列举河南重要理学家及成就，但作为整体中的部分研究深度不够。卢广森及卢连章主编的《洛学及其中州后学》[②]设专门章节汇集了清代河南主要的洛学后学，对案主们的生平事迹、著述及理学思想的主要方面进行了论述，但缺少整体性的宏观视角，呈现史事多于问题探究。程有为、王天奖主编的《河南通史》第3卷[③]作为地方史通史著作通论了明清河南文化教育的发展状况，认为此时河南的学术呈现出明显的保守性，具体到理学，认为其在河南是“抱残守缺”地发展，总体评价不高。杨玉厚主编的《中原文化史》[④]以时间为序呈现中原文化全景，认为明清河南文化发展相对前期而言辉煌不再。在从经济发展、天灾与战乱、文化政策等方面分析原因时将矛头直指“二程理学”，认为河南在明清两朝对理学的墨守是造成其文化衰落的重要原因。[⑤]

从学术界已有的清代中州理学研究成果来看，对理学人物的介绍居多，总体评价视角老旧，都看到了理学占主导的历史事实，但对其背后的原因，发展的特点等缺少探究。本文试从理学家推动、学术史编撰和文献汇编等方面揭示清代中州理学兴盛的原因，在呈现“宋学”“汉学”发展概况基础上发掘中州传统文化的价值。

---

① 龚书铎主编：《清代理学史》，广州：广东教育出版社，2007年。
② 卢广森，卢连章主编：《洛学及其中州后学》，开封：河南大学出版社，1999年。
③ 程有为，王天奖主编：《河南通史》第3卷，郑州：河南人民出版社，2005年。
④ 杨玉厚主编：《中原文化史》，郑州：文心出版社，2000年。
⑤ 杨玉厚主编：《中原文化史》，郑州：文心出版社，2000年，第353—365页。

一、“中州八先生”与清初中州理学大兴

清代中州学术界理学占据主流局面，伴随着理学名家的辈出，清初名儒孙奇逢晚年隐居河南辉县苏门山，其书院教学活动及为学事迹对包括河南在内的广大北方的学术文化走向带来了深远影响。王坚在《中州夏峰北学浅论》[①]一文中给予孙奇逢对清代河南学风之影响以极大关注，并以夏峰先生为中心梳理了中州北学的发展脉络[②]，充分肯定了其对清代中州学术界的引领作用。孙奇逢早年学宗“阳明心学”，后一尊“程朱”，是明末清初学术反思和“反理学”浪潮中的“朱陆调和”派。他虽为直隶容城人，但晚年隐居河南辉县苏门山二十余年，在河南门生众多、学术影响力较大，故也多被尊为中州理学传人。

以孙奇逢为开端，清初河南理学家有“中州八先生”之称，即孙奇逢、耿介、汤斌、窦克勤、冉觐祖、张沐、张伯行、李来章。应该注意的是，“中州八先生”不仅是清初中州理学名家，也是全国学术思想界宗理学一派的翘楚。“八先生”中不乏“立德”“立功”“立言”的名臣大儒，如孙奇逢、汤斌、张伯行均在当朝从祀孔子庙廷，故长久以来也受到了学界的诸多关注。[③]“中州八先生”现象的出现既是深厚理学传统和孙奇逢名家效应共同作用的结果，同时也形成一股强大的合力，为清代中州理学主流地位的确立

① 王坚：《中州夏峰北学浅论》，《中原文化研究》2013年第6期。

② 另有王坚，颜秉新：《论夏峰北学——及对清代北学的历史考察》，《理论月刊》2009年第10期；王坚：《无声的北方——夏峰北学及其历史命运》，武汉：华中师范大学硕士学位论文，2006年，均对此问题有关注。

③ 可参见陈瑞波：《孙奇逢理学思想研究》，济南：山东大学博士学位论文，2012 年；张锦枝：《统宗会源——孙奇逢理学思想研究》，武汉：武汉大学博士学位论文，2011年；何延歌：《清初学者李来章理学思想研究》，开封：河南大学硕士学位论文，2010年；张延青：《清初河南儒学家冉觐祖研究》，开封：河南大学硕士学位论文，2010年；李祥东：《汤斌理学思想研究》，开封：河南大学硕士学位论文，2008 年；程分队：《清初理学名臣张伯行研究》，开封：河南大学硕士学位论文，2010年。

和延续扎深了根基、划清了脉络。

程朱理学作为清代科举考试“抡才大典”的官方哲学自然也是从中央到地方各级学校的指定教材。自宋代以来，书院教育系统是独立于官学之外的学术生成与传播载体。清代书院虽已基本实现官学化，却仍保持一定的学术独立性，学术名家多以书院为阵地著书立说、开枝散叶。“中州八先生”多与清代河南书院关系密切，在多年的传道授业中宣传理学思想，潜移默化中稳固了清代中州理学的主体地位。胡志娟的《中州八先生及其讲学或创建书院考略》[①]一文较早将“中州八先生”作为一个整体来考察，对他们在河南地区创建、执教书院的史事进行了考证和罗列，但未涉及理学教学活动。“中州八先生”主要的书院活动有三类，即创建、兴复书院；担任书院教习、从事具体教学活动；制订书院教条、学规，规范教育教学行为，浓重的理学色彩充斥在他们的书院实践活动中。在“中州八先生”中，耿介与书院教育渊源最深，对嵩阳书院的复兴有突出贡献。

耿介对朱熹十分崇拜，认为“朱子表章六经四子之书，发挥河洛之微言大义，使斯道灿著如日月经天，江河行地，有耳之所共闻，有目之所共睹，虽异端亦不敢与吾道抗，固宜食报无穷”[②]。对于复兴嵩阳书院的目的，耿介明确指出是“伏愿名贤蔚起，理学振兴”[③]。在为书院制定学规时，耿介提出书院教学内容应以理学为主，倡导将为学与科考合二为一，在“主敬”修养为核心的基础上实现知行合一。

耿介认为书院“培养根本，惟是读书……所读之书大约以《孝经》《小学》《四书》《五经大全》《性理大全》《通鉴纲目》为

① 胡志娟：《中州八先生及其讲学或创建书院考略》，《东京文学》2010年第10期。

② （清）耿介撰，梁玉玮、孙红强、陈亚点校：《敬恕堂文集》，郑州：中州古籍出版社，2005年，第163页。

③ （清）耿介撰，梁玉玮、孙红强、陈亚点校：《敬恕堂文集》，郑州：中州古籍出版社，2005年，第162页。

主。立定课程，不致间断，于发愤忘食之中，尝乐以忘忧之味。久之，和顺于道德，优游于矩度，到得充实光辉，亦不过从此积累去耳”①。主张应选择程朱理学经典进行研读并持之以恒。

然而自元代理学实现官学化后，读书人研读理学便与参加科举考试密切相关，在治学与应试上如何找到一个平衡点，也是学者们思考的重要问题。耿介认为：

> 理学盛于宋，其时已不免乎科举。程子有言："举业不患妨功，惟患夺志。"朱子亦言："非是科举累人，自是人累科举。"古者德行、文学，体用一原，自人析理学、举业为二，故学士家矻矻穷年，殚精惫思，虽所考究者圣贤之言，而要其志所存，只求工藻缋拾青紫而止，返之身心性命则无涉，施之天下国家则鲜当，体与用两失之矣。若能浑理学、举业为一，当闭户潜修，取六经四子之书，以我之心与圣贤相印证，到得默识心融，通贯浃洽，发而为言，直抒胸中所得，敛之不越身心性命之微，而措之则有关于天下国家之大，体与用两得之矣。②

耿介将研读理学与科举应考分别对应体与用，主张体用合一，认为两者并行不悖且应在相得益彰中互相促进。其实耿介这种观点是其知行合一思想的体现。对此他有明白的论述：

> 前辈冯少墟云："以理学发挥于词章，便是好举业；以举业体验诸身心，便是真理学。"旨哉！何其言简而意尽也。然则今日论学，正不必烦多其辞，只是于举业上加一行字。③

---

① （清）耿介撰，梁玉玮、孙红强、陈亚点校：《敬恕堂文集》，郑州：中州古籍出版社，2005年，第141页。

② （清）耿介撰，梁玉玮、孙红强、陈亚点校：《敬恕堂文集》，郑州：中州古籍出版社，2005年，第282页。

③ （清）耿介撰，梁玉玮、孙红强、陈亚点校：《敬恕堂文集》，郑州：中州古籍出版社，2005年，第140页。

重视实践的倾向非常明显。但应当明确的是，耿介重实践的倾向是以继承程朱理学的道德自律修养方法为基础的，他也将这种教育观点申明在书院的学规中，规定："主敬以收放心，须时时兢兢业业提撕此心，方好为学"[①]。在此基础上"既已穷尽事物之理，尤加敦笃实践"，最后"即此立志、存养、穷理、力行，虚心数者，自少而壮，自壮而老，造次于是，颠沛于是，彻始彻终，无一息之间优优渐渐，斯不患不到圣贤地位也"。[②]最终达到理学家眼中理想的"内圣外王"境界。

另外，耿介在要求书院学生重视理学学习加强道德自律的过程中，尤其注重贯彻"重义轻利"这一理学传统。在嵩阳书院学规中就明确规定"义利之辨，君子小人之分，须是看得利字轻，方有长进。诸生中有较量锱铢，损人利己者，录过"[③]。对书院学生的日常行为规范提出了明确要求，规定给予"重利轻义"的学生重罚。

耿介在书院教育中充分贯彻了理学核心理念和为学传统，对清初中州学术界理学主体的确立起到了不可忽视的作用。除耿介之外，"中州八先生"的其余各位也多在书院教育中贯彻理学教育思想，如窦克勤便创建并主持朱阳书院的教学活动，极力申明"立正学"的重要性："苟人心有存无亡，是即天理之有得无失也；苟学术有纯无杂，是即道脉之有续无绝也。不然者，狃于习见，而不知化，日纠扰于辞章，妄觊觎于禄位，始则利欲扰之，既则未必不奇衺乱之，将不虑其蠹圣道而坏人心乎？是又学之，不可不谨也。如是夫！予故并记一言，以告来学者。"[④]主张崇理学而轻辞章之

① （清）耿介撰，梁玉玮、孙红强、陈亚点校：《敬恕堂文集》，郑州：中州古籍出版社，2005年，第228页。

② （清）耿介撰，梁玉玮、孙红强、陈亚点校：《敬恕堂文集》，郑州：中州古籍出版社，2005年，第143页。

③ （清）耿介撰，梁玉玮、孙红强、陈亚点校：《敬恕堂文集》，郑州：中州古籍出版社，2005年，第400页。

④ （清）窦克勤：《朱阳书院记》，刘卫东，高尚刚编：《河南书院教育史》，郑州：中州古籍出版社，1991年，第119页。

学，除此之外，他亲自编写制定的《泌阳学条规》及《社学劝善规过条目》较完整地反映了社学的理学教学内容，后颁行河南各地社学，对理学在清代河南的传播产生了重要影响。

清初理学名臣，“中州八先生”之一、后从祀孔庙的张伯行也非常重视书院章程及其组织，为此他辑有《学规类编》等书。以《学规类编》为例，其中收录了朱子《白鹿洞教条》、真德秀《教子规》、程端礼《读书日程》等著名条规。这些条规都展现了张伯行为实现道德伦理教育的具体化努力。《学规类编》中“总论为学之二”，主要内容以“存养”“静敬”“省察”等理学道德实践的为学工夫为主，体现了张伯行在为学方法上将道德实践具体化的主张。直到光绪年间，河南明道书院的章程中还有“读书贵有课程，计过亦有心史。肄业诸生应照所颁《张清恪公读书日程》，按日登记”①的规定，可见其对清代中州书院教育和理学发展的影响。

清初河南理学名儒在书院教育中的主张一直延续到晚清，孙奇逢晚年讲学的辉县百泉书院在道光六年（1826 年）的学约中还有“百泉旧为先儒讲学之地……则山水之灵必当发祥于儒者，岂姚、许、赵、窦而后遂不复有达人哉？予日望之矣”②的感叹，期盼中州后学能承接先贤再续辉煌。

书院教学中教材的选取非常重要，清代河南书院不仅重视传统理学经典，也给予本地先贤，尤其是他们的理学著作以足够关注，如明道书院章程中就有如下规定：

> 在书院以经书为根底，以史鉴为作用，尤须熟玩二程夫子遗书、《朱子全书》《小学》及所颁《近思录》《续近思录》《广近思录》、吕司寇弟子职《先正学规》《呻吟语》《杨园

① 《光绪二十年明道书院章程》，刘卫东，高尚刚编：《河南书院教育史》，郑州：中州古籍出版社，1991 年，第 101—102 页。

② 《道光六年百泉书院学约十条》，刘卫东，高尚刚编：《河南书院教育史》，郑州：中州古籍出版社，1991 年，第 113 页。

文集》《三鱼堂文集》《桴亭思辨录》《正谊堂集》，皆当留览。《国朝中州名贤集》为此邦先达著作，去世未远，居地甚近，尤诸生所当取法者。①

自北宋二程始，中州不乏理学名贤，这就为后世学者效仿提供了地利之便。清代学术总结的风气极盛，中州学术史和理学名儒文集的汇编便对理学兴盛局面的出现起到了重要作用。

二、清代中州学术史著作与理学兴盛

谈起清代中州理学兴盛的原因，多以“中州乃理学的渊薮”一言以概之。的确，理学的主要创始人二程兄弟便是河南人。元明两代理学也是学术主流并出现了众多名家。本地理学大儒的存在固然为后世学人效仿提供先天地利之便，而对本地先贤偶像形象的不断塑造和重申才更是学脉得以延续的关键所在。清朝的方方面面有浓重的总结和集成色彩，学术思想界在反思传统学术中总结明清易代的经验教训，大量学术史著作相继涌现。其中与河南相关的主要著作，如表 1 所示。

表 1　与河南有关的清代学术著作统计表

书名	作者	卷数	作者籍贯	成书年代
《理学宗传》	孙奇逢	26 卷	直隶容城	清康熙五年（1666 年）
《中州人物考》	孙奇逢	8 卷	直隶容城	清康熙年间
《洛学编》	汤斌	4 卷	河南睢州	清康熙年间
《理学正宗》	窦克勤	15 卷	河南柘城	清康熙年间
《中州道学编》	耿介	2 卷	河南登封	清康熙年间
《理学要旨》	耿介	无卷数	河南登封	清康熙年间
《道统录》	张伯行	2 卷（附录 1 卷）	河南仪封	清康熙年间
《伊洛渊源续录》	张伯行	20 卷	河南仪封	清康熙年间

① 《光绪二十年明道书院章程》，刘卫东，高尚刚编：《河南书院教育史》，郑州：中州古籍出版社，1991 年，第 101 页。

续表

书名	作者	卷数	作者籍贯	成书年代
《洛学编续编》	尹会一	1卷	直隶博野	清乾隆三年（1738年）
《中州名贤文表》	刘昌	30卷	苏州长洲	明成化七年（1471年）
《国朝中州名贤集》	黄舒昺	20卷	湖南湘潭	清光绪年间
《续中州名贤文表》	邵松年	66卷	江苏常熟	清光绪年间

资料来源：张林川，周春健编：《中国学术史著作提要》，武汉：崇文书局，2005年；栾星主编：《中原文化大典·著述典·外编·河南方志总目》，郑州：中州古籍出版社，2008年

如按照著作类型进行划分，表1中著作可大致分为两类，除《理学要旨》《中州名贤文表》《国朝中州名贤集》和《续中州名贤文表》这四部属于“文集汇编”类之外，其余均可视为学术史著作。

在“文集汇编”类著作中，除《理学要旨》以理学先贤为标准汇编周敦颐、程颢、程颐、张载、朱熹五人论著外，《中州名贤文表》、《国朝中州名贤集》和《续中州名贤文表》则专取中州名贤文集进行汇编，三部文集互为补充，形成一个专录元明清三代中州名贤且绝大多数是理学名贤的文集汇编，这便为清代中州学人效仿本地先贤提供了文本便利。

上述学术史著作清一色出自清代中州理学家之手。①就内容而言或力辨理学正统或直述中州理学，使得清代中州理学发展有先圣可尊、有学脉可寻。

然而无论是“文集汇编”拟或学术史著作，上述著作多呈现以下三个特点。

（一）倡明“正学”，进而强调中州理学的正统地位

清初学者多将明亡归结为“王学之弊”，在学术反思风潮中倡明“程朱正学”的便是重要一支，加之清朝统治者入主中原后大兴文治延续“程朱理学”正统地位，理学学术史著作的大量出现便是对此的

① 孙奇逢虽为直隶容城人，其在中州的学术地位自不待言，《洛学编续编》虽为直隶尹会一所出，但可与汤斌之《洛学编》归为一体。

积极响应。耿介在为《理学正宗》做的序言中便直言："夫学术本于人心，人心关乎世道。正学不明，此人心醇漓，世道升降之所由系也。"①强调重树程朱理学权威对匡扶世道民心有不可轻忽的作用。

此外，中州理学家在倡明正学的前提下，落脚点在于强调中州理学的正统地位。耿介曾这样陈述："识者谓朱子集诸儒之大成有以也。然程子正宗，实自龟山载道而南，由豫章、延平以传之朱子。"②申明朱子之学是二程之学南传之正宗，是以朱熹为纽带极言二程的理学正统地位进而论证中州理学的正统地位。孙奇逢不仅盛赞二程开创之功，认为"至程氏两夫子出，斯道大明，人知所趋的"③，而且以此为始梳理中州学脉并授意弟子汤斌作《洛学编》。孙奇逢在为《洛学编》所写序言中说道："盖洛之有学，所以合天人之归，定先后之统，关甚巨也。厥后废而复明，绝而复续，学问渊源，天中尤盛。宋兴伊洛，元大苏门，至有明而两河八郡，识大识小，各有传人。"④二程首创的中州理学学脉清晰，历数百年未曾中断，"吾中州介两河之域，倚太行而腹嵩洛，诸先正固已为山水之光矣！"⑤中州理学正统地位的不容置喙激发着学人传承的使命感。

（二）兼采"朱陆"，由此消弭理学内部的门户之见

程朱理学和陆王心学是理学的两个主要派别，"朱陆之争"几乎贯穿理学发展史。但应注意的是，一面是"朱陆之争"的势如水火，一面也有"朱陆调和"的润物无声。元代理学内部便有明显的

---

①（清）耿介撰，梁玉玮、孙红强、陈亚点校：《敬恕堂文集》，郑州：中州古籍出版社，2005年，第457页。

②（清）耿介撰，梁玉玮、孙红强、陈亚点校：《敬恕堂文集》，郑州：中州古籍出版社，2005年，第457页。

③ 张显清主编：《孙奇逢集》中册，郑州：中州古籍出版社，2003年，第624页。

④ 彰显清主编：《孙奇逢集》中册，郑州：中州古籍出版社，2003年，第624页。

⑤（清）刘昌：《中州人物考序》，张显清主编：《孙奇逢集》中册，郑州：中州古籍出版社，2003年，第1315页。

“朱陆调和”倾向，中州理学家、元代大儒许衡便是代表。明代王阳明集心学之大成，“陆王心学”一度成为学术思想界主流。河南虽保留程朱正统，但也出现了不少尊崇“陆王”的心学家。明清易代的学术反思一方面将矛头直指“陆王心学”，使其在清代很长一段时间内几成绝学；另一方面朱陆日趋合流，理学内部的门户之见日渐消弭。上述中州学术史著作选取理学先贤多是朱陆兼采[①]，孙奇逢便是典型代表，他在论及中州理学时有这样一段话：

> 中州理学，肇自月川。月川以紫阳为鹄，嗣后何柏斋，王苍谷、崔后渠诸公皆以月川之步趋为步趋，而诋子静为禅学，阳明为心学。夫学统于孔门，或具体而微，或各分一体，总之皆学孔子之学，而识孔子之道者也。自颜曾思孟以及周程张朱，虽未必尽圣人之蕴，总是此一条路，路以同为异，以异为同，正不妨并存而互见之，建安亦无朱元晦，青田亦无陆子静，姚江亦无王伯安。明道云：吾学虽有所本，天理二字是自己体贴出来。儒学本天，天者，理也。见危授命，经世宰物，随地自见，总之一理而已。谈身心性命，一遇事便束手，此腐儒曲士之流，实为理学之诟厉也。[②]

孙奇逢认为一本程朱的明代大儒曹端在中州理学史中有重要地位，其对于“陆王”的态度也多为中州学者所继承。然而孙奇逢却主张在理学内部不应有如此明确的门户之见，应以程朱正学来反正心学“空谈身心性命”的诟病。

其实，后世虽以“程朱”并称来代表理学中“道问学”的正统派，但二程兄弟为人为学风格迥异，大程开“心学”而小程开“理学”也多为后世学者所认同。如此说来，中州理学既然将二程树立

---

① 耿介、窦克勤和张伯行三人崇尚“程朱”而对“陆王”一脉较为排斥，他们编撰的学术史中只取“程朱”派学者。

② 张显清主编：《孙奇逢集》下册，郑州：中州古籍出版社，2003年，第715页。

为“开山鼻祖”，那么治学中也应是理学与心学兼采。清代中期河南理学家李棠阶治学便不囿于门户，《清儒学案》评价他：“以治心克己为本，居敬穷理，一守程、朱之法。教人力求实践，兼取陆、王，不分门户，而志行敦笃。”①

清代的朱陆合流固然少不了如孙奇逢这般有深厚“心学”功底晚明遗老的推动，也不可忽视考据学兴起带来“汉宋之争”的影响，剑拔弩张的“汉宋之争”淡化了理学内部的门户之见。加之清代中后期社会形势急转直下、内忧外患不断加剧，匡扶世道人心迫在眉睫，理学在经历汉学冲击的低谷后迎来复兴，一度几成绝学的陆王心学也日渐重振。光绪二十年（1894 年）河南明道书院的章程中这样说道：

> 学问先忌分别门户，诸生各有师承，学术不必悉合。其取法程朱，固是堂堂正道。有遵陆王之说者，亦不得谓之异端。要在心术能正，取古人之长，略古人之短，各术其是，皆属学问。不得纷纷辨论，至操同室之戈，反被他人讥议。②

在民族危亡之际重振“正学”，功利主义色彩极其浓重，但也不可忽视中州理学“朱陆合流”的发展趋势。

（三）断自“宋儒”，从而影响汉代经学的中州复兴

表 1 所列学术史著作均为理学史著作，因理学正式诞生于宋代，故选取人物多以宋儒为开端。这种人物选取标准自然合乎情理，但由于清代中州少见贯通式学术史著作，对汉唐中州名贤事迹的表彰与文章整理的缺乏，使得读书人重理学而轻汉学，在考据学大兴下影响了汉代经学的中州复兴。清代主要的中州学术史著作及文集汇

① 徐世昌编：《清儒学案》，北京：中华书局，2008 年，第 6310 页。
② 《光绪二十年明道书院章程》，刘卫东，高尚刚编：《河南书院教育史》，郑州：中州古籍出版社，1991 年，第 102 页。

编的内容见表 2 所示。

表 2 清代主要的中州学术史著作及文集汇编统计表

书名	作者	内容
《理学宗传》	孙奇逢	正编：周敦颐到顾宪成，共 11 人，附录：汉儒考、隋儒考、唐儒考、元儒考、明儒考等
《中州人物考》	孙奇逢	分“理学、经济、忠节、清直、方正、武功、隐逸”七科载有明一代河南人物
《洛学编》	汤斌	前编：汉杜子春、钟兴、郑众、服虔，唐韩愈、宋穆修；正编：宋代二程、邵雍及其传人 13 人（附录 2 人），元许衡、姚枢（附录 1 人），明薛瑄、曹端、阎禹锡、王鸿儒等 21 人（附录 11 人）
《洛学编》续编	尹会一	孙奇逢、汤斌、耿介、张沐、张伯行、窦克勤、冉觐祖，共 7 位清儒
《理学正宗》	窦克勤	宋代周子、张子、二程子、杨时、胡安国、罗从彦、李侗、朱子、张栻、吕祖谦、蔡沉、黄榦 13 人，元代许衡 1 人，明代薛瑄 1 人，全书载理学家 15 人
《中州道学编》	耿介	始于宋代二程、邵康节、谢文肃，终于清朝陈元熙、许酉山、钟尔知。卷一载宋儒 16、元儒 6，卷二载明儒 30、清儒 7，全书共载中州学人 59
《理学要旨》	耿介	周敦颐、程颢、程颐、张载、朱熹，共 5 人论著汇编
《道统录》	张伯行	上卷论列伏羲、神农、黄帝、唐尧、虞舜、夏禹、商汤、文王、武王、周公、孔子、颜子、曾子、子思、孟子，共 15 人；下卷论列周、二程、张、朱，共 5 人
《伊洛渊源续录》	张伯行	诸儒小传多取材于《宋史·道学传》。全书立传诸儒 284 人，附传 23 人，无记述文字者 89 人，共载学者 396 人
《中州名贤文表》	刘昌	收录元许衡、姚燧、马祖常、许有壬、王恽、孛术鲁翀计 6 位元代中州名贤 6 部著作
《国朝中州名贤集》	黄舒昺	收录河南清代理学名家孙奇逢、汤斌、耿介、张沐、李来章、张伯行、窦克勤、冉觐祖、李棠阶、倭仁，共 10 位先生著作
《续中州名贤文表》	邵松年	收录明曹端、薛瑄、王鸿儒、何瑭、崔铣、尤明熙、孟化鲤、吕坤、理鬯和，共 9 位

资料来源：张林川，周春健编：《中国学术史著作提要》，武汉：崇文书局，2005 年；栾星主编：《中原文化大典·著述典·外编·河南方志总目》，郑州：中州古籍出版社，2008 年

由表 2 可见学术史著作选取人物多以宋儒为始，窦克勤在《理学正宗》自叙中便清楚地解释道：“后世去圣人既远，学者各以意见为师承，是以传流乖舛。高者沦于虚无，卑者泥于辞章，甚至权谋、术数、功利、技艺之徒，竞相炫耀，而世道人心浸淫邪说，莫可究极矣……自孟子而后，历汉唐之世，卒不闻有登圣人之堂奥者。”[①]他

① （清）窦克勤：《理学正宗叙》，张林川，周春健编：《中国学术史著作序跋辑录》，武汉：崇文书局，2005 年，第 122 页。

认为汉唐诸儒并不能准确表达圣人原意。这种以宋儒直接孔孟的做法既是理学"道统"体系的直接反映，或也使得当世中州学者只知有宋、而不知汉唐；只知理学、而不知经学。清代学者吕永辉在光绪十八年（1892年）为黄舒昺所辑《国朝中州名贤集》所作的序中也将这种意图表露无遗：

> 潜庵亲承孙夏峰指授，辑《洛学编》以衍中州理学正宗……溯伊洛之学，源出濂溪，乃不远千里，特聘楚南黄曙轩先生主讲是席。先生居净以培其本，穷理以致其用，于心教身教之馀，犹惧其传之未广也。爰纂潜庵以来十先生遗书，为《中州名贤集》，颁发士林，用标楷模。读《文钞》而知道德文章，学有原本也；读《诗钞》而知濂洛风雅，陶淑性情也；读《语录》及《讲义》、《学规》各种，而知尊德性，道问学，敬义夹持，知行并进，确有从入之阶梯也。愿吾乡多士潜心默玩，观感兴起，由十先生之学以溯伊洛渊源，庶道统一脉，继继承承，永远勿替。①

《国朝中州名贤集》将本朝十位中州理学名儒的文集汇编颁发士林，无疑是着意树立本地理学家的偶像形象以便弘扬。中州学术史中明显的"法宋明后贤"而"轻汉唐诸儒"为学取向与清代主流学风格格不入，影响了汉代经学的中州复兴。

三、清代中州短暂的汉学之风

应该引起注意的是，汤斌在《洛学编》中将中州汉代杜子春、钟兴、郑众、服虔，唐代韩愈和宋代穆修六位学者录与前编，以呈现中州学术传承全貌。汤斌是孙奇逢高足，编著《洛学编》也是在

① （清）吕永辉：《国朝中州名贤集序》，王国强主编：《中原文化大典·著述典·中原出版》，郑州：中州古籍出版社，2008年，第387页。

其师的明确授意下，而汤斌本人为学有明显的经学与理学并重倾向，在领受师命开始编纂《洛学编》之前的一段时间内便沉迷于经学的研究。因此《洛学编》之所以收录中州汉儒也与汤斌个人的学术倾向和从学经历有关。其实，汤斌所列中州汉学家只是河南汉代文化辉煌灿烂、众星云集的冰山一角。

河南地处华夏文明腹心地带，虽不是儒家文化发源地，但孔子晚年主要的政治活动便在这里。汉代统治者独尊儒学，中国进入经学时代。西汉时河南虽不是政治中心，却是东方齐鲁之地的儒生向西奔赴关中的必经之地，人才流动极大带动了河南儒学的发展。东汉定鼎洛阳，儒学在河南更是有了空前发展。据清代唐晏《两汉三国学案》粗略统计，汉代河南籍或在河南工作过的儒生约达 242 人，博士约 45 人，著作约 132 部，约占当时全国儒生的 40%和博士总数的 40%。在河南出现了著名的儒学家贾谊、许慎、郑兴、服虔、尹敏、荀爽、荀悦等，产生了影响深远的儒学学派如京房易学、戴氏礼学，召开了著名的白虎观会议，颁布了我国历史上最早的官定儒家石经本——“熹平石经”。

清代官方哲学始终是程朱理学，但到了乾嘉时期，“家家许郑、人人贾马”，汉学大兴才是学术主流。如今提起乾嘉汉学，吴皖两派及稍后的扬州学派最为人所熟知。而“家家许郑，人人贾马”中所指的许慎、郑玄、贾逵、马融，或生平多数时间活动在河南地区，或本身就是土生土长的河南人，占尽地利先机的清代河南并没有成为乾嘉汉学肇始的大本营。

乾嘉汉学兴起的原因之一是清初的学术反思，学者将矛头直指“理学”的空谈误国掀起强劲的“反理学”风潮。在重新构建学术思想体系时走的是“复古”以求新的路子，他们认为原始儒家思想是没有错的，“理学”之弊其一便是产生之时去圣贤已千年，相关言论已不能展现圣贤原意，清代著名汉学家戴震幼年读书时便有这样的疑问：

塾师授以大学章句右经一章，问其师曰："此何以知为孔子之言而曾子述之？又何以知为曾子之意而门人记之？"师曰："此子朱子云尔。"又问朱子何时人，曰："南宋。"又问曾子何时人，曰："东周。"又问周去宋几何时，曰："几二千年。"曰："然则子朱子何以知其然？"师不能答。[①]

戴震本真的疑问就反映了清代学人对"理学"因去圣贤已久、能否传承圣贤原义的怀疑和反思。另外，作为"儒""释""道"三家学说糅合的全新思想体系，有清代学者认为理学影响了儒家文化的纯粹性。相反，他们认为汉代经学更能体现圣贤原义、也更为纯粹。清代经学大师阮元在为江藩的《国朝汉学师承记》所做的序言中说道："两汉经学所以当尊行者，为其去圣贤最近，而二氏之说尚未起也……我朝儒学笃实，务为其难，务求其是，是以通儒硕学有束发研经，白首而不能究者，岂如朝立一旨，暮即成宗者哉！"[②]他将理学在学术传承中的两个流弊表露无遗，并在此基础上主张当朝读书人崇尚学风朴实的考据之学。

清代中州学术界虽以理学为主，但并不是铁板一块，在全国范围"乾嘉汉学"大盛下也出现过短暂的热潮。正如前文所言，清代河南官学与书院的教学内容多以理学为主，尤其在与"中州八先生"关系密切的书院中体现得尤为明显。清代中期河南书院的教学内容也发生了一些变化。大梁书院是清代河南最为著名的书院之一，耿介曾在此讲学，书院学风一度一尊程朱。道光年间著名汉学家钱仪吉主讲大梁书院十五年之久，最终卒于书院。钱仪吉治经"先求古训，博考众说，而折衷以本文正义"[③]，"主河南大梁书

① （清）江藩：《国朝汉学师承记》，北京：中华书局，1983年，第85页。

② （清）阮元：《国朝汉学师承记序》，（清）江藩：《国朝汉学师承记》，北京：中华书局，1983年，第1页。

③ 徐世昌编：《清儒学案》，北京：中华书局，2008年，第5602页。

院，课士如学海。集刻宋、元诸家治经之书为经苑”[①]，使得大梁书院学风为之一变并培养出多位经学人才。

伴随清代中期汉学大兴而来的是针锋相对的“汉宋之争”，江藩《国朝汉学师承记》和方东树《汉学商兑》的相继问世便是一例。《国朝汉学师承记》中仅有的一位河南籍学者是武亿。武亿（1745—1799 年），字虚谷，号授堂，河南偃师人，青年时期就学于大兴汉学家朱筠门下，《清儒学案》评价他说：“先生淹贯群籍，七经注疏、三史、通鉴皆能暗诵。其讲学依据汉儒师授，不蹈空虚臆说之习。考订经义，皆稽之古书传记，旁引远征。”[②]足见其汉学造诣之深，“中州人士，多以理学名家，授堂嗜古研经，独精汉学……刻苦授徒，勇于著作。论者谓中州之知读古书崇经学者，实自授堂倡之。”[③]武亿特立独行主尊汉学令人钦佩，多被公认为“乾嘉时期中州汉学第一人”[④]。除武亿外，常茂徕和蒋湘南也是乾嘉时期中州汉学家的杰出代表。常茂徕（1788—1874 年），字逸山，号秋崖，河南祥符（今开封）人，他精于考据，专心著述经史，皆有独到见解。蒋湘南（1795—1854 年），字子潇，河南固始人，曾入京赴朝考，与龚自珍、江藩、阮元等汉学大师交游，学识大进。他治学不守门户，著有《十四经日记》《春秋纪事考》《周礼考证补注》等。对其为何专心经学，《清儒学案》中有这样的记载：

> 先生尝论为学不分汉、宋，以为儒者读孔子书，孔子周人也，周之学，春秋礼、乐，冬夏诗、书，谓之四术，孔子益以易与春秋，为之六艺，六艺皆周礼也……孔门之学，但宜名为

① 徐世昌编：《清儒学案》，北京：中华书局，2008 年，第 5602 页。
② 徐世昌编：《清儒学案》，北京：中华书局，2008 年，第 4140 页。
③ 徐世昌编：《清儒学案》，北京：中华书局，2008 年，第 4139 页。
④ 王记录：《武亿学术成就述论》，《河南师范大学学报》（哲学社会科学版）2004 年第 4 期。

礼学，不宜称为理学。孔子没而微言绝，七十子丧而大义乖，孟、荀为再传弟子，仅百年而诗、书已待辨正。况汉儒去孔子二百余年，宋儒去孔子二千余年乎？汉学、宋学之争，皆无与周学者也，吾为周学而已。①

蒋湘南一改中州学界“法宋明先贤”的倾向，追随清代汉学家走上了“复古”的为学道路，其“以礼学代理学”的意图非常明显。

支伟成所著《清代朴学大师列传》收录清代汉学名家，除将上文提及的武亿列入金石学家外，还在博物学家中收录了河南学者吴其濬。吴其濬（1789—1847 年），字瀹斋，河南固始人，嘉庆二年（1797 年）以一甲第一名状元及第。“公虽弋巍科，登显宦，顾留心博识之学。所读四部书，苟有涉于水陆草木者，靡不剬而缉之，名曰《长编》；然后乃出其生平所耳治目验者以印证古今，辨其颜色，别其性味，省详论定，摹形绘状，撰成《植物名实图考》三十八卷。并以《长编》二十二卷合之。首谷蔬，次草花果木，都数千馀种。诚可谓包孕万有，独出冠时者矣。惟分类或不若今植物学家之密，又遣辞间有文人习气；大辂始于椎轮，要未足为此书病也。”②作为清代唯一的状元植物学家，其所著《植物名实图考》虽也有美中不足之处，但为中州学术界带来了一丝新鲜空气。

清代中州虽有宗汉学者，但相对于吴皖地区可谓杯水车薪。这些学者之所以走上汉学道路多是受到了当时著名汉学家的影响。无论是上文提及的钱仪吉、还是带领武亿、蒋湘南走上汉学道路的朱筠、龚自珍、江藩、阮元等都不是河南人。乾嘉时期中州汉学风潮是外因使然而并非内发，随即便在社会危机加剧和晚清理学复兴中戛然而止。

① 徐世昌编：《清儒学案》，北京：中华书局，2008 年，第 6171 页。
② 支伟成：《清代朴学大师列传》，长沙：岳麓书社，1998 年，第 332 页。

中州拥有“汉学”与“宋学”资源的双重地利之便，有清一代“宋学”之所以压倒性地战胜“汉学”，除上文提及的原因外，“道统”论的影响不可忽视。

中华“道统”思想由来已久，其发端于孔孟等原始儒家代表人物及《易传》《大学》《中庸》等儒家元典中，中华道统谱系始于伏羲、神农、黄帝、尧、舜、禹、汤、文、武、周公等圣人，真正形成一个严密的学说体系并主导意识形态应该到“道统”论的正式提出。“道统”论由祖籍河南孟州市的韩愈肇始，经北宋二程兄弟改造至南宋朱熹集大成，经历修补最终建立起超越汉唐直接圣人之道于孔孟，并通过心传将儒家圣人之道接续下来的传承谱系，应该说“道统”论是理学正统地位得以维持的重要根基。

中州学者深受“道统论”影响，耿介所作《创建嵩阳书院碑记》中便有这样一段论述：

> 自人未必皆率性而行，则修道之教于是乎立，而道统之传有自来矣。韩昌黎之言曰：“尧以是传之舜，舜以是传之禹，禹以是传之汤，汤以是传之文、武、周公，文、武、周公传之孔子，孔子传之曾子、子思、孟子。”自是以来，诗书煨烬浸寻。汉唐以及五代，功利之习中于人心，异端复从而蚀之，吾道之在天下不绝如线。有宋之世，河南两程夫子亲见濂溪，得不传之学于遗经，以兴起斯文为己任。[①]

在重申了理学“道统”论的合理性后，具体到为何以宋儒为断，耿介也有进一步说明：

> “然则必以宋儒为断，何也？”曰：“昔人不云乎孟子没而斯道不得其传焉？盖百家争鸣，异端竞起，世之为学，高者沦

① （清）耿介撰，梁玉玮、孙红强、陈亚点校：《敬恕堂文集》，郑州：中州古籍出版社，2005年，第163页。

于虚无寂灭，卑者耽于记诵词章，天理不明而人欲炽，斯道或几乎熄矣。中间虽以董江都、王文中子、韩昌黎之贤，其于圣贤理学之要，殆仅涉其藩篱，而未窥其堂奥。”①

耿介坚定认为只有宋儒能够直抒孔孟胸臆，对汉儒“记诵词章”之学不屑一顾。理学“道统”论越过汉儒的特点使得汉儒在清代中州的影响力远不及宋儒，从而影响汉学的兴盛。但整个清代中州学风以理学占主导，并未受到乾嘉汉学冲击的背后，有更深层的原因值得思考。

四、结论：清代中州学风概论

清代中州以理学为主的学风建立在“程朱理学”始终是官方哲学基础上，历经清代前期“中州八先生”引领的大盛，乾嘉时出现汉学随即便湮没在晚清理学复兴风潮中，在清末伴随科举制的终结也走上了转型之路。

清代中州理学的兴盛离不开主豫官员的提倡和努力。嵩阳书院、大梁书院的复兴中便少不了地方官员的努力。清代河南巡抚一级的官员中便有尹会一和陈宏谋两位理学家。尹会一“笃信程、朱……为学务在力行，于古今学术纯骄，审择之而未尝攻斥”②，主豫其间热情为汤斌《洛学编》做续编，成《洛学编续编》一卷，为中州学术史编纂做出了突出贡献。陈宏谋为官期间“所至尤加意书院，厚诸生餼，聘贤者为之师，导以正学，时至而面命之”③。此外，上文提到的《国朝中州名贤集》和《续中州名贤文表》的编纂者黄舒昺和邵松年均为时任河南学政，可见他们在理学兴盛中起

① （清）耿介撰，梁玉玮、孙红强、陈亚点校：《敬恕堂文集》，郑州：中州古籍出版社，2005年，第109页。
② 徐世昌编：《清儒学案》，北京：中华书局，2008年，第2409页。
③ 徐世昌编：《清儒学案》，北京：中华书局，2008年，第2481页。

到的作用。

清代中州理学兴盛的学风昭示着中州学术活力的减弱，总体上是官方意识形态控制下的因循，缺乏学理层面上的再创造。没有受到乾嘉汉学风潮的根本冲击，除上文提及的清初名儒奠定的深厚基础、理学学术史的编纂和文献汇编、“道统”学说的直接影响外，更深层次的原因便是学术活力的减弱。清代学术史著作中已少见河南籍学者的身影，《清儒学案》在末尾设诸儒学案增录清代学者，收录直隶、山东、江苏、安徽、江西、浙江、湖北、陕西、四川、云南十省学者，并未见到一位河南籍学者，清代河南学术的没落可见一斑。即便是具体到清代中州理学一脉，尹会一作《洛学编续编》之时去汤斌《洛学编》成书已66年，仅续录孙奇逢、汤斌、耿介、张沐、张伯行、窦克勤、冉觐祖7位清儒。光绪年间黄舒昺辑录《国朝中州名贤集》有“中州十先生”之谓，也仅是在“中州八先生”基础上添上了李棠阶和倭仁两位学者，这便与清初中州理学群星闪耀的情形形成鲜明对比。

正如前文所述，中州有着悠久的文化传统，自汉至宋文化之所以充满活力并引领全国学术走向，与其始终处于政治中心密不可分，北宋灭亡政治中心南移，中州文化的活力亦开始减弱。元明清三代，尤其是清代中州学人在纷乱变化的学术风潮中对理学的坚守固然为保存文化传统立下了汗马功劳，但充分发掘中州传统文化当中的经世精神，重新唤回中州文化的活力才更是题中应有之义。

作者简介：许倩（1991—），女，河南焦作人，华东师范大学历史系博士研究生，研究方向为中国近代学术史。

褶皱地层构造视域下的场镇空间分布——以嘉道年间城口厅、梁山县为例

何仁刚

（复旦大学　历史地理研究中心　上海　杨浦　200433）

摘　要： 地层构造是自然地理学中重要的研究内容，历史聚落地理研究者在分析聚落空间分布特征时亦应关注地层构造。西南地区的川东平行岭谷区和大巴山区是典型的褶皱地层构造。场镇在一县之中是一类尤为重要的聚落，本文选取嘉道年间大巴山区的城口厅和川东平行岭谷区的梁山县为研究对象，试析褶皱地层构造与场镇空间分布之间的相关性。

关键词： 褶皱地层构造；场镇；城口厅；梁山县

一、引言

聚落地理是人文地理学的重要研究内容，是研究人地关系的切入点，当然也为历史人文地理方面的研究者所重视。若遵照二分法，聚落可分为城市聚落和乡村聚落。在历史乡村聚落地理的研究中，聚落形态和空间分布是一项尤为重要的研究内容。就聚落形态而言，乡村聚落一般分为集聚型和散漫型两种类型，或谓之集村和散村。[①]民国时期中国地理研究所（北碚）的地理考察报

① 鲁西奇：《人群·聚落·地域社会：中古南方史地初探》，厦门：厦门大学出版社，2012年，第111页。

告[①]认为：四川省的农户多为散居。对此，我们可以视川渝的场镇为一种集村。

川渝地区的场市，是一种称之为“场”的乡间市场，属于定期市范畴，具有定期举行贸易活动的特征。这与江南地区以常市为特征的市镇有别。自 20 世纪 30 年代以来，中外学者关于市镇或定期市的研究尤多[②]，其研究理路大抵有二，一为基于经济史研究范式针对定期市本体的研究理路。二为基于六边形模型的市场结构理论研究，即施坚雅模式。大体上，除施坚雅及台湾学者李国祁、朱鸿等外，其余研究者着重是对市镇或定期市本体的研究。通过对过往研究范式的归纳，可看出有关市镇或定期市的研究可谓硕果累累，定期市本体研究已经较为厚实，尚缺乏聚落视角下场镇聚落（场市所在的聚落）的深入研究，同时也注意到六边形模型对非均质地貌区的解释力还有待于进一步研究。本文关注的对象即是山地区场镇聚落的空间分布。

对于西南山区聚落的研究，地貌是地理环境中的一个要素，不同类型的地貌背景所产生的聚落类型可能是千差万别，迥然相异的。笼统的“山地”“丘陵”等地形描述无益于研究分析的深入，谢湜、吴俊范等学者在研究太湖以东地区的历史地理问题时先后采用“高乡”和“低乡”概念，从微地貌的角度来考察江南尤其是太湖以东平原的聚落和市镇，此种研究视角启发笔者从微地貌的角度去探究场镇的空间分布。地层构造又是微地貌形成的基础，笔者以为在山地聚落研究中应注意研究区域的地层构造。另外，伊懋可、杨煜达提出的西南山地可以“中小流域”作为研究单元，属于山区

---

① 《嘉陵江流域地理考察报告》分上下两卷，详见李承三等：《嘉陵江流域地理考察报告》上卷，《中国地理研究所地理专刊》1946 年第 1 号；林超等：《嘉陵江流域地理考察报告》下卷，《中国地理研究所地理专刊》1946 年第 1 号。

② 关于市镇或定期市研究的研究回顾和范式类型归纳，详参何仁刚：《清至民国万开云地区场市的时空演变》，上海：上海师范大学硕士学位论文，2017 年，第 6—11 页绪论部分学术史回顾。

聚落小尺度研究，霍仁龙、白玉军等进行了小尺度实证研究①。基于此，笔者选取大巴山弧形褶皱带核心区的城口县（今重庆市城口县）和川东平行岭谷区核心地带的梁山县（今重庆市梁平区）作为研究区域，选取清代相对稳定的嘉道年间为研究时间断面，试析褶皱地层构造这一本底因素对该场镇空间分布的影响。

二、城口、梁山二县（厅）场镇的考订

对场镇的基本情况的考订是研究场镇空间分布的基本前提。对城口、梁山二县场镇的考订主要利用道光《城口厅志》②卷三《疆域志·场镇》、嘉庆《梁山县志》③卷一《场镇》的相关记载，与《四川分县详细图说》④城口厅、梁山县图幅以及新编县志、地名录⑤等资料进行比勘定位，将考订结果分述于后，叙述中地名兼顾“公社化”时期以便于定位。然后以《四川省地图集》⑥城口县、梁平县图幅为底图，以期绘出两县场镇分布图。

（一）城口县

道光《城口厅志》共载场二十九，均缀以通名“场”。坝或坪者十，河、溪、沟或井者十一，寺或庙者四，垭、丫或口者三，吉

① 霍仁龙，杨煜达：《近三百年来西南山区聚落多椰树村的移民与开发研究》，《历史地理》第28辑，上海：上海人民出版社，2013年，第207—225页；白玉军：《清以降滇中槽子河流域的区际移民与环境变迁—以峨山县沿河村为核心的个案研究》，昆明：云南大学硕士学位论文，2015年。

② 道光《城口厅志》卷3《疆域志·场镇》，道光二十四年（1844年）刻本。

③ 嘉庆《梁山县志》卷1《场镇》，嘉庆十三年（1808年）刻本。

④ 佚名：《四川分县详细图说》，国家图书馆编：《国家图书馆藏珍稀清代地图集汇编》第七册，西安：西安地图出版社，2014年。

⑤ 四川省城口县志编纂委员会：《城口县志》，成都：四川人民出版社，1995年；梁平县地方志编纂委员会：《梁平县志》，北京：方志出版社，1995年；四川省城口县地名领导小组编印：《四川省城口县地名录》，内部资料，1982年；四川省梁平县地名领导小组编印：《四川省梁平县地名录》，内部资料，1988年。

⑥ 四川省测绘局：《四川省地图集》，成都：四川省测绘局，1981年。

名者二。

复兴场 城口县南少许。厅南一里。

太和场 原复兴公社驻地。厅南三里。

修溪坝场 原修齐区公所、修齐公社驻地。今修齐镇驻地。厅东六十里。方言中“溪”与“齐”音近，故有今名。

菜子坝场 原菜蒙区公所、治平公社驻地。今治平乡驻地。厅东一百里。

后坪场 原菜蒙区厚坪公社云峰大队驻地。今后坪乡境。厅东一百八十里。

袁家庙场 原修齐区石坊公社枇杷大队境。厅东八十里。

高观寺场 原高望区公所驻地。今高观镇驻地。厅东一百二十里，道光二年（1822年）置分驻高观场经历。

中坝子场 原河鱼公社驻地。今河鱼乡驻地。厅东一百四十里。

岚溪场 原岚溪公社驻地。今岚天乡驻地。厅北一百二十里。

老鸦口场 原北屏公社驻地。今北屏乡驻地。厅北六十里。

羊耳坝场 原箭竹公社西河大队驻地。厅北七十里。

鱼渡河场 原高望区河鱼公社畜牧大队驻地。厅东一百八十里。

洞沟场 原高望区兴隆公社燎原大队境。厅东二百二十里。

望乡坝场 原东安公社望乡大队驻地。厅东二百六十里。

双河口场 原双河公社驻地。今双河乡驻地。厅西一百四十里。

小中河场 原中河公社驻地。厅西一百二十里。

明通井场 原明通区公所、明通公社、明井大队驻地。今明通镇驻地。厅南一百四十里。

鸡鸣寺场 原鸡鸣公社驻地。今鸡鸣乡驻地。厅南一百八十里。

寒溪寺场 原咸吉公社驻地。今咸宜乡驻地。厅南二百二十里。方言中“寒”“咸”音近，故有今名。

桃花垭场 原巴山区桃园公社前进大队即桃花大队境。厅南一百二十里。

濛濛溪场 原明中公社驻地。今明中乡驻地。厅南一百六十里。

丫子口场 原蓼子公社驻地。今蓼子乡驻地。厅南一百里。“丫”同“垭”，即垭口的意思。又“丫”在手写时形近于“了”，以至演变为“蓼”。

堡子坪场 亦名庙坝。原庙双区公所、庙坝公社驻地。今庙坝镇驻地。厅西七十里。

坪坝场 平坝区公所、坪坝公社驻地。今坪坝镇驻地。厅西六十里。

黄溪河场 原巴山区黄溪公社驻地。厅西九十里。

冉家坝场 原巴山区公所、新民公社驻地。今巴山镇驻地。厅西一百三十里。

高头坝场 原巴山区高楠公社团结大队驻地。厅西一百七十里。

汪家河场 原坪坝区明月公社光荣大队境。厅西四十里。

岔溪河场 原坪坝区沿河公社驻地。今沿河乡驻地。厅西一百七十里。

（二）梁山县

场镇二十七，十九以场为名，三以铺为名，坝、坪、垭、坎、驿各一。

葫芦坝 原福禄区公所、福禄公社驻地。今福禄镇驻地。县东六十里。

曲水场 原福禄区三合公社驻地。今曲水乡驻地。县东八十里。

柏家场 原柏家区公所、柏家公社驻地。今柏家镇驻地。县东六十里。

聚宝场 原福禄区聚宝公社驻地。原聚宝乡驻地。县东九十里。

石家场 原福禄区石安公社驻地。今石安镇驻地。县东九十里。

分水场 原万县分水区公所、分水公社驻地。今万州区分水镇驻地。县东一百里。原半属梁山县，半属万县，后划归万县。

仁和场 原永胜区光明公社驻地。原仁和乡驻地。今县南二十五里。

石柱坪 原永胜区金带公社驻地。今金带镇驻地。县南四十里。

观音场 原柏家区大观公社驻地。今大观镇驻地。县南五十里。

粑子坵 原柏家区紫照公社驻地。今紫照乡驻地。县南九十里。

马家场 原云龙区和林公社驻地。今和林镇驻地。县南四十五里。

沙丫场 原云龙区公所、云龙公社驻地。今云龙镇驻地。县南七十里。

麻柳场 原云龙区荫平公社驻地。今荫平镇驻地。县南八十里。

沙河舖 “舖”，同“铺”。原永胜区公所、永胜公社驻地。今仁贤镇驻地。县西三十里。

老营场 原向前区公所、向前公社驻地。今礼让镇驻地县西四十五里。

黄土坎 原向前区聚奎公社驻地。今聚奎镇驻地。县西五十五里。

双河场 原柏家区双河公社驻地。原双河乡驻地。县西五十里。

平井舖 “舖”，同“铺”。原屏锦区公所、屏锦镇、屏锦大队驻地，《地名志》载：梨子公社原驻七间桥，1962 年迁至屏锦镇上场口。今屏锦镇驻地。县西七十里。光绪《梁山县志》作屏锦铺。

迴龙场 原屏锦区回龙公社驻地。今回龙镇驻地。县西九十里。

袁坝驿 原袁驿区公所、袁驿公社驻地。今袁驿镇驻地。县西九十里。

石硚舖 “舖”，同“铺”。原大竹县石桥区公所驻地。县西一百十里。今大竹县石桥镇驻地。原半属梁山县，半属大竹县，后划归大竹县。

虎城场 原虎城区公所、虎城公社驻地。今虎城镇驻地。县北一百十里。

露斯场 原新胜区文化公社驻地。县北五十里。今文化镇驻地。旧名螺蛳场。

杨家场　原向前区明达公社驻地，即杨家咀。今明达镇驻地。县北四十里。

土门场　原新胜区龙门公社驻地，即龙门场。今龙门镇驻地。县北五十里。

新场　原新胜区公所、新胜公社驻地。今新盛镇驻地。县北六十里。

永兴场　原新胜区新胜公社永兴大队驻地。今属新盛镇。县北六十五里。

三、空间分布特征

道光年间城口厅场镇分布呈现出沿着多列平行线分布于河谷低地地带，具体而言，由北至南有鱼渡河—洞沟场—望乡坝一线；高头坝—羊耳坝—老鸦口—岚溪场—中坝子场一线；冉家坝场—黄溪河场—复兴场—修溪坝场—高观寺场；坪坝场—汪家河场—菜子坝场—后坪场一线；岔溪口场—小中河场—堡子坪场—丫子口场—桃花垭场—濛濛溪场一线；鸡鸣寺场—寒溪寺场一线。其中比较特殊的是明通井，位于前河切开山体之处，形成峡谷，因此此地有井盐出产，这与川东地区其他产盐县份出产井盐地点分布一致，均位于河流切开背斜山（抑或向斜山）山体之处。

事实上，若联系到该地的地层构造，我们或可得到更为深刻的认识。据《城口县志》（四川人民出版社，1995 年）载："城口县位于大巴山南麓，属于大巴山弧形褶皱带的南缘部分，由一系列西北至东西走向的雁列式褶皱和断层组成，褶皱紧密，断层密集。岩层走向为北西至南东向，并向南弧形凸出。"[①]"地质构造多复式

① 四川省城口县志编纂委员会：《城口县志》，成都：四川人民出版社，1995 年，第 72 页。

背（向）斜和穹隆构造”“境内断裂十分发育，尤以仁（任）河流域最为发育。多数断裂与岩层走向基本一致”①。总之，城口的地质构造是以褶皱和断层为主，构造线呈北西—南东走向，且呈平行状态。其中最长的断裂带是高望巨型冲积层，走向为北西—南东向，该县主要河流任何（仁河）即位于此，而“冉家坝场—黄溪河场—复兴场—修溪坝场—高观寺场”这一列场镇就位于其中。

正是基于如此的地层构造，城口厅的场镇空间分布呈雁列式分布于河谷低地地带，表现出强烈的“河向性”，呈现出沿河“串珠”状展布，场镇分布地对河谷阶地有十分强烈的相关性。这一点也体现于场镇名之中，前述29个场市，与“坝”或“坪”相关者有10个，与“河”“溪”“沟”“井”等相关者有11个，其比重之高如是。

梁山县大部分散布于明月山与铁凤山两山之间，具有一定的“河向性”分布特征。明月山以西虎城等三场与之相似，铁峰山以东则呈现出较强的“河向性”分布特征，另外县境内三列山脉（明月山、南华山和铁峰山）山体之上全无场镇分布。

对于如此的空间分布，不联系地形地貌乃至更为本底的地层构造是解释不清的。据《梁平县志》（方志出版社，1995年），今重庆市梁平区的地层构造大致为：“地质构造属华夏系四川沉积褶皱带川东褶皱带的一部分。由明月峡背斜、南门场背斜、黄泥塘背斜、虎城向斜、任市向斜、梁平向斜及金鸡向斜的一部分所组成”“其构造线总体为北东向”“褶皱的组合形态为狭长梳状高背斜与宽缓向斜相间排列，形成隔挡式构造”②。基于此等地质构造，其地貌特征为“梁平县地貌由于地质构造、地层分布和岩性的控制，以及受水文作用的影响，呈现出“三山五岭，两槽一坝，丘陵起

---

① 四川省城口县志编纂委员会：《城口县志》，成都：四川人民出版社，1995年，第74—75页。

② 梁平县地方志编纂委员会：《梁平县志》，北京：方志出版社，1995年，第93页。

伏，六水外流”的自然景观，形成山、丘、坝兼有而已丘陵为主的特殊地貌。境内有东山、西山和中山，均呈东北——西南走向，属大巴山脉，平行排列，互不衔接，海拔 500—1221 米”[①]。

对应场镇的空间分布，中部明月山与铁峰山之间是宽阔平坦，海拔高度大部分在 450—500 米的浅丘地带，沿河两岸有小块冲击平坝。正是基于如此的地质构造、地形地貌，该县中部场镇呈新场—老营场—回龙场、仁和场—马家场—沙丫场及沙河铺—麻柳场三线平行展布，三条分布线与地质构造线同。明月山以西与中部相似，而铁峰山以东以南则由于地处深丘地带，因而呈现出强烈的“河向性”特征。

综合来看，对比城口、梁山二县场镇分布特征，虽然二县的基础地质构造都是以褶皱构造为主，都有多条基本平行的构造线，场镇分布亦呈现出与地质构造线同向的特征，城口大体呈北西—南东向，梁山呈北东—南西向，但两者的分布仍呈现出不同的面相，即城口县场镇分布表现出强烈的“河向性”特征，沿河呈“串珠”状分布，而梁山县场镇分布的河向性特征总体上并不如城口那般强烈，具体而言，除铁峰山以东的部分外，铁峰山以西部分并未表现出较高程度的“河向性”特征。上述不同之处，在于城口地处大巴山主脉，是典型的山地县，山高谷深造就了场镇分布的“河向性”特征，而梁山县，今名梁平区，位于川东平行岭谷区，除三列山脉外，其余地方皆以丘陵为主，且中西部向斜谷以浅丘为主，东部以深丘河谷地貌为主。

综上所述，通过上一部分对城口、梁山二地场镇的分析，我们可以看出地层构造对场镇分布的影响处于更为本底的层次。本文不揣简陋，试以城口、梁山二地为例，以城口作为山地县的代表、以梁山作为丘陵县的代表，简要分析了地层构造、地形地貌与场镇聚

① 梁平县地方志编纂委员会：《梁平县志》，北京：方志出版社，1995 年，第 94 页。

落空间分布的相关性。这一视角或可推而广之，在山地聚落研究中对山地地层构造予以关注。上述想法正是基于“地层构造—地形地貌—社会经济”这一思维路径而来。

作者简介：何仁刚（1990—），男，重庆市开州人，复旦大学历史地理研究中心博士生，主要研究方向为历史自然地理。

烽火薪传：抗战时期文澜阁《四库全书》的播迁及保存

侯培和

（河南大学　历史文化学院　河南　开封　475000）

摘　要：全面抗战爆发后，随着战局的变化和国民政府西迁，亟须将文澜阁《四库全书》及善本内迁。但由于当时浙江省政府及教育厅的掣肘和腐败，致使库书转移运费和交通工具受限。时任浙江省图书馆馆长的陈训慈不得不为文澜阁《四库全书》的转移多方斡旋，同时浙江大学校长竺可桢也积极向教育部致电力争迁至后方。最终这批珍贵典籍在多方协助下得以西迁贵州，开启了文澜阁《四库全书》的抗战文化苦旅。九年间，辗转浙、闽、赣、湘、黔、川六省，这其间麻烦之事，困苦之状，非数纸所能尽。在文澜阁《四库全书》存贵期间无论是度藏改进、经费保证、人员安排均得到了国民政府上下的全力支持，使民族瑰宝得以在抗战烽火中完整保存，最终安然返杭。

关键词：抗战；文澜阁《四库全书》；陈训慈；竺可桢；播迁

《四库全书》是清代乾隆年间，由乾隆帝钦定，纪晓岚主持纂修的中国历史上规模最为宏大、集中国珍贵典籍之大成的一部丛书。全书按经、史、子、集四部四十四类编排。成书以后，乾隆帝又命人手抄了七部分置各地，即储于紫禁城的文渊阁、圆明园的文源阁、河北承德的文津阁、辽宁沈阳的文朔阁、扬州文汇阁、镇江文宗阁、杭州文澜阁，也称为“北四阁”和“南三阁”。由于受战祸摧残，现在七阁藏书中仅存文渊阁、文朔阁、文津阁、文澜阁，其中又以文澜阁《四库全书》的经历最为坎坷和传奇[①]。文澜阁《四库全书》的内迁及其保存是抗日战争时期文化内迁的重要组成部分，以往学术界鲜有关注，涉及其内迁及其保存的文章主要是历史过程的简单叙述，缺乏核心档案资料的支撑与系统的论述。因此在抗战烽火中对保存国家珍贵文献背后复杂的历史面相的阐释有待于进一步挖掘[②]。鉴于此，笔者试图以中国第二历史档案馆近期公布的关于文澜阁《四库全书》内迁的档案资料和最新整理出版的《陈训慈日记》等丰富资料为依托，来系统考察抗战时期文澜阁《四库全书》得以内迁与保存背后的艰辛过程及国人尤其是知识分子对于保存民族精华的责任担当。

一、未雨绸缪保瑰宝：陈训慈与文澜阁《四库全书》内迁

1937 年，日军发动全面侵华战争。面对日益严峻的局势，为防

① 杭州文澜阁始建于 1782 年，专门用于收藏《四库全书》。文澜阁于 1861 年太平军攻占杭州时倒塌，所藏库书散落民间，经杭州著名藏书家丁丙、丁申兄弟的努力，抢救了一部分，于 1881 年再度存入修复后的文澜阁。1911 年浙江省咨议局议决，将阁书拨归浙江省立图书馆，遂移藏于该馆在孤山的新馆址。1915—1925 年，政府又先后组织过两次规模较大的补抄工作，使全书基本补齐，总册数已有 36 278 册。至全面抗战爆发，为免阁书再遭厄运，阁书于 1938 年初开始了漫长的迁移苦旅，历时八年，地经五省，1946 年 7 月运回杭州，珍藏至今。参见袁媛，刘劲松：《抗战时期贵州省立图书馆保护文澜阁〈四库全书〉考察》，《河南科技学院学报》2014 年第 7 期，第 90 页。

② 以往涉及抗战时期文澜阁《四库全书》的内迁及其保存的文章主要是对运书历史过程的简单叙述缺乏核心档案资料的支撑与系统完整的考察，对运书背后复杂的历史面向的阐释有待于进一步挖掘。参见徐永明：《文澜阁〈四库全书〉搬迁述略》，《中国典籍与文化》1999 年第 4 期；吕洪年：《文澜阁库书抗日大转移》，《世纪》2007 年第 5 期；赵春华：《护卫国宝青史永记——文澜阁〈四库全书〉抗战时初迁富阳渔山记述》，《浙江档案》2008 年第 9 期；吴忠良：《陈训慈与文澜阁〈四库全书〉》，《兰台世界》2009 年第 11 期；鲍志华：《文澜阁〈四库全书〉抗战苦旅线始末》，《图书与情报》2011 年第 4 期；袁媛，刘劲松：《抗战时期贵州省立图书馆保护文澜阁《四库全书》考察》，《河南科技学院学报》2014 年第 7 期；徐忠友：《杭州文澜阁“四库全书”辗转西迁之路》，《党史纵横》2015 年第 10 期。

止馆藏文澜阁《四库全书》等珍贵典籍被日军掠夺，时任浙江省图书馆馆长的陈训慈[①]主持《四库全书》在省内三易藏书之地。随着战局的变化和国民政府西迁，亟须将文澜阁《四库全书》及善本内迁。但由于当时浙江省政府及教育厅对于保存文粹的轻视和掣肘，致使《四库全书》转移运费和交通工具受限。陈训慈为文澜阁《四库全书》的转移与保存不得不多方斡旋，同时浙江大学校长竺可桢也积极向教育部致电力争迁至后方。最终这批珍贵典籍在多方协助下得以南迁贵州，开启了文澜阁《四库全书》的抗战文化苦旅。

（一）省内三易藏书地

1937年，日军发动全面侵华战争，随着战局的变化，“沪杭形势日渐险恶，时有敌机骚扰”[②]，《四库全书》随时有被敌机炸毁的危险。为防止馆藏文澜阁《四库全书》等珍贵典籍被日军轰炸，时任浙江省图书馆馆长的陈训慈未雨绸缪，即“命总务组赶制木箱，准备迁移。”[③]7月底，情势日益严峻，陈训慈决定将文澜阁《四库全书》等珍贵典籍转运至浙江富阳渔山石马村赵宅。《四库全书》转运由浙江省图书馆馆员毛春翔全程负责。据其回忆：“8月1日，全馆职员集孤山分馆，点书装箱，至3日深夜装竣，计阁书140箱，善本书88箱，共228箱。4日晨阁书离馆，运往江干装一大船……5日午刻，抵达渔山。”[④]9月13日，陈训慈收到馆员毛

① 陈训慈（1901—1991年），字叔谅，浙江慈溪官桥村（今属余姚市）人，陈布雷之弟。1932—1941年任浙江省图书馆馆长。1938—1940年兼任浙江大学史地系教授，浙大龙泉分校主任。全面抗战爆发后，联络浙江大学、杭州艺术专科学校、西湖博物馆等单位，创办《抗战导报》，并组织馆藏文澜阁《四库全书》及其他善本书籍迁移工作，以避免战争烽火。参见陈训慈著，周振鹤整理：《运输日记》代前言，北京：中华书局，2013年，第1页。

② 《浙江图书馆志》编纂委员会编：《浙江图书馆志》，北京：中华书局，2000年，第106页。

③ 毛春翔：《文澜阁〈四库全书〉战时播迁纪略》，《图书展望（复刊）》1947年第3期，第29页。

④ 毛春翔：《文澜阁〈四库全书〉战时播迁纪略》，《图书展望（复刊）》1947年第3期，第29页。

春翔的来信得知文澜阁《四库全书》已迁富阳，并得知藏书，“地处群山围绕中，旧屋不显，可望不致遭损。”①后又得知《四库全书》，“所住渔山镇赵姓屋，在山丛中，颇宽敞静僻。主人赵坤珊相遇亦厚，不收凭值。”②此时，《四库全书》暂时得以安然无恙。

“八一三”事变以后，日军发动大规模军事进攻，浙江一带局势日益紧张，暂存富阳的文澜阁《四库全书》的安全又成为问题，亟须再度转移。11月23日，陈训慈得知：“今时局激变，赵不肯庋藏，存怀璧其罪之戒也，毛君以赵姓不允久置书，已运库书南运矣。”③由此可见，身处战争年代，普通民众为保身家性命，更愿意置身事外。11月初由浙江省图书馆总务主任史君美诚出面向赵君坤良及夏君定域恳商借得运费200多元雇工搬运书箱至江边，将文澜阁《四库全书》及浙江省图书馆馆藏善本共230余箱由富阳装大船转运。④但《四库全书》运至桐庐后，因水势被阻，滞留其地不能前行，毛春翔不得不只身搭乘军车赴建德访陈训慈商讨解决办法。11月24日，陈训慈得知“库书、善本235箱已装之大船，留桐庐不能上水……亟欲得车，将书运建再说。”⑤此时，由于战事纷繁，《四库全书》转移无车可借，陈训慈只得向自己在南京高等师范学校就读时的老师，时任浙大校长的竺可桢求助，“环顾似唯有浙大之卡车可借，乃同至浙大访鲁珍兄，谒竺师，及访机师张君，多方肯说，获其同意，明日可以车运一次。”⑥得到竺可桢的帮助，《四库全书》得以顺利转移，“赖浙大卡车之助，分运三天已全抵绪塘，存建德民教馆绪塘分部东首方丽斋先生家中。⑦

① 陈训慈著，周振鹤整理：《运输日记》，北京：中华书局，2013年，第147页。
② 陈训慈著，周振鹤整理：《运输日记》，北京：中华书局，2013年，第148页。
③ 陈训慈著，周振鹤整理：《运输日记》，北京：中华书局，2013年，第149页。
④ 毛春翔：《文澜阁〈四库全书〉战时播迁纪略》，《图书展望（复刊）》1947年第3期，第29页。
⑤ 陈训慈著，周振鹤整理：《运输日记》，北京：中华书局，2013年，第149—150页。
⑥ 陈训慈著，周振鹤整理：《运输日记》，北京：中华书局，2013年，第150页。
⑦ 陈训慈著，周振鹤整理：《运输日记》，北京：中华书局，2013年，第154页。

《四库全书》转移绪塘后，陈训慈考虑到文澜阁《四库全书》暂放建德之绪塘，亦非久留之地，离公路太近地形难避战火，宜迁山乡。为了解决经费问题，陈训慈曾多次至浙江省教育厅筹措运书经费，但多失望而归。如陈训慈于 12 月 24 日在日记中记载："为《四库全书全书》事，建德县党部告教厅，谓绪塘不宜。张科长只谓'可迁迟些'，与许厅长商谈，张谓'汉口、长沙现避难纷纷，可见现在实无安静土，浙南各地须防匪，不如即在建德较燥之山寄藏，不必更转输'，余一时竟无以进也。"①不得已陈训慈只得"向张晓峰借二百金，自垫二百金……又借得六十金，应付颇不易。"②将《四库全书》密藏在建德北乡松阳坞。

1937 年 12 月底，杭州沦陷，"浙北的杭嘉、湖全部敌手，浙江省府迁往金华，杭州市政府迁至永康"③。刚刚存放建德的文澜阁《四库全书》又需转移。此时浙江省政府已迁永康，各厅迁方岩，陈训慈为文澜阁《四库全书》内迁之方案及车辆、资金诸事乘舟至永康、方岩、丽水之间，多方斡旋。自 1938 年 1—2 月内陈训慈为文澜阁《四库全书》的内迁多方斡旋。以下主要依据陈训慈日记，加以考察文澜阁《四库全书》得以迁出的艰难过程，按时间顺序考察与核实其大致的情况。

1 月 11 日，陈训慈为文澜阁《四库全书》迁运事访教育厅厅长许绍棣，此次许对迁运书深表同情，但不同意迁往省外，要求陈训慈在省内寻觅藏书之地。陈训慈在其日记中记载：

> 及晚访厅长徐先生，先陈迁来办公运书及紧缩之情形，继遂陈述建德松阳坞离公路仅十里，其他易沦战区，最好迁往他省。徐先生于前二度相见时对此事甚冷淡，今日尚同情，惟致

---

① 陈训慈著，周振鹤整理：《运输日记》，北京：中华书局，2013 年，第 159 页。

② 浙江省政协文史资料委员会编：《浙江文史资料选辑》第 72 辑《明珠璀璨：浙江省图书馆、博物馆建设纪实》，杭州：浙江人民出版社，2003 年，第 7 页。

③ 陈训慈著，周振鹤整理：《运输日记》，北京：中华书局，2013 年，第 30—31 页。

概于公路局之弊政，云此次迁移，并省府索车亦无之，则李立民先生语实现否犹一问题。旋谓外省臂长莫及，可就处属物色一地，渠当与交通处商借车①。

1月17日，陈训慈初步决定将文澜阁《四库全书》迁往龙泉，不再做迁往省外的打算。其在日记中记云："十五日以车赴龙泉，得就地线党部与民教馆之介绍，同至东乡山麓跶石区，有季边村者，与龙邑乃隔一江与两个山头，匪警向未有，已赁定某姓民房，并与乡人预洽挑搬事……惟龙泉、云和为安全，拟决以龙泉为庋藏地，不复作迁出省外像矣。"②同日，为运书车辆事，陈训慈找许绍棣厅长接洽，但许对此甚为轻视。其在日记中记云：

许温谓可向方岩教厅去办，余谓最好亲草信较郑重，渠云无何交情，草迹亦不识。旋乃云交训练团职员应君所写，寥寥数语，初未及库书之重要，果仅此一书，可得不用公车耶（余之处中，许方为事发脾气，即不与再焉此事）？余为得一运输办法而守待四天，人乃不能假数分时间以作信介绍，甚矣其轻视此事之甚也③。

1月19日，陈训慈根据教育厅许厅长指示，赴省府接洽运书事。其记云："二时冒雨赴省府秘书处访秘书长李立民先生……今告以已在龙泉觅地，需当局拨公路车。李谓许厅长已为道及，渠且在省府会议席上提起，嘱送一节略，即当据以令交通处拨车。"④1月20日，陈训慈再赴省府接洽。其记云："再至省府晤李立民秘书长，渠将呈文批复，及电令交通处事……计电令交通处开：据省馆馆长呈陈云云，事关保存国粹，仰该处迅拨大卡车八辆，至少四

① 陈训慈著，周振鹤整理：《运输日记》，北京：中华书局，2013年，第30—31页。
② 陈训慈著，周振鹤整理：《运输日记》，北京：中华书局，2013年，第47页。
③ 陈训慈著，周振鹤整理：《运输日记》，北京：中华书局，2013年，第46页。
④ 陈训慈著，周振鹤整理：《运输日记》，北京：中华书局，2013年，第52页。

辆，交与运书云云。[①]1月21日，陈训慈为运书事赴交通处接洽。其记云："上午偕叔同、文莱赴交通处，得晤魏副处长，再以拨车事奉商，于建金一段用舟运，吾等已同意，自金华至龙泉一段公路车，余初以为汽油费殆系该处义务或系记账，由省府后还。但魏忽言汽油须现付，而索价又颇巨，商以记账不果……只得告以电省接洽再说。"[②]由此可以看出，国难当头，手无权力的知识分子在寻求文献保存中的艰难境遇与国民政府人员层转推卸的腐败之象。对于省政府对于运书事的轻视与掣肘，陈训慈不由百感交集，其在1月25日的日记中记云："自余来杭垣主持浙江图书馆，于今适为六周岁。课中追怀，百感交集，而播迁靡定，珍籍分隔，旧雨星散，独守馆钤，尤不禁怆然于怀，与忧国之念交迸而不能自抑也。"[③]

陈训慈不得不再与省政府、教育厅、交通处协商解决办法，经过多方斡旋，最终运书费用得以解决。按照陈训慈与浙江省教育厅协商之运书方案，建德存文澜阁《四库全书》及善本改装小船后于1月30日运抵金华，由此再走陆路运龙泉。2月1日，陈训慈在日记中记云："余自金归，史叔同、王文莱以一月廿三日赴兰，次日抵建德，即雇工搬挑，廿八日下船上驶，卅日抵金华，将由此装公路车，分二次运龙泉……今日凡装车三辆，约八十箱。"[④]2月9日记云："叔同来信云《四库全书全书》善本已到龙泉，计八十一箱，今日续运，计一百十一箱，暂存丽待回车计四十箱，共二三二箱。此中《四库全书》一七〇箱，余为善本云……今天雪，放晴即可车运外，余皆运毕矣。"[⑤]事实证明陈训慈等人是有深谋远见的，抗战全面爆发后，日军不仅从军事上全面侵略中国，而且对中国的文物也是虎视眈眈，就在《四库全书》运藏龙泉之际，日军

① 陈训慈著，周振鹤整理：《运输日记》，北京：中华书局，2013年，第54页。
② 陈训慈著，周振鹤整理：《运输日记》，北京：中华书局，2013年，第57—58页。
③ 陈训慈著，周振鹤整理：《运输日记》，北京：中华书局，2013年，第66页。
④ 陈训慈著，周振鹤整理：《运输日记》，北京：中华书局，2013年，第90页。
⑤ 陈训慈著，周振鹤整理：《运输日记》，北京：中华书局，2013年，第111页。

“占领地区图书文献接收委员会”于1938年2月22日派出9位文化特工，从上海赶到杭州，在3天时间里搜查了省立西湖博物馆等26家文化机关，其间还专门寻找“江南三阁”之一的文澜阁《四库全书》。令他们失望的是，“浙江省立图书馆孤山分馆的藏书已经疏散开了”。①

（二）内存与外迁之争

为《四库全书》安全计，陈训慈曾数次呈请浙江省政府及教育厅迁文澜阁《四库全书》于内地。早在文澜阁《四库全书》转运至建德绪塘后，陈训慈就认为，该地地形难避战火，急需搬迁图书至内地。而浙江省政府则不以为然，存置不议。陈训慈奔劳其间，为保《四库全书》之周全费尽心力。

1937年12月1日，陈训慈在与主管浙江省立图书馆的浙江省教育厅徐厅长谈文澜阁《四库全书》迁运之事云：“建德非安全，从地理军事形势可知，如以政府之力经浙赣路车运赣湘，则于持久抗战中较为安全。”②但许厅长却不以为然，“以为途中多有危险（如误传军火，易遭空袭），不如存藏建、金山乡之山洞云。又谓赣湘亦非安全，策其全，宜入川，然此言似随便议论，非为文物实际策其全者，余亦不欲毕其辞矣！”③1938年1月8日，陈训慈为文澜阁《四库全书》的迁运之事，拟一长文，呈文向省教育厅陈述了战时对于珍贵典籍保存的重要性。其在日记中记云：“向使省教育局知图书文物之重（浙西、江南流风遗韵犹多私家藏书，今皆沦战区，损失之巨可想。战后书必更稀贵，而公家藏书所关乃尤巨）以保全为急务，则提出省府会议，令公路局拨数辆卡车迁往内地各

① （日）松木刚：《掠夺来的文化——战争和图书》，东京：岩波书店，1993年，第81、82页；转引自孟国祥：《烽火薪传　抗战时期文化机构大迁移》，北京：商务印书馆，2015，第174页。
② 陈训慈著，周振鹤整理：《运输日记》，北京：中华书局，2013年，第154—155页。
③ 陈训慈著，周振鹤整理：《运输日记》，北京：中华书局，2013年，第156页。

省，或更拨有限之款搬运，离公路入山乡，固易若反掌。在省府所费极微，而所保全者实大，特政权在握之新进者漂泊无识，轻易视之，如余守书亦徒深心余力绌之概耳。”[①]由于战局的紧张，加之省政府人员对于保存珍贵典籍意识的淡薄，不得不让其发出郁闷的慨叹：“最所不安者为文澜阁《四库全书》，几经面陈教厅当局，以迁往内省为宜，而迄不得要领（每谓内地亦不安全，岂不知相对的安全，自有差殊）。今既无余钱又无交通工具，无米之炊，前已饱受痛苦，今将安所效力。瞻念万一疏失，将何以对浙人，何以对文化，不禁殷忧，尤不禁对主持教育行政者致其愤愤也。”[②]

因当时教育厅不肯出运费和受交通工具的限制，故这样步步迁移，实在是不经济的。[③]较于省政府行政人员，教育界对于保存珍稀文献还是较为重视。随校内迁江西的浙江大学校长竺可桢，时刻挂念文澜阁《四库全书》的安全问题，1月22日便以个人名义致电教育部：“文澜阁《四库全书》硕果仅存，虽由浙大帮同运严州，似更运内地为是云云。”[④]教育部随后积极采纳了竺可桢的建议，拟将库书迁往贵阳，由浙大协同运迁。同时致电浙江省政府，“据浙江大学竺校长电陈，《四库全书》已由该校帮同运严州，偏近战区，未妥。兹为保全国家文献起见，望贵省设法运黔。”[⑤]

然而，对于教育部的指示，浙江省政府则不以为然，并谓“此电甚空洞，主席（黄绍竑——引者注）见之甚不高兴，谓土地人民如放弃，文物何足云。入贵州岂谓黔省以西之大地悉准备放弃耶？教部有办法，惟自来运”[⑥]。并电告教育部“正迁浙南，不便远

① 陈训慈著，周振鹤整理：《运输日记》，北京：中华书局，2013年，第22页。

② 陈训慈著，周振鹤整理：《运输日记》，北京：中华书局，2013年，第19页。

③ 浙江省政协文史资料委员会编：《浙江文史集粹》第6辑《文化艺术卷》，杭州：浙江人民出版社，1996年，第242页。

④ 竺可桢：《竺可桢全集》第6卷，上海：上海科技教育出版社，2005年，第458页。

⑤ 陈训慈著，周振鹤整理：《运输日记》，北京：中华书局，2013年，第76页。

⑥ 陈训慈著，周振鹤整理：《运输日记》，北京：中华书局，2013年，第76页。

迁”也[1]。又有二次来电坚持须运至省外，省府复电略以贵部仍拟将《四库全书》运至省外，希即派员来浙主持搬运云云。此乃黄主席于此事表示不满，即过往不肯负责也。同时，教育部又电浙大协助，故浙大特派李君来此，以余地位甚难表示，不知教育部是否立夫先生本人如此重视，府电去后，反应又何如也。[2]2月6日，陈训慈接到浙大由江西发来的电报，“教部已三电省府速将《四库全书全书》运往安全地点，并指令浙大协同办理，即派李挈非兄来，请兄赴藏书地方会商。”[3]教育部三电主运黔事，则仍黄主席于此甚不谓然，近闻部电谓已令浙大派员来浙，省府绝不负再迁责，且车辆亦无可拨。余知车辆正集中，实非无法，待部自来负责主运。[4]对于此举，陈训慈不得不感慨，“黄氏（引者—— 黄绍竑）为桂省名军人，曾主浙政，而竟识浅度仄至此。”[5]“人民能行，而书不能行，文物内保固非暗示尽迁他地拖理由。”[6]教育部对于文澜阁《四库全书》内迁问题的重视，陈训慈殊属费解，“立夫先生竟如此重视《四库全书》欤？抑文津、文渊确知有被劫之虞欤？[7]1938年2月16日记云：“此次教部之特别重视文澜本，盖鉴于盋山及江南公家藏书之覆车，要亦以《四库全书》存本日稀之故也。”[8]

但反过来讲，政府军政人员也有自身的难处。由于国难当头，局势紧急，保家卫国是每一个有良知的国人义不容辞的责任。但由于身份与职业的不同，政府军政人员与知识界文化人对于抗战保家卫国的关注点不同。政府军政人员更多地倾向于关注国土的沦亡、人民的转移及财产的损失。据时任浙江省政府主席的黄绍竑回忆：

---

① 陈训慈著，周振鹤整理：《运输日记》，北京：中华书局，2013年，第76页。
② 陈训慈著，周振鹤整理：《运输日记》，北京：中华书局，2013年，第112页。
③ 陈训慈著，周振鹤整理：《运输日记》，北京：中华书局，2013年，第102—103页。
④ 陈训慈著，周振鹤整理：《运输日记》，北京：中华书局，2013年，第126页。
⑤ 陈训慈著，周振鹤整理：《运输日记》，北京：中华书局，2013年，第123—124页。
⑥ 陈训慈著，周振鹤整理：《运输日记》，北京：中华书局，2013年，第76页。
⑦ 陈训慈著，周振鹤整理：《运输日记》，北京：中华书局，2013年，第102—103页。
⑧ 陈训慈著，周振鹤整理：《运输日记》，北京：中华书局，2013年，第128—129页。

> 我在杭州重要的工作，就是疏散。机关办去了，还有数十万的老百姓和重要物资，亟待运送出境。浙赣铁路，及公路、帆船、一起动员，无不尽力的装载。……但是想将偌大的一个杭州城所有的物资和人民全部搬走，真是不可能的事！……然而交通工具太缺乏了，时间又是那样的促迫，好多笨重的机件虽已拆卸下来，仍是搬不走。①

而知识界文化人更深知文化是一个民族复兴的重要保证，珍贵典籍的留存对于民族抗战与民族复兴具有重大的时代价值与现实意义。由此，文澜阁《四库全书》的转移与保存更容易得到知识分子的同情与支持。

由于得不到浙江省政府的支持，教育部只得授命由浙江大学协助浙江省图书馆将文澜阁《四库全书》内迁贵州。1938 年 3 月 9 日，浙江大学校长竺可桢关于西运文澜阁《四库全书》的运书路线及所需经费之事，报告教育部：

> 库书运黔事，业已解决，殊深快慰。李絜非君已于今日起程东下，拟先约浙省图书馆馆长陈训慈先生同至永康、丽水，与浙省政府当局暨许教育厅长一洽，然后赴龙泉将该书点收运出。其路程拟先雇汽车经浦城装至江山或玉山，自由浙赣铁路与粤汉铁路运到长沙，到达长沙后，以李君从未去黔，路途不熟，拟请教部另派专员前往点收，接代完毕其未竟任务（长沙接洽地点定在教育厅）。其运费自龙泉至江山汽车费约需千元，由江山或玉山至长沙火车费约需五六百元，如由教部直接与交部接洽，运费或可全部蠲免，至少可打一折扣，请即日进行。此外李君与襄助员等往返路费暨各项杂费约需五百元，各项总计约需二千元，现已由敝校垫交李君应用，一俟日后运毕总结

① 唐依麟主编：《黄绍竑回忆录》，南宁：广西人民出版社，1991 年，第 363 页。

报部后，即希汇归。[①]

文澜阁《四库全书》在转运过程中，无论是交通运输、地点寻觅、经费保证，教育部均起了至关重要的作用。关于库书运黔事教育部本部一面咨请交通部拨车装运，一面电饬贵州教育厅妥觅安全房屋，以备庋藏。1938年3月18日，教育部为请拨车西迁四库全书致交通部："查浙江省立图书馆原藏四库全书，为国内孤本，至为宝贵。现已运至浙江玉山，亟须经由浙赣、粤汉等路运至长沙。除饬浙江大学派员接洽妥慎押运外，相应咨请查照，惠予电令路局迅为免费拨给四十吨篷车二辆，妥为装运，并希见复为荷。"[②]同日，教育部为代觅藏书地点致贵州省教育厅电：四库全书由浙经湘运黔，仰预觅坚固敞爽，四周有空地之房屋储藏，并电复。[③]在教育部的积极协调之下，交通之事得到妥善解决。3月19日，教育部致电竺可桢函"运费及运送人旅费，既可由校方代垫，事后当然由部照数归垫"。[④]4月21日，张治中为已函请拨车运输四库全书致电陈立夫："查此案前据李絜非君函，当已饬由建设厅转函交通部西南公路运输管理局核办在案。[⑤]3月下旬，文澜阁《四库全书》由教育部代表李絜非、浙江省立图书馆总务主任史美诚负责护送，由浙江

① 《浙江大学校长竺可桢关于西运四库全书事致教育部章益函》（1938年3月9日），杨斌选辑：《抗战时期文澜阁四库全书内迁史料（上）》，《民国档案》2015年第2期，第31页。

② 《教育部为请拨车西迁四库全书致交通部咨稿》（1938年3月18日），杨斌选辑：《抗战时期文澜阁四库全书内迁史料（上）》，《民国档案》2015年第2期，第31—32页。

③ 《教育部为代觅藏书地点致贵州省教育厅电》（1938年3月18日），杨斌选辑：《抗战时期文澜阁四库全书内迁史料（上）》，《民国档案》2015年第2期，第32页。

④ 《章益为已请交通部拨车装运四库全书等致竺可桢函》（1938年3月19日），杨斌选辑：《抗战时期文澜阁四库全书内迁史料（上）》，《民国档案》2015年第2期，第32页。"阁书自浙迁黔运费共计一千五百五十元二角五分，先由这浙大垫付，教育部于1939年4月交付给浙大。"《浙江大学对浙江〈四库全书〉有关事项》，档案号：L053-001-0663，浙江省档案馆藏。转引自国家古籍保护中心编：《抗战时期古籍抢救保护史迹文集》，北京：北京大学出版社，2015年，第153页。

⑤ 《张治中为已函请拨车运输四库全书致陈立夫电》（1938年4月21日），杨斌选辑：《抗战时期文澜阁四库全书内迁史料（上）》，《民国档案》2015年第2期，第32页。

龙泉起运，“由龙泉经闽省浦城至江山通公路，由江山入赣至湘省长沙通火车，由长沙经湘北、湘西入黔直达贵阳通公路，阁书入黔。”[①]4月30日，库书抵达贵州贵阳，存于贵州省立图书馆内。

抗战时期文澜阁《四库全书》避寇远徙，地经五省，历时近九载，最终得以安然返杭。无疑，在文澜阁《四库全书》的转移及保存过程中，浙江省图书馆馆长陈训慈起到了重要作用。据库书管理员毛春翔言：“此次倭寇入侵，烧杀焚掠，远酷于洪杨，阁书颠沛流离，奔徙数千里，其艰危亦还甚于往昔，八载身锢边陲，卒复完璧归杭，是谁之力于？陈叔谅先生之力居多。凡人事安排，经费请领，防潮设备之改善，员工生活只维持，以及其他有关于阁书之安全者，皆赖先生主持维持于其间，前丁后陈，并垂不朽”[②]。

二、烽火藏《四库全书》：存贵期间文澜阁《四库全书》的庋藏

文澜阁《四库全书》存贵的近七年间，国内虽然战火纷繁，但库书保存受到了国民政府及贵州省政界、教育界、学界的重视与保护，教育部多次派专人视察库书的庋藏情况，无论是在护书的人员配置还是经费保证都得到妥善解决。

（一）文澜阁《四库全书》在贵地点更易及庋藏的改进

1939年4月30日，文澜阁《四库全书》由教育部代表李絜非、浙江省立图书馆总务主任史美诚负责，由浙江龙泉运抵贵州贵阳，存于贵州省立图书馆内，“由浙江省立图书馆所派职员夏定域来筑，

---

① 毛春翔：《文澜阁〈四库全书〉战时播迁纪略》，《图书展望（复刊）》1947年第3期，第29页。

② 毛春翔：《文澜阁〈四库全书〉战时播迁纪略》，《图书展望（复刊）》1947年第3期，第31页。

看管该书之全责。”[①]为防止贵阳遭日军空袭，于同年9月29日，贵州省教育厅又将文澜阁《四库全书》全部移至城外所购置之张家祠堂内储藏。后呈报教育部，“为避免敌机空袭计，已于本年九月二十九日移置本垣威清门外张家祠堂内储藏。”[②]1940年2月4日，贵阳遭日军轰炸，藏于城外张家祠堂的文澜阁《四库全书》安全又成问题，亟待转移。贵州省府呈报教育部后，“为保空袭绝对无虑，奉命将书于四月八日由张家祠堂移至地母洞内储藏。”[③]

1939年4月30日，文澜阁《四库全书》运抵贵阳后，由于在转运过程中内有图书十一箱由湘运黔途中落水受湿，“继由史美诚开箱清点整理，本馆（贵州省立图书馆——引者注）派职员杜光炎协助。受水湿之书，由史美诚照料晒干，仍装入书箱之内，每箱照目录清点之后，亲自加封钉好，于五月二十日清理完竣，史美诚即回浙。”[④]因贵阳气候多雨潮湿，为防潮起见，文澜阁《四库全书》在迁移地母洞前，也做了许多防潮工作[⑤]。库书由张家祠堂移至地母洞内储

① 《贵州省教育厅关于四库全书运抵贵阳收藏等情致教育部呈》（1939年10月21日），杨斌选辑：《抗战时期文澜阁四库全书内迁史料（上）》，《民国档案》2015年第2期，第33—34页。

② 《贵州省教育厅关于四库全书已移置城外张家祠堂致教育部呈》（1939年10月13日），杨斌选辑：《抗战时期文澜阁四库全书内迁史料（上）》，《民国档案》2015年第2期，第32页。

③ 《贵州省教育厅关于四库全书运抵贵阳收藏等情致教育部呈》（1939年10月21日），杨斌选辑：《抗战时期文澜阁四库全书内迁史料（上）》，《民国档案》2015年第2期，第33—34页。

④ 《贵州省教育厅关于四库全书运抵贵阳收藏等情致教育部呈》（1939年10月21日），杨斌选辑：《抗战时期文澜阁四库全书内迁史料（上）》，《民国档案》2015年第2期，第33—34页。据毛春翔回忆“余奉史君美诚函召去江山县城协助运输。自浦城至江山峡口，险路甚多，运输车，中有一辆，在离江山峡口不远处，倾覆，十一箱翻落池中，虞君佩岚急往附近村庄招雇粗工，入池起箱，令雇他车星夜赶达江山县城。翌晨，幸有太阳，借箪在城隍庙大天井中暴晒，书浸水中久，晒两日……后书安抵贵阳，藏于西门外越一里之遥张家祠堂，夏君竭数月之力，始完成此艰巨工作。”参见毛春翔：《文澜阁〈四库全书〉战时播迁纪略》，《图书展望（复刊）》1947年第3期，第29页。

⑤ “为防潮起见，在洞内筑长约二丈五尺、宽约三丈的木台。离地约二尺，以石块铺叠为柱脚，石板下放置石灰，另于台上近洞顶处，建斜形瓦棚一座，用遮滴水。洞侧凿有水沟，俾洞顶滴水，沿瓦流下，顺而注于洞底，汇入山穴”。王俊明，刘畅：《抗战时期文澜阁四库全书迁黔收藏始末》，《贵州档案史料》1988年第2期，第34页。

藏后，国民政府各阶层关于库书的保存甚为关心，教育部多次委派人员实地考察，不断求得库书庋藏的改进。乃至国民政府最高领领袖蒋介石也担心库书潮湿受损。于 1942 年 4 月 26 日致电教育部转告贵州省政府，“闻前杭州文澜阁之四库全书移藏于贵阳附近之地洞内，恐洞内空气潮湿，日久霉烂，请移往离筑较远之干燥安全地点妥为保管。”①

1939 年 6 月 23 日，浙江大学竺校长偕同贵州省教育厅杨科长及省立图书馆馆长亲往该洞视察藏书情形，视察之后竺可桢认为“该洞藏书不惟可保空袭无虑，且就该洞各方面情况言之尚属适宜”②。至地母洞开一箱查看，发现书略受潮，始决定商之教育部及钧厅，须完全开箱曝晒一次，以免受潮加重。③但对于该洞的建筑问题、文澜阁《四库全书》储藏洞内经常维持费问题，夏秋季开箱晒书等问题，竺可桢即与随行的贵州省教育厅官员及库书管理人员商定后，请示教育部：

> （1）现洞内木棚上糊石灰，恐日久有漏雨之虞，宜将木棚改修改盖以瓦。（2）四库全书既移洞内储藏，非短期可以迁出，对于照管该书各项所需经常费用，本馆经费既属困难，无法挹注，宜有的款经常维持，以维久远。（3）四库全书封

① 《军委会侍从室第二处为转抄蒋介石关于将四库全书移往安全干燥地点存放电致教育部公函》（1942 年 4 月 26 日），杨斌选辑：《抗战时期文澜阁四库全书内迁史料（上）》，《民国档案》2015 年第 2 期，第 37 页。

② 《贵州省教育厅长张志韩关于维修四库全书藏书地木棚等经费致教育部呈》（1939 年 8 月 22 日），杨斌选辑：《抗战时期文澜阁四库全书内迁史料（上）》，《民国档案》2015 年第 2 期，第 32 页。

③ 《贵州省教育厅长张志韩关于维修四库全书藏书地木棚等经费致教育部呈》（1939 年 8 月 22 日），杨斌选辑：《抗战时期文澜阁四库全书内迁史料（上）》，《民国档案》2015 年第 2 期，第 32 页。竺可桢在当日日记中记云：“二点偕教厅三科长杨克天至威西门外张家祠堂约图书馆蓝馆长、夏定域同往地母洞看《四库全书》储藏办法。……至地母洞只有两仆人看守，洞尚大，高约二丈，尚通风见阳，惟所盖木板，均潮湿。……箱中书籍需曝晒，而该地必须有人主持，因此不能不有预算，约计每月一百六十元之谱。竺可桢：《竺可桢全集》第 7 卷，上海：上海科技教育出版社，2005 年，第 111 页。

闭于各书箱内时已年余，且移置洞中，经此梅雨时节，设不开箱完全曝晒，恐书受潮，须备晒书临时费，俾得即时着手办理。[①]

另外，对于地母洞改修木棚工程及修砖墙临时费、保管《四库全书》月支经常维持费、本季曝晒《四库全书》临时费预算及保管《四库全书》的经费开支问题呈报教育部："（1）改修木棚工程及修砖墙一堵临时费洋一千二百一十四元二角。（2）照管四库全书月支经常维持费洋一百六十三元。（3）本季曝晒四库全书临时费洋三百八十元。[②]

教育部乃电贵州省教育厅要求其将库书加以曝晒，"库书曝晒，势不容缓，仰即转饬妥慎办理，并将办理情形，随时呈报。"[③]随后，贵州省教育厅积极组织人员协助浙江省图书馆管理员开始晒书。11 月 23 日，贵州省教育厅将文澜阁《四库全书》曝晒经过情形致电教育部部长陈立夫：

藏于地母洞之文澜阁四库全书，奉令开箱曝晒，业于本年九月十一日开始曝晒工作，由浙江大学代表王焕镳、管理四库全书职员夏定域及本馆职员杨渔卿，常川住宿该洞上负责照料曝晒，馆长因职务关系，则随时赴洞查视，业经呈报在案。浙大代表王焕镳因急于回浙大教书，已于十月五日离筑赴宜山，晒书职务，函托夏定域兼代。经王焕镳与馆长面呈钧长。复查曝晒之书，自开始迄今，虽届两月，但因贵州气候雨多晴少，

① 《贵州省教育厅长张志韩关于维修四库全书藏书地木棚等经费致教育部呈》（1939 年 8 月 22 日），杨斌选辑：《抗战时期文澜阁四库全书内迁史料（上）》，《民国档案》2015 年第 2 期，第 32 页。

② 《贵州省教育厅长张志韩关于维修四库全书藏书地木棚等经费致教育部呈》（1939 年 8 月 22 日），杨斌选辑：《抗战时期文澜阁四库全书内迁史料（上）》，《民国档案》2015 年第 2 期，第 32 页。

③ 《教育部为迅速曝晒四库全书致贵州省教育厅电》（1939 年 10 月 12 日），杨斌选辑：《抗战时期文澜阁四库全书内迁史料（上）》，《民国档案》2015 年第 2 期，第 33 页。

六十余日中，只有晴天二十五日，一遇晴日，即加紧努力曝晒，至于曝晒书之实际情形。①（1）查明书箱系某字某号之书箱。（2）开箱清点书箱内所装之夹数，记入晒书日记簿中。（3）对照目录逐一清点部数册数符合后，加标识于目录上。（4）将每夹书带撤开，顺序排列于木版上翻晒，每隔一小时后，又依次翻晒一次，约曝晒五六小时。（5）视书无潮气，移至阴处回凉。（6）逐一将每箱每夹每册刷整干净，依照目录复对，同时将每夹书带捆扎完好。（7）将曝晒过整理完竣之图书装入原书箱内，再清点此箱内之夹数，是否与开箱时记入晒书日记簿中之夹数相合，详点无误后，然后加樟脑粉，俟油纸牛皮纸包盖完善，加钉钉固封箱。此每晒一箱必需经过之手续。因晒一箱书手续如此繁重，故每一晴日，至多可晒五箱，至十一月十六日止，已晒一百一十二箱，尚余二十八箱未晒，设天气放晴，有六个晴日，即可完全晒毕。一俟全部晒毕后，再将部数册数及一切经过情形详报。②以筑地气候之多变，洞口场面之窄小，及地位之坐东朝西，须届亭午始见阳光，故延至十二月五日，才得毕事。所有开箱检理翻晒，换纸、加除虫粉及归箧钉封各事，凡经十余次手续，罔不务求其周详。③

（二）文澜阁《四库全书》库书整理清点

1939年4月30日，文澜阁《四库全书》由教育部代表李絜非、

① 《贵州省教育厅关于四库全书曝晒经过情形致陈立夫呈》（1939年11月23日），杨斌选辑：《抗战时期文澜阁四库全书内迁史料（上）》，《民国档案》2015年第2期，第34页。

② 《贵州省教育厅关于四库全书曝晒经过情形致陈立夫呈》（1939年11月23日），杨斌选辑：《抗战时期文澜阁四库全书内迁史料 上》，《民国档案》2015年第2期，第34页。

③ 《贵州省教育厅长张志韩关于四库全书收藏点交与曝晒情形致教育部呈》（1940年1月13日），《民国档案》2015年第2期，第34—35页；《贵州省教育厅关于四库全书曝晒经过情形致陈立夫呈》（1939年11月23日），杨斌选辑：《抗战时期文澜阁四库全书内迁史料（上）》，《民国档案》2015年第2期，第34页。

浙江省立图书馆总务主任史美诚负责，由浙江龙泉运抵贵州贵阳后，即由史美诚逐日开箱清理，贵州省图书馆派职员杜光炎协助，“计文澜阁四库全书正本、前文澜阁误抄书、文澜阁遗存书、前文澜阁续藏书、铜活字本古今图书集成，总计三千四百六十七部，四万二千五百三十六册，于二十七年五月三十日呈报备案”①。后再开箱曝晒的过程中，又将详细目录进行了核查（表 1），“总计三千四百七十部，四万二千五百五十九册，部数计多出三种，即原列库书运筑缺少书内之集部，有次山集二册，韩集举正四册，诗话补集二册，今皆检得，册数计多出二十三册。又零种补抄本原列四百四十五册，实系四百四十四册，均系当日清点计算之误。”②

表 1　贵州省立图书馆点交浙江省立图书馆寄存文澜阁《四库全书》及其附藏书与管理《四库全书》书目单③

数目名称	类型	数目
文澜阁《四库全书》	经部	六八七部，五四八三册
	史部	五六三部，九四四一册
	子部	九二四部，九〇九六册
	集部	一二七七部，一二二九〇册
前文澜	误抄书	七部，五十二册
	遗存书	一部，十八册
	续藏书	六部，九一八册

① 《贵州省教育厅长张志韩关于四库全书收藏点交与曝晒情形致教育部呈》（1940 年 1 月 13 日），《贵州省教育厅关于四库全书曝晒经过情形致陈立夫呈》（1939 年 11 月 23 日），杨斌选辑：《抗战时期文澜阁四库全书内迁史料（上）》，《民国档案》2015 年第 2 期，第 35 页。

② 《贵州省教育厅长张志韩关于四库全书收藏点交与曝晒情形致教育部呈》（1940 年 1 月 13 日），《贵州省教育厅关于四库全书曝晒经过情形致陈立夫呈》（1939 年 11 月 23 日），杨斌选辑：《抗战时期文澜阁四库全书内迁史料（上）》，《民国档案》2015 年第 2 期，第 35 页。

③ 《贵州省教育厅长张志韩关于四库全书收藏点交与曝晒情形致教育部呈》（1940 年 1 月 13 日），《贵州省教育厅关于四库全书曝晒经过情形致陈立夫呈》（1939 年 11 月 23 日），杨斌选辑：《抗战时期文澜阁四库全书内迁史料（上）》，《民国档案》2015 年第 2 期，第 36 页。注：内计经部目四十三页，史部目四十五页，子部目六十八页，集部目一〇八页，目录考证之目二页，误抄书之部附遗存书之部目三页，续藏书之部目三页，古今图书集成之部目二十八页，总计三百页。

续表

数目名称	类型	数目
铜活字本古今图书集成	一部，五〇二〇册	
文澜阁零种补抄本	四百四十四册	
文澜阁书目	□部，二册	

资料来源：杨斌选辑：《抗战时期文澜阁四库全书内迁史料（上）》，《民国档案》2015年第2期，第36页

（三）文澜阁《四库全书》日常经费

文澜阁《四库全书》存于贵州期间，浙江省立图书馆曾相继派出夏定域、柳逸厂、毛春翔到贵州专职负责文澜阁《四库全书》的保管，1940年10月，陈训慈应兄长陈布雷邀请，辞去兼职到重庆任国民政府军事委员会第二处秘书。这期间，他利用一切机会，多次向蒋介石、陈立夫汇报文澜阁《四库全书》转移密藏贵阳的详细情况及困境，使重庆国民政府更为关注文澜阁《四库全书》安危。[①]直到1944年底《四库全书》离黔，陈训慈虽在重庆，但一直关注保管人员的日常开支问题。

1940年，馆员夏定域辞职之后，原定生活费已不能支撑管理员的生活开支。陈训慈便积极致电教育部协商增加管理员日常费用。1940年12月25日，陈训慈致电教育部：

> 查夏理员在职之时，原定每月生活费实支八十元，其他工资及办公各费原由黔馆从部颁经费中随时支付，后蒙规定每月百元，按月支领，在当时物价情形，所定已感支绌。及至廿八年以后，贵阳米价物价日见高涨，上项预算尤苦不敷开支。十月份柳管理员到差，物价腾涨，当有来函请求为员工加给生活费，当以预算规定，不便率请追加，经函复本年度内办公费尽量撙节，以余数酌量移补，作为该员与工役米贴，略示体恤。兹届年度将易，而物价与生活费用步涨，为谋员工生活之安定，

① 鲍志华：《文澜阁〈四库全书〉抗战苦旅线始末》，《图书与情报》2011年第4期。

与策管理之安全与周妥，对于三十年度管理库书之俸给办公各费预算，自不能不酌予提高，业经熟计实际需要，详查该地物价生活情形，编造浙江省立图书馆文澜阁四库全书保管处三十年度概算书二份，备文呈送钧部鉴核。①

另外，陈训慈根据查1940年的预算，将

管理员生活费及工资与其他办公各费二宗，合列每月一八〇元，即全年二一六〇元。兹经加以合并，仿照教育机关预算项目惯例，于俸给项俸薪工资两目，月共列二五〇元，办公费等二项各目合计月列一七〇元，合计每月四二〇元，全年五〇四〇元，较廿九年度增列二八八〇元，所有各目增列数额之用途与原因，皆经逐项择要注明。②

1941年7月20日，陈布雷为请增加管理《四库全书》经费致电陈立夫："兹据舍弟言及，数月来迭接管理员柳逸厂君来函，以筑市物价高涨，原定办公费与生活费甚低，实难应付，并附来呈文，请增经费，舍弟已将呈件送往贵部。因念文澜本海内珍籍，素荷呵护，而经费不足，又必蒙予同情，弟所闻稍详，爰为函渎，可否即饬知主管司，特予注意设法，不胜感荷。"③陈立夫回复："浙江省立图书馆文澜阁四库全书保管费，原定每月三百元，由本部拨给，现以物价高涨，办公费及员役生活费不敷支给，当属实情。已由本部准自六月份起，每月增拨三百五十元，连原有预算每月共计

① 《浙江省立图书馆馆长陈训慈为请鉴核该馆文澜阁本四库全书保管处1941年度概算书致教育部呈》（1940年12月25日），杨斌选辑：《抗战时期文澜阁四库全书内迁史料（上）》，《民国档案》2015年第2期，第36页。

② 《浙江省立图书馆馆长陈训慈为请鉴核该馆文澜阁本四库全书保管处1941年度概算书致教育部呈》（1940年12月25日），杨斌选辑：《抗战时期文澜阁四库全书内迁史料（上）》，《民国档案》2015年第2期，第36—37页。

③ 《陈布雷为请增加管理四库全书经费致陈立夫函》（1941年7月20日），杨斌选辑：《抗战时期文澜阁四库全书内迁史料（上）》，《民国档案》2015年第2期，第37页。

六百五十元，分作员役生活补助费及办公费之用。”①

三、完书归浙：文澜阁《四库全书》离黔辗转回浙

（一）文澜阁《四库全书》离黔转渝

1943 年底起，世界反法西斯战争发生了重大的战略转折，欧洲战场德意法西斯逐渐被击溃，已经转入战略反攻阶段；太平洋战场上，在美军的攻击下日军也接连失利，为确保纵贯中国大陆南北、直通印度支那的交通线，以保持其与南方军的联系，同时为摧毁中美空军基地，以阻止对其本土的空袭，并摧毁中国国民政府继续抗战的意志，日军于 1944 年春夏起集中强大兵力，发起了对中国平汉铁路南段和粤汉铁路及湘桂铁路沿线的猛烈攻击，即“豫湘桂战役”。②

1944 年 11 月日军攻入贵州独山，战火再次烧到贵州，存贵文澜阁《四库全书》不得不再次转移。为《四库全书》安全计，毛春翔即“叠快函渝方请示，旋的叔谅先生覆书，言正教育部洽商将书运渝。”③11 月 11 日，陈立夫致电教育部社会司，建议将文澜阁《四库全书》转移重庆，“本部应专派一人赴贵阳将四库全书运来重庆，并与军政部陈部长接洽车辆（已面允），并与陈训慈先洽，即择地建屋备藏。”④11 月 25 日，陈立夫关于《四库全书》运重庆保藏致杨予秀训令：“查浙江省立图书馆存筑之四库全书，决起运来渝保藏，仰该员即行前往协同本部陈特约编辑国礼及该保管处毛春翔

① 《陈立夫复陈布雷函稿》（1941 年 7 月 20 日），杨斌选辑：《抗战时期文澜阁四库全书内迁史料（上）》，《民国档案》2015 年第 2 期，第 37 页。

② 王健朗，曾景忠：《抗日战争（1937—1945）》，中国社会科学院近代史研究所编：《中国近代通史》第 10 卷，南京：江苏人民出版社，2013 年，第 407 页.

③ 毛春翔：《文澜阁〈四库全书〉战时播迁纪略》，《图书展望（复刊）》1947 年第 3 期，第 30 页。

④ 《陈立夫致教育部社会司批》（1944 年 11 月 11 日），杨斌选辑：《抗战时期文澜阁四库全书内迁史料（下）》，《民国档案》2015 年第 3 期，第 21 页。

押运来渝后，交中央图书馆，并仰在渝与公路总局龚局长洽派车辆及与陈训慈先生洽起运办法。”[①]11月29日，陈立夫关于运《四库全书》致电贵州省政府主席吴鼎昌：“速拨车八辆将《四库全书》运渝，另以立名义电郑秘书长协助，并电保管人员速与吴主席洽办。”[②]11 月 30 日，国立浙江大学关于请速运《四库全书》致电教育部：“浙江文澜阁四库全书原存贵阳地母洞，兹以战局渐紧，此书为我国仅有之精华，似应及早择地迁运，以存国粹。”[③]11 月 30 日，陈立夫为请拨车运《四库全书》致贵州省政府主席吴鼎昌电：“四库全书亟待运渝，请赐速拨回渝空车八辆交保管处毛春翔君为荷。本部并已派杨督学予秀携款来筑协助也。[④]12月2日，陈立夫为请办理《四库全书》运输护照致陈布雷笺函稿：“本部兹派杨督学予秀赴黔，将所存该省四库全书一百四十箱携运至渝，拟请军事委员会发给护照，以利运输而便查验，尚祈迅赐办理，至为感荷。”[⑤]12 月 4 日，贵州省政府秘书长郑道儒关于《四库全书》已起运致陈立夫电：“四库全书已由杨督学齐日获送起渝。”[⑥]12 月 10 日，杨予秀等致教育部电：“运书车四辆过桐，余二辆抛锚，预计元日可全

① 《陈立夫关于四库全书运重庆保藏致杨予秀训令稿》（1944 年 11 月 25 日），杨斌选辑：《抗战时期文澜阁四库全书内迁史料（下）》，《民国档案》2015 年第 3 期，第 22 页。

② 《陈立夫关于运四库全书手示》（1944 年 11 月 29 日），杨斌选辑：《抗战时期文澜阁四库全书内迁史料（下）》，《民国档案》2015 年第 3 期，第 22 页。

③ 《国立浙江大学关于请速运四库全书代电》（1944 年 11 月 30 日），杨斌选辑：《抗战时期文澜阁四库全书内迁史料（下）》，《民国档案》2015 年第 3 期，第 22 页。

④ 《陈立夫为请拨车运四库全书致贵州省政府主席吴鼎昌电稿》（1944 年 11 月 30 日），杨斌选辑：《抗战时期文澜阁四库全书内迁史料（下）》，《民国档案》2015 年第 3 期，第 22 页。

⑤ 《陈立夫为请办理四库全书运输护照致陈布雷笺函稿》（1944 年 12 月 2 日），杨斌选辑：《抗战时期文澜阁四库全书内迁史料（下）》，《民国档案》2015 年第 3 期，第 23 页。

⑥ 《贵州省政府秘书长郑道儒关于四库全书已起运致陈立夫电》（1944 年 12 月 4 日），杨斌选辑：《抗战时期文澜阁四库全书内迁史料（下）》，《民国档案》2015 年第 3 期，第 23 页。

到渝。”[①]12 月 13 日，杨予秀等人致教育部电：“运书要一辆抵綦江，三辆停东溪，二辆以机件损坏拖［抛］锚途中，请即电汇：30 万元至东溪中央银行留交，俾资救济。”[②]12 月 14 日，杨予秀致教育部电：“寒日二车由陈国礼押车自东开出，删到渝。在东一车机坏不能行，随请路局拨一：辆救济，抛锚二车无消息。”[③]

（二）文澜阁《四库全书》辗转回浙

《四库全书》转移重庆后，为了妥善保管文澜阁《四库全书》，1945 年 2 月浙江省旅渝人士发起组织文澜阁《四库全书》保管委员会，此举得到了教育部认可，并由教育部“聘徐青甫、余绍宋、空可帧、陈叔谅并派蒋复理、网树森、贺师俊七入为委员。指定陈叔谅、蒋复理、顾树森为常务委员。秘书及助理员可由常务委员自行聘派或签请聘派”。[④]旅渝人士之所以发起成立文澜阁（四库全书》保管委员会，“当时是以保管妥善为理由，实际是预为以后原壁返浙之地”[⑤]。史实证明，陈训慈等人的担心是不无道理的。早在文澜阁《四库全书》暂存贵州期间就有文澜阁《四库全书》留贵之说，1943 年 8 月 10 日，竺可桢就致信提醒陈训慈函：

> 桢返遵后，得方杰人神父函，云及贵州大学拟将藏于地母洞之文澜阁库书拨归贵大。如此讯果确，桢极不以为然，浙人亦必群起反对，其不妥之理由，甚为明显，无庸缕述。我为库

① 《杨予秀等致教育部电》（1944 年 12 月 10 日），杨斌选辑：《抗战时期文澜阁四库全书内迁史料（下）》，《民国档案》2015 年第 3 期，第 23 页。

② 《杨予秀等致教育部电》（1944 年 12 月 13 日），杨斌选辑：《抗战时期文澜阁四库全书内迁史料（下）》，《民国档案》2015 年第 3 期，第 23 页。

③ 《杨予秀致教育部电》（1944 年 12 月 14 日），杨斌选辑：《抗战时期文澜阁四库全书内迁史料（下）》《民国档案》2015 年第 3 期，第 122 页。

④ 《浙江省〈四库全书〉保管委员会名单》，全宗号 5，卷号 111624，中国第二历史档案馆藏；转引自吴忠良：《经世一书生：陈训慈传》杭州：杭州出版社，2009 年，第 119 页。

⑤ 陈训慈：《附记》，《浙江图书馆志》编纂委员会编：《浙江图书馆志》，北京：中华书局，2000 年，第 272—273 页。

书迁黔之提议人，不能默无一言。而吾弟为库书之原保管人，想心更切。望即先与士选一谈，若有此项建议，嘱其早日打消为感。①

在库书运往重庆时，又有将文澜阁《四库全书》留中央之说，1944 年 12 月 10 日，竺可桢致函陈训慈：“文澜四库书已由筑过遵开渝，想即可抵达重庆。……惟据毛春翔君云，闻中央图书馆拟企图拨得此书。桢意文渊、文津二阁书将来归北平与中央（图书馆），而文澜则以历史上之关系，战后必须迁回杭州。……请足下即与骝先言之为要。”②

抗战胜利以后，关于文澜阁《四库全书》的顺利返浙问题，便被浙江籍人士提上日程。1946 年 1 月 17 日，浙江省教育厅致函教育部部长朱家骅，称：

近接库书保管员毛春翔函告谓现藏《四库全书》之山附近多匪，数年来因教育部所在警卫森严无虞，一旦教育部复员南京，则独保管者生命告危，即藏书亦频险境；且蜀中有力人士有倡议文澜阁书应留西南以助拓展文化者，万一竟成事实，则次书永无珠还之日，则不独本馆无以对浙江人士，而亦为东南文化界之莫大损失。③

11 月 24 日，朱家骅为请派车协助运输《四库全书》致陈诚笺函：“抗战胜利后，吾浙人士曾连电速请运回，然以收复区秩序尚

① 《竺可桢致陈训慈函（摘录）：文澜阁〈四库全书〉归属》（1943 年 8 月 10 日），竺可桢：《竺可桢全集》第 24 卷，上海：上海科技教育出版社，2005 年，第 306 页。

② 《竺可桢致陈训慈函（摘录）：文澜阁〈四库全书〉战后必须返杭》（1944 年 12 月 10 日），竺可桢：《竺可桢全集》第 24 卷，上海：上海科技教育出版社，2005 年，第 370 页。

③ 《省教育厅致教育部快邮代电：将〈四库全书〉运杭案》，全宗号 5，卷号 111623，中国第二历史档案馆藏；转引自吴忠良：《经世一书生：陈训慈传》，杭州：杭州出版社，2009 年，第 120 页。

未全复，未便即行起运，现已情况好转，亟应赶速运浙宝藏。惟在此水枯时期，航运恐滋不妥。为及早起运起见，仍敬请惠予赐派军车六辆，以便即行将此项文献运京，复再由火车运杭，藉以复兴东南文化，而慰全浙人士之望。”①

1946 年 5 月 7 日，在文澜阁《四库全书》保管委员会的妥善筹划下，《四库全书》由 6 辆汽车载运离开青木关，取道川南入黔，经湘赣入浙，历时近两月于 7 月 5 日安抵杭州，重归西湖孤山藏书楼。据毛春翔回忆在《四库全书》运转过程中“途中麻烦之事，困苦之状，非数纸所能尽”②。1946 年 6 月 2 日，负责押运《四库全书》的内政部警察总队队长任建鹏途中报告遭遇云：

> 此次押运《四库全书》，自渝至衡渡江 3 次，以军车过多，每次渡江，均需二三日，闻至杭尚需四番渡江，（以原桥均因战事炸毁）时日恐更须拖延，原预计一月，恐难以到达，5 月 30 日向邵阳出发，下午一时过赤水铺东约二千米，发现股匪约二十余名，携带手枪十余支，正抢劫筑衡客车一辆。当匪见职车开至，乃举枪射击。当时为自卫计，即令押车警士予以还击，相持一时许，始将车保护行过该处。③

另据，蒋复璁等报告接运文澜阁《四库》经过情形：

> 自五月十一日自渝启程，十六日抵贵阳，停留数天……自此东行入赣，至六月十二日到达上饶。此时适为霉雨季节，赣境公路素劣，大雨冲坏桥梁，正在修理中，以是等待较久。又

---

① 《朱家骅为请派车协助运输四库全书致陈诚笺函》（1946 年 1 月 24 日），杨斌选辑：《抗战时期文澜阁四库全书内迁史料 下》，《民国档案》2015 年第 3 期，第 122 页。

② 毛春翔：《文澜阁〈四库全书〉战时播迁纪略》，《图书展望（复刊）》1947 年第 3 期，第 30 页。

③ 《有关运送〈四库全书〉的函电和文书》，全宗号 5，卷号 1650，中国第二历史档案馆藏；转引自孟国祥：《大劫难：日军侵华对中国文化的破坏》，北京：中国社会科学出版社，2005 年，第 91 页。

闻悉浙境公路路基更坏，而浙赣铁路则已恢复通车，故经派毛春翔先行搭车赴杭，向浙江教育厅报告，并与路局商量自诸暨用火车装载卡车至杭之办法，接洽就绪，路桥初告修复，于二十八日开抵诸暨。自此即将书车装载火车，分次运杭，于七月三日与六日先后装运，至六日下午止全书安全抵运杭垣，自城站装斟外西湖浙江省立图书馆卸放。①

四、结语

全面抗战时期文澜阁《四库全书》避寇远徙，地经五省，历时近九载，最终得以完整保存并安然返杭，是国民政府及知识分子在民族危亡之际保护民族文化精华的伟大壮举，意义深远。

（1）文澜阁《四库全书》的内迁及保存是抗日战争时期"文军西征"的重要组成部分，是中国在抗日战争中文化领域的重大胜利，它为中华民族抗战的胜利，民族的复兴保存了珍贵文献。有研究者在日本多方考察了抗战时期日军从中国掠夺的珍贵典籍，除西藏、云南、贵州、青海、四川等省外，"中国文献珍贵典籍被劫往日本的共计二万三千六百七十五种，合二百七十四万两千一百八册，另有两百箱，内装不支其数。其中属于中国国家所有者为五千三百六十种，合二百二十五万三千二百五十二册，另四十一箱；属中国私人所有者为一万八千三百一十五种，合四万八千八百五十六册，另一百六十八箱。"②可见，抗战时期，国家损失的文物是甚为巨大。

（2）全面抗战时期文澜阁《四库全书》内迁西南，不仅促进

① 《蒋复璁等报告接运文澜阁《四库全书》经过情形呈》（1946年9月2日），中国第二历史档案馆编：《中华民国史档案资料汇编》第五辑第三编文化，南京：江苏古籍出版社，1999年，第329—331页。

② 严绍璗：《汉籍在日本的流布研究》，南京：江苏古籍出版社，1992年，第202页。

了文化的传播，而且对贵州的文化事业产生了重大影响。1943 年 4 月 29 日，教育部为贵州大学传抄四库全书事致蒋介石代电："为应地方人士需要提高西南文化计，权宜办法只能就该书中有关西南文献为外间未经刊印之孤本抽借传抄，抄写工作亦不能离开藏书场所，以免散失。"①

（3）全面抗战时期文澜阁《四库全书》的内迁及保存，将个人、国家、民族的命运紧密结合，实现了空前的民族团结，在《四库全书》库书内迁过程中得到了上至国民政府最高领袖，下至图书馆管理员的关注与支持，他们在民族危亡之际、文化危亡之际均做出了自己应有的贡献。

（4）文澜阁《四库全书》在抗战烽火中得以完整保存并顺利返杭，对浙江文化的传承与发展也是极大的鼓舞。正如浙江籍人士祝文白所言："七七事变以还，北平沦陷，文津阁书，已在敌寇控制之下。逮放弃南京，文渊阁书，似又未能全部运出。在抗战前鼎足而峙之文渊、文津与文澜，至今仅文澜阁之书独存，岿然如鲁殿灵光，吾人无论为保存前贤之手泽计，或为发扬吾国之文化事业计，俱应爱护此空前唯一之大丛书。"②

全面抗战时期文澜阁《四库全书》的播迁及保存与奔赴疆场，保家卫国之事相较，虽不是什么经国伟业，但在艰难的抗战烽火中，前贤舍生忘死、毁家纾难，为保护珍贵典籍至死不渝，他们以"文脉继承"为己任，堪称中华民族文化的"脊梁"③，较于浙江地方军事行政人员对于国家珍贵文献保存意识的淡薄和掣肘，国民政府教育部及知识分子群体，对国家瑰宝的守护与关心形成鲜明对

① 《教育部为贵州大学传抄四库全书事致蒋介石代电》（1943 年 4 月 29 日），杨斌选辑：《抗战时期文澜阁四库全书内迁史料（下）》，《民国档案》2015 年第 3 期，第 21 页。

② 祝文白：《两次查看内运文澜阁四库全书记》，《真理杂志》1944 年第 1 期，第 220 页。

③ 张春梅：《文澜阁〈四库全书〉西迁创奇迹》，《中国社会科学报》2015 年 8 月 28 日，第 1 版。

比。在文澜阁《四库全书》内迁过程中，“而教部主迁书于西南，由浙而黔，由黔而川，更由川而回浙，先后所费数千万元，保管所需，有求必应；浙大派车救书于俞赵，派人督运于龙泉，指导曝晒于黔中”“陈部长立公，朱部长骝公，竺校长舫公，爱护安邦文物，比之浙抚谭公鹿麟独或过之。”[①]此外，江南三阁，文澜独存，也说明了浙江人士对于文物典籍的重视与珍惜。陈训慈等一批知识人在抗战烽火中不辞辛苦的将文澜阁《四库全书》内迁，这集中体现了中国传统知识分子在国家与民族危亡之际所表现出的时代担当。正如其在日记中云：“周虽旧邦，其命惟新。人力物力，蕴蓄何量，导而扬之，以制敌复国，大人之责，小民亦的自外耶？”[②]

著名史家钱穆有言：

> 人类苟负有某一种文化演进之使命，则必抟成一民族焉，创建一国家焉，夫而后其背后之文化，始的有所凭依而发扬光大。若其所负文化演进之使命既中辍，则国家可以消失，民族可以离散。故非国家、民族不永命之可虑，而民族、国家所由产生之“文化”之熄绝为可悲。世未有其民族文化尚灿烂光辉，而遽丧其国家者；亦未有其民族文化已衰熄断绝，而其国家之生命独得长存者。[③]

对于保存民族文化精华和坚持抗战的胜利，实现民族复兴具有极其重要的历史和现实意义。

作者简介：侯培和，河南大学历史文化学院博士生，主要从事中国近现代史研究。

---

① 毛春翔：《文澜阁〈四库全书〉战时播迁纪略》，《图书展望（复刊）》1947 年第 3 期，第 31 页。

② 陈训慈著，周振鹤整理：《运输日记》，北京：中华书局，2013 年，第 148 页。

③ 钱穆著：《国史大纲》上册“引言”，北京：商务印书馆，1996 年，第 32 页。

通州师范学校与教科书疑狱
——论张謇的外聘人才观

刘　佳

（东京学艺大学　联合学校教育学研究科　东京都　小金井　1848501）

摘　要： 通州师范学校是中国最早的师范学校，也是比较早就聘请日本教习的师范学校。为了学习日本先进的教育理念和教育经验，张謇为通州师范学校聘请过7位日本教习，他们大多都完成了张謇交托的教育任务，完善了通州师范学校的制度，提高了师范生的教育水平，紧密了通州师范学校校友之间的联系。7位教习中，有3位曾在日本明治末期爆发的教科书疑狱事件中被判犯有受贿罪。选择这样的教习，一方面是因为张謇受制于南通教育资金的缺乏；另一方面也是他结合南通的实际情况，重视这些有严重污点的日本教习的知识和能力。张謇的这种"实用主义"的人才观，为通州师范学校的成功奠定了坚实的基础，也为南通地区的教育近代化的普及做出了贡献。

关键词： 通州师范学校；日本教习；张謇；实用主义

通州师范学校[①]是由张謇在1902年所创立的中国最早的师范学校。通州师范学校是一所私立师范学校，当时被称为寻常师范，设有讲习科、简易科和本科，1906年建成了附属小学，此后为了开展实业教育，还设置了测绘科、农科、工科等专科，以及农场、图书

① 现为南通师范高等专科学校。

馆、博物苑、测候所等附属机构。学校以培养小学教员为主要目的，不仅为通州地区培养了大量的教员和实业所必需的人才，还为山西、甘肃等省输送了人才。[①]

教科书疑狱事件是指日本明治后期爆发的一场牵连甚广的教科书受贿案。教科书出版社为了自己所制作的教科书能被采用，纷纷对参与教科书检定的相关人士、包括政府官员和学校教师行贿。1902年年底，日本全国有将近200人被起诉，最终116人被判有罪。[②]

远在日本的教科书受贿案似乎和地处通州（现在的江苏省南通市、下文统称“南通”）的私立师范学校没有任何关联，但实际上，通州师范学校的历史上聘请过的 7 名日本教习中[③]，其中远藤民次郎、西谷虎二、木村忠治郎这 3 位都被卷入教科书受贿案中，并都是在被判定有罪后经人介绍到通州师范学校任教的。南通现存的各种资料中，和日本教习相关的记录并不多见，他们在通州师范学校的教育活动仅在如《通州师范校友会杂志》等杂志，以及通州师范学校毕业生的回忆录中有零星记载，而他们在日本的经历、资历，他们和教科书案之间的牵连几乎无人知晓。

目前的研究成果中，对通州师范的日本教习有比较详细研究的仅有两篇。一篇是荫山雅博于1992年发表的《清末“日本型”学校制度在江苏省的引进过程——以张謇的活动为中心》，他认为西谷倡导成立通州师范学校校友会，给通州师范学校校友教育实践和研究交流提供了平台；而木村忠治郎在通州师范学校期间，主要负责单级教授法和赫尔巴特学派的五段教授法的教学和研究，在提高通州师范学校师范生的教育能力和教育水平上贡献巨大。但没有涉及这两人在日本的经历。另一篇是金海莲于 2015 年发表的《张謇和

---

① 张孝若：《南通张季直先生传记》，《民国丛书》第三编，上海：上海书店，1989年，第 97 页。

② （日）下中邦彦编：《大百科事典》4，东京：平凡社，1984 年，第 263—264 页

③ 不含于 1958 年与通州师范学校合并的江苏省南通女子师范学校的前身——创立于 1906 年的通州女子师范学校曾经招聘的日本教习。

日本——围绕南通博物苑的创立》，她整理归纳了木村忠治郎和通州师范学校毕业生、曾任南通博物苑主事的孙钺之间的交际情况，分析了木村忠治郎对南通博物苑建立的重要意义。这也是唯一一篇对木村的学历和履历有过调查、并明确点明木村忠治郎是因受教科书受贿案而选择前往南通任教的论文，但没有提及其他日本教习。

目前，张謇研究者虽然普遍认为在通州师范学校创校的早期阶段，这些日本教习确实发挥了重要的作用，推进了通州师范学校的教育研究，并提高了师范生的教育能力。但是，通州师范学校的这些日本教习到底是什么样的人，他们是通过怎样的途径来到南通的？张謇知不知道其中这三人的“犯罪史”？通州师范学校究竟是为什么会接受这种有污点的日本教员？对于这些问题，一直没有明确的答案。可以说对日本教习其实知之甚少，甚至可以说张謇研究的这个分支，目前还处在比较空白的阶段。

本文旨在通过调查在通州师范学校执教过的 3 名日本教习在日本的经历、特别是他们和教科书疑狱事件的关联，来分析他们到通州师范学校任教的缘由；通过研究他们，以及其他 4 名日本教习，结合张謇在招聘日本教习时的具体做法，分析张謇在引进教育人才时的标准和理念。

一、招聘日本教习的时代背景及缘由

清朝末期、政府腐败无能，被迫和西方列强签订了一系列丧权辱国的不平等条约，导致中国逐渐沦为半殖民地。有识之士提出了“救亡图强”的口号，开始推进社会改革。中国在甲午战争中败给日本之后，社会的主流就变成了向日本学习，将日本明治维新的成功经验复制到中国。特别是在教育方面，可以说这是一个以日本学制为模板，构建中国近代学校制度的时期。关于这一点，日本学者阿部洋是这样分析的：“1894年到1895年的甲午战争的败北，使中国认识到近代学校的迅猛发展才是构成日本国家飞速发展的基础，从而推行变法自强运动。而这种认知不断加深，促使清政府真正开始努力推行以日本为模板的教育近代化，则是日本取得日俄战争的胜利之后。”①他还认为：

> 1902年颁布《钦定学堂章程》后，近代学校制度才开始被引进到中国。此后到清朝灭亡为止的10年间，中国在全国范围内努力推行并建立起从小学堂到大学堂，包含各个阶段的学堂（即近代学校）系统。但这一过程中，中国一直都在参考邻国日本的已有经验，并从制度、目的、内容、方法等各个方面，全面模仿日本。从这个意义上来说，清朝末期就是一个构建“日本模式”的教育改革时期。②

在这一时期，师从日本成为有识之士的统一意见，在努力构建日本模式教育体系的同时，大量的公费派遣留学生和自费留学生、游学生前往日本学习，形成了赴日留学的热潮。政府官僚、民间乡绅等也纷纷前往日本考察学习。同时，清政府还招聘日本专家来中国传授各种学术和技术，并在新成立的一些部门中聘请了众多的日本顾问。③在教育方面，聘请日本教习自然也成了一种潮流。据估计，1906年在中国的日本教习总人数达到了500—600人，达到了巅峰期；而据曾担任天津北洋师范学堂教习的中岛半次郎在1909年11月的调查，当时在中国任教的356名外籍教员中，有311人是日本人。④

张謇是较早提出学习日本、推行教育改革的先驱者之一。光绪二十七年（1901年），他起草《变法平议》，极力劝说当时的两江

① （日）阿部洋：《中国の近代教育と明治日本》，东京：福村出版，1990年，第15页。
② 阿部洋：《中国の近代教育と明治日本》，东京：福村出版，1990年，第14页。
③ 汪向荣：《日本教习》，《社会科学战线》1983年第3期，第330页。
④ 汪向荣：《日本教习》，《社会科学战线》1983年第3期，第331—332页。

总督刘坤一兴办新式学校。翌年，他和罗振玉为刘坤一起草《学制奏略》，提出了学校设置的次序及具体措施。[①]这一以明治日本的教育政策为范本，将师范教育体系的确立和初等教育的普及作为重要课题的构想[②]，遭到了刘坤一身边的守旧官员，如粮道徐树钧、盐道胡延等人的反对和攻击。在刘坤一突然因病去世之后，张謇失去了在政治和经济上的支持者，不得不放弃了省级规模的教育改革，而把全部精力拿到南通来开展他的教育实践活动。

众所周知，当时的南通还是传统的落后农村，人口密度虽然很高，但教育的普及率极低。张謇希望通过培养师范学生，解决师资问题，大力发展初等教育，来改变南通落后的面貌。为了学习日本先进的近代学校制度、教育理念、教育方法等，提高师范学生的教育能力，张謇在招聘日本教习这一方面表现得十分积极。

通州师范学校创办时期最初聘请的18位教员中，就有2位日本教习。1903年5月21日到7月27日，张謇前往日本考察，此行的一大重要目的就是希望通过日本新闻、教育界的一些拥有话语权的人士，来招聘日本教习和幼稚园保姆去南通教学。他在日记中写道："（五月初七日）访西村[③]、小池[④]，商询幼稚园保姆事。因晤清水常次郎……清水任为介绍保姆事。""（闰五月二十七日）……饭后与伯斧诣西村、小山[⑤]二君。西村言折井夫人已分娩，可就保姆之聘。内藤君[⑥]荐和田喜八郎为通州师范教习。和田与内藤皆秋田县

① 章开沅：《张謇传》，北京：中华工商联合出版社，2000年，第155—156页。

② 荫山雅博：《清末江蘇省における「日本型」学校制度の導入過程——張謇の活動を中心として——》，《国立教育研究所紀要》1992年第121集，第2页。

③ 西村天囚，日本小说家、记者。上田正昭等编：《日本人名大辞典》，东京：讲谈社，2003年，第1442页。

④ 小池信美，朝日新闻社记者。据张謇记载小池曾在上海五年，会中文。

⑤ 小山健三，日本明治至大正时期的官僚、实业家。上田正昭等编：《日本人名大辞典》，东京：讲谈社，2003年，第794页。

⑥ 原名内藤虎次郎，号湖南，日本明治到昭和前期的东洋史学者。上田正昭等编：《日本人名大辞典》，东京：讲谈社，2003年，第1335页。

人，曾卒高等师范学业，为其本县学校教授云。”[①]

与张謇结伴同行、一同考察日本的蒋黼[②]在他著的《东游日记》中，对于五月初七日（6月2日）这一天的情况，有着更详细的记录：“……又访西村君于朝日新闻社，询以此地幼稚园开办之初如何发端。西村云，此事当问之友人清水氏。因招清水君来详述其事。……季直欲延一保姆至通州，因订定明日同请水君至女子师范学校访氏园氏。”[③]

虽然最终和田和折井都未能来到南通，但可见张謇的重视程度。

张謇的儿子张孝若在父亲的传记中这样写道：“这一年的春天，日本发生了一件教科书之狱；法庭将和这案件有关系的许多校长教授，分别的定了罪，轻的都停职闲居。我父亲东游，正要访求这种人才。于是就请定了其中好多位到通州各学校工厂去担任教师和技师。当时东京教育界很歌诵我父，说是这一班人的救星！”[④]按照张孝若的说法，张謇在前往日本之前，就已经打算寻访教科书案“犯人”到南通任教。

这一点在内藤湖南口中得到了证实。1919年10月26日，内藤湖南在日本兵库县教育会大会上以《支那教育谈》为题进行的演讲中谈道：“那时日本教育界掀起轩然大波，即因教科书事件而陷入一片哗然，教育者中出现了众多犯罪失职者。中国人却为此十分欣喜，恳求这些日本教师跟随他们去中国。当时有一位现今在实业和教育界的权威，也来请我帮他推荐。”[⑤]结合其后的演说内容，很

① 张謇：《癸卯东游日记》，南通：翰墨林书局，1903年。

② 蒋黼（1866—1911）字伯斧，与罗振玉共同在上海成立农学会。陈玉堂：《中国近代代人物名号大辞典》，杭州：浙江古籍出版社，2005年，第567页。

③ 蒋黼：《东游日记》，日本苏城宫巷中斐韫斋刻印本。

④ 张孝若：《南通张季直先生传记》，《民国丛书》第三编，上海：上海书店，1989年，第111页。

⑤ （日）内藤湖南：《支那教育談》，《内藤湖南全集》第5卷，东京：筑摩书房，1972年，第111—112页；转引自陶德民：《付録　1903年大阪来訪の張謇と内藤湖南及び西村天囚》，《明治の漢学者と中国—安繹・天囚・湖南の外交論策—》，大阪：关西大学出版部，2007年，第146页。

明显，内藤湖南所说的就是张謇。

而 1903 年 11 月 11 日的《申报》刊登的报道中说道："近有人向殿撰献策，谓不如改聘去岁教科书受贿案内褫职之员。"[①]言下之意，就是说招聘这样的教习是张謇在东游结束之后才做出的决定。

张謇在东游时的日记里并没有提到他的招聘标准和方向，但张孝若和内藤湖南的记载可以相互印证，可以推论《申报》的报道并不属实，张謇应该是有计划地要招聘有污点的日本教习回南通任教。

至于张孝若所说的，张謇在东游期间已经请定多人去南通，以及张謇被称为救星这一点，陶德民也提到，在当年闰五月二十七日（7 月 21 日）内藤湖南为张謇推荐和田喜八郎之前，张謇"已经在东京雇用了一些因受贿而被革职的人"，[②]但是并未给出佐证。笔者查阅了《朝日新闻》等日本当时的报刊中关于张謇东游的报道，也未见相关的内容。张謇的日记提到了和日本教习之间的交涉情况，但并没有明示这几个人和教科书案有关联；而且他的日记中也没有将这几个人的名字全部记录下来，因此现在已经无从查证。就以目前所有的资料来看，笔者对张謇在东游日本期间就已经雇用了多名教科书案的"罪人"这一说法持保留态度。

二、教科书疑狱事件

明治政府从 1886 年开始推行教科书检定制度，将学校教科书的采用权委托给各府县的审查委员会。审查委员会由师范学校校长、学务课长、小学教员、参事会员等人构成。从事教科书制作的各出版社为了赢得教科书带来的巨大利润，就必须尽力让自己制作的教

① 《弃材可用》，《申报》（上海）1903 年 11 月 11 日。

② 陶德民：《付録　1903 年大阪来訪の張謇と内藤湖南及び西村天囚》，《明治の漢学者と中国—安繹・天囚・湖南の外交論策—》，大阪：关西大学出版部，2007 年，第 147 页。

科书通过检定，因而极力拉拢委员会成员，甚至对各府县的官员、校长等人行贿。这样的贿赂受贿行为蔚然成风，终于在1902年年底全面爆发，金港堂、集英堂等教科书出版社接受了搜查，多名县、郡的视学官也被拘捕，被卷入这一案件的政府官员、校长、教师、教科书出版社社长，人数将近200人。到1903年的3月，经过案件审理、上诉，最终116人被判定有罪。这一丑闻也导致了日本桂太郎内阁修改《小学校令》，将教科书的编纂权力收回至文部省，从而确定了国定教科书制度。①

教科书案的直接后果，就是导致这些被卷入丑闻、被判有罪的教育界相关人士在日本无法立足。而当时中国师从日本的热潮，也给了他们其中一些人新的机会。其中最有名的，可能要数曾任商务印书馆编译室主任的长尾雨山。

长尾雨山，原名长尾甲，字子生，雨山是他的号。1888年毕业于东京帝国大学文科大学古典讲习科后，任学习院大学教师，也在文部省专门学务局供职。1899年，他担任东京高等师范学校教授，并兼任东京帝国大学文科大学讲师。②1900年11月，集英堂得到内部消息，获知自己出版的《寻常国语读本》等教科书可能通不过教科书检定，就委托担任文部省图书检定审查官的长尾雨山修改这批教科书，并于同年的11月23日向长尾雨山赠送了300元。③1902年，教科书案爆发之后，长尾雨山于12月22日以受贿罪为名被拘捕，24日被文部省勒令停职。在法庭审判中，集英堂表示他们向长尾雨山行贿的目的是希望长尾雨山可以尽力促使自己的教科书通过检定，而长尾雨山则坚持他仅向集英堂承诺在修改教科书一事上出

① （日）下中邦彦编：《大百科事典》4，东京：平凡社，1984年，第263—264页

② （日）樽本照雄：《初期商務印書館研究》增补版，滋贺：清末小说研究会，2004年，第122页。

③ 为了区分日本和中国清末之后货币单位，本文用“元”来代指日元，用“圆”来代指中国的银元。

力，认为自己收取的仅是“教材修改费”。[①]庭审的结果，长尾雨山被判“有期徒刑2个月，处罚金7元，追缴受贿金300元”。[②]他不服原判，提出上诉，但因为提交不出新的证据，只能于1903年5月10日放弃上诉。而和长尾雨山同为图书审查官，也同因收取修改教材的“劳务费”而被送检的高津锹三郎却被撤销了起诉。[③]

长尾雨山认为自己蒙受了冤屈，后世的学者也对他多有同情，支持他无罪的观点。但在当时，他确实在日本教育界已经很难再有容身之地。于是十分坦然地就接受了商务印书馆的邀请，于1903年11月28日举家前往上海，担任编译室主任，并在上海定居了将近12年。

时任香川县师范学校校长，和长尾雨山同样毕业于东京高等师范学校的正木直太郎，由于赴任地的本地派排斥外来人员，被诬告受贿而送检停职。1903年9月30日的庭审，虽然洗清了他的冤屈，但受这一丑闻的影响，他也未能立刻恢复原职[④]，直到1905年，停职命令才得以解除。1904年，正木直太郎被聘为东京宏文书院的教授。宏文书院是由嘉纳治五郎[⑤]所创设的最早接受来自中国公派留学生的学校，也是接受留学生人数最多的学校。正木直太郎应该是在此时建立起了和中国的联系。1907年，他以52岁的高龄，单身前往中国安徽省安庆府高等师范学堂担任教习，直到辛亥革命爆发后才提前解约回国。[⑥]有学者认为，正木直太郎在教科书事件中成为被

① （日）樽本照雄：《初期商務印書館研究》增补版，滋贺：清末小说研究会，2004年，第138—142页。

② 《裁判宣告》，《東京朝日新聞》1903年3月17日，转引自（日）樽本照雄：《初期商務印書館研究》增补版，滋贺：清末小说研究会，2004年，第143页。

③ （日）樽本照雄：《初期商務印書館研究》增补版，滋贺：清末小说研究会，2004年，第143—144页。

④ 稲岡勝：《正木直太郎と〈六六日記〉—清国安徽省安慶府優級師範学堂教習と留守家族の手紙—》，《文献継承》2013年第23号，第4—5页。

⑤ 日本明治至昭和前期的教育家、柔道家。上田正昭等编：《日本人名大辞典》，东京：讲谈社，2003年，第533页。

⑥ 信浓教育会编：《教育功劳者列传》，长野：信浓教育会，1935年，第48页。

告，即使他本身是无罪的，但这一烙印却无法轻易抹去，远离故土前往中国，恐怕也是他经过深思熟虑后做出的一个苦涩的决断。①

由此2例，可以说，只要被卷入了教科书案中，无论是有罪还是无罪，在日本都被视为是一种耻辱，要承受世人异样的眼光，最起码在短时间内是很难在日本的教育界继续生存的。当时中国学习日本，对日本专家、教习有很大的需求，即使中国向来对教师有着才学和道德上的双重要求，一些有污点的日本教育者还是在中国找到了一定的生存空间。

三、通州师范学校的日本教习

在通州师范学校执教过的日本教习共有7位，现将他们的相关信息汇总如表1所示。

表1 在通州师范学校任教的日本教习一览表②

姓名	在校时间（年月）	执教科目	履历
木造高俊	1903.3—1903.6	日文	东亚同文书院教授
吉沢嘉寿之丞	1903.3—1906.1	数学、理科	东京物理学校毕业
远藤民次郎	1904.1—1904.8	算术、外国地理	东京高等师范学校毕业
西谷虎二	1904.1—1914.12	日文、教育、历史	东京帝国大学文科大学汉学科毕业
木村忠治郎	1904.8—1911.1	理科、教授法	东京高等师范学校毕业
宫本几次	1907.3—1909.1	测绘	中学校毕业
照井喜三	1908.2—1909.1	农科	农科毕业

（一）木造高俊

木造高俊毕业于东京帝国大学汉文专科，1901年4月到12月③

① 稲岡勝：《正木直太郎と〈六六日記〉—清国安徽省安慶府優級師範学堂教習と留守家族の手紙—》，《文献継承》2013年第23号，第5页。

② 参考翰墨林书局出版的《江苏通州师范学校职员学生录》及《通州师范校友会杂志》的相关资料，并查阅日本东京大学、筑波大学等大学校史而制成本表。

③ 上海东亚同文书院清水董三编：《東亜同文書院創立二十周年根津院長還暦祝賀記念誌》，上海：东亚同文书院同窗会，1921年，第65页。

在东亚同文书院负责“支那制度律令”①的科目。他是经由罗振玉的介绍，于1903年3月来到南通的。当时通州师范学校虽然还未正式开校，但讲习科已经提前开始上课。张謇让木造高俊负责教授师范生日语，并委托他制成通州师范学校的平面图。②

荫山雅博认为，“东亚同文书院的首席教授木造高俊在该书院担任的课程为清国诸制度及律令、法学通论。张謇敦请这位精通中国法制的首席教授担任制订通州师范学校诸章程及规则实质性的责任者，不久还打算任用其为通州学务处顾问。”③

然而，1903年6月24日，在日本考察的张謇接到他的三哥张詧的电报，得知了木造高俊自杀的消息。木造高俊恐怕是在此前一天或两三天内自杀的。张謇在日记中写道：“得三兄讯，知通州师范教习木造以神经病自戕。”④张謇在后来的《啬翁自订年谱》中再次提及木造高俊的死因，称“师范日教员木造以日俄将战之忧，自戕死，遗书述故。”⑤

张謇在他的日记和其他文章中，很少提及日本教习，更少明确表示他的态度。但是他曾经给予很高期望的木造高俊突然自杀，并

---

① 上海东亚同文书院：《東亜同文書院職員及擔任課目》，日本爱知大学图书馆馆藏。

② 孙模：《通师日籍测绘科教师宫本》，《读雪斋文选》，南通：南通市文学艺术界联合会，2011年，第92页。

③ 荫山雅博：《清末江蘇省における「日本型」学校制度の導入過程——張謇の活動を中心として——》，《国立教育研究所紀要》第121集，1992年，第14页。译文引自程灼如译：《清末“日本型”学校制度在江苏省的引进过程——以张謇的活动为中心》，张謇研究中心编：《再论张謇——纪念张謇140周年诞辰论文集》，上海：上海社会科学院出版社，1992年，第229页。笔者查阅上海东亚同文书院清水董三编的《東亜同文書院創立二十周年根津院長還暦祝賀記念誌》第65页和松冈恭一、山口昇编的《沿革史·下编東亜同文書院沿革史》第31页发现，东亚同文书院创立之初的教职员名单是按日语五十音顺序排列的。木造这个姓在五十音排列中考前，被列在教授一栏首位。荫山雅博所谓“首席”一说，恐怕是误解。此外，根据《東亜同文書院職員及擔任課目》可知木造高俊担任的科目名为“支那制度律令”，荫山雅博的说法恐怕不太准确。

④ 张謇在光绪二十九年（1903年）农历五月二十九日的日记。详见张謇：《癸卯东游日记》，南通：翰墨林书局，1903年。

⑤ 张謇：《啬翁自订年谱》，《张謇全集》编纂委员会编：《张謇全集》第8卷，上海：上海辞书出版社，2012年，第1019页。

在南通引起骚动，可以想见他的失望和不满。

（二）吉泽嘉寿之丞

吉泽嘉寿之丞出生于日本富山县，是东京物理学校数学科的第20期生，1896年7月毕业①。可能是王国维在日留学期间结识了吉泽嘉寿之丞，并推荐他来通州师范学校任教。吉泽嘉寿之丞从1903年3月起到1906年1月，在通州师范学校教授算术和理科。但其间，他似乎曾经离开南通一段较长的时间，因此张謇在给王国维的信中写道："吉泽久不来，甚不合信义"②，表达了对他不遵守契约的强烈不满。吉泽嘉寿之丞的妻子森田政子曾被聘为张孝若的保姆，1906年2月到通州私立女子师范学校任教。翌年2月，夫妻二人一同回到日本。③

（三）远藤民次郎

1857年，远藤民次郎出生于日本东京的一个士族家庭。1884年4月，他毕业于东京高等师范学校中学师范学科。④1896年7月10日开始，担任岛根县师范学校教谕，从1899年的5月19日到1902年9月23日，一直担任该校校长的职务。⑤之后，他担任私立明治义会中学校⑥的校长直至1903年2月。⑦

远藤民次郎在教科书疑狱事件中也成了被告，1903年4月7日，

① 东京物理学校编：《東京物理学校五十年小史》，东京：东京物理学校，1930年，第213页。

② 张謇：《教育手牒》，《张謇全集》第3卷，上海：上海辞书出版社，2012年，第1421页。

③ 朱嘉耀主编：《南通师范学校史》第1卷，南京：南京师范大学出版社，2012年，第176页。

④ 东京高等师范学校编：《東京高等師範学校一覧：明治30—32年》，东京：高等师范学校，1898年，第199页。

⑤ 岛根县师范学校编：《島根県師範学校一覧：明治40年度》，岛根：岛根县师范学校，1908年，第148—149页。

⑥ 1906年3月31日废校。《官報》1905年12月23日，总第771页。

⑦ 《収賄者の罪状》，《読売新聞》1903年2月15日。

他被判处“有期徒刑3个月，处罚金10元，并追缴受贿金500元”。[①]同年4月18日，内阁赏勋局剥夺了他明治二十七年被赐予的从军记章；4月23日，宫内省也剥夺了他的位阶。[②]

前文中已经说明，被牵连进教科书案的教育者几乎都不能再在日本教育界容身，远藤民次郎当然也不例外。据《申报》报道，远藤民次郎和西谷虎二都是经由旅日的宁波商人王惕斋的引荐才来到通州师范学校的。[③]张謇确实委托旅日华商与日本教育者进行交涉，但华商似乎不太可能直接物色到远藤民次郎，很有可能是经由时任东京高等师范学校校长的嘉纳治五郎的介绍才和远藤民次郎取得联系的。嘉纳治五郎是张謇的旧友竹添进一郎[④]的女婿，张謇在东游期间，得到了嘉纳治五郎的很多帮助，还参观了东京高等师范学校。嘉纳所创办的宏文书院在1904—1905年，还接纳了通州师范学校派出的7名公费师范生。张謇和嘉纳治五郎的关系本就良好，而凭借嘉纳治五郎在日本教育界的地位和声望，以及庞大的人脉关系，张謇对他应该是相当信任和倚重的。因此，笔者推测远藤民次郎到通州师范学校赴任应该是通过嘉纳治五郎和王惕斋的推荐和介绍才得以实现的。

1904年1月，远藤民次郎来到通州师范学校，负责算术和外国地理两门课程。但是同年8月，他在通州师范学校服务了还不到一年就回国了。这样的违约行为想必是让张謇非常反感的。

（四）西谷虎二

西谷虎二1868年出生于鸟取县的一个士族家庭，1894年从东京帝国大学文科大学汉文科毕业。毕业之后他就一直活跃在日本教

① 《裁判宣告》，《読売新聞》1903年4月7日。
② 《官報》1903年4月23日，总第474页。
③ 报道中误作“近藤”。《殿元造士》，《申报》1904年5月30日。
④ 日本明治到大正时期的外交官、汉学家。上田正昭等编：《日本人名大辞典》，东京：讲谈社，2003年，第1135页。

育界。到 28 岁的时候，已经被任命为山形县庄内寻常中学校的校长，并被赐年俸 800 元[①]，1897 年，他的年俸被升到了 900 元。[②]1901 年，西谷被升为高等官五等，并担任千叶县视学官。[③]此后，他的官阶被提升到了从六等，并于 1902 年被调往县立宫城县第一中学校任校长，年俸也升到了 1500 元。[④]

可以说，西谷虎二年轻有为，前途一片大好，可是 1902 年 12 月 19 日，他被停职了。[⑤]1903 年 2 月，他因为分别在 1901 年夏天和同年的 11 月，两次同意采用金港堂的教科书，接受 500 元的贿赂，而被指控犯有受贿罪。[⑥]同年 3 月 13 日的审讯中，他否认了受贿的事实[⑦]，但东京地方法庭还是在 3 月 16 日，做出了的“有期徒刑 3 个月，处罚金 10 元并追缴受贿金 1000 元”的判决。[⑧]西谷提起了上诉，但被驳回，他的位阶也被剥夺了。[⑨]

前途尽毁的西谷虎二只能离开日本，寻找新的栖身之所。和远藤民次郎一样，他也是在王惕斋的引荐之下，于 1904 年 1 月来到通州师范学校，担任日文、教育史、西洋史、世界史、伦理学、英文等课程，还曾兼任过高等小学校的体育课。翰墨林书局[⑩]还出版过西谷所著的《英国史》，这本书可能就是他授课的讲义。但由于 1938 年日本军攻入南通，导致翰墨林的资料和书籍大量丧失，现在已经找不到原本了。

---

① 《官報》1896 年 10 月 5 日，总第 46 页。
② 《官報》1897 年 5 月 19 日，总第 230 页。
③ 《叙任辞令》，《教育界》1901 年第 1 号，第 163 页。
④ 《官報》1902 年 10 月 15 日，总第 291 页。
⑤ 《文部大臣稟議県立宮城県第一中学校長西谷虎二休職ノ件》，《明治三十五年任免》卷三十四，日本国立公文书馆馆藏。
⑥ 《収賄者の罪状》，《読売新聞》1903 年 2 月 15 日。
⑦ 《教科書事件公判》，《大阪朝日新聞》1903 年 3 月 13 日。
⑧ 《教科書収賄被告の判決》，《読売新聞》1903 年 3 月 17 日。
⑨ 教科書事件》，《大阪朝日新聞》1903 年 6 月 9 日。
⑩ 翰墨林书局是张謇于 1903 年创设的兼备编译、印刷与发行三方面的机构，经清政府批准建立，并获版权保护的新式出版社。庄安正：《金泽荣与翰墨林编译印书局》，《广西社会科学》2006 年第 2 期，第 104 页。

西谷虎二是唯一一个在辛亥革命成功、建立起中华民国政府后，还一直留在通州师范学校的教习。他直到 1914 年年底才辞职回国，在通州师范学校服务了11年，也是执教时间最长的教习。他对通州师范学校最大的贡献是经他的提议，于 1910 年成立了校友会这一组织。

通州师范学校校友会的〈会则〉中表明“本会以亲睦同校交谊研求教育进步为目的”①。校友会的第一任会长是张謇，副会长是通州师范学校的监理江谦，各部的主事和事务员几乎都是通州师范学校的毕业生。校友会从 1911 年起，开始发行杂志。②杂志上刊登着通州师范学校的沿革、重要演讲、报告、意见书，教育相关的报告、论文，还有通州师范学校的附属小学的学生所写的文章，毕业生及教职员的名单等各类表格。通过校友会杂志，可以大致把握南通当时的教育情况和研究的动向。

通州师范学校校友会也吸引了来自外界的关注。1916年，浙江省教育会特别派出记者参加通州师范学校校友会，并报道说：“南通师范于昨日举行第六届校友会。先一日，敦请名人讲演。盲哑教师演习教授，及哑人实地谈话。（略）是晚又演活动写真，直至夜十时始散。翌日开校友会，到会者数百人。各赠以校友杂志一册，陈述母校一年来之现状，以为校友之纪念。诚盛举也。”③

（五）木村忠治郎

1. 木村忠治郎的履历

木村忠治郎于 1869 年出生在日本爱媛县的一个平民家庭。他

---

① 通州师范校友会文艺部编：《通州师范校友会杂志》第 1 期，南通：翰墨林印书局，1911 年，第 1 页。

② 现在南通图书馆保存有校友会杂志的第 1 期（1911 年）至第 8 期（1919 年），此外还有 1923 年初版的《南通师范校友会汇刊》第 2 卷第 1 期，共计 9 册。其他年份的出版情况不明。

③ 《教育周报》1916 年第 137 期，第 26—27 页。

1893 年考入东京高等师范学校理化学科，1896 年 3 月毕业。[①]毕业后，他就活跃在教育最前线。1897 年任福冈县寻常师范学校的教谕，1900 年 4 月调往大阪府师范学校，被赐予 5 级上俸[②]，1902 年 4 月调任大分县师范学校教谕，被提升到 3 级上俸。[③]

木村忠治郎在教学研究上颇有成就。1899年，他在日本儿童学会发行的杂志《儿童研究》上发表了题为《儿童之游戏》的论文。1901 年 4 月，他写的《小学教授法要义》交由同文馆出版发行。这本书是木村忠治郎多年来在师范学校和小学教员讲习会上所谈的教授法的汇总，按文部省颁布的新小学校令的规定整理，并在参考了日本国内外现行的教育学、教授学，以及在附属小学实地教学的丰富经验的基础上而完成的一部著作。木村希望这本书可以成为师范学校和小学教员讲习会的教材或者是参考书。[④]此外，金港堂于 1901 年 11 月创刊的教育杂志《教育界》的创刊号和第二期上还分两次登载了他的教育心得《于大阪府师范学校附属小学校父兄恳话会之谈话》。毁掉了木村忠治郎前途的也是教科书案。

1900 年 5—6 月及 11 月，木村忠治郎 2 次接受集英堂的贿赂金 300 元，答应在大阪府采用集英堂的教科书。1901 年的 7—8 月，金港堂、普及社和集英堂联手行贿 500 元，木村忠治郎答应会尽力采用这三家出版社中任意一家的教科书。1900 年的 10 月，他也接受了文学社同样的委托，并以通讯费为名收取贿赂 50 元。1901 年 7—8 月，他又接受了育英社的委托，收取 500 元受贿金。由于教科书审查会最后给出的结果并不理想，于同年的 11 月退还了 370 元。到 9 月和 10 月，他又两次接受富山房的贿赂，金额分别为 900 元和

① 《高等師範学校及付属中学校卒業生徒証書授与式》，《茗渓会雑誌》1896 年第 159 号，第 7—8 页。

② 《官報》1900 年 4 月 23 日，总第 306 页。

③ 《官報》1902 年 4 月 14 日，总第 274 页。

④ （日）木村忠治郎：《小学教授法要義 · 緒言》，东京：同文馆，1901 年。

300元。同样是因为审查结果不理想，11月退还了其中的600元。①

受贿丑闻曝光后，1903年1月23日，内阁总理在木村忠治郎的免职书上签字②，木村忠治郎从2月开始被正式停职，3月成为被告，移交东京地方法院审理。审理一直持续到1903年11月9日。木村忠治郎否认了对他的所有指控③，但初审的结果还是判处他有期徒刑3个月15天，处罚金15元，并追缴赃款2250元；翌日，木村忠治郎放弃上诉，接受了审判结果。④

木村忠治郎是东京高等师范学校的毕业生，估计他也是经由嘉纳治五郎牵线，最终于1904年8月来到通州师范学校任教的。

2. 教授法研究

木村忠治郎基本上不会说中文，所以主要依靠笔谈和通州师范学校的师生交流。⑤他在校期间主要负责理科和教授法两门科目。而在教授法的课上，则是围绕单级教授法和赫尔巴特学派的五段教授法来进行的。

为什么会采取这样的教授法呢？这是张謇依据当时南通的教育现状而决定的。1903年、张謇在日本考察期间，写下了这样的日记："复与小池至师范学校，观单级小学校授业，见其教员大西奈良松。单级者为町村学童计，故合四年生于一班授之。此于中国今日最宜。"⑥张謇回国之后就想将他认为"于中国今日最宜"的单级学校制度导入南通。而符合这种学校制度的教授法的研究正是木村忠治郎来到通州师范学校之后才得以开展的。

---

① 《教科書事件豫審决定書》，《読売新聞》1903年3月15日。

② 《大分県師範学校教諭木村忠治郎休職ノ件》，《明治三十六年任免》卷二，日本国立公文书馆馆藏。

③ 《読売新聞》1903年4月16日。

④ 《教科書事件》，《読売新聞》1903年11月10日。

⑤ 2016年8月6日，笔者电话采访木村忠治郎的学生、并与木村忠治郎私交甚好的孙钺的孙子孙模先生，从而得知的信息。

⑥ 张謇在光绪二十九年（1903年）农历五月十一日的日记。张謇：《癸卯东游日记》，南通：翰墨林书局，1903年。

现在的教育界普遍认为，单级教授法和五段教授法的并用，对学生来说是弊大于利。但是在当时，这样的教授法在日本占据主流地位，被视为是最先进最科学的教育方法。中国当时正处于学习日本时期，自然也将这种教授法奉为圭臬。当时的通州师范学校的学生，就是接受了木村忠治郎所指导的最为科学的单级教授法和五段教授法的教育，在他的指导和带领之下，实际教育水平得到了飞速的提高。《评案》是通州师范学校师生学习自检的资料，还在民国时期被制订为江苏省所有师范学校的参考教材。①可以说，木村忠治郎不仅得到了张謇和通州师范学校师生的认可，整个江苏教育界也肯定了他的成就。木村忠治郎离开通州师范学校之后，通州师范学校的毕业生继续研究从他那里学到的近代教育相关的各种知识，继续开展实习教授，培养出了众多具备理论和实践能力的教师，从而推动了南通的教育近代化进程。

3. 木村忠治郎的其他教育活动

为了开展实物教育，张謇于 1905 年开始建立通州师范学校的附属机构——南通博物苑。在创立早期，博物苑对于如何布展、如何管理展、如何制作标本等问题毫无经验。木村忠治郎对博物馆比较了解，因此被张謇任命为顾问，参与了博物苑早期的创建工作和管理工作。②

在通州师范学校期间，木村忠治郎向日本教育杂志投稿，介绍了张謇、通州师范学校及他在通州师范学校的教育活动。例如，木村忠治郎刚到南通不久，就以笔名“洋洋生”向金港堂的《教育界》投稿，介绍了通州师范学校的地理环境、学校沿革、硬件设施、学校的组织构成等。因为通州师范学校的“教学器材都购自日

① 孙模：《通师两附小的开校主事李元蘅》，《读雪斋文选》，南通：南通市文学艺术界联合会，2011 年，第 49 页。

② 孙渠：《南通博物苑回忆录》，南通：南通博物苑，1981 年，第 96 页。

本，其编制也以日本师范学校为准”，所以他认为通州师范学校完全就是以日本的师范学校为模本建立起来的。他还介绍了张謇的经历和成就，称赞张謇建成的初等、高等小学校即使是在日本，可以匹敌的也为数不多，并且对张謇的人品、智慧和科学的处事之法赞不绝口。①木村忠治郎的文章曾经刊登在《教育界》的创刊号上，但是被驱逐出日本教育界之后，他也只能以笔名发表文章，可见教科书案的阴影还未挥去。木村忠治郎对张謇的评价如此之高，想来应该也有出于他对张謇的感激之情吧。

（六）宫本几次和照井喜三

为了测绘南通地图，张謇于1906年9月在通州师范学校设置了测绘科，但苦于没有专门的教师，该科的专业课程无法开展。1907年3月，经由王惕斋介绍，曾任台湾土木工程局技师的宫本几次被请到了通州师范学校，负责测绘课程。翌年2月，为了培养建筑人才，通州师范学校又增设了土木工科，宫本几次被任命为主任。1909年1月，土木工科的学生毕业之后，宫本几次辞职回国。②

1908年2月，照井喜三被招聘到通州师范学校，负责农科这一课程的教学，并担任农科这一科系的主任。照井喜三的任教时间虽短，但贡献很大，被视为通州师范学校农科和后来农校的学科奠基人之一。1909年1月，他辞职回国。③

虽然现在几乎没有关于这两位日本教习的记录，但就已知信息来说，这两位日本教习的学历并不算高。这是因为通州师范学校增设这两个实用型专科之后，迫切地需要富有实际经验的人才，所以并不看重学历。

---

① 洋洋生：《清国通信》，《教育界》1904年第2号，第114页。

② 朱嘉耀主编：《南通师范学校史》第1卷，南京：南京师范大学出版社，2012年，第15、17、176页。

③ 朱嘉耀主编：《南通师范学校史》第1卷，南京：南京师范大学出版社，2012年，第176页。

四、张謇的外聘人才观

庄安正将张謇的外聘人才观归纳为“为其先者，借才异域”“权操于己，慎选其人”“待遇宜厚，情感尤重”“尽延非计，自立为上”这四点。具体来说，就是在严重缺乏专业技术人才的时候优先广泛聘用外籍人才；在外聘过程中注意权力分配，选择适合南通实际需要的人才并加以甄选；给外聘人才特殊待遇；培养本国专业技术人才来取代外聘人才。[①]他研究的是张謇在实业活动时表现出来的外聘人才观，基本上没有涉及教育方面。

笔者认为张謇在推广教育时，对外籍人才也保持了同样的态度。庄安正的研究中所论证的外聘人才观，在张謇的教育活动，特别是在通州师范学校的日本教习的招聘和任用方面，也是完全吻合的。因此，本文以庄安正研究中所归纳的四点为基础，进行具体分析和论证。

1. 优先聘用严重缺乏的人才

在通州师范学校创办最初的十年中，对人才的需求是逐渐转变的。首先面临的是学校规章制度的制订问题，所以还没正式开校，张謇就敦请木造高俊来通州，把这个重担交给他，并打算请他担任通州学务处的顾问。一些新开课程也面临着无人能教的窘境，所以张謇请来吉泽嘉寿之丞教理科，请来远藤民次郎教外国地理，请来西谷虎二教外国史，请来木村忠次郎教教授法。而在这十年的后半程，通州师范学校对理论性的人才的需求已经得到了一定程度的满足，随着测绘、农科等专科的设置，又出现了实用型人才的缺口，所以就有了宫本几次和照井喜三的赴任。

① 庄安正：《论张謇的外聘人才观》，《贵州师范大学学报》（社会科学版）2000 年第 1 期，第 37—40 页。

2. 选择合适的人才并注重契约

张謇认为在招聘日本教习时，“尤以能通中文为最要之事”。[①]这里所说的“通中文”，并不要求对方能说中文，但至少达到可以用中文笔谈的程度。这也是为了避免语言的障碍可能会给学生的学业带来不良的影响。通州师范学校早期的几位日本教习，木造高俊和西谷虎二毕业于汉文专业，根据通州师范学校的学生留下来的记录，可以知道木村也能用中文笔谈。可以说，张謇确实是按照他的标准在选择日本教习。

张謇都是通过他所信任的友人的介绍来招聘日本教习的。木造高俊是罗振玉推荐的，吉泽嘉寿之丞很可能是王国维推荐的，宫本几次也是王惕斋推荐的，远藤民次郎、西谷虎二、木村忠次郎很有可能经嘉纳治五郎推荐、通过王惕斋的联系被聘用的。通过这样的形式，并索要对方的简历，张謇可以比较详尽地掌握对方的资料，来决定是否聘用。

张謇招聘日本教习时，都注意和对方签订合约，规定双方的权利和义务，并注重合约的具体执行。[②]所以，对于不能遵守合约履行承诺的吉泽嘉寿之丞和远藤民次郎，张謇应该是相当不满的。

在实业方面的招聘过程中，张謇对对方在学问技术和职业道德上的要求都很高[③]，但是在招聘日本教习的时候，他放弃了对道德方面的要求。

1903 年 11 月 11 日的《申报》上有一篇题为《弃材可用》的文章，报道了张謇招聘教科书疑狱事件中被免职的教师一事。报道中说“此等人虽品行胥无足观，然仅有学问优长，堪主讲席者。……

① 张謇：《通州师范学校议》，《张謇全集》笺 4 卷，上海：上海辞书出版社，2012 年，第 65 页。

② 朱嘉耀主编：《南通师范学校史》第 1 卷，南京：南京师范大学出版社，2012 年，第 175 页。

③ 庄安正：《论张謇的外聘人才观》，《贵州师范大学学报》（社会科学版）2000 年第 1 期，第 38 页。

（张謇）按其学问之短长，分为二等。一为曾在寻常师范学堂毕业者，令赴小学堂为师；一为曾在高等师范学堂毕业者，令赴中学堂为师。一俟通州斋舍落成，即可来华教授。语云良工无弃材，观于此而益信”。[①]报道中虽然有一些不属实的内容，但确实说出了张謇在招聘日本教习时的心声。

在给通州师范学校早期的监理王康寿的信中，张謇写道：“魏武求才不必廉士有行，为其需济用也。今其本纪中之令可考而知。今通州学校亦所谓求贤之急时也，但使所请人来，能供吾用，而有益于目下之学程。即无行，吾亦用之。宁不优于徒索重资委蛇无用之外人乎？”[②]

选用这样“无行”的“弃材”，当然主要是教育资金短缺下的无奈选择。以天津的北方法政学堂总教习今井嘉幸和教习吉野作造为例，他们的月俸分别为450圆和400圆，是他们在日本时薪资的4倍。[③]这样的标准是通州师范学校这样的私立师范负担不起的。而通州师范学校对人才的急需又经不起等待，所以张謇只能闭眼无视远藤民次郎、西谷虎二、木村忠次郎在道德上的污点，只注重于他们的个人能力和教学水平。

从结果来看，虽然木造高俊自杀，吉泽嘉寿之丞、远藤民次郎背信违约，但长期任教的西谷虎二、木村忠次郎，包括任期短暂的宫本几次、照井喜三，确实发挥了自己的专长，为通州师范学校的发展做出了重要的贡献。可以说，张謇聘用日本教习是很成功的。

3. 优待日本教习

疑人不用，用人不疑。张謇对聘用的日本教习都是十分信任和重用的。他放心地把通州师范学校的各项重要工作委托给日本教

---

① 《弃材可用》，《申报》1903年11月11日。
② 张謇：《教育手牒》，《张謇全集》第3卷，上海：上海辞书出版社，2012年，第1422页。
③ 汪向荣：《日本教习》，《社会科学战线》1983年第3期，第340页。

习，并尽力支持他们。

张謇给日本教习的待遇也是非常优厚的。“中国向来延请外人之费，较之延请中人相悬殊绝。外人远涉重洋，其市于我者，又我所亟需之事，其有挟而贵固宜”。[①]张謇认为日本教习带着通州师范学校急需的知识和技术而来，聘请他们要付出昂贵的代价也是理所应当的。据调查，在签订合约时，远藤民次郎、西谷虎二、木村忠次郎的月俸分别为100圆、80圆和120圆；1905年后，日本教习的月俸都超过了100圆，西谷更是高达150圆，而中国教员的最高月俸也只有80圆。[②]给日本教习的月俸当然不能和同时期的公立学校给日本教习开出的薪资相比，但已经远远高于通州师范学校的中国教员。

不止如此，在签订合约的过程中，张謇就尽力给对方提供便利，日本教习来南通后，他也非常关心他们的生活。张謇曾经在给监理江谦的信中特别提到“送吉泽先生之车夫既不识路，又不明白，可恨。下次须择妥人，不可认便。吉泽此次大苦。”[③]据说张謇向来不喜欢在家里招待客人，但是他却多次在家宴请日本教习，在他们离职回国时还往往奉送礼金答应。[④]可见他对日本教习的爱护、尊重和礼遇。

4. 培养本土人才

张謇虽然重视日本教习，但并没有事事依赖他们，他招聘日本教习的最终目的，还是为了培养出本土人才，将南通的教育及实业事业，交托到他们手上。通州师范学校毕业的学生，大多在南通的

---

① 张謇：《通州师范学校议》，《张謇全集》第4卷，上海：上海辞书出版社，2012年，第65页。

② 笔者征得南通师范高等专科学校副校长都樾同意，引用自他还未公开发表的论文《风云开张师范校》。

③ 张謇：《教育手牒》，《张謇全集》第3卷，上海：上海辞书出版社，2012年，第1413页。

④ 朱嘉耀主编：《南通师范学校史》第1卷，南京：南京师范大学出版社，2012年，第178页。

各学校任教，或从事教育相关工作。通州师范学校成立后的十年间，成功培养出了一大批本土人才，不仅解决了通州师范学校师资问题，也在一定程度上满足了南通及邻近地区对人才的需求。这也可以解释为什么自1914年西谷虎二离职之后通州师范学校再也没有聘请过日本教习。

五、结语

通州师范学校是中国最早的师范学校，也是较早就聘请日本教习的师范学校。一般很难把通州师范学校和发生在日本的教科书疑狱事件联系到一起。但正是因为教科书案的爆发，给了困境中的通州师范学校引进拥有丰富经验的日本教育者的机会；而通州师范学校对这些被驱逐出日本教育界的教习敞开大门，也给了他们容身之所和继续从事教育活动的机会。历年来在通州师范学校任教的这些日本教习中，没有声名远扬的教育大家，也因为身在通州师范学校这样的私立学校，而没有机会被广为知晓，但他们中的大多数人完成了张謇对他们的期待，为南通的教育近代化做出了贡献。

张謇在选择日本教习时，结合南通的实际情况，重视知识能力，包容他们的本来无法被接受的品德污点，聘请最急需的人才；日本教习到南通之后，张謇根据南通的发展需求，安排他们的教职工作，并在力所能及的情况下，给予他们最好的待遇。张謇的每一步都是着眼当下，力求务实，他的人才观也可以说是“实用主义”的人才观。也正是因为如此，通州师范学校才能取得巨大的成功，南通地区的教育普及才得以实现。

作者简介：刘佳，东京学艺大学联合学校教育学研究科博士。

谋定而后动：抗战大后方形成的应然性考察
——以 1935 年蒋介石首次入川为中心*

汪　浩

（西南大学　历史文化学院　重庆　北碚　400715）

摘　要：取得战争的胜利，稳固且资源丰富的大后方是关键性因素之一。1935 年蒋介石首次入川统一川政、建立重庆行营、发起“国民经济建设运动”、经营和建设重庆等一系列谋划和行动，表明建立以四川为中心的抗战大后方，是对日作战的战略需要且在全面抗战爆发前已有所筹划。本文以蒋介石 1935 年首次入川为中心，证明蒋介石于 1935 年首次入川并不仅是“剿匪”，同样有寻找抗战大后方的战略考量，随着西南战略地位日益凸显和抗战形势的发展，是蒋介石确定以四川为中心的大后方是中国抗日战争的应然选择。

关键词：抗战大后方；西南；蒋介石入川；应然性

任何一场战争，稳固且资源丰富的大后方是取得战争胜利的关键性因素之一。面对日军侵华不断恶化的形势，何地作为抗击日军的大后方，理应成为国民政府需要慎重考虑且又迫在眉睫的重大决策。“九一八”事变后国民政府对迁都一事实际也多有考虑和行动，如 1932 年 1 月 30 日国民政府发表《国民政府迁都洛阳办公》宣言：“政府为完全自由行使职权、不受暴力胁迫起见，已决定移

* 2017 年度重庆市社会科学规划抗战工程一般项目（项目编号：2017YBKZ04）阶段性成果。

驻洛阳办公。"[①]直至1937年11月20日移驻重庆，战时迁都才最终完成，重庆成为带领中国军民取得抗战胜利的"战时首都"。国民政府移驻重庆，四川重庆遂成为抗战的大后方，有了稳固的大后方，对日作战既有了保障充分的资源基地，又让一线作战的中国军民再无后顾之忧，自此中国抗日战争走上了历史的转折点，所以建立抗战大后方和国民政府移驻重庆，是中国抗日战争具有里程碑意义的大事，某种意义上改写了中国近代历史进程。

但全面抗战爆发之前，以蒋介石为首的国民政府是否就西南抗战大后方作了准备？国民党领袖蒋介石如何看待四川之重要战略地位？蒋介石何以选择重庆为都，迁都重庆是在全面抗战爆发后，迫于形势，临门一脚，还是早有考量？对此问题，学界仍有争论。台湾学者多认为1935年蒋介石首度入川后即确定建设以四川为中心的抗战大后方，并使重庆成为"驻地"，迁都重庆是蒋介石抗战战略应然选择。而有学者则认为蒋入川，仅仅为了剿共，蒋介石决定迁都重庆实为临时决策，具有偶然性。例如，"蒋介石在1935入川追剿红军时没有择定四川这一抗日复兴的最后根据地，更没有'想定'重庆就是未来国民政府的基地。蒋介石择定四川为抗战的最后根据地是在1936年及其以后，而国民政府择定并正式决定迁都重庆则是在1937年10月以后"。[②]

就分歧原因来说是多样的，诸如国共两党的政见不同，史学工作者的个人主观倾向有别，但历史研究总要无限接近历史真实，揭示历史的本真。故笔者认为无论作为当时执政的国民政府，还是作为国民党最高领袖蒋介石本人，在1931年"九一八"事变后，面对日军步步进逼，不可能面临战争的到来而没有事先进行战略规划，建立抗战大后方，移驻国民政府，是对日战略规划应有内容。本文以1935年

① 《国府移驻洛阳办公》，《中央日报》1932年1月31日，第2版。

② 张国镛：《关于国民政府择迁重庆问题的再探讨》，《西南师范大学学报》（哲学社会科学版）1997年第1期，第33页。

蒋介石首次入川为中心，梳理蒋介石入川前对四川的战略认知到入川“剿匪”、统一川政、建立重庆行营、经营和建设重庆、于贵阳发起“国民经济建设运动”等一系列谋划和行动，考明蒋于 1935 年首次入川并不仅是“剿匪”，同样有寻找抗战大后方的战略考量，并随着蒋对西南战略地位的深入了解和抗战形势发展，国民政府确立以四川为中心的西南抗战大后方是中国抗日战争的应然选择。

一、蜀粤并重：入川前蒋介石对四川印象与认知

蒋介石于 1935 年 3 月 2 日首次入川。①是日之前，蒋介石并未涉足四川重庆一带。其最初有关四川的战略认知深受孙中山的影响，孙中山曾因四川保路运动而对四川省革命精神赞赏有加，“若没有四川保路同志会的起义，武昌革命或者要迟一年半载的。”②孙中山对四川重视还表现在护法运动失败后，上海、广州等城市革命已处于低谷，孙中山对局面相对稳定的西南抱有极大希望，念想在重庆再建民国，决定将国会迁往重庆，继续为共和而奋斗。9 月 16 日，非常国会参议院议长林森、众议院议长吴景濂就先行率领议员 70 余人抵达重庆，拟开国会，后川中政局又起动荡，孙中山企图在重庆挽救护法军政府的努力最终失败。③但孙中山对四川人民革命精神和四川战略地位的肯定，直接影响蒋介石对四川的印象认知。

1921 年，蒋介石在给孙中山的信里提出军事战略上“蜀粤并重”的思想：“对于军事准备之意见，四川非导入我势力范围不可。故军事准备，概以粤、蜀相提并列。”④蒋介石的这种“蜀粤并重”的

① 《蒋委员长昨飞渝巡视》，《中央日报》1935 年 3 月 3 日，第 2 版。

② 冯玉祥:《我所认识的蒋介石》，北京：国际文化出版社，2011 年，第 176 页。

③ 周勇：《论孙中山与重庆辛亥革命的关系》，《重庆社会科学》2011 年第 10 期，第 10 页。

④ 毛思诚：《民国十五年以前之蒋介石先生》第六编，香港：龙门书店，1965 年，第 112—113 页。

思想，后多次提及，他在给粤军将领陈炯明的信中有同样表达："四川为西北与西南之重心，更不可不急图之。"1946 年 4 月 27 日，抗战的胜利也印证了蒋介石"蜀粤并重"的战略思想，在《告别四川同胞》一文中蒋认为在对外抗战中，四川的战略地位甚至远超广东：

> 第一是广东，广东自然是我们国民革命的发祥地。……其次就要算是四川了，因为四川人口众多，物产丰富，都在任何各省之上。而四川同胞的天性，富于民族的情感，一贯的忠于主义，勇于革新，所以我们若能以四川为革命的根据地，就更能使革命早日成功……。所以我们如要抗战，就非先统一四川不可……但是本人认定我们中国在对外抗战的形势上，四川地位的重要实远过于广东。①

总体上，蒋在尚未进入四川前，对四川的战略地位是认可和重视的，这也成为蒋介石建立四川为抗战大后方和最终迁都重庆的思想基础。

蒋对四川重视，还与当时国内形势发展、中日关系紧张、国内有识之士看好西南一带的战略重要性有关。蒋百里是当时著名的军事理论家，他对四川的重要的战略地位也有类似的阐述，蒋百里以其出色的军事观察力预见中日这场战争不可避免，且中国对日作战会陷入持久战。蒋百里还指出，日军自东部入侵中国，中国的应战应构筑东西防线，西南、西北可以作为抗战大后方；而蒋介石的德国顾问法肯豪森亦向他明确提出"四川为最后防地，富产而因地理关系特形安全之省份，宜设法筹备，使作最后预备队"。②

---

① 摘自《国民公报》1941 年 5 月 1 日。

② 中国第二历史档案馆编：《总顾问发肯豪森草拟应对时局对策致蒋介石文》，《中华民国史档案资料汇编》第五辑第一编外交二，南京：江苏古籍出版社，1991 年，第 1200 页。

淞沪抗战后，国民党军队败退，南京处于日军枪口之下，首都安全备受关注，蒋介石对迁都的考虑逐渐增多，备战西北或西南，理应成为其首要思想。1933 年 8 月 17 日，蒋介石在日记中表达迁往西南西北的想法："大战未起之前，如何掩护准备，使敌不加注意，其惟经营西北与四川乎"[①]？与此想法相适应，早在 1930 年，国民政府建设委员会就制定了《西北建设计划》。

尽管蒋介石有经营西北之念想，但事实证明迁都西北并不可行。日本进逼华北，西北已然在日军威胁之下，国民政府移驻西北已不现实，迁往四川逐渐成为国民政府不二的选择。

蒋在日记中虽已经明确表达了要经营西北和四川意图，但这种经营还需要在表面上做好"掩护准备"，而避免让日军有所察觉，这也和当时国民政府对日作战仅是应战而不宣战的政策基本一致。但这个"掩护准备"实质就是对日抗战的战略准备，而且暗度陈仓，"使敌不加注意"，这种思想同样也反应在蒋入川后表面上公开宣称入川是"剿匪"，并称川、滇、黔为"民族复兴根据地"而不是"抗日根据地"相吻合。

尽管蒋有"蜀粤并重"的思想，但在1935年首次入川之前，蒋深知自己的中央军并未完全掌控四川军事，四川也基本上保持了对中央的相对独立。正如贺国光所说："（四川）与中央脉络不通者，近二十年。"[②]此时的蒋介石绝不会贸然把政府迁到自己势力不可控制范围的四川境内，所以这个时候的蒋介石对四川只能停留在"蜀粤并重"的意识里，对四川"可望而不可即"。

刘湘给了蒋介石进入四川的机会。刘湘在与红四方面军的战斗中，屡屡战败。为了获得蒋介石的军事支援，刘湘于 1934 年 11 月 13 日到南京，其目的很简单，就是希望蒋介石派员入川，名义是围

① 《蒋介石日记》，1933 年 8 月 17 日，美国斯坦福大学胡佛研究院档案馆藏。
② 贺国光编：《参谋团大事记——国民政府军事委员会委员长行营》，北京：军事科学院军事图书馆，1986 年，第 272 页。

攻红军，实质是帮助自己巩固在四川的地位。刘湘的到来，正合蒋介石入川统一西南的心愿，蒋曾对他幕僚陈布雷说："川、黔、滇三省各自为政，共军入黔我们可以跟进去，比我们专为图黔而用兵还好。川、滇为自救也不能不欢迎我们去，更无借口阻止我们去，此乃政治上最好的计划，今后只要我们军事、政治、人事、经济调配适宜，必可造成统一局面"。①

于是，蒋介石中央军势力有了入川统一西南的机会，但面对日本步步紧逼的隐患，如何长久应战，仍是不能回避的问题。而现实是，中日的战力对比，战争形势显然不利于中国，故以西南为抗战大后方做长久战争准备应在蒋介石和国民政府战略计划之中。1934年11月23日，蒋介石就在日记中吐露出这个想法："如经营四川，应注重驻地，以对倭、俄寇与两广皆能顾到为要也"。②蒋所言的"驻地"明显区别于已建成的其他"行营"，更多强调了"驻地"在国防上的意义，国防意义也更在于对抗倭寇和俄寇。他在12月29日的日记中再次写道："若为对倭计，以剿匪为掩护抗日之原则言之，避免内战，使倭无隙可乘，并可得众同情，乃仍以亲剿川、黔残匪以为经营西南根据地之张本，亦未始非策也。当再熟筹之"。③这表明蒋介对四川重庆战略地位的重要意义有明确的认知，已有意向入川，统一西南，经营四川，注重"驻地"建设，使西南成为"根据地之张本"，故建设好西南抗战大后方，以及后来迁都何处，应该在其入川前多有考量。

二、民族复兴根据地：抗战大后方的决策与确定

建立以四川为中心的抗战大后方不是一蹴而就，是随着战争形

---

① 晏道刚：《蒋介石追堵长征红军的部署及其失败》，中国人民政治协商会议全国委员会文史资料委员会编：《文史资料选辑》第六十二辑，北京：中华书局，1979年，第15页。

② 《蒋介石日记》，1934年11月23日，美国斯坦福大学胡佛研究院档案馆藏。

③ 《蒋介石日记》，1934年12月29日，美国斯坦福大学胡佛研究院档案馆藏。

势的发展而逐步决策和确定。首先，战争形势的发展要求蒋介石对战略纵深发展有充分准备，社会舆论都对日本意图彻底征服中国有所宣传，指出日本侵华是明治维新以来的既定国策，特别是从 20 世纪 20 年代中期起，日本陆海军每年都制订年度对华作战计划，由天皇最后裁决定案。[①]“九一八”事变后，无论是中国共产党还是民间有识之士，均已对日本意在侵占全部中国的目的多有认识。中共在“九一八”事变后，就多次发表宣言，揭露和谴责日本占领东北的目的就是为了把中国完全变成它的殖民地。[②]民间舆论对东北军不抵抗政策多有批评，“对日应有的最后决心……我们如果还抱定什么无抵抗主义或向世界呼吁的两种办法，那简直只有一条亡国之路可寻了。”[③]

在全国上下都意识到日军侵华绝非仅占领东北华北那么简单，作为当时的军事首领，蒋介石对此同样有所察觉，蒋在与日交涉的同时，亦做好抗战的准备，蒋曾自记“以和日而掩护外交，以交通而掩护军事，以实业而掩护经济，以教育而掩护国防。韬光养晦、秘筹密谋。此余报国唯一政策也。”

其次，入川前蒋介石及国民政府在择定抗战大后方战略上已有筹划与犹豫。“九一八事变”，东北失守，蒋介石和张学良一同备受不抗日的指责，其“攘外必先安内”的政策，更是遭到中共和国民党左派、广大民众批评和抨击。但“九一八事变”，对蒋触动确实很大：“闻沈阳、长春、营口被倭寇强占以后，心神不宁，如丧考妣。苟为吾祖吾宗之子孙，则不收回东北，永无人格矣。”[④]所以“九一八”事变后的蒋介石就已经考虑建立战略大后方，1931 年

① （日）重光葵著，齐福霖等译：《日本侵华内幕》，北京：解放军出版社，1987 年，第 82 页。

② 中央档案馆编：《中共中央文件选集》卷 7，北京：中央党校出版社，1989 年，第 417 页。

③ 余万里：《东亚形势及中日冲突》，《民众三日刊》1931 年第 2 期，第 9—141 页；康黎：《日本可亡中国耶？》，《国际周报》1935 年第 12 期，第 1 页。

④ 《蒋介石日记类抄·党政》未刊日记，1931 年 9 月 20 日，中国第二历史档案馆藏。

9月26日，蒋介石设想国民政府移驻于西北，“西北实为政府之第二根据地，万一首都沦陷，即当迁于洛阳，将来平时亦以洛阳与西安为陪都。”①

如果说“九一八”事变后，远在东北兴风作浪的日军对首都南京尚不构成威胁的话，但1932年“一·二八”事变，与南京仅隔300千米的上海陷入了战争，这场战争就明显威胁到南京的安危，如上海不守，南京势必不保。首都迁往大后方只是时间和选择地点的问题。

“一·二八”事变第二天，1932年1月29日，国民党中央政治会议立即召开紧急会议，讨论“迁都”问题。蒋介石就认为一旦首都失守，政府倘不迁移，随时受到威胁，将来必作城下之盟，该如何向国人交代？当晚，蒋介石还在日记中写道：“决心迁移政府，与倭长期作战，将来结果不良，必归罪于余一人，然而两害相权，当取其轻，政府倘不迁移，则随时遭受威胁，将来必作城下之盟，此害之大，远非余一人获罪之可比。”②

蒋介石决心迁移政府于西北境内的思想，同样追溯到早期孙中山的建都理念。早在定南京为中华民国首都之时，孙中山就认为“南京一经国际战争不是一座持久战的国都”。从地势上看，南京地接沿海，中国若与日本等沿海国家发生冲突或战争，日本必先攻击我沿海各省，于是他即有建立两个“都城”（一个陆都，一个海都）的构想，孙中山认为南京在平时可以作为首都即海都；但陆都必须建在西北为宜，“要在西北的陕西或甘肃，建立一个陆都”，并以此作为“作战的根本，荡入侵之敌人”。③

---

① 台北“国史馆”编印：《蒋中正档案·事略稿本》第12册，台北：“国史馆”，2004年，第102、129页。

② 秦孝仪主编：《中华民国重要史料初编——对日抗战时期》绪编（一），台北：中国国民党中央委员会党史委员会，1981年，第430页。

③ 公安部档案馆编：《在蒋介石身边八年——侍从室高级幕僚唐纵日记》，北京：群众出版社，1992年，第8页。

但西北作为抗日根据地，存在物产不丰、经济落后等不利因素，成为建设西北为抗战根据地的严重障碍。洛阳虽处于中国中心地带，和平时期尚可以“安邦定国”，但在日寇紧逼华北，洛阳同样处于日军炮口之下。同时洛阳远处内陆，经济更不能与东部地区相比，国民政府对西北的开发也尚未起到实效，“洛阳虽有陇海铁路，然地居内陆，距海遥远，黄河泥沙淤积，难于航驶，远非四通八达之都市可比。况夫黄沙一片，满目荒凉，田土贫瘠，特产殊少，以之为世纪之国都，交通、经济两无可当”。①

在“一二八”事变后第二天，1932年1月29日，国民党中央政治会议立即召开紧急会议，讨论“迁都”问题，会议做了一个重大决定，政府由南京迁往洛阳，匆忙迁都洛阳，也只是日军炮火威胁下的权宜之计。从1932年2月3日，国民政府和国民党中央各机关陆续迁往洛阳办公始，到12月1口中央党部、国民政府及各院部会正式迁回南京，国民政府在洛阳仅办公10个月。究竟何处作为抗战大后方，国民政府仍在不断的争论和筹划中，1932年3月在国民政府迁都洛阳后召开的国民党四届二中全会，就对迁都何处做了讨论，“我们今后是否仍然以南京为首都，抑或应该在洛阳要有相当的时间，或者我们更要另找一个适宜的京部？”②这次大会一方面说明了南京国民政府已意识到日军占领上海后南京面临着危险形势，迁都必然要提上议事日程；另一方面也表明了国民政府对选择何处为抗战大后方仍在筹划与犹豫。

再次，入川后蒋介石坚定川、滇、黔即是“民族复兴根据地”。蒋后来也承认了入川以前，对日抗战无决胜把握，但入川以后明显有了抗击日军侵略的底气和能力：“到川以后，我才觉得我们抗日之战，一定有办法。因为对外作战，首先要有后方根据地，如果没

① 老衲：《国难声中话洛阳》，《香港九龙杂志》1932年第4期，第30页。

② 汪精卫：《在国民党四届二中全会上所致开幕词》，荣孟源主编：《中国国民党历次代表大会及中央全会资料》，北京：光明日报出版社，1985年，第142页。

有像四川那样地大物博人力众庶的区域作基础，那我们对抗暴日，只能如‘一·二八’时候将中枢退至洛阳为止，而政府所在地，仍不能算作安全。……到了民国二十四年进入四川，这才真正找到了我们可以持久抗战的后方。”

1935年3月2日，上午10：30，蒋介石乘飞机由汉口乘飞机抵重庆。3月4日，蒋介石出席了四川省党务办事处扩大纪念周会议，做了《四川应作复兴民族之根据地》的讲话。在讲演中，蒋不仅肯定了四川在过去革命中的重大贡献，而且强调四川在国难当头应作复兴民族的根据地，寄希望以四川为战略地位来抵御日本的侵略：“就四川地位言，不仅是我们革命的一个重要地方，尤其是中华民国立国的根据地。无论从方面讲，条件都完备。人口之众多、土地之广大、物产之丰富、文化之普及，可说为各省之冠。……不仅可以使四川建设成功为新的模范，更可以四川为新的基础来建设新中国。”

蒋介石在盛赞四川战略重要的同时，同样高度重视贵州和云南。3月24日，蒋介石离重庆飞贵阳。在贵州、云南的演讲中，高度赞扬两者重要的战略地位：“贵州最容易建设，也最应迅速建设成为民族复兴的一个基础。”①当然，蒋介石鼓动性的讲话一方面是作为一位政客激励民众的话语；另一方面也透露了蒋建立稳固大后方的意图。

1935年10月6日，蒋介石在成都出席了四川省党部扩大纪念周并于会上作了题《建设新四川的根本要道》的讲演，指明四川是中国首屈一指的省份，可以作为民族复兴根据地。蒋介石在讲演中称：

> 我自入川来，直到昨天为止，留心体察、四川的情形，总觉得我们中国其他任何一省，都比不上我们四川。你们看：四川的土地大而又肥美，所产的东西，不仅种类繁多，几乎无所不备，而且量多质美，更为别省所不及。……尤其是山川形势

① 贺国光编：《参谋团大事记——国民政府军事委员会委员长行营》，北京：军事科学院军事图书馆，1986年，第912页。

> 的雄伟奇峻，格外难得。……再加气候之温和，和人民之众多与勤劳优秀，更增加四川之伟大。四川因为有如此伟大优良的自然环境，与悠久深厚的文化基础，实在是我们中国首屈一指的省份。……四川在天时地利人文方面，实在不愧为我们中国的首省，天然是复兴民族最好的根据地。……倘若四川不能安定不能建设起来，整个国家也就没有富强复兴的希望。所以，四川之治乱即中国兴亡之关键，今后四川决不可乱，一乱国家就要乱。

这也是蒋首次将四川的战略定位于“最好的根据地”。

10月8日，蒋介石在成都行辕召开川内各高级将领会议，在《四川治乱为国家兴亡的关键》的讲话中更清楚地说明了“根据地”的思想：

> 大家要晓得：今后的外患，一定日益严重，在大战爆发以前，华北一定多事，甚至要树立伪政府都不一定……日本人无论在东四省或者将来再在华北弄什么伪组织，都不相干，都不足以致我们的死命。只要我们四川能够稳定，国家必可复兴！其实不必说川滇黔三省存在，就是只剩下了我们四川一省，天下事也还是大有可为。①

这是蒋介石少有的在公开场合提及建立民族复兴根据地，这与“外患”日益严重有关，而且特别指明日本阴谋占领东北和华北。分析其原因来看，1935年华北事变的发生，中日矛盾上升为主要矛盾，此时蒋介石对日本预谋发动全面侵华战争已有较充分的认识，深知“九一八”以来，对日的不抵抗政策换不回日军的收敛和自己渴望的“和平”。日益严重的外患与对西南大后方掌控，促使蒋介石决定建立以四川为中心的抗战大后方。

① 潘洵：《抗战时期西南后方社会变迁研究》，重庆：重庆出版社，2011年，第7页。

三、谋定而后动：蒋介石对大后方的建设与经营

蒋介石的性格有小心翼翼的一面，即便有把西南三省建成抗日大后方的打算，亦不会轻露声色；另一方面，虽与日大战在即，但中国始终未对日正式宣战，弱小的中国还寄希望国联的协调尽早结束战事，故蒋在东北沦陷、华北失守、南京面临危险时仅“应战”而未“宣战”，也在更多场合演讲中提及四川为“复兴民族根据地”，而不是“抗日根据地”，实为军事战略的需要，过早暴露战略意图，不利于战略准备。

1935年华北危机日渐严重，而蒋介石此时正处西南境内，故蒋介石经营西南为抗战大后方的思路逐渐清晰确定。在战略上，经营和建设大后方也积极付诸实际行动。入川之后，蒋介石在四川取消防区制、整顿货币等举措，使川政统一化，川军国家化；在重庆设行营，开展经济、交通、军事等多方面建设；在贵州首倡“国民经济建设运动”等，均反映了蒋介石建设西南为大后方的战略意图。

（一）统一川政是建成民族复兴的根据地首要任务

1. 取消防区制

防区制是阻碍川中发展和造成民众苦难的根源，“各军独成风气，拥兵自雄，防区骈立，俨同割据，对中央则视法令如弁髦，对袍泽则干戈相寻如敌国，对地方则视人民如鱼肉，国省税收，悉被囊括，甚且一岁田赋多至十余征，百里之内，勒索关卡，多至数十重，人民憔悴呻吟于此军威暴力之下，根本无政治设施之可言，其紊乱苛扰之情况，为任何一省所未有。”①为了取消防区制，蒋首

① 秦孝仪主编：《中华民国重要史料初编——对日抗战时期》绪编（三），台北：中国国民党中央委员会党史委员会，1981年，第340页。

先成立四川省政府，任命刘湘为四川省主席，要求各军防区权力交由省政府刘湘主席统一管辖。刘湘带头宣布二十一军防区的所有权力归还省政府。“新省府成立后，二十一军随即通令卫戍区各县长，自即日起，将往昔代管之一切政务完全归还川省府，此后一切政治设施，统由川省府秉承中央法令。”[①]随后，在蒋介石和参谋团的严令督促下，邓锡侯、杨森、李家钰等人也相继交出防区，由省政府统一管辖，防区制由此打破，“各将领均诚意接受毫无异议，此实开三十年来西南政局之新纪元”[②]。

同时，蒋介石加强了川内军队思想统一与军事现代化训练。1935年6月决定将军官暑期训练团移至峨眉山办理，开办峨眉军官训练团，以教育川、滇、黔等西南各省军官。按照计划，峨眉军官训练团与庐山军官训练团的训练方式大致相同，亦分三期进行，训练时间每期一个月，自8月1日至10月底完毕。[③]训练的目的，就是要将过去防区时代川军一切恶劣的思想、行动，腐败风气习惯一概铲除，引导西南地区国军各级军官树立爱国救国精神心理，人人具有团结御侮之心，做一个崭新的现代军人。训练也消除了西南地区军官以往大多不相往来，彼此隔阂的不利因素，对于军队的团结有相当贡献。

2. 统一货币控制四川金融

为统一货币，控制四川金融，先期成立的重庆行营要求“四川财政将由财厅及川财政特派员、协同整理”。[④]3月5日和8月18日

---

① 《申报》（上海）1935年2月20日，第10版。

② 中国第二历史档案馆、海峡两岸出版交流中心编：《杨森谈川康整军决议案四点各将领均诚意接受》，《中央通讯社参考消息汇编》第3册，北京：九州出版社，2010年，第83页。

③ 《蒋中正致龙云总司令告以军官暑期训练班移至峨嵋办理并另派营长或团长以上之长官分批受训电》，秦孝仪主编《中华民国重要史料初编——对日抗战时期》绪编（三），台北：中国国民党中央委员会党史委员会，1981年，153页。

④ 《申报》（上海）1935年1月22日，第3版。

中央银行分别在重庆和成都建立分行，并由重庆分行发行在四川境内使用的新中央钞票，控制货币流通，“南京中央银行设四川分行于重庆本月中旬开幕，即行发行钞票，将中央银行旧兑换券内提出一千万元，运往流通，加印重庆字样，由渝分行发行。”①

同时严格执行统一的财政制度。1935年7月14日，颁布《剿匪区内整理县地方财政章程》及各关系法规合订本，饬令四川省政府通令各县，遵照办理。1935年9月10日，重庆行营突破阻力，力推换钞计划，在一系列举措之下，四川货币逐渐统一，财政状况逐步趋善。

3. 统一田赋，废减苛捐杂税

农业是当时四川的主要支撑产业，田赋预征是川内军阀搜刮百姓的主要手段，有些防区军阀实施预征田赋制度，预征田赋居然到1991年后，重庆行营因此严格废除田赋预征，规定自1935年3月1日起，取消预征田赋，“田赋改为一年一征”。

废减苛捐杂税是获得川内民众支持的重要举措，1935年3月，四川省府电令各县长废除苛杂、统一税制。②1935年7月13日，四川省政府成立财政整理委员会，统筹整理财政，改革税制，统一田赋，并监督施行。这些措施与各种方案一起，有效地挽救了四川经济危机，增强了四川作为抗日大后方经济发展的能力。

（二）蒋介石对重庆控制与经营

1. 成立重庆行营

1934年12月19日，蒋介石在南昌正式决定组织军事委员会委员长行营参谋团入川。1935年1月12日，贺国光率领参谋团抵达重庆，蒋的势力始此渗透重庆，1935年夏，驻川参谋团改为重庆行营，顾祝同为主任，杨永泰为秘书长兼第二厅厅长，管理政治、法规大事。

① 《申报》（上海）1935年1月6日，第2版。
② 《申报》（上海）1935年3月3日，第3版。

1935年11月“军事委员会重庆行营”成立，辖区包括川、滇、黔、康各省，整个西南区域已在蒋介石的管控之下。重庆行营成立一方面为其督剿红军、统一四川及西南诸省作服务；另一方面也可以看出，此时重庆已经作为对日作战重要的政治、军事战略地域进入蒋介石的政治版图，刘湘曾在 1936 年 6 月说明了蒋介石的建设重庆意图所在：“从民国二十年起，我们制造武器的目的，就是想由西南后亡的地理形势，以人为的努力，做到西南不亡，根本就是对付国际战争的。”①

2. 注重军事建设

蒋介石在重庆成立江防要塞建筑委员会，对重庆沿长江水道及其周边地区进行了一定规模的军事建设工作。自重庆而下，分别建立重庆、武汉、南京为中心战略要地。如武汉地区，自1935年夏开始着手，从北面的武胜关、南部的城陵东至田家镇构筑东向的武汉外围国防工事，至全面抗战爆发，工程仍在进行。蒋介石对于国防工事的修筑十分重视，曾多次提示相关事项。②

其沿江的战略规划指导思想就是建立对日抗战大后方战略需要。自南京至武汉到重庆，沿长江的军事要塞在战时起到重大作用，“它的重要意义在于打破了日军速战速决，企图三个月灭亡中国的美梦，为中国赢得了一年半的时间，使中国经济富庶、工业较发达的上海、江浙、武汉等地区的人力、物力和财力，仍可通过长江等水路撤往西南大后方，奠定了长期抗战的经济基础”。③

① 刘航琛口述，章君穀执笔：《戎幕半生》，沈云龙主编《近代中国史料丛刊·续编》第 49 辑，台北：文海出版社，1978 年，第 160—184 页。

② 《蒋中正指示派员切实调查东西梁山、马当、湖口、田家镇各要塞并编第二期工事整个计划致程潜总长等手谕》，秦孝仪主编：《中华民国重要史料初编——对日抗战时期》绪编（三），台北：中国国民党中央委员会党史委员会，1981年，第301—303页。

③ 陈谦平：《试论抗战前国民党政府的国防建设》，《南京大学学报》（哲学·人文·社会科学版）1987年第1期，30页。

3. 交通掩护军事思想的实施

蒋介石提出“交通掩护军事”。这一思想在大后方战略准备中得以充分体现，也进一步提升了以重庆为中心的西南、西北广大区域的交通水平。与其他省份修建公路由全国经济委员会负责不同，以行营重庆为中心的西南交通建设，规格较高。

为了接通川黔两省之公路，重庆行营特别在重庆设立川黔公路工程处，1935 年 2 月 26 日举行川黔公路开工典礼即行开工，第一步由南岸修至綦江。1935 年 3 月国民政府又决定以重庆为中心兴修川陕、川甘两条公路，甘肃省公路经陇南出碧口直达重庆，陕西省公路系西汉及汉白两路衔接经南郑取道昭化、广元而进入重庆。1935、1936 两年间修通川陕、川鄂、川湘、川黔、川滇、川康及黔湘、黔桂、黔滇等线 6000 千米。①

（三）在贵州首倡“国民经济建设运动”

与唤起民众精神意识、爱国情绪为主的新生活运动相称，蒋中正在贵阳发起国民经济建设运动，以振兴农业、改良农产、保护矿产、扶助工商、调节劳资、开辟道路、发展交通、调剂金额、流通资金、促进实业为宗旨，以革除苛捐杂税、减免进出口税、要求新矿法之实施，禁止纸币之滥发为建设国民经济之初步。蒋介石在贵州首先发起的“国民经济建设运动”，成为发展抗战大后方经济乃至全国经济的一项重要政策。

1935 年 3 月底，蒋介石自重庆至贵阳，4 月 1 日，与各报记者谈话，首次对外揭示发起国民经济建设运动之主张：“欲挽救今日民族之危急，与解除全国民众之痛苦，须有一种运动，继新生活运动而起，其名为国民经济之建设运动。此国民经济建设运动乃以振兴农业、改良农产、保护矿业、开发矿产、扶助工商、调节劳资、开辟

① 周一士等编著：《中华公路史》上部，上海：商务印书馆，1984 年，第 170 页。

道路、发展交通、调剂金融、流通资金、促进实业为宗旨……。”① 随后，财政部长、行政院长汪兆铭相继发表谈话，勿请国人共同努力，促其实现。②

1935年10月10日，蒋介石又发表《国民经济建设运动之意义与实施》一文指出：“故目前吾国唯一急要之问题，乃为如何挽救此已就崩溃之国民经济，而使人民获得相当之生活；为如何解决货弃于地而民困与野之矛盾可耻的现象，而谋国民经济之发展。”

在中日之战不可避免的前提下，经济建设运动实质就是进行经济备战工作，但之所以放在经济落后的西南发布此项政策，一方面与蒋介石有意建设西南大后方有关，“在当是国际情势之下，我们不能打出鲜明的准备战时经济体制的旗子，只有以国民经济建设运动为战时全国经济总动员的准备”。③另一方面川滇黔三省经济发展确实落后于东部地区，落后的大后方要真正承担起战略后勤保障任务，经济建设当是第一位。抗战全面爆发后，西南诸省对抗战所提供的经济保障便是很好印证。

四、结语

面对强大的日本，弱小的中国只有进行持久战，持久战必须要有稳定的大后方。尽管蒋介石在“九一八”事变时采取不抵抗政策，后又实行“一边抵抗，一边交涉”的方针，但从军事学、战略学和领导学角度，作为战时的军事首领，蒋介石应该对战争发展趋势及中国对日战略决策有所考虑，对确定何处为抗战大后方及民族复兴的根据地，理应有所思考与筹划。

---

① 《中央日报》1935年4月2日，第1版。
② 《中央日报》1935年4月4日，第1版。
③ 高叔康：《十年来之经济政策》，谭熙鸿主编：《十年来之中国经济》上册，上海：中华书局，1948年，第26页。

1935年初，蒋介石入川以后，通过掌控西南，建设重庆，蒋介石心目中才有了理想中的抗战大后方，有了抗战大后方的国民政府，对日战争也更有了底气，对日作战决心更加坚定。盖自冀案以来，蒋的对日立场即已趋于强硬；且不讳言将居川中，与日军持久作战。[①]1935年11月上旬，国民政府就不顾日本反对，毅然开始实行币制改革。同月中旬，国民党召开“五大”，蒋介石发表了著名的“最后关头”演说。1936年7月，蒋介石给国民政府财政金融顾问英国人李滋罗斯直接说明了撤退西南大后方战略思想，一旦当战争来临时，我将在临海地区做可能的最强烈的抵抗，然后逐步向陆撤退，继续抵抗。最后将在西部某省可能是四川，继续维持一个自由中国，以待英美的参战，共同抵抗侵略者”。1937年10月29日，在《国府迁渝与抗战前途》的讲演中，蒋介石更清晰地表达了自己的建设大后方的战略预谋：“国府迁渝并非此时才决定的，而是三年以前奠定四川根据地时所早已预定的，不过今天实现而已。”[②]所以综合长时段抗战历史来看，确立四川重庆为中心的大西南为抗战大后方，以及1937年11月国民政府移驻重庆应是蒋介石与国民政府应然性的战略选择。

作者简介：汪浩（1976—），男，安徽桐城人，西南大学历史文化学院博士，研究方向：中国近代史研究，战时首都史研究等。

---

① 黄绍竑：《五十回忆》，上海：云风出版社，1945年，第366—368页。

② 蒋纬国主编：《抗日御侮》第2卷，台北：黎明文化事业公司，1979年，第28页。

南京国民政府时期基层调解委员会述论*

谢 健

（南开大学 历史学院 天津 津南 300350）

摘 要： 近代以来，随着西方法律在中国法治实践中的问题不断涌现，中国开始寻求适合自身实际的法治形式，南京国民政府时期的基层调解委员会就是在追寻适合中国法治模式的基础上形成的。通过对重庆及附近地区基层调解委员会的分析，可以发现调解委员的身份大多为地方精英，基层调解委员会工作成效也存在一定缺陷。不过，在社会关系纷繁复杂的今天，这种具有“东方智慧”的行政调解机制也能提供诸多的历史借鉴。

关键词： 调解委员会；地方自治；法治；纠纷处理

在传统社会中，解决日常纠纷的方式有很多，其中最为重要的机制之一就是调解。南京国民政府成立之后，虽然法律治理的力量明显加强，但是传统的调解机制在广大乡村得以延续。① 在延续传统社会“息讼”“讼则终凶”等治理思路的基础上，结合地方自治的需要，南京国民政府从制度层面对调解进行规定并形成了一套完整的体系，其中基层调解委员会是这个体系中行政调解部分的核

* 本文为国家社会科学基金重大项目“抗战大后方资料数据库建设”（项目编号：15ZDB047）的阶段性成果，并受南开大学博士研究生科研创新基金资助。

① 虽然南京国民政府时期已经开始将调解纳入到立法之中，但温丙存等人仍认为整个民国时期的调解仍为本原性的调解，即“乡土礼俗调解”。温丙存，邢鸿飞：《调解的百年嬗变：本原、异化、新生与重构——基于民事纠纷调处实践的历史考察（1912—2012年）》，《中国农业大学学报》（社会科学版）2014年第2期，第68—70页。

心。[①]这种延续民间自治习惯的纠纷处理体制，在以往的研究中并未为学界所重视，已有的相关研究中也还没有学者对调解委员会的组织、人员、成效等进行系统的论述。[②]从整个近代基层治理方式的历史演进来看，对调解委员会的系统探讨是目前基层法治建设中的重要经验来源之一，因此，笔者拟就所搜集的资料，在梳理法律文本的基础之上，以重庆、巴县、璧山等三地为范围，对基层调解委员会的组织与运作等问题做一系统的探讨，以期能对国民政府时期基层纠纷的纠纷处理、地方自治、法治等问题有进一步的认识。

一、地方自治框架下的调解委员会

基层调解委员会中的“基层”指的是地方行政中的区、乡、镇

① 整个民国时期官方调解制度可以分为两个部分：司法系统的调解和行政系统的调解。司法系统的调解经历了从无明文规定到《民事调解法》强制调解，再到诉讼与调解合一的过程，而行政系统的调解则趋于多样化，其中南京国民政府时期最为突出和完备的就是基层调解委员会。对《民事调解法》及司法系统调解的探讨，参见赵建蕊：《民国时期的民事调解制度——以〈民事调解法〉为中心》，北京：中国政法大学硕士学位论文，2007 年；曾方：《民国时期民事调解制度探析》，南昌：江西财经大学硕士学位论文，2010 年等成果。

② 南京国民政府时期的调解制度主要有两个方面：司法审判程序中的调解和乡镇调解委员会的调解，因而在以往的研究中可以分为两个方面：一方面集中到司法审判程序上的调解，对《民事调解法》的探讨，如赵建蕊：《民国时期的民事调解制度——以〈民事调解法〉为中心》，北京：中国政法大学硕士学位论文，2007 年；曾方：《民国时期民事调解制度探析》，南昌：江西财经大学硕士学位论文，2010 年；段星宇：《国民政府时期民事调解制度转型研究》，开封：河南大学硕士学位论文，2011 年；刘昕杰：《以和为贵的民国时期基层民事纠纷中的调解》，《山东大学学报》（哲学社会科学版）2011 年第 4 期；另一方面对民间调解的分析，如温丙存，邢鸿飞：《调解的百年嬗变：本原、异化、新生与重构——基于民事纠纷调处实践的历史考察（1912—2012 年）》，《中国农业大学学报》（社会科学版）2014 年第 2 期；谢冬慧：《民国时期乡村区域治理的特殊力量——以民间调解为例的解读》，《东南学术》2015 年第 2 期。此外，罗金寿、余洋的《民国时期的调解体系及运作》（《江西师范大学学报》（哲学社会科学版）2016 年第 2 期）一文对司法调解和乡镇调解委员会都进行了分析，虽然在一定程度上认识较为深入，但该文对资料的引用和分析都存在分散和错乱的情形。

等层级的政权。为何要在这些基层政权中设置调解委员会？其中最为核心的目标就是加强地方自治。调解委员会孕育于地方自治之中，并在随后的演进中形成独立的体系，而这个体系在某种意义上又是整个地方自治不可或缺的一部分。[①]

（一）调解委员会制度的形成

在传统的“中华法系”中对调解是没有进行成文规定的，日常纠纷的处理依据的仅是传统习俗。[②]自清末修宪后，西方法系开始被引入中国，调解制度也为新法所吸收。民国建立以后，为加强地方解决纠纷的能力曾经训令各地普遍建立息讼会，但是这一地方组织大多为非官方所主导，也未曾普遍建立。[③]

南京国民政府成立之后，按孙中山“军政—训政—宪政”的建国思路，开始积极引导地方进行自治，并先后颁布了区、乡、镇等基层自治施行法，在这些地方自治法规中开始有了对调解委员会的规范。[④]1931 年 3 月司法院、行政院会同公布《区乡镇坊调解委员会权限规程》，明确的对调解委员会进行单独立法。经过十余年的运作，《区乡镇坊调解委员会权限规程》很难再符合剧烈变动之后

---

① 成立基层调解委员会被大多数地方政府认为是地方自治事业，如重庆市在颁布《重庆市各区调解委员会组织规程》时就认为组织调解委员会是“减轻市民争端，配合地方自治业务推进”。《为检送重庆市各区区调解委员会组织规程函请查办并予以协导由》（1944 年 11 月 30 日），档号：0110—0004—00520，重庆市档案馆藏。

② 传统乡村社会中处理日常纠纷的主体是士绅，其作用主要体现在三个方面：一是对国家法令的维护和执行。二是参与民间规则的制定和运作。三是民间规定的执行和裁判。宁凯：《传统士绅阶层在乡土社会中的解纷作用》，里赞：《近代史评论（2010 年卷）》，北京：法律出版社，2011 年，第 79—80 页。

③ 关于息讼会的研究，可参见熊文婷《民国时期“息讼会”与民间调解机制》一文，该文利用相关档案资料对南昌县息讼会进行了系统梳理。熊文婷：《民国时期“息讼会”与民间调解机制》，南昌：江西财经大学硕士学位论文，2013 年。

④ 1929 年 9 月公布的《乡镇自治施行法》第 32 条规定：“乡公所或镇公所应附设调解委员，办理下列事项：（1）民事调解事项。（2）依法得撤回告诉之刑事调解事项”。同年 10 月公布的《区自治施行法》又规定区公所设立区调解委员会，“凡乡镇调解委员会未曾调解或不能调解之事项，均得由区调解委员会办理”。详见刘振东主编：《县政资料汇编》上，重庆：时与潮社印刷所，1939 年，第 218—246 页。

的社会实际，因此，1943 年 10 月内政部、司法行政部会同颁布了《乡镇调解委员会组织规程》。[①]新的组织规程从组织、权限、调解程序及调解委员任免等方面对调解委员会的建构作出规定，使得调解委员会的法律规定更加系统化。

民国时期是西方法系在中国内化的重要时期，正是在这种背景之下，结合地方自治的实际需要，基层调解委员会制度得以建立和完善，并最终形成了调解委员会的特殊地位——既是“地方自治法令规定之设置”“为地方正绅借此主张公道，热心桑梓”的重要地方自治组织[②]，也是受地方法院指导，需向法院备案和呈报业务情形的准司法机构。

（二）调解委员身份的文本规范

建立调解委员会是为了加强基层政权和民众的自治能力，那么在调解委员的选择上就应当有所侧重。虽然在中央和各省市所制定的法律规范对调解委员任职条件的规定并不明确，但却有基层调解由地方精英掌控的倾向性。

在调解委员会成立的根本性法规中，《乡镇自治施行法》规定调解委员“由乡民大会或镇民大会”选举，正副乡镇长均不得被选。[③]《区自治施行法》中的条文与之类似，但未规定正副区长或区署职员不能出任调解委员。[④]《区乡镇坊调解委员会权限规程》则无相关规定。同样，《乡镇调解委员会组织规程》也未对调解委员的条件进行

① 《奉令为公布抄发乡镇调解委员会组织规程并废止区乡镇坊调解委员会权限规程令仰知照由》（1943 年 12 月），档号：0110—0004—00516，重庆市档案馆藏。

② 《为本年度行将终了该区调解会所有未报调解笔录暨本年度调解案件统计数字限文到一月内填报来局以凭转报考复由》（1948 年 1 月 19 日），档号：0057-0003-00273，重庆市档案馆藏。

③ 《乡镇自治施行法》，刘振东主编：《县政资料汇编》上，重庆：时与潮社印刷所，1939 年，第 238 页。

④ 《区自治施行法》，刘振东主编：《县政资料汇编》上，重庆：时与潮社印刷所，1939 年，第 224 页。

具体的限定，仅要求“调解委员会设调解委员五人至九人，由乡镇民代表会选举乡镇内具有法律知识之公正人员充之”和“乡镇长及副乡镇长不得被选为调解委员”。①不过从中还是可以看出，国民政府对调解委员的基本要求是“具有法律知识”，并且“公正”。

与中央的立法规定稍有差异，各省市县制定的单行法规中对调解委员的要求更多，以四川为例，省市县各级政府在不同时期对调解委员的来源、任职条件等有不同的规定。如 1936 年永川县制定的组织规程规定“联保调解委员会委员五人，由联保主任于联保内热心地方、公正人士中，选择加倍人数呈报区长，转呈县府选择委任②”，而大竹县制定的组织规程则仅规定“就区属正绅中聘任③”。1940 年 12 月四川省政府制定了四川省内的统一性规则，其中规定“区署职员不得兼任区调解委员，乡镇公所职员不得兼任乡镇调解委员，但名誉乡镇长不在此限”，调解委员的条件为“年满二十五岁以上、品行端正、乡望素孚、略具法律知识、无不良嗜好、未丧失财产信用及未受刑事处分”。④不过这种规定也是相当模糊的，不是能够量化的具体标准。

当然，也并非所有的单行法规都对调解委员身份有所规定，如陪都重庆制定的《重庆市各镇调解委员会通则》中就未明确规定任职条件。⑤《乡镇调解委员会组织规程》颁布之后，重庆市政府以该通则“多不适合现时地方自治组织，且与内政部会同司法行政部颁布《乡镇调解委员会组织规程》不合”，明令废止。⑥1944 年颁

① 《乡镇调解委员会组织规程》，《中华法学杂志》1944 年第 2 期，第 102 页。

② 《永川县各区联保调解委员会组织规程》（1936 年），档号：0081-0009-00031，重庆市档案馆藏。

③ 《大竹县第X区调解委员会组织规程》，《四川第十区政务年刊》，1936年，第 15页。

④ 《四川省各县区乡镇调解委员会组织规则》，四川省政府秘书处法制室编：《四川省现行法规汇编》第二册，1940 年，第 789 页。

⑤ 《重庆市各镇调解委员会通则》，档号：0053-0002-01237，重庆市档案馆藏。

⑥ 《审查各区调解委员会组织规程案》（1944 年 11 月 11 日），档号：0053-0002-00225，重庆市档案馆藏。

布的《重庆市各区区调解委员会组织规程》中对调解委员聘任条件仅要求为“具有法律知识之公正人士”。[①]实际上，该规程“全文均系参照《乡镇调解委员会组织规程》之规定”，仅“原第十三条漏抄原第二项关于开会调解之规定”制定而成，因此不可能有所规定。[②]由此可见，对调解委员的任职条件，从中央到地方都没有一个能够量化的标准，但却有选择“正绅”等地方精英的倾向性。

（三）调解委员会的职权范围

既然以地方自治为核心目的，那么调解委员会的功能就是要把纠纷“就地解决”，从调解委员会的职权范围也可以看出这种功能设定的取向。具体而言，调解委员会的调解范围可以分为案件范围、地理范围和权限范围。

一是案件范围，关于民事调解，其凡属“民事调解事项”和“依法得撤回告诉之刑事调解事项”均可经调解委员会调解。[③]在后续的立法中又加以完善，民事纠纷“依民事诉讼法正在法院调解之事项，不得同时另行调解”，刑事案件则限于危害较轻者，具体有妨害风化罪、妨害婚姻及家庭罪、伤害罪、妨害自由罪、妨害名誉及信用罪、妨害秘密罪、盗窃罪、侵占罪、诈欺背信罪、毁弃损坏罪等，以上各罪经调解委员会“调解成立后，告诉人应向法院撤

① 《重庆市各区区调解委员会组织规程》（1944年），档号：0110-0004-00520，重庆市档案馆藏。该规程仅规定了重庆市各区调解委员会的调解范围、组织规模、调解手续等，并未涉及调解委员的任职条件，罗金寿、余洋的《民国时期的调解体系及运作》（《江西师范大学学报》（哲学社会科学版）2016年第2期）一文将前文中提及的《重庆市各区区调解委员会组织规程》和《四川省各县区乡镇调解委员会组织规则》混淆，导致引用错误。同时，该文在行文中将《永川县各区联保调解委员会组织规程》认为是1944年制定，根据重庆市档案馆所藏原件，本文不赞同此种说法。

② 《审查各区调解委员会组织规程案》（1944年11月11日），档号：0053-0002-00225，重庆市档案馆藏。

③ 《永川县各区联保调解委员会组织规程》（1936年），档号：0081-0009-00031，重庆市档案馆藏。

回其告诉”。[①]

二是地理范围，调解委员会受理案件的地理范围原则上要求双方在同一调解委员会管辖内为限，双方不在同一区域时，由双方商议决定，双方商议未定时“民事得由被告所在地”“刑事得由犯罪地”之调解委员会调解。[②]

三是权限范围，《区乡镇坊调解委员会权限规程》特别强调“民事调解事项，须得当事人之同意，刑事调解事项，须得被告人之同意，始能调解，调解委员会不得有阻止告诉及强迫调解各行为[③]”，《乡镇调解委员会组织规程》也类似规定。由此可见，其主旨就是在双方当事人的同意之下解决纠纷，从而达到基层事务自治的目的。此外，调解委员会调解以免费为原则，“不得征收任何费用或收取报酬”，在纠纷处理上“除对于民事当事人及刑事被害人得评定赔偿外，不得为财产上或身体上之处罚”。[④]当然，调解过程中涉及验伤或查勘情形时，应当由被害人或法定代理人、辅佐人报请所在乡公所勘验开单，如被害人不愿勘验，调解委员会也不得强行勘验。

二、调解委员群体的量化分析

调解委员会的产生是地方自治的必然产物，既然调解委员会属于地方自治的一部分，那么出任调解委员的是基层社会中的哪些群体？由于各种组织规程中的表述并不能明确调解委员的身份，因此笔者选取四川地区的璧山、巴县、重庆三地的调解委员会为样本，

---

① 《乡镇调解委员会组织规程》，《中华法学杂志》1944年第2期，第101页。

② 《重庆市各区区调解委员会组织规程》（1944年），档号：0110-0004-00520，重庆市档案馆藏。

③ 该规程主要内容为乡镇调解委员会划定权限范围，主要为：（1）规定调解委员会受同级区乡镇公所的监督。（2）规定区乡镇坊调解委员会的调解范围以民事为主，附带轻微刑事调解。（3）规定调解时限及手续。《区乡镇坊调解委员会权限规程》，刘振东主编：《县政资料汇编》上，重庆：时与潮社印刷所，1939年，第365—368页。

④ 《乡镇调解委员会组织规程》，《中华法学杂志》1944年第2期，第102页。

试图对调解委员群体进行量化分析，以期能够对调解委员会制度有进一步认识。

目前笔者收集到的调解委员会委员履历表共有 104 份，包括璧山县 31 份，巴县 55 份，重庆市 18 份。这些表格形成时间集中于 20 世纪 40 年代中后期，其中璧山的形成于 1943—1944 年，巴县和重庆两地的则以 1944—1946 年为最多。由于其中有同一乡镇而不同年份者，因此笔者在分析时仅以其中一份为主，其余为参照。同时，由于每个表中所呈现内容的差异性，因此在学历和经历的分析中所使用的表格数量、年限存在一定的差异。

（一）调解委员的学历

关于调解委员的知识水平，《乡镇调解委员会组织规程》中并未规定，仅要求“具有法律知识”。①在各省市的单行法规中也较为含糊，如四川省政府和重庆市政府制定的规程也是仅要求调解委员“略具法律知识”。②那么，在实际的运作中调解委员的学历如何？笔者经过对所收集的 104 个调解委员会履历表进行筛选后，选取了 65 个调解委员会的 495 个调解委员的学历进行分析，制得表 1。

表 1　璧山、巴县、重庆三地调解委员学历比较表

学历区域	私塾或小学	中学	专修科	大学	留学	其他	总计	备注（法政类学历）
璧山	42	64	23	1	0	9	139	6
巴县	78	91	35	14	2	6	226	13
重庆	44	50	18	12	1	5	130	5
总计	164	205	76	27	3	20	495	24

注：本表中“中学”包括初中、旧制中学及地方公学；“专修科”包括农业、商业、师范、军事、法政等专修科；“大学”包括大学、学院等；“其他”包含各种讲习所、临时培训班及清朝功名

① 《重庆市各区区调解委员会组织规程》（1944 年），档号：0110-0004-00520，重庆市档案馆藏。

② 《四川省各县区乡镇调解委员会组织规则》，四川省政府秘书处法制室编：《四川省现行法规汇编》第二册，1940 年，第 789 页；《重庆市各区区调解委员会组织规程》（1944 年），档号：0110-0004-00520，重庆市档案馆藏。

对学历进行分析，是了解调解委员这一群体的重要信息，同时也是了解基层社会法治水平的有效途径。表 1 所采用的分类方式或许并不十分精确，但在总体上能够体现出层次上的差异。从数据上看，调解委员的学习经历存在着明显的特征。

首先，学习经历的分布趋势。从表 1 的数据中可以看出，三地调解委员知识水平总体上集中在“私塾或小学”“中学”两个层次。其中以中学为主，占总人数的 41.41%以上，私塾或小学次之，占总人数的 33.13%以上。如果将专修科层次的人数纳入中学层次，那么则占总人数的 56.77%。分地区而言，拥有中学水平的调解委员比例最高的是璧山县，达到了 46.04%，若将专修科纳入计算则达 62.59%，巴县次之，比例为 40.27%，重庆市最少，仅占 38.46%。在总体水平之外，存在着两极分化的情形：一方面是部分调解委员拥有的大学、留学等高学历，另一方面则是“其他”栏内标注的临时培训班类的学习经历。不过前述两类人员的数额及所占比例都较低，并不能够影响对基层调解委员整体水平的判断。

当然，以上仅是从横的方面，那么调解委员的学历结构是否真如表 1 所反映的那样呢？实际上，从纵的方面看，在连续两年或三年内某个调解委员会调解委员的学历结构，仍以“私塾或小学”“中学”这两个层次为主。如璧山县三合乡 1943 年呈报的履历表中共 7 人，其中有中学 5 人、专修科 2 人；而 1944 年呈报的表中共 9 人，其中私塾或小学 3 人、中学 3 人、专修科 3 人。[①]丁家乡 1943 年呈报的调解委员共 7 人，有私塾 2 人、中学 5 人；1944 年呈报的调解委员仍为 7 人，包括私塾 2 人、中学 3 人、专修科 2 人。[②]同样，巴县鹿角乡 1944 年呈报的 7 人中私塾 3 人、中学 4 人，1946

① 《璧山县三合乡调解人名单》（1943 年 11 月）、《璧山县三合乡造具调解委员会名册》（1944 年 4 月），档号：12-01-383，璧山区档案馆藏。

② 《璧山县丁家乡调解委员会姓名资历表》（1943 年 10 月）、《璧山县丁家乡公所造呈调解委员会委员姓名资历册》（1944 年），档号：12-01-383，璧山区档案馆藏。

年和 1947 年的 7 名委员中虽然人有变化，但学历分布都是私塾 2 人、中学 4 人、大学 1 人。①

其次，学历与法律常识的关系。无论是国民政府中央还是各省市地方，都要求“具备法律常识”，那么在实际运作中调解委员是否真能具备法律常识？从表 1 中的备注栏可以看出，495 个调解委员中仅有 24 人拥有法政类学习经历，仅占全部调解委员的 4.85%。而且这里的统计数字是“法政类”，并非单纯的法律专业，在这仅有的 24 人中明确标明为法学专业的仅有巴县惠民乡的调解委员陈静涵和巴县广阳乡的调解主席喻正谦。②当然，有理由相信拥有专修科以上的学历者在修学过程中会接受一些法律常识的训练，在一定程度上具有一些法律常识。

虽然表 1 所反映出来的调解委员知识水平不一，但是可以肯定的是调解委员绝大多数都受过私塾以上的学习教育，而且无论是从总体还是分地区来看，三地调解委员大多数都具有中学、相当于中学或中学以上水平的学习经历。由此也可以看出调解委员的学识水平，足以应付和处理简单行政事务。

（二）经历

在传统社会中，学历、财力和经历都是“乡望素孚”的基础性条件，因此从任职经历来解读调解委员的身份也有相当的必要。根据笔者收集的璧山等三地调解委员会委员履历表，除去重复和标记

① 《巴县鹿角乡调解委员会委员姓名表》（1944 年 6 月），档号：0110-0004-00521，重庆市档案馆藏；《巴县鹿角乡调解委员会姓名表》（1946 年 6 月 10 日），档号：0110-0004-00518，重庆市档案馆藏；《巴县鹿角乡调解委员会委员姓名履历表》（1947 年 10 月），档号：0110-0004-00513，重庆市档案馆藏。

② 陈静涵为金陵大学法律系毕业，家庭小康，有不动产三十石。《巴县惠民乡调解委员会委员及主席姓名表》（1945 年 11 月），档号：0110-0004-00517，重庆市档案馆藏；喻正谦为北大法学院毕业，曾任联保主任、乡长，并担任学校教授，有不动产四十亩，详见《巴县广阳乡公所造报当选调解委员姓名履历表》（1945 年 6 月 12 日），档号：0110-0004-00521，重庆市档案管藏。

不明者外，选取了66个履历表进行分析，其中涉及523名调解委员，所得信息如表2所示。

表2　璧山、巴县、重庆三地调解委员履历比较表

履历区域	乡镇职务	其他军政职务		社会职务		调解委员		无职	总计
		单任	兼任	单任	兼任	单任	兼任		
璧山	115	18	3	8	0	26	23	5	172
巴县	137	24	3	8	7	25	15	13	207
重庆	48	26	0	9	0	6	3	1	90
总计	300	68	6	25	7	57	41	19	469

注：本表以是否担任“乡镇职务”为基础考察对象，即无论曾兼任何职，只要曾任乡镇职务，则在“乡镇职务”栏内都计数。最右列中“总计”的计算范围为“乡镇职务”、“无职”及三项“单任”人数之和

由于各调解委员任职的复杂性，笔者在表2中将所有调解委员职务进行大致划为四种，其中“乡镇职务”是指在该调解委员所在乡镇公所管辖区域内的各种职务，包括保甲长、乡长、乡民代表会职务、合作社职务等；“其他军政职务”是指在该乡镇公所范围以外所担任的政府公职；“社会职务”是指除公职以外的职业身份，如教师、律师、商人等。

从表2中可以看出，璧山等三地有63.97%的调解委员曾任或现任乡镇公所职务，如果再加上“其他军政职务”的履历，那么基层调解委员的来源出自公务人员的比例则高达 78.46%。相比之下，来源于各种现代职业的比例为 5.33%，而无职人士出任调解委员的比例则更少，仅为4.05%。此外，在这469名调解委员中，有57名在被选为调解委员之前就“曾历任调解委员多年”，这一比例达到12.15%，当然如果算上曾有过兼任调解委员经历的人数，则这一比例就达到了 20.90%。无论是调解委员中的公职人员比例，还是连续出任调解委员的比例，在一定程度上都可以从乡村社会权力分配的角度加以解读。简而言之，从上述比例可以看出基层调解委员会的实际运作基本上操纵于地方实权人物手中，或者可以说是在一定程度上，民国时期基层社会的权力仍然掌握在一个稳定的社会阶层

手中。

另外一个值得注意的问题是关于律师是否能够担任调解委员。[①]在一些地方行政解释中曾规定律师不能出任调解委员，如民国学者陈德谦收录在其《现代分类公文程式大全》一书中的一则复函称："自治法令虽无律师不得被选为调解委员规定明文，惟参照《民事调解法》第四条第二项规定，现任律师当然不得当选为调解委员"。[②]但根据内容，该解释为《民事调解法》存续期间所形成，《民事调解法》在1935年被废除，在1944年颁布的《乡镇调解委员组织规程》中不但没有律师不得当选为调解委员的规定，而且还要求调解委员"具有法律知识"，各省市的单行条例也有类似规定。[③]因此，律师出任调解委员并不为法律所禁止。

实际上，在调解委员会的运作过程中职业律师也确实参与其间。在前文知识水平分析时就显示出有24位调解委员在法政类学校接受过教育，其中有部分人士还出任过律师和司法机构职员。就实例而言，在笔者所收录的履历表中巴县就有数位调解委员的履历中明确被标为律师[④]，其中青木乡的曹缉五为简易师范毕业，担任过律师，与其同届的调解委员彭世才"曾任科员、文牍、书记官、律师等职"，显然还曾供职于地方法院或司法处。[⑤]

① 在相关研究中徐昕、罗金寿等在有关文章中仅依据陈德谦《现代分类公文程式大全》一书中的一份复函就断定"律师也不得当选为调解委员"，这种判断是错误的。参见徐昕主编：《调解：中国与世界》，北京：中国政法大学出版社，2013年，第138页；罗金寿，余阳：《民国时期的调解体系及其运作》，《江西师范大学学报》（社会科学版）2016年第2期，第151页。

② 陈德谦：《现代分类公文程式大全》，上海：大华书局，1935年，第93页。

③ 《乡镇调解委员会组织规程》，《中华法学杂志》1944年第2期，第102页。

④ 例如，屏都乡邵佐新，上海法政学院法学系毕业，"现任律师"；圆明乡涂宗华，华西大学修业，"曾任书记、律师等职"；文峰乡周冕丞，四川法政专门学校毕业，"曾任律师多年"。《巴县屏都镇调解委员会委员姓名表》（1945年7月）、《巴县圆明乡公所造具调解委员年贯资历表》（1945年7月24日）、《巴县文峰乡调解委员会委员名册》（1945年4月27日），档号：0110-0004-00521，重庆市档案馆藏。

⑤ 《巴县青木乡调解委员会委员名册》（1947年6月），档号：0110-0004-00513，重庆市档案馆藏。

综上所述，虽然国民政府及各省市县政府并未对调解委员的身份有明确的条件限制，其所做出的规定也并不能够量化，但是通过对璧山、巴县、重庆等三地基层调解委员会委员学历、经历的分析，可以发现基层调解委员的身份大多为地方社会中稍具知识并拥有一定话语权的地方政治精英。

三、调解委员会的运作及其实效

在对调解委员履历数据分析的基础之上，我们对基层调解委员群体有了一个大概的把握。那么，调解委员会的具体运作情形如何？日常纠纷经过调解委员会的调解能否得到妥善的解决？对这些问题的解答有助于了解调解委员会在基层法治中的作用。

（一）调解过程

根据组织规程，调解委员会对纠纷的调解分为“声请—调解—报备”三个阶段。第一步是声请，当事人以书面或口头方式向乡公所申请调解，并将“姓名、性别、年龄、住址、事由概要”等信息及与纠纷相关的文书呈报乡镇公所，乡镇公所受理之后移送调解委员会办理①。第二步是调解，调解委员会接受申请后决定开会日期，民刑事纠纷分别在10日和5日内进行，民事纠纷当事人可再申请延长10日。正式开会调解时，调解委员出席者必须过半且有利益关系者必须回避。第三步是向管辖法院报备，无论调解是否成立，在调解结束后都应当向管辖法院呈文备查。②虽然规程的规定详细明了，但在实际运作中仍有细节的出入。

首先，当事人声请调解。纠纷产生后在自行解决不了的情况下

---

① 陈盛清：《我国调解制度》，《东方杂志》1943年第20期，第32页。

② 《重庆市各区区调解委员会组织规程》（1944年），档号：0110-0004-00520，重庆市档案馆藏。

当事人即向调解委员会呈文声请调解，如陈广全与刘华廷纠纷案。在陈广全的呈文中包括两个主要信息：一是双方身份等基本信息，陈广全为“世居本乡，务农为业”的小地主，刘华廷为其佃农，但无性别、年龄、住址等信息；二是事情经过，纠纷产生的原因主要在于刘华廷在屋檐下放置的长懒凳将陈广全之子打伤，经众调解后刘华廷认赔医药费，但尚未实际支付，其后陈广全为筹集医药费将田地转佃给王席中，由此产生纠纷。在接到呈文后，调解主任鲁清平即批示“呈悉，准予示期调解”。[①]

其次，调解讯问过程。在确定调解日期后，双方即齐集乡镇公所由调解委员会主席、委员讯问并当场提出调解意见。在陈广全与刘华廷纠纷案中，刘华廷“因到璋福家未回”，由其妻子刘曹氏代为出席，经调解主席讯问，陈广全的陈述和意见与呈文一致，刘曹氏认为事发主因在于陈广全“不照应小孩，故发生此事，伊之医药，我无法付给”，也不能换佃。讯问结束后，调解委员会即当场提出调解意见，“刑事部分由陈广全医好后再行调解”，民事部分则按原约投佃。[②]

再次，调解结果的呈报。在调解讯问过程中，调解委员会将时间、地点、出席人、记录人、原告、被告、理由等内容详细记录，并在随后的报备中呈递给负责管辖的法院，但也有根据调解记录单独填写调解呈报表的情形。如齐元廷与王用候租佃纠纷案，在调解完毕后，由调解委员会制作的调解呈报表包括以下内容：

一、调解地点：重庆市第二区乡公所

二、调解时间：1948 年 2 月 28 日

三、调解委员：贺洪兴、黄复元、陈升之等

四、调解内容：

---

① 《为故意伤害估耕欺主恳乞传案理究以儆刁顽而重主权由》（1945年7月13日），档号：14-01-220，璧山区档案馆藏。

② 《调解记录》（1945 年 7 月 15 日），档号：14-01-220，璧山区档案馆藏。

1. 声请人声明：齐元廷称我租与王用候之铺房二间，现因需要房营业急待收回，并且我走后院进出不便，亦须收回，故请调解。他造当事人声明：王用候称我租齐姓之铺房经换成押佃由一千元换为五万元，并且房屋是我修建的，佃齐姓的地皮，现尚须继续租佃营业。

2. 调解意见：该被请人王用候要求续租，自认照原租金加七倍连原租共为八倍，每月合计一百廿八万元，四个月为一季，每季租金五百一十二万元，先交租金一季，并换新租约，但租金以两季调整一次，并照生活市面增减。

3. 调解结果：取得双方同意，续租有效，照新约纳租，调解应于成立。①

从上述运作过程看，调解委员会对纠纷的处理并未严格按照组织规程的规定办理。一方面在声请调解和调解过程都较为随意，声请书并无固定格式，调解过程也并不一定必须本人出席；另一方面在调解时多为凭中说理，并不以法律的援用为根本依据。

（二）调解成效

由于资料的匮乏，基层调解委员会调解的具体案件数还不能做全面系统的梳理。从笔者收集的资料看，对某一具体调解委员会某段时间的调解情形还是可以从数量上加以分析。以重庆市为例，1946年该市第十六区8月份调解纠纷为6件②，第四区7月至12月调解纠纷为41件。③1947年上半年，该市第十四区调解成功各类纠

① 《重庆市第二区调解委员会齐元廷与王用候租佃纠纷事调解笔录》（1948年2月28日），档号：0110-0004-00519，重庆市档案馆藏。

② 周焕强总编：《重庆市志》第十四卷，重庆：西南师范大学出版社，2005年，第437页。

③ 参见《重庆市第四区调解委员会调解记录表（民国三十五年七月起至十一月份止）》（1946年12月），档号：0057—0007—00057，重庆市档案馆藏；《重庆市第四区调解委员会调解记录表（民国三十五年十二月份）》（1946年12月），档号：0057-0007-00064，重庆市档案馆藏。

纷8件[①]，1948年该市第二区1月至10月份调解纠纷为23件。[②]此外，据《重庆市志》的记载，1948年第十二区调解纠纷10件，1949年5月第六区调解案件数为5件。[③]笔者将上述案件数量，分内容、结果等项制成表3用以分析调解委员会的具体成效。

表3　重庆市各调解委员会调解成效表

履历区域	租佃纠纷		财产纠纷		其他纠纷		合计
	成立	不成立	成立	不成立	成立	不成立	
第2区	7	11	1	4	0	0	23
第4区	12	10	7	7	0	5	41
第12区	10		0		0		10
第14区	2		2		4		8
总计	52		21		9		82

资料来源：周焕强总编：《重庆市志》第十四卷，重庆：西南师范大学出版社，2005年，第437页；四川省地方志编纂委员会编：《四川省志·公安司法志》，成都：四川人民出版社，1997年，第372页；《重庆市第四区调解委员会调解记录表（民国三十五年七月起至十一月份止）》（1946年12月），档号：0057-0007-00057，重庆市档案馆藏；《重庆市第四区调解委员会调解记录表（民国三十五年十二月份）》（1946年12月），档号：0057-0007-00064，重庆市档案馆藏；《重庆市第二区调解委员会调解记录表（民国卅七年一至十月份）》（1949年1月），档号：0110-0004-00519，重庆市档案馆藏

注：本表中所统计各区调解案件数量的时间段分别为第2区为1948年1—10月，第4区为1946年7—12月，第12区为1948年，第14区为1947年，其中第12区和第14区未标明具体月份

表3所统计的调解案件数量仅为某一调解委员会具体时间段的数字，但从中仍可解读出一些调解委员会运作的基本信息。

首先，与财产相关的案件为基层调解委员会调解的重点。表3所载的案件分类中三类案件均涉及财产归属问题。一是租佃纠纷，

① 四川省地方志编纂委员会编：《四川省志·公安司法志》，成都：四川人民出版社，1997年，第372页。该处记录的数字为“调解成立”的案件数，因此还有其他案件并未记录在内。

② 《重庆市第二区调解委员会调解记录表（民国卅七年一至十月份）》（1949年1月），档号：0110-0004-00519，重庆市档案馆藏。

③ 周焕强总编：《重庆市志》第十四卷，重庆：西南师范大学出版社，2005年，第437页。该数字并未标明是1948年某段时间还是1948年整年所有的。

由于地处市区，表3中租佃纠纷以房屋租赁纠纷为主，其中包括店铺租赁、房屋地基租赁等。二是“财产纠纷”，此类以借贷、合伙买卖等纠纷为主。三是“其他纠纷”，此类则为诈骗、拐逃、盗窃等案件，其中也涉及财产归属问题。由此可以看出，调解委员会参与解决的战后重庆市区的日常纠纷与财产都有密切的关系。当然，从具体的数字看，租佃纠纷在调解的案件数中占大多数，第二、四、十二等三个区的租佃纠纷都占参与调解案件的一半以上。这也符合了重庆市“抗战期间人口密集，关于土地之租用情形繁杂”，抗战胜利后租赁纠纷频繁的史实。①

其次，关于调解的效果。面对基层生活中的日常纠纷，虽然各级政府都主张“迅速解决，免除人民讼累②”，但是从调解委员会的实际运作情况来看，似乎并未达到“息讼”的目的。③就表3统计而言，第二区统计的15件调解不成立案中有14件为“双方各说一词”或“双方争执不可调解”，另有1件为“静候法院处理，调解不成立”④；同样为第二区，1948年该区共调解案件28件中调解无效者达25件，仅3件成立。⑤第四区的22件不成立案中有6件为双方“不接受，本案不成立”，其余16件中有“在地方法院侦查处理中”、有“缺席未到”改由保甲长解决、自行和解等情况。由此可以看出调解委员会的工作在某种意义上并未达到预期效果，正因如

---

① 《为设置重庆市复员期间土地房屋租赁纠纷调解委员会检同该项组织规程赍呈核示由》（1945年11月9日），档号：0053-0001-00305，重庆市档案馆藏。

② 《据呈拟定重庆市复员期间土地房屋租赁纠纷调解委员会组织规程一案应毋庸议令知照由》（1945年12月11日），档号：0053-0001-00305，重庆市档案馆藏。

③ 很多纠纷虽然经过调解委员会的调解，但并未能够真正得到解决，如璧山临江乡的赵淑伦与黎三合租佃纠纷案，虽然两次经过调解委员会的调解，第一次调解还达成了协议，但仍未能解决，最终调解委员会只能以“本会碍难解决，自行向法院起诉”而了结。《为恶佃估踞藐判不遵恳传案讯究并饬其领押以维主权而儆狡赖事》（1945年7月）、《调解记录》（1945年7月22日），档号：14-01-220，璧山区档案馆藏。

④ 《重庆市第二区调解委员会调解记录表（民国卅七年一至十月份）》（1949年1月），档号：0110-0004-00519，重庆市档案馆藏。

⑤ 《重庆市三十六年第二区调解委员会调解案件统计表》（1948年1月），档号：0057-0003-00273，重庆市档案馆藏。

此，重庆市地政局才在租佃纠纷剧增而调解委员会工作又不力的情况下，多次呈请设立专门解决房屋租赁纠纷的调解机构。[①]

四、对调解委员会制度的反思

调解作为传统中国基层社会处理纠纷的重要机制，在熟人社会中具有良好的效果，也正是在这种传统“息讼”思想的影响下，调解纠纷才成为南京国民政府地方自治中的重要内容。[②]那么，南京国民政府在基层自治系统中建立完善的调解机制，将民间调解纳入到国家行政范围之内，这种行为是否符合人民解决纠纷的意愿和习惯，或是否能为人民所接受？这是基层调解委员会能否发挥作用的关键因素。实际上，文章第二、三两个部分所论证出的历史事实正好可以说明南京国民政府建立的调解委员会所面临的两方面难题。

一是传统礼俗调解对制度化调解的冲击。近代以来的法律修订中，刑事法律颁布之后可“依靠国家权力，强制推行”，而民法等私法，“即便创制颁布，推行起来，也会受到各种社会因素的制约”。[③]在制定和实施西化的法律时，上海等不同于传统熟人社会的新兴移民城市，“可能使市民较快地接受了这套国家司法方式[④]”，但是作为传统熟人社会的乡村，对这套先进的官方法治形式却产生

① 《呈赍重庆市土地及房屋纠纷调解委员会组织规程毋再另订令仰知照》（1943年），重庆市档案馆藏，档号：0053-0001-00305；《为设置重庆市复员期间土地房屋租赁纠纷调解委员会检同该项组织规程赍呈核示由》（1945年11月9日），档号：0053-0001-00305，重庆市档案馆藏。

② 在地方自治中警察有“调解词讼评判曲直”“遇有民事纠纷，经当事人之同意，得行调解”的职责。参《警察服务须知》，1946年，第46页；而保甲同样应调解纠纷，人民遇有纠纷时应当“乡保去调解，切勿就对呈。实在断不公，然后进衙门”。参甘肃省地方行政干部训练委员会编：《保甲读本》，1943年，第24页。

③ 张仁善：《寻求法律与社会的平衡——论民国时期亲属法、继承法对家族制度的变革》，《中国法学》2009年第3期，第128页。

④ 王志强：《民国时期的司法与民间习惯——不同司法管辖权下民事诉讼的比较研究》，《比较法研究》2000年第4期，第415页。

了排外的倾向，“反而选择固守厌讼与调解等传统解纷方式”，继续信奉“饿死不当贼，屈死不告状”的传统观念。[①]同时，在纠纷调解时，“一旦村干部在场，游戏规则就势必改变，法学家所主张的法律的严肃性势必减少，因为熟人之间一般无需法律，或只需要很少的法律”。[②]正是在通过传统礼俗解决纠纷的传统观念之下，民众对于基层调解委员会的依赖程度十分有限。[③]

实际上，通过非制度性或非法律性的途径解决纠纷，不仅是中国传统社会所保留下来的本土经验，也是具有世界性的普遍现象。美国学者罗伯特·C·埃里克森提出的“无需法律的秩序”正好可以从理论上对这一现象加以解释。他认为人们“无需政府或其他科层化协调者来安排他们相互有利的互动”“法律制定者如果对那些促进非正式合作的社会条件缺乏眼力”反而只会制造出一个“法律更多但秩序更少的世界”。[④]正是这种“无需法律的秩序”，在解决纠纷时，民众并不把南京国民政府所组织的基层调解委员会作为首选途径。

二是调解委员会自身缺陷。通过对基层调解委员会立法的分析可以知道，调解委员会的立法在逐步完善，但这并不能说明调解委员会已经不存在缺陷。实际上，调解委员会的自身缺陷是与生俱来的。

在整个近代中国的历史演进中，晚清以来的各个政府所进行的

---

① 温丙存，邢鸿飞：《调解的百年嬗变：本原、异化、新生与重构——基于民事纠纷调处实践的历史考察（1912—2012 年）》，《中国农业大学学报》（社会科学版）2014 年第 2 期，第 69 页。

② 谢东慧：《民国时期乡村区域治理的特殊力量——以民间调解为例的解读》，《东南学术》2015 年第 2 期，第 39 页。

③ 在日常纠纷的实际处理中，至少四川地区的民众首先选择的仍然是“当众理剖”，如前述陈广全与刘华廷纠纷事项，在纠纷发生之初，陈广全即“知明保甲，当众理解”，最后陈广全“遵保甲之解，准伊认医药费五万元以便医治”，在随后的索要中刘华廷拒认调解结果，因此陈广全才呈请临江乡调解委员会出面调解。《为故意伤害估耕欺主恳乞传案理究以儆刁顽而重主权由》（1945 年 7 月 13 日），档号：14-01-220，璧山区档案馆藏。

④ （美）埃里克森著，苏力译：《无需法律的秩序——邻人如何解决纠纷》，北京：中国政法大学出版社，2003 年，第 1、354 页。

政治建设与改革都追寻同样一个目标——即国家政权对基层的控制，而这个目标在“至20世纪四十年代后期……已基本完成”。[①]而与此同时，在“千古未有之大变局”下，传统社会中的地方精英却出现了劣化的发展趋势，原本为“民望之首”的地方精英骤然蜕变成为“平民之公敌”。[②]国家政权下移与地方精英劣化共同造就了近代基层社会中的“权绅化”现象，而根据前文调解委员身份的分析，我们可以看出无论是学历还是履历都指向一个现象——即调解委员与地方政治精英为同出一体，这说明调解委员会建立的基础就是已经“劣化”的基层政治精英。

地方自治，简单地来说是一定区域内民众自发处理该区域的事务，只有在民众自身积极参与之下才能有所收获。在法律因素甚少、人情因素为主的行政调解中这些已经“劣化”的地方精英是否能够真正地做到公平公允，这是纠纷当事人在选择调解主持人时所面临的重要问题。或许正是出于这种顾忌，一般民众在有纠纷时仍然会选择传统的“吃讲茶”“会社”“会族”等方式进行解决。[③]实际上，正是由于基层调解委员会自身缺陷的无法根除，才使得其调解结果的差强人意。从一些个案中我们可以看到，虽然调解委员中不乏“断公道断得好”，双方都“心服口服”者，但更多的是表面息事宁人，实则“恃强抑弱，武断乡曲，欺压乡愚”。[④]在这种情况之下，调解委员会所能取得的成绩可以想见。

---

① 汤水清：《施压与抵制——以“窃线”案件看1940年代后期国家权力与乡村社会的关系》，《近代史研究》2013年第4期，第76页。

② 王先明：《变动时代的乡绅——乡绅与乡村社会结构变迁（1901—1945）》，北京：人民出版社，2009年，第453页。

③ 陈盛清：《我国调解制度》，《东方杂志》1943年第20期，第31页。

④ 四川省地方志编纂委员会编：《四川省志·公安司法志》，成都：四川人民出版社，1997年，第373页。

五、结语

调解是以乡村为主体的基层社会在解决纠纷时的重要措施，从近代以来中国基层法治建设的历史演进中我们可以看出，历届政府都力图将其纳入到国家行政的范围之内。正是这种将民间调解制度化的意图，才使得清末以来的立法中对调解制度进行反复规范，从而使得调解的主导权经历了由民间个体到政府部门的历史演变。当然，这种演变不仅体现了借助本土调解资源以化解纠纷的法治意识，更完整的展现了立法者“近采欧美良规，略予变通”，以达到“闾阎无缠讼之苦，讼庭有清简之观”的立法主旨。[①]

从宏观历史角度看，近代基层社会中调解的这种历史演变暗合了近代以来中国国家政权向基层社会蔓延的大趋势。在这种发展演变过程中，虽然调解委员与“劣化”的基层政治精英产生了合流，国家通过行政手段干预日常纠纷的处理也不一定能够得到民众的一致认可，从而造成了调解成效上未达到息事宁人、减少人民讼累的目标，但不可否认的是，调解委员会这种被誉为“东方智慧”的行政调解制度在民国时期所经历的内化嬗变，融合了传统社会的“和息了事”精神，开创了近代以来基层行政主导纠纷调解的先河。这种机制在诉讼不足以解决所有纠纷的今天，同样值得我们借鉴。

作者简介：谢健（1988—），男，重庆璧山人，南开大学历史学院博士研究生，主要从事近代中国乡村社会史研究。

---

① 谢振民：《中华民国立法史》，南京：正中书局，1937年，第1273页。

黄瀛和文化学院

刘　黎

（日本爱知大学　爱知县　名古屋　4538777）

摘　要： 1926年4月，出身重庆的中日混血诗人黄瀛，进入位于东京的文化学院①本科学习。文化学院在“大正自由教育运动”潮流中应运而生，主张力行新教育改革、充分发挥学生天分、着力培养学生的创造能力，开设了涵盖人文、社会、自然科学及文艺实践范畴的多种课程。黄瀛在该校学习期间，与在校任教的日本文坛知名文化人展开了文艺交流活动，如与谢野晶子②、奥野信太郎③、新居格④等人，并与同校生创办文艺杂志，积极进行了文学创作实践。笔者认为，文化学院阶段的生涯经验，奠定了黄瀛独具世界性、跨国界、跨文化多元文学书写的基础，对其创作生涯产生了重要的影响。本稿立足于中日双方第一手史料，考证并梳理黄瀛在此阶段的活动历史。

关键词： 黄瀛；文化学院；大正自由教育；文学交流；诗歌创作

黄瀛，横跨大正、昭和、平成三个时代的日本语诗人，在日期间创作并发表了大量文学作品，积极开展了创作实践与文化交流活动，以其清新的诗风、独具世界性与多元性的文学书写手法，广受

① 文化学院是由艺术家西村伊作于1921年创设的私立学校。原校址位于东京千代田区东京神田区骏河台。菊池宽、川端康成、横光利一、小林秀雄等曾于该校任教。第二次世界大战中，校长西村伊作因反战和不敬罪被检举，该校被强制闭锁。1946年该校重开，2014年移转至东京都墨田区两国，现为专科学校。

② 与谢野晶子（1878—1942年），日本歌人、作家、思想家，与丈夫与谢野铁干同为文艺杂志《明星》的核心成员。

③ 奥野信太郎（1899—1968年），日本中国文学学者、随笔家。

④ 新居格（1888—1951年），日本文学家，以翻译活动与评论活动为主。

日本文坛的关注，有诗集《景星》《瑞枝》出版。他将中国的新诗大量译介至大正末期—昭和初期（20 世纪 20 年代后半期—20 世纪 30 年代初期）的日本，将彼时的中国诗坛与世界相连，促进了外界对中国文学与诗歌的了解。同时，黄瀛作为中日混血儿，同时拥有中国与日本两个祖国的特殊背景，对其人生经历产生了重要影响，并透射出近现代中日关系的各处重大转折。

截至目前，中日两国学者对黄瀛诗歌创作及活动历史等，从不同角度展开了研究，且取得了宝贵的研究成果。但现有研究成果对其文化学院阶段的活动历史关注尚不够充分，尚无系统梳理黄瀛在该阶段活动史及其意义的研究成果。笔者认为，文化学院阶段的经验，奠定了黄瀛独具世界性、跨国界、跨文化多元文学书写的基础，对其创作生涯产生了重要的影响。本文力图发掘出黄瀛在本阶段发表作品的第一手史料，并以此为基础，对其活动史进行充分考证，梳理出完整、清晰、准确的人物活动脉络，为深入进行黄瀛研究补充新的史料。

基于对以下三则史料的考证，本文暂拟就 1926 年 4 月—1927 年 10 月，黄瀛与文化学院相关的活动情况进行初步考察。首先，文化学院于 1925 年 4 月初设本科，并于《文化学院本科·美术科学则》中规定：该校“每年的授业学年从当年 4 月 1 日开始，翌年 3 月 31 日结束。”①其次，据笔者调查，文化学院现藏《毕业生名薄》中记载：“黄瀛（本科 2 回生）”②，可以推断黄瀛作为该校第二期本科学生，1926 年 4 月在文化学院入学。另外，由兴亚院制作的《日本留学中华民国人名调》记载，黄瀛于 1927 年 10 月 1 日在陆军士官学校入学。③

① （日）桥本美保监修：《大正新教育 文献資料集成 16 卷》，东京：日本图书中心，2017 年，第 327 页。

② 文化学院编：《卒業生名簿》，内部资料，出版时间不详。

③ 兴亚院政务部：《日本留学中華民国人名調》下，《日本留学中国人名簿関係資料》第 3 卷，东京：龙溪书社，2014 年，第 678 页。

一、诗人的出世

1906 年 10 月 4 日，黄瀛出生于重庆，父亲为曾留学日本弘文学院的重庆江北人黄泽民，母亲为出身于日本千叶县的太田喜智。黄瀛幼年丧父，随母赴日，于母亲老家的八日市场居住，并就读于当地的普通高等小学校。后又相继入读私立正则中学校（日本）、青岛日本中学校、文化学院（日本）、陆军士官学校（日本）。在日期间，黄瀛创作了大量日语诗歌，发表于各类文艺杂志。归国后，历任国民党政府参谋本部部员、国民政府军政部特殊通信教导队队长、陆军通信兵学校军鸽所及军犬所所长等职。1949 年 12 月底，黄瀛所在部队于贵州普安发布通告起义。“文化大革命”后，黄瀛任四川外国语学院教授，讲授日本文学，并在与日本文化界的友好交流中发挥了重要作用。

1923 年 9 月，日本发生关东大地震，大量建筑被毁，受灾惨重。彼时于东京私立正则中学校就读的黄瀛，因暂时无法复学，遂于翌年 2 月 16 日，转入青岛日本中学校[①]就读。在此期间，黄瀛阅读了高村光太郎的《道程》、中川一政的《看不惯的人》等作品，并将自己创作的诗歌向日本的报社、各大文艺杂志投稿。此间，黄瀛与在《东京朝日新闻》供职的中野秀人[②]相识，并通过中野秀人得知，自己的诗作得到了诗人高村光太郎[③]等人的关注。同时，黄瀛

---

① 1914 年，日本占领青岛，继承了德国在青岛的各项权益，并开始了在山东的铁道经营。为了给在当地供职的政府官员、铁道沿线职员、一般在留日本人的子女提供教育设施，日本守备军当局在青岛设立了青岛小学校、青岛高等女学校、青岛中学校。1924 年，黄瀛的母亲当时在天津经商，可推断黄瀛是作为一般在留日本人的子女进入该校学习。

② 中野秀人（1898—1966 年），日本画家、诗人、评论家，曾于《东京朝日新闻》新闻社任职。

③ 高村光太郎(1883—1956 年)，日本文学史上具有代表性的近现代诗人，雕刻家、画家。曾以黄瀛作为模特，创作了“黄瀛の首”的雕刻作品。

还与在广州岭南大学留学的草野心平[①]开始了通信来往。两人的相识缘于1923年3月，黄瀛在日本的文艺杂志《诗圣》上发表了题为《早春登校》的诗作，该刊同时并列刊载了草野心平的诗作《无题》，两人由此开始了对对方的关注。其后，黄瀛从青岛日本中学校，给岭南大学的草野心平写去了书信，附上了自己"头戴青岛日本中学校帽子的小照片"[②]，并询问草野心平"你到底是日本人还是中国人呢？"此后，两人展开了频繁的文学交流。

1925年2月，黄瀛从青岛日本中学校毕业，并回到日本，为参加第一高等学校的考试进行准备。同月，他以《清晨的展望》[③]一诗，一举摘下《日本诗人》1925年2月号"第二新诗人号"第一席的桂冠，成为名噪日本诗坛的宠儿。此后，黄瀛开始了与日本文坛的广泛交流，每周前往高村光太郎位于本乡驹込林町的工作室拜访，并在那里见到了当时日本文坛的诸多名人。

1926年4月，黄瀛在保证人高村光太郎的推荐下，进入文化学院学习。当时的文化学院，汇集了代表日本文化界的精英知识分子，例如，与谢野晶子、菊池宽[④]、奥野信太郎、横光利一[⑤]等人，皆在该校担任教师。黄瀛在民主自由的新教育氛围中，与教师及同校生等人展开了文化交流与文艺实践活动。

二、力行新教育改革的文化学院

文化学院由艺术家西村伊作[⑥]创立于1921年4月，当时的日本，

① 草野心平（1903—1988年），日本诗人，于中国广东岭南大学留学期间，与黄瀛相识，并邀请黄瀛作为同人，参与了文艺杂志《铜锣》的创刊。

② （日）草野心平：《わが青春の記》，东京：日本图书中心，2004年，88页。

③ 黄瀛：《朝の展望》，《日本诗人》1925年2月号，2页。

④ 菊池宽（1888—1948年），日本小说家、剧作家、记者，创办《文艺春秋》杂志。

⑤ 横光利一（1898—1947年），日本小说家、评论家。

⑥ 西村伊作（1884—1963年），日本教育家、文化学院的创立者。大正、昭和时代具有代表性的建筑家、画家、陶艺家、诗人。

正盛行民主主义思潮，创立当时，即以特殊的教育理念与教育方法，为世人所称道。

西村伊作出生于和歌山县新宫市的富裕家庭，擅长绘制油画、制作陶器、建筑设计，是一位多才多能的艺术家。1921 年，西村伊作萌生了将所有财产的一部分用于创建文化事业的念头。同时，恰逢女儿达到学龄，却苦于没有合适的学校让女儿就读。正为此烦恼的西村伊作，将自己打算创建学校的意图，与好友与谢野晶子、与谢野铁干[①]夫妇进行了商议。与谢野晶子同样深感：“日本人无法振作的原因，总而言之归咎于品格铸造的不足”[②]，因此对西村伊作的提案大加赞同。商定计划后，1921 年 4 月 24 日，文化学院在东京神田区骏河台袋町十二番地正式开校。

以艺术、文学才能的培养作为教育方向的文化学院，并未接受来自政府的资金援助，作为“自由创办、并具有独创性的学校”[③]开校教学。学校的校舍是由西村伊作本人设计的英国山庄别墅式风格。教师皆由当时一流的文学家、艺术家、学者等担任。西村伊作担任学校的校长，与谢野晶子和画家石井柏亭[④]担任学监，河崎夏子[⑤]担任主任。外国文学顾问由户川秋骨[⑥]担任，日本文学顾问由与谢野铁干担任，音乐和舞蹈顾问由山田耕筰[⑦]担任。画家石井柏亭带领二科会[⑧]的山下新太郎[⑨]、有岛生马[⑩]等人，担任美术学科方面

---

① 与谢野铁干（1873—1935 年），日本歌人，与谢野晶子丈夫，时任文化学院学监。

② 与謝野晶子：《文化学院の設立について》，文化学院史編纂室：《愛と叛逆：文化学院の五十年》，东京：文化学院出版部，1971 年，第 30 页。

③ （日）与謝野晶子：《文化学院の設立について》，文化学院史編纂室：《愛と叛逆：文化学院の五十年》，东京：文化学院出版部，1971 年，第 30 页。

④ 石井柏亭（1882—1958 年），日本画家、美术评论家。

⑤ 河崎夏子（1889—1966 年），日本政治家、女权解放运动家、评论家、教师。文化学院创始人之一。

⑥ 户川秋骨（1871—1939 年），日本评论家、英国文学学者、翻译家、教育家。

⑦ 山田耕筰(1886—1965 年），日本作曲家、指挥家。

⑧ 二科会，1914 年，由日本画家结成的美术团体。

⑨ 山下新太郎（1881—1966 年），日本画家、日本艺术院会员。

⑩ 有岛生马（1882—1974 年），日本水彩画画家。

的教学；与谢野晶子、与谢野铁干夫妇及有岛武郎[①]、茅野萧萧[②]、户川秋骨等文学家担任文学学科方面的教学；之后又有奥野信太郎、菊池宽、堀口大学[③]等知名文人相继加入教师队伍。

开校之初，学校只设有中学部，作为全日本最早实行男女共学的学校，学生的服装并未作硬性规定，完全根据学生自身的喜好任意穿着。第一期的中学生由包含西村伊作长女在内的三十名学生组成。

1925年4月，文化学院又新开设了与“欧洲大学程度相仿”的本科与美术科。当时，《东京朝日新闻》对新设本科的学科科目及教师阵容进行了专门的报道：“末弘严太郎[④]博士讲授法律经济学科，长谷川如是闲[⑤]氏倡导生物学的人生观……菊池（宽）、芥川（龙之介）[⑥]、丰岛（与志雄）[⑦]等新进小说家任教文学和语学科目，石井柏亭、有岛生马及其他二科会的教授全体出动……”[⑧]。从报道中可见，文化学院新开设本科的教师阵容十分可观，皆由当时日本学术各界颇具知名度的一流学者担任。

文化学院倡导“教师将知识与思想传授给学生，让学生自由地理解与抉择”[⑨]的教学理念，校方不对教师的教学方法与细节做出任何规定和要求，并尤其强调“希望通过这一生涯阶段的学习，让学生能够正直、高尚、快乐地生活”[⑩]这一教学意旨。为了达到培养学生

---

① 有岛武郎（1878—1923年），日本小说家，“白桦”同人。

② 茅野萧萧（1883—1946年），日本德国文学学者、诗人，文学社团“明星”同人。

③ 堀口大学（1892—1981年），日本诗人、歌人、法国文学学者。有译诗超过三百首，对日本近代诗歌产生了重要影响。

④ 末弘严太郎（1888—1951年），日本法学家。

⑤ 长谷川如是闲（1875—1969年），日本新闻记者、评论家、作家。

⑥ 芥川龙之介（1892—1927年），日本著名小说家，代表作《罗生门》《河童》等。

⑦ 丰岛与志雄（1890—1955年），日本小说家、翻译家、法国文学学者、日本艺术院会员。

⑧ 《ぺ夫人も迎へて　文化学院の本科美術科新設》，《东京朝日新闻》1925年3月25日，第5页。

⑨ （日）桥本美保监修：《大正新教育　文献資料集成　16卷》，东京：日本图书中心，2017年，第305页。

⑩ （日）桥本美保监修：《大正新教育　文献資料集成　16卷》，东京：日本图书中心，2017年，第306页。

“聪慧而高雅的人格”“丰富的教养和思想，以及独创能力。”[①]“同时，作为世界的一分子，也要对各国知识具备一定的兴趣，对人类怀有普遍的关爱”[②]的教学目标，学校开设了文学、语学、历史、哲学与精神科学、自然科学、法律经济、美术史等涵盖人文社会科学、自然科学、艺术学各个方面的课程。详见表 1、表 2、表 3。

表 1　1925 年文化学院本科学科科目及教授时间表（一）

教授科目 / 学年	修身	语学				文学							
	精神讲座	国语	英语	法语	语言学	国文学	英国文学	法国文学	中国文学	一般外国文学 现代文学批评	文学概述	东西古代文学史 东西近代文学史	东西古代文化史 东西近代文化史	近代思想史 近代妇人思想史 妇人问题
第一学年每周课时	一隔周	一	八	八		四	四	四	一	一	一	一	一	
第二学年每周课时	一隔周		八	八		四	四	四	一	二	一	一	一	
第三学年每周课时	一隔周		四	四	一	四	四	四	一	二			二	二
第四学年每周课时	一隔周		二	二	一	四	四	四	一	二			二	二

资料来源：（日）桥本美保监修：《大正新教育 文献資料集成 16 卷》，东京：日本图书中心，2017 年，第 320 页

表 2　1925 年文化学院本科学科科目及教授时间表（二）

教授科目 / 学年	哲学与精神科学						自然科学				法律与经济		
	哲学概论	东西哲学史	美学	基督教概说 佛教儒教 宗教概论	社会问题 社会学	心理学 论理学 伦理学 教育学	生理学 卫生学	数学	物理学 化学 天文、地理、气象学	生物学 人类学	宪法	法学通论	经济通论
第一学年每周课时						一	一	二	二	一			

① （日）桥本美保监修：《大正新教育 文献資料集成 16 卷》，东京：日本图书中心，2017 年，第 307 页。

② （日）桥本美保监修：《大正新教育 文献資料集成 16 卷》，东京：日本图书中心，2017 年，第 307 页。

续表

教授科目 / 学年	哲学与精神科学						自然科学				法律与经济		
	哲学概论	东西哲学史	美学	宗教概论、佛教儒教、基督教概说	社会学、社会问题	教育学、伦理学、论理学、心理学	卫生学、生理学	数学	天文、地理、气象学、化学、物理学	人类学、生物学	宪法	法学通论	经济通论
第二学年每周课时	一					一			一	一		一	一
第三学年每周课时	一	一	一	一	一	二			一	一	一	一	一
第四学年每周课时		二		一	一	二							

资料来源：（日）桥本美保监修：《大正新教育 文獻資料集成 16 卷》，东京：日本图书中心，2017 年，第 322 页

表 3　1925 年文化学院本科学科科目及教授时间表（三）

教授科目 / 学年	美术史			创作与实技			特别讲座
	美术概论	东西古代美术史、东西近代美术史、音乐舞蹈演剧史	现代美术批评	文学（诗、短歌、小品文、俳句）	绘画（木炭画、油画、水彩画、粉笔画）	音乐（声乐、器乐）	课外讲演
第一学年每周课时	一	一		一	三	三	每月一回
第二学年每周课时	一	一	一	一	三	三	同上
第三学年每周课时		一	一	一	三	四	同上
第四学年每周课时			一	一	三	四	同上

资料来源：（日）桥本美保监修：《大正新教育 文獻資料集成 16 卷》，东京：日本图书中心，2017 年，第 323 页

从表 1 的课时配置中可以看出，该校尤其重视对学生语学素养与文学素养的培养。为了拓宽学生的世界文学视野，在第一学年与第二学年，分别开设了每周一节的“文学概论”“东西古代、近代文学史”“一般外国文学”“现代文学批评”通识性课程。此外，在第一学年、第二学年中，基础语言学科“英语”和“法语”课程

分别为每周八节，第一学年至第四学年，“英国文学”与“法国文学”课程分别为每周四节。由表 1 可见，第一学年的语学类科目“英语、法语”及文学类科目“英国文学”与“法国文学”的周课时占到了每周总课时的 69%。同时，还开设了每周一节的“中国文学”课。另外，由表 3 可知，除理论课程之外，该校还专设有诗歌、短歌、小品文、俳句的“文学创作与实技”科目，木炭画、水彩画、油画、粉笔画的“绘画创作与实技”科目，声乐、器乐的“音乐创作与实技”科目，对学生进行文学、艺术创作实践技能的培养。

三、黄瀛与《碧桃》同人的文艺实践

1926 年 4 月，黄瀛作为本科部第二期学生，在文化学院入学。入学时保证人是高村光太郎。经历过关东大地震的文化学院，留给年轻黄瀛这样的印象，“类似西部电影中的警察署，白色油漆涂布的墙垣上缠绕着蔷薇，校园里还残留着关东大地震中被烧焦的树枝。”①

彼时，该校的中学部以女生为主，本科则男生居多。刚入学的黄瀛，以意想不到的速度获得了周遭同学的关注与欢迎。分析其原因无非有以下两点：一是黄瀛以日语诗作《清晨的展望》摘得《日本诗人》1925 年 2 月号“第二新诗人号”第一席的桂冠，一跃成为备受瞩目的日本诗坛新宠。二是由于黄瀛因优秀的诗才而与高村光太郎等知名诗人往来密切，并由高村光太郎担任其保证人在该校入学，自然获得了师生们的瞩目。

入学考试进行到“智力测验”一关时，黄瀛与西村伊作、与谢野夫妇、石井柏亭等人相遇。与谢野晶子早已听闻黄瀛勇摘新诗人第一席桂冠的事迹，特地对他进行了询问：“黄君，你在《日本诗

① 黄瀛：《重庆だより》，文化学院同窗会编：《おだまき草》第一集，1987 年，第 29 页。

人》取得了第一席哟！”。然而，当时的黄瀛对自己略带口吃的发音感到困扰。比如，“御茶水的‘御’，阿佐谷的‘阿’”[①]，总是无法流利地进行表达。但这一困扰，却成了深受其他同校生青睐的特别魅力。当时的同学金漥纪美对黄瀛“口吃”的回忆历历在目。“授课时间里，他用略带口吃、有点儿异样但却颇具异国情调的口音，在教室里朗诵着诗歌”[②]，他的朗诵里“洋溢着仿似高亢弦音般的诗意，并因此迅速成了学校里的‘红人’”[③]。刚刚跨入文化学院大门的黄瀛，对身旁的新事物充满了好奇心。不管何时，总是“具有如同松鼠般的机敏，对任何东西都充满了兴趣，在人群中总是招人关注”[④]，因此获得了许多朋友。在这些朋友之中，黄瀛与文艺杂志《碧桃》同人[⑤]之间的关系尤其深厚。

1926 年 12 月 25 日，黄瀛与“碧桃社”同人共同创刊的文艺杂志《碧桃》第 1 号正式诞生，1927 年 1 月 1 日刊行。参与创刊的诸同人之中，除黄瀛在文化学院的同学亀井文夫[⑥]、堀忠义[⑦]、千头清策[⑧]、本桥锦市[⑨]数人之外，尚有校外同人宫川寅雄[⑩]、菊

① 黄瀛：《重庆だより》，文化学院同窗会编：《おだまき草》第一集，1987 年，第 29 页。

② （日）金窪纪美：《日本橋魚河岸と文化学院の思い出》，东京：卯辰山文库，1992 年，第 257 页。

③ （日）金窪纪美：《日本橋魚河岸と文化学院の思い出》，东京：卯辰山文库，1992 年，第 257 页。

④ （日）金窪纪美：《日本橋魚河岸と文化学院の思い出》，东京：卯辰山文库，1992 年，第 257 页。

⑤ 本文中的“同人”指文学思想及倾向相近的文学者组成的同好团体，通常以某一杂志为中心进行创作活动。

⑥ 亀井文夫（1908—1987 年），日本导演。文化学院本科第二期学生，黄瀛文化学院时代的同班同学，后从文化学院中退，前往苏联留学。1939 年，亀井文夫导演的《戦ふ兵隊》（中译：《战斗中的士兵》），因反对战争而被日本军部禁止上映。

⑦ 堀忠义（1904—1991 年），日本画家，日本美术家团体一水会会员。文化学院美术科第二期学生，黄瀛文化学院时代同学。

⑧ 千头清策（生卒年不详），黄瀛文化学院时代美术科同学，后因肺病夭折去世。

⑨ 本桥锦市（生卒年不详），黄瀛文化学院时代同学，后进入《文艺春秋》杂志担任编辑。

⑩ 宫川寅雄（1908—1984 年），日本美术史家，1979 年任中日文化交流协会会长。

冈久利[1]、高桥新吉[2]、耕治人[3]等人。

《碧桃》的创刊其实并非偶然。创刊之前，黄瀛与同学亀井文夫一同居住于东京九段的公寓中。两人与同校的金滓纪美、千头清策的关系也十分要好。据金滓纪美回忆，黄瀛与亀井文夫同住。一天，黄邀请她一同前往千头清策家，当金滓纪美应约来到黄的家中时，见到了文化学院美术科的学生堀忠义。“回家时还得到了一张他（堀忠义）的画”[4]。随后，几人一同前往千头清策家，吃了千头清策母亲亲手制作的寿司饭。

1926年12月，黄瀛在同人杂志《铜锣》第9号上发表了《给妹妹的信》一诗。诗作一开头，诗人向正在天津南开大学就读的妹妹黄宁馨告知了迁居的消息：“迁居到下记的地址了！新租了一间房子！在日本东京市外和田堀和泉二四三！”[5]。此外，1927年1月1日发行的《碧桃》创刊号底页上，刊有“编辑兼发行者亀井文夫东京府下和田堀町和泉二四三”[6]及“发行所碧桃社东京府下和田堀町和泉二四三”[7]的出版信息。由此可见，黄瀛迁居后的新地址、《碧桃》编辑兼发行人亀井文夫的住所、《碧桃》杂志的发行场所，三者皆为同一场所。

《碧桃》创刊之后，屡屡向当时日本文坛的诸多文人约稿，如高村光太郎、尾崎喜八[8]等人。作家们以该刊为阵地发表了小说、诗歌、散文等各式各样的作品，展开了频繁的文艺交流活动。高村光太郎在该刊的“碧桃林”专栏上陆续发表了数篇作品，如《找东

---

① 菊冈久利（1909—1970年），日本作家、诗人，师从横光利一。

② 高桥新吉（1901—1987年），日本达达派诗人、艺术家，与黄瀛同为文艺杂志《铜锣》同人。

③ 耕治人：（1906—1988年）日本小说家、诗人。

④ （日）金窪纪美：《日本橋魚河岸と文化学院の思い出》，东京：卯辰山文库，1992年，第257页。

⑤ 黄瀛：《妹への手紙》，《铜锣》1926年第9号，第8页。

⑥ 亀井文夫：《編輯後記》，《碧桃》1927年第1号，第30页。

⑦ 亀井文夫：《編輯後記》，《碧桃》1927年第1号，第30页。

⑧ 尾崎喜八（1892—1974年），日本诗人、随笔家、翻译家。

西的人》等；尾崎喜八发表了《感伤之旅》；宫川寅雄发表了《读书余闻》等；文化学院的同校生本桥锦市也发表了《罗纱刺绣的丝线》等作品。作为《碧桃》创刊者与主笔人之一的黄瀛，在该刊1—6号上发表了以诗歌、小说两种文学体裁为主的作品，诗歌共计16首、小说共计4篇，发表作品详情如以下的表4所示。

表4 黄瀛在《碧桃》发表的作品详表

标题	发表日期	刊号
二月の話（二月的对话）	1927年1月1日	《碧桃》第1号
ある心象スケッチ（某印象素描）	1927年2月5日	《碧桃》第2号
短章（短诗）	1927年3月5日	《碧桃》第3号
短章（短诗）	1927年3月5日	《碧桃》第3号
窓の風景（窗景）	1927年3月5日	《碧桃》第3号
感動の詩－小林外史夫へ（感动的诗—致小林外史夫）	1927年3月5日	《碧桃》第3号
短章（短诗）	1927年3月5日	《碧桃》第3号
畑の中の一軒家の夜（田间房舍之夜）	1927年3月5日	《碧桃》第3号
点景（点缀）	1927年3月5日	《碧桃》第3号
Hの寝顔（H先生的寝颜）	1927年3月5日	《碧桃》第3号
風景—和田堀・和泉・夜（风景—和田堀・和泉・夜）	1927年3月5日	《碧桃》第3号
冬夜	1927年3月5日	《碧桃》第3号
鈴木泉三郎へ（致铃木泉三郎）	1927年3月5日	《碧桃》第3号
風景（风景）	1927年3月5日	《碧桃》第3号
小景（小景）	1927年3月5日	《碧桃》第3号
ある小劇場にて（在某个小剧场）	1927年3月5日	《碧桃》第3号
明るい苦渋（明朗的苦涩）	1927年6月1日	《碧桃》第4号
夏の小雀（夏日的小雀）	1927年8月1日	《碧桃》第5号
Nocturne No.1.（夜曲1）	1927年12月1日	《碧桃》第6号
Nocturne No.2.（夜曲2）	1927年12月1日	《碧桃》第6号

资料来源：《碧桃》1927年第1—6号

诗人的诗作总是深刻折射出现实生活，黄瀛也不例外。他在《碧桃》发表的作品中，不乏描写乔迁新居后，和田堀和泉①一带风物的诗歌。例如，《风景—和田堀・和泉・夜》。

① 黄瀛诗中所描写地带，1927年为东京府丰多摩郡和田堀町和泉一带，现在的东京都杉並区和泉。

風景一和田堀・和泉・夜[①]

風呂屋のけむりはさくら色
掌をかぐとシヤボンの匂ひがする
おもてへ出ると川岸に月が上る
犬の影が大通り一ぱいにひろがつた
森と空とが反射して砂利道が星のやうに光る
高壓線の下でオレをさし招くのは
夜のまつ白い八百屋の娘か!
おゝ、向ふから虫のやうな畫家が歩いてきた!

风景—和田堀・和泉・夜[②]

澡堂内飘溢着淡红色的蒸汽
一嗅手掌便能闻到肥皂的味道
走出室外只见月亮已升上河岸的天空
犬的身影充满了大街
森林和天空交相辉映
砂石道反射着夜光
如群星般熠熠生辉
在高压线下挥手招呼我的
不正是菜铺里那位白皙的姑娘?
啊，对面走来像虫子一般缓缓前行的画家!

在这首诗中，诗人用写实与联想交融之笔，描绘了春季里和田堀和泉一带的夜景。澡堂里四处飘散着樱花色的雾气和肥皂的气味，月光下的“森林”“天空”“砂石道”交相辉映，被月光拉长身影的街犬，立于高压线下肤色白皙的菜铺姑娘，像虫子般缓缓步近的画家。诗人从视觉、嗅觉、触觉、听觉等方面，对夜里的自然

① 黄瀛：《風景—和田堀・和泉・夜》，《碧桃》1927年第3号，第41页。
② 本诗由笔者翻译。

景物、植物、动物、人物等各类意象进行了颜色、气味、声音等感官性的生动描绘，既有“写景状物”的写实性，又具梦幻般的抒情色彩，更不乏独具诗人特点的新奇想象，例如广阔空寂的夜空之下，沐浴着月光、“像虫子一样”缓步前行的画家，使用了新鲜奇妙、令人惊奇的比喻。整首诗如同一幅栩栩如生的夜色的油画，“描绘出了像幻灯片般鲜明的趣味”[①]。该诗后于1930年收入黄瀛的诗集《景星》中刊行发表。

值得注意的是，作为诗人的黄瀛，还在《碧桃》杂志上积极进行了小说创作的实践。如表4所示，黄瀛在1927年1月1日的创刊号上，发表了题为《二月的对话》的小说；随后在1927年2月的《碧桃》第2号上，发表了题为《某印象素描》的小说。1927年3月的《碧桃》第3号上，虽未刊载其小说作品，但黄瀛本人在“编辑后记”中，就未刊发小说的原因特别做出了说明：“因本期较为繁忙，尚未完成的小说暂不发表，代之以诗歌。”[②]其后，他又分别在1927年6月1日的《碧桃》第4号、1927年8月1日的《碧桃》第5号上，陆续发表了两篇小说《明朗的苦涩》和《夏日的小雀》。

以黄瀛为媒介，《碧桃》同人还展开了频繁的文艺交流活动。如该刊创刊人之一的宫川寅雄，通过黄瀛，得以与大量的文人相识。其中，让宫川寅雄印象最为深刻的是，“黄瀛带他到高村光太郎位于本乡的家中”[③]，并介绍两人相识。经黄瀛引见，宫川寅雄访问了高村光太郎位于本乡团子坂的雕刻室，并获得了其亲切的指点。此后，宫川寅雄又曾多次前往访问高村光太郎。同时，黄瀛还引见宫川寅雄与《铜锣》文艺杂志同人草野心平、高桥新吉等人相识。

《碧桃》从1927年1月1日创刊，至1927年12月1日，共计

① （日）伊藤信吉等编：《日本の詩歌》26卷《近代詩集》，东京：中央公论社，1970年，第242页。
② 黄瀛：《編輯後記》之《借右侧一寸余白一（黄生）》，《碧桃》1927年第3号。
③ （日）宫川寅雄：《歳月の碑》，东京：中央公论美术出版，1984年4月，11页。

发行了6期。[①]虽然编辑兼发行人亀井文夫曾在杂志创刊之初自信地写道："我们的友人多达百人，杂志的经营也将十分轻松"[②]，但从该杂志每期的"编辑后记"来看，其后黄瀛进入陆军士官学校就读，给该刊的经营带来了重大的影响。1927年发行的第4号的《编辑后记》中，亀井文夫发表了黄瀛的最新动态，"黄君虽然变成了军人，但（在本刊的）工作仍然继续"[③]，同时对该刊编辑担任者的改变也做出了说明，"今后的编辑工作改由高木君担任，从本月开始，发行所将迁至高木君在小石川的住所"[④]。同期该刊的发行信息中，编辑兼发行者由亀井文夫改为"高木正巳"，发行场所则改为了"东京市小石川区原町一五"[⑤]。至1927年8月1日，《碧桃》第5号《编辑后记》中，编辑兼发行人高木正巳如下写道："十分苦恼，因为内部的原因无法言明。黄君参军，亀井君也似乎显得愁闷……"[⑥]同号，该杂志的定价从创刊初一册30钱降到了一册20钱。可见，一直作为《碧桃》创作主力的黄瀛，突如其来地选择了军人的道路，对亀井、高木等文艺同人而言，既不可思议却又无可奈何。

除《碧桃》之外，黄瀛还与文化学院其他同校生一道创办了名为《蛾眉》的同人杂志。该杂志的创刊号于"大正十五年十二月七日"[⑦]（1926年12月7日）印刷。同人除黄瀛外，还有同校生中込纯次[⑧]、佐藤义诠[⑨]、堀寿子[⑩]等。在创刊号中，黄瀛发表了题为

① 据宫川寅雄在《歳月の碑》一书中的回忆，《碧桃》只发行了3期或4期，疑为宫川记忆之误。根据笔者在日本近代文学馆所调查到的资料，《碧桃》至少发行了6期。
② 亀井文夫：《編輯後記》，《碧桃》1927年第1号，第30页。
③ 亀井文夫：《編輯後記》，《碧桃》1927年第4号。
④ 亀井文夫：《編輯後記》，《碧桃》1927年第4号。
⑤ 亀井文夫：《編輯後記》，《碧桃》1927年第4号。
⑥ 高木正巳：《編輯後記》，《碧桃》1927年第5号。
⑦ （日）上笙一郎：《文化学院児童史稿》，东京：社会思想社，2000年，208页。
⑧ 中込纯次（1906—2001年），日本诗人、法国文学学者、翻译家，文化学院本科第一期学生。
⑨ 佐藤义诠（生卒年不详），日本别府大学创始人，文化学院本科第一期学生。
⑩ 堀寿子（1908—卒年不详），日本作家、翻译家。

《在滑冰场》的短诗。

四、黄瀛与文化学院教师的交流

在文化学院学习期间，黄瀛与该校教师也展开了广泛的交往，与中国文学学者奥野信太郎的交情“尤为深厚”。[①]1925 年，奥野信太郎接受与谢野铁干的推荐，进入文化学院担任教师，“讲授中国文学”[②]，主要授课内容为针对中国古代文学作品的阐释，例如对《诗经》等文学经典的读解[③]。在上课点名时，奥野信太郎总是称呼黄瀛为“黄さん”[④]。课堂下，虽然奥野信太郎比黄瀛年长七岁，但师生两人一旦相会，相谈十分投机，必定“天南海北、滔滔不绝、一泻千里”[⑤]。两人经常在电车中相遇，随后黄瀛于八月中旬一个酷暑的夜晚，访问了奥野信太郎的书斋。

黄瀛向奥野信太郎谈起了有关中国广东地区流行的疍歌[⑥]，并提到自己曾以“南方人之歌”为题，在某杂志上译载了船歌式的民谣，这种民谣即是疍歌。黄瀛不但详细解释了疍歌的各个种类，还将自己在笔记本上记下的多首疍歌，对奥野信太郎进行了讲解，而奥野也“贪婪地”[⑦]地倾听着他的谈话。对奥野信太郎而言，疍歌在当时属于“稀有话题”[⑧]，黄瀛是第一个向他传授中国华南疍歌之趣味的人。就笔者目前所搜集到的资料来看，尚未发现黄瀛以《南方人の歌へる》为题发表的原作，但据奥野信太郎回忆此次会面的时间，应该是在 1926 年 8 月 21 日之前，说明此时黄

---

① 黄瀛：《重庆だより》，文化学院同窗会编：《おだまき草》第一集，1987 年，第 29 页。
② （日）奥野信太郎：《日時計の風景》，东京：文艺春秋新社，1947 年，第 169 页。
③ （日）奥野信太郎：《日時計の風景》，东京：文艺春秋新社，1947 年，第 169 页。
④ 黄瀛：《重庆だより》，文化学院同窗会编：《おだまき草》第一集，1987 年，第 30 页。
⑤ 黄瀛：《重庆だより》，文化学院同窗会编：《おだまき草》第一集，1987 年，第 30 页。
⑥ 疍歌，日语作“蛋歌”，中国广东一带的地方民歌。
⑦ 疍歌，日语作“蛋歌”，中国广东一带的地方民歌。
⑧ （日）奥野信太郎：《日時計の風景》，东京：文艺春秋新社，1947 年，148 页。

瀛已较早关注到中国地方民谣，并专门发表了有关“广东疍歌”的译作，有意识地对中国地方民俗文化进行了海外传播。

黄瀛与时任文化学院教师的新居格关系也十分亲密。黄瀛在进入文化学院之前，经《东京朝日新闻》中野秀人介绍，与当时同在该报任职的新居格相识。两人初识于《东京朝日新闻》新闻社的食堂，新居格主动与头戴“装饰着白线的中学生帽子”[①]的黄瀛搭话，“我在《朝日新闻》上看到了黄君的诗呢，非常新鲜的感觉哇！”[②]随后，中野秀人将黄瀛的诗作备受高村光太郎、木下杢太郎[③]等诗人注目的情况，向新居格作了介绍。

与新居格相识之前，黄瀛不但在日本各大文艺杂志发表作品，同时还在《东京朝日新闻》上发表了数篇诗作。黄瀛在该报最早的发稿始于1923年12月14日，《东京朝日新闻》第8页刊载了其题为《短诗》的诗歌。1926年间，黄瀛又在该报陆续发表了《早春（四川·重庆）》《回顾》《郊外电车》《妹妹和我的夜》4首诗作。其中，《早春（四川·重庆）》一诗对诗人所见之早春风物进行了生动的描写。

早　春[④]

荒凉たる冬の禮拝日！
鐘はなれともこの町中は
山の青さと残の雪の白さのために
健康な少年の眼を眠らせた
陽がさんくと輝やけと
この窓からは
一本さみしいポプラの風景と

① 黄瀛：《重庆だより》，文化学院同窗会编：《おだまき草》第一集，1987年，第30页。
② 黄瀛：《重庆だより》，文化学院同窗会编：《おだまき草》第一集，1987年，第30页。
③ 木下杢太郎（1885—1945年），日本诗人、翻译家、剧作家。
④ 黄瀛：《早春》，《東京朝日新聞》1926年2月21日，第7页。

屋根　屋根　屋根
屋根ばかり見える中部アジアの冬だ
城壁の上から
珍しくものんびりした兵隊のラッパが聞えないと思つたら
おゝ　ばかにまつ赤な龍章旗がひらめいてゐる

（四川・重慶）

早　春[①]

荒凉冬季的礼拜日！
即便街上响起了钟声
青山和残雪
也催眠了健康少年的眼
阳光灿烂的日子里
从这边的窗户向外看去
唯有一株孤独白杨的风景
屋顶　屋顶　屋顶
在这屋顶总能看到中部亚洲的冬季
正思量着
从这城墙之上
听不到那难得悠闲自在的军队的喇叭声
啊　只看到鲜红的龙章旗在随风飘扬

（四川・重庆）

《早春（四川・重庆）》一诗，以清新明快的诗风给新居格在内的日本文人留下了深刻的印象。虽然当时的黄瀛深感朝日新闻社食堂的咖啡，远不及自己在天津与青岛所喝过的咖啡美味，“就像

① 本诗由笔者翻译。该诗结尾标注“四川重庆”，初步推断是黄瀛回重庆省亲时创作。

薯类的外皮被热水浇过后散发出的味道”[①]，但还是接受了新居格的邀请，与其又共饮了一杯咖啡。

此后，两人又常在文化学院的课堂上相见。时值初夏，黄瀛印象中的新居格，身着时髦的白色西服，因天气原因总是在教室里不停擦拭着汗水。因为授课内容比其他教师更新鲜，新居格获得了诸多学生的欢迎。根据黄瀛的回忆，当时新居格的授课内容有西班牙著名作家皮奥·巴罗哈[②]、小说家布拉斯科·伊巴涅斯[③]，法国作家查利·路易·菲力普[④]的短篇小说等。这些世界各国的优秀作家和作品，总是能吸引包括黄瀛在内的学生的注目。

五、黄瀛对校园生活的观察

1926 年 7 月 1 日，黄瀛在“太平洋诗人协会”发行的《太平洋诗人》杂志上，发表了题为《食堂小诗》的诗歌，诗中描述了文化学院学生们在食堂进餐时的有趣情景。当时的学校生活，从诗人的字里行间可见一斑。

食堂小詩[⑤]

「小生」はだまつて食ふよ
「あなた」や「僕」や「オレ」とは
それから「わたくし」とは
飯の食ひ方がちがひそうだ
いや、たしかにちがうんだ

① 黄瀛：《重庆だより》，文化学院同窗会编：《おだまき草》第一集，1987 年，30 页。
② 皮奥·巴罗哈（1872—1956 年），西班牙小说家，代表作《生存竞争》《智慧之树》。
③ 布拉斯科·伊巴涅斯（1867—1928 年），西班牙作家，代表作《血与砂》《四骑士启示录》。
④ 查利·路易·菲力普（1874—1909 年），法国作家，代表作《母与子》《温柔的玛德莱娜与可怜的玛丽》等。
⑤ 黄瀛：《食堂小诗》，《太平洋诗人》1926 年六七月合号，15 页。

やつらの食ひ乍ら、しやべる作方は
「小生」まだわきまへない上流階級の流行だ!
ああ、満腹して止めない美人は
どんな顔をして話と飯とを巧みにさばくのか?
おお、銀のフオクとスプンのお嬢さま方よ!

文化學院

食堂小诗①

“小生”沉默进食
和那些口称“贵方”、“仆”、“俺”的人们
以及口称“私”的人们
吃法似乎并不相同
不，是确不相同
那些家伙一边进食一边喋喋不休的做法
“小生”尚且不解这所谓上流阶级的时髦!
哎，明明已经吃饱却一直停不下来的美人们
扮出怎样的神情去熟练地处理谈话和食物呢?
啊，手拿银制餐叉和汤匙的小姐们哟!

文化学院

诗人自称为“小生”，从旁观者的视角对当时“上流阶级”流行的时髦进餐方式，暗自进行了一番观察。明治以后的日本，深受西洋文化的影响，这种影响波及人们的衣食住行。在自由主义教育理念盛行的文化学院，以“‘贵方’、‘仆’、‘俺’”相互称呼的时髦的学生们，一边进餐一边自由地聊天。诗人形象地刻画了挥动着银制刀叉的小姐们，用生动的神情同时“料理”着聊天与进餐，明明已经吃饱，却依旧喋喋不休的“食堂一幕”。在诗中，诗人

① 本诗由笔者翻译。

作为旁观者，以沉默而冷静的姿态保持着与“被观察者”的距离。“沉默进食”的“小生”（诗人自己）与“一边进食一边喋喋不休”的“口称‘贵方’、‘仆’、‘俺’的人们形成了鲜明的对比”。

黄瀛的诗歌形象鲜明、细致传神，总能准确巧妙地展现身边的事物。正如奥野信太郎对黄瀛诗歌的评价，“只要经他（黄瀛）选中的键盘，都能奏出嘹亮的乐声。因此不管怎样不和谐的音符，只要一经他选择采用，一定没有任何破绽。”①

六、结语

本稿主要针对黄瀛与文化学院相关的文艺活动进行梳理和探讨。文化学院在学期间，黄瀛通过与师友的交流，积极开展了诗歌、小说的创作实践。在其作品中，黄瀛以跨国境、跨文化的视角，以多元化的笔触，对周遭事物进行了细致观照与生动刻画，其清新明快的行文与诗风，受到了彼时日本文坛的广泛关注。这一时期的文艺活动对年轻的黄瀛而言，无疑积累了重要的创作经验。1927 年 10 月 1 日，黄瀛作为第 20 期中华民国官费留学生，于日本陆军士官学校步兵科入学，对其军人道路转换的原因及下一生涯阶段的活动史等，笔者将另辟专章进行探讨。

作者简介：刘黎，日本爱知大学博士生。

① （日）奥野信太郎：《日時計の風景》，东京：文艺春秋新社，1947 年，168 页。

近代长江航运与近代长江中上游城市发展

胡中华

（四川大学　历史文化学院　四川　成都　610065；
成都医学院　马克思主义学院　四川　成都　610500）

摘　要： 近代以来，长江航运发生质的变化，随着轮船运输的产生和发展，长江成为真正的“黄金水道”。轮船运输进入长江以后，在中西航运业竞争的格局下，长江航运取得巨大进步。近代长江航运的快速发展直接推动了长江流域贸易的增长，“因商而兴”是长江沿岸城市发展的普遍规模，在此基础上形成了近代金融业和工业的发展，三者共同推进了长江中上游城市的发展。因此，近代长江航运的进步对长江中上游城市在近代的发展起到了至关重要的作用。另外，由于西方列强的入侵，中国被纳入资本主义世界体系之中，长江成为东西向贸易的主要通道，长江流域在中国经济版图中的地位更加重要，进一步促进了近代长江沿岸城市发展。

关键词： 长江航运；贸易；城市发展

长江沿岸城市发展是近代中国城市发展最快的地区之一，相关的研究颇丰[①]，主要从开埠、商业、工业、金融的角度对城市的发展进行研究，对长江航运虽有所涉及，却鲜有从航运的角度进行解读的。事实上近代航运的发展是沿江城市发展的起点，其开埠通

---

① 其代表作有张仲礼主编：《近代上海城市研究》，上海：上海人民出版社，1990 年；隗瀛涛主编：《近代重庆城市史》，成都：四川大学出版社，1991 年；皮明庥主编：《武汉城市发展轨迹》，天津：天津社会科学院出版社，1990 年；熊月之主编：《上海通史》，上海上海人民出版社，1999 年等。

商、商业贸易、工业发展和金融等作为城市发展的动力都是建立在长江航运发展的基础之上，因此从这个意义上讲，没有近代航运的发展，就没有近代长江沿岸城市的发展是成立的。然而在相关的研究中，对长江航运的重视不够，本文拟就长江航运与城市发展的关系等问题作一探讨。

近代长江航运取得了突破性的发展，其“最大变化是轮船运输的产生和发展，即由单一的木船运输进入轮木船并举（在干线以轮船运输为主，在支流以木船运输为主）的新时期。”[①]鸦片战争之后，外国航运势力侵入长江，长江流域被迫逐渐对外开放，现代化的轮船航运在长江兴起，长江航运的地位发生根本性的变化，改变传统时代从属于南北航运的地位，成为东西向贸易的“黄金水道”，在此基础上长江水系城市得到快速地发展，与沿海地区城市一起成为近代以来中国城市发展最快的地区。

一、近代长江航运发展

鸦片战争以后，在外力的作用下，长江近代航运业发生了天翻地覆的变化，主要的变化在于：帝国主义凭借武力打开中国的大门，把轮船强行驶进长江，凭借政治上的不平等和技术上的优势地位很快垄断了长江的轮船航运；在外国轮船的刺激下，中国的轮船航运从无到有，从弱变强，从官办航运到民办航运的兴起，形成中外轮船航运竞争发展的态势。甲午战争以后中国民营航运业蓬勃兴起，它们和国营航运业以及传统的木船运输相结合，力量大大增强，初步改变了中外航运业的对比，把长江航运推向了发展高峰。“据《扬子江航业》一书记载，1902年至1929年间，长江船舶运输

① 江天凤主编：《长江航运史·近代部分》绪论，北京：人民交通出版社，1992年，第2页。

量常占全国水运总量的 59%至 63%。”[①]即长江航运在清末民初一直是我国内河航运的主力军，运输量占全国内河航运一半以上。长江航运生产力的进步，沟通了长江上、中、下游和内河外海的联系，促进了长江流域的贸易发展，加速了封建自然经济的解体和资本主义经济的兴起，长江流域成为近代中国经济、文化最发达的地区之一。

（一）帝国主义垄断长江轮船航运

鸦片战争也是一场贸易战争，英国为了推销本国的商品，悍然使用武力入侵中国。鸦片战争以后，随着五口通商，英国的工业产品在中国的销量短时期内得到极速增长，但不久就陷入停滞状态。西方国家把这一切归咎为通商口岸太少，他们急切地想打开通向中国内地的通道。长江自西向东横穿中国，是中国最富庶的区域，在现代交通没有形成以前，长江是通向中国内地最好的交通通道。帝国主义国家迅速地把目光投向了它。为了实现通过长江入侵中国内陆的罪恶目的，西方国家通过战争的手段，签订一系列不平等条约来实现其目的。

通过一系列不平等条约，中国被迫开放各口岸，沿江地区开放的城市有：上海、镇江、苏州、杭州、江宁、九江、芜湖、安庆、汉口、沙市、宜昌、长沙、万县、重庆 14 座。[②]自此，长江流域上、中、下游全部都有城市对外开放。诚如后世所论：“我国全国航路，遂变成万国共有性质。”[③]“扬子江变为国际化之进程，本来已完成矣。”[④]与此进程大致同步，西方国家迫不及待地一步一步深

---

① 江天凤主编：《长江航运史·近代部分》，北京：人民交通出版社，1992 年，第 9 页。
② 隗瀛涛主编：《中国近代不同类型城市综合研究》，成都：四川大学出版社，1998 年，第 215 页。
③ 漆树芬：《经济侵略下之中国》，北京：生活·读者·新知三联书店，1954 年，第 114 页。
④ 朱建邦：《扬子江航业》，上海：商务印书馆，1937 年，第 30 页。

入长江。最早用轮船驶进长江贸易的，是美商琼记洋行，1861年1月，琼记洋行的轮船“火鸽”号驶抵上海。[①]4月开始在长江沪汉间航行。接着，美国旗昌洋行“惊异”号轮船7月驶抵上海，并开始在长江航行。同年，英商宝顺洋行也以“总督”号轮船由上海直放汉口[②]，随后各西方航运公司前赴后继纷纷入侵长江。

中国传统的木船航运首先受到强烈地冲击，一些外国人曾经评论认为只要有一艘较大容量且一年四季都可航行和有保险条件的洋式船，估计至少能把十五艘中国木船赶出竞争领域。“扬子江（一条内河）上不断增长的国内贸易也正在吸引着越来越多的外国轮船。……过去的中国船业资本家现在变成了乞丐，而他们所雇的船夫，则痛恨他们的政府允许外国人参与国内贸易和外国人夺取他们的生计。”[③]清朝官吏自己也承认：“自有轮船行使，附载便捷，商贾士民，莫不舍民船而就轮船”。[④]长江一时成为英、美等国喧宾夺主、追逐利益的场所。当时的轮船航运利润十分可观，1862年在上海、汉口间，货运每吨运费高达二十五两，客位每人七十五两，“往来一律”。下水还可拖带本地帆船四艘，每船装货五六百吨，每吨水脚又可得十五两。“往返一次，所收水脚，足敷（购船）成本”。[⑤]

如此暴利，引来无数洋行争先恐后加入长江航运，在英、美之后，更多的国家加入侵略的行列。在最初10年的竞争中，美商旗昌洋行拔得头筹，它“利用轮船技术先进的优势，控制长江航运，依靠华商买办，集资发展航业，并操纵运价，排斥同行，乘人之危，击垮对手，使自己称霸长江，独占轮运利益。”[⑥]在随后的数十年

---

① 美国《海事杂志》1957年1月号，第43页。

② （美）斯蒂芬·洛克伍德著，章克生、王作求译：《琼记洋行：1858—1862年的在华美商》，上海：上海社会科学院出版社，1992年，第92—93页。

③ R.Hart, *These from the Land of Sinim*, London: Chapman&Hall, 1903, pp71-72.

④ 《江西巡抚德馨奏折》，光绪十四年（1888年）四月二十日，中国社会科学院经济研究所抄档。

⑤ （清）徐润：《徐愚斋自叙年谱》，南昌：江西人民出版社，2012年，第9页。

⑥ 江天凤主编：《长江航运史·近代部分》，北京：人民交通出版社，1992年，第90页。

中，各帝国主义国家的航运公司在长江“你方唱罢，我登场”，他们之间虽然也有竞争，但他们都把矛头对准中国的轮船公司。其目的就是要牢牢控制长江航运，谋求他们的利益。“假如在中国的轮船运输事业中有什么斗争的话，过去或现在，都不是在不同的外国人之间，而是在外国人和中国人之间。一旦由于我们之间的竞争，使对外贸易的大权落在中国人之手，我们的安全还有什么保障！”①关于内河航行权，“力量在我们手里，如果我们说轮船要开往内地，中国人既不能也不会加以阻止”“这个目的是否能够达到，完全以我们的意志为转移”。②其结果是，“滨海七省，浸成洋商世界，沿江五省，又任洋舶纵横。”③

总之，帝国主义为谋求长江流域的商业利益，入侵长江，并垄断长江干流的轮船航运业，侵犯了我们国家的主权，掠夺长江流域的财富，侵害沿岸人民的利益，其犯罪行为罄竹难书。但在客观上，他们又给长江流域带来了新的航运方式，促进了长江航运的发展，不断扩大的贸易促进了长江流域的经济快速发展，在此基础上长江水系城市获得了长足的进步。

（二）近代中国民族轮船航运业的发展

近代中国民族轮船航运业（长江内河）是在外国轮船大量进入长江的刺激下，于19世纪70年代开始发展起来的。19世纪60年代大量外国轮船涌入长江，激烈竞争导致运费大幅度下跌，使“夹板船失去了生记”，它们不得不闲置起来，因为它们所得到的运费不足以支付它们的开销。夹板船尚且如此，中国木船更是“生意日稀，凋零日甚”。④“自汉口以下，各船废止者

① 刘广京：《英美在华轮船业竞争：1862—1874》，上海：上海社会科学出版社，1988年，第76页
② 《北华捷报》1868年7月27日。
③ 夏东元：《郑观应集》，上海：上海人民出版社，1982年，第610页。
④ （清）李鸿章：《复彭雪琴宫保》，《李文忠公全书·朋僚函稿》卷一，清末金陵刻本。

逾半”[①]纷纷被逐入支流，中国传统航运业一片凋零，数万船工失业。与此形成对照的是，经过历次不平等条约，长江干支流上被迫对外开放港口达14个，随着开埠的“西进”，外国航运深入中国内地。“先后侵入长江的外国航运公司共计77家，其中英国22家，美国16家，日本8家，德国5家，法国5家，意大利11家，瑞典5家，俄国、挪威、芬兰、丹麦、智利各一家。抗日战争前，经常行驶长江的外轮有50多艘，9.5万多吨。”[②]长江成为各帝国主义国家的“跑马场”，他们在航运中处于支配地位，纵横于沿江各大城市之间，在商业贸易中处于极为有利的位置。这一切引起朝野极大地震动，由于清政府不允许民间经营轮船运输，最先对外国轮船航运进行挑战的任务就落到官办航运公司肩上。

轮船招商局就此登上历史舞台。轮船招商局于1873年1月17日在上海南永安街正式成立[③]。1873年7月，招商局代理轮船“永宁”号，从上海启航，途经镇江、九江，而后到达汉口。[④]1878年4月，招商局首次派“江通”号轮溯江上驶，开抵宜昌。[⑤]短短几年时间，轮船招商局开通了上海至宜昌之间的多条航线，呈现一片生机勃勃的局面。“形成了太古、怡和、日清、招商‘四分天下’的局面，招商局在1903—1936年在长江航运中所配吨位最多时占27%（1903年），最少时为16.2%（1911年）。1927—1936年所载货量最多时占16.9%（1936年），最少时仅占2.1%（1927年）。”[⑥]在轮船招商局的中前期，确实起到了抵御外国轮船公司掠夺，繁荣长江沿岸城市贸易，促进城市经济发展的作用。正如其创办者所说，中国自办轮船航业，“庶使我内江外洋之利，不致为洋人占

① 中国史学会主编：《洋务运动资料》第1册，上海：上海人民出版社，1960年，第138页。
② 江天凤主编：《长江航运史·近代部分》，北京：人民交通出版社，1992年，第4页
③《申报》1873年1月18日。
④《申报》1873年7月9日。
⑤《申报》1878年4月23日。
⑥ 严中平等编：《中国近代经济史统计资料选辑》，北京：中国社会科学出版社，2012年，第248—251页。

尽。”“商船能往外洋，俾外洋损一分之利，即中国益一分之利，微臣创设招商局之初意本是如此”。[①]在总结招商局的成就时，李鸿章不无自豪地宣称，“创办招商局十余年来，中国商民得减价之益而水脚少入洋商之手者，悉至数千万，此实收回利权之大端”。[②]虽然轮船招商局由于其封建性、营运者的腐败和不善于公司经营等多方面的原因最终失败。但它在中国近代航运史上却值得大书一笔，为中国航运事业、繁荣长江流域经济，推动长江水系城市发展都做出了巨大的贡献。

甲午战争失败以后，清政府终于允许民间经营航运业，民营轮船航运业在民营资本和爱国主义的双重激励下，爆发出强大的生命力，各大小民营航运公司如雨后春笋般破土而出。据不完全统计，“从1901年至1911年的11年间，国内创办的内港轮船企业有405家，共有轮船630艘，资本总额为588万余元。”[③]这些公司的轮船业务绝大部分集中在上海附近的苏、杭、江北一带和长江中、下游地区的内港、内河，以及适宜小轮船通航的湖泊。清末新政的改革让长江下游的轮船航运焕发了生机，区域内贸易更加繁盛，有力地促进了区域之间的经济交流。

辛亥革命以后，我国的内港轮船航运业又有了较大发展，商办轮船公司纷纷成立，据统计，“1901—1913年规模较大的有15家，其中上海6家，南通、杭州各两家、九江、无锡、宜昌、沙市、长沙各1家”[④]，长江流域城市约占一半以上。“1921年企业总数为1221家，共有轮船1932艘，资本总额为1763余万元，比1911年的上述三项数字，都增长了近两倍。”[⑤]就全国范围比较而言，长江比其他河流轮船航运增长的总和都要大得多，“这期间出现的8家总吨超过

① （清）李鸿章：《李文忠公全书·奏稿》第39卷，清末金陵刻本，第33页。
② （清）李鸿章《李文忠公全书·朋僚函稿》第13卷，清末金陵刻本，第24页。
③ 江天凤主编：《长江航运史·近代部分》，北京：人民交通出版社，1992年，第214页。
④ 吴承明著：《中国资本主义发展史》第2卷，第500—501、674—643页。
⑤ 江天凤主编：《长江航运史·近代部分》，北京：人民交通出版社，1992年，第214页。

500 吨的小轮企业，有 6 家集中在长江流域，居全国之首。”[①]

1926—1937 年是我国民营轮船航运业发展的高峰，形成“中外航业争相发展时期。”[②]此时期，民生公司的崛起成为长江航运业最大的亮点。民生公司于 1926 年由卢作孚在四川省合川成立，由于经营得法，成为长江上实力仅次于招商、三北的大型民营航运公司，被誉为中国行业的后起之秀。有关民生公司的成长情况，依照表 1 可以一目了然地看清楚。

表 1　民生公司 1926—1936 年资产、船舶总吨增长表

年别	资产总额（元）	每年递增速度（%）	船舶吨位（吨）	每年递增（%）
1926	77515	100	70	100
1927	170320	119	70	0
1928	285132	67	105	50
1929	312667	10	230	119
1930	547873	75	540	135
1931	1110317	102	2224	312
1932	2885244	160	7615	242
1933	3835949	33	9157	20
1934	4974720	30	11273	23
1935	7308238	47	16880	50
1936	9882260	35	19817	17

资料来源：民生实业公司十一周年纪念刊编辑委员会编：《民生实业公司十一周年纪念刊》，上海：中华书局，1937 年，第 87—88 页

从表 1 可见，经过几年的积累，1930 年以后，民生公司迎来发展的黄金时期，资产总额和船舶吨位数量都呈极大幅度地增长。与 1926 年比较，1936 年，它在资产总额和船舶吨位两方面分别增长 127.49 和 283.1 倍，平均增速分别为 70.7%和 97.1%，民生公司已经成长为长江流域航运业的超级巨头。其影响力早已超出长江上游，对于促进长江流域的经济发展做出了十分巨大的贡献，值得一提的是，它在抗战时

① 樊百川著：《中国轮船航运业的兴起》，北京：中国社会科学出版社，2007 年，第 508—509 页。

② 江天凤主编：《长江航运史·近代部分》，北京：人民交通出版社，1992 年，第 328 页。

期中国民族工业由东向西的转移过程中，所起的作用居功至伟。

民族航运业的发展在支流航线的开拓和繁荣方面体现得也很突出。近代轮船进入长江以后，木船逐渐在长江干流中失去主力地位，但它们很快在长江支流找到了自己的位置，由于长江流域支流众多，他们连接的广大农村存在着大量的、分散的自然经济，木船轻便灵活，可以适应支流航运，从事农副产品短途的集散运输，或以低廉的运价运载笨重或易损货物作为轮船的补充运输工具。正是它们在支流的运营，促进了长江支流航运业的繁荣。大量木船进入长江支流，使得原来没有力量开发的支流航线得到开发的机会，长江各支流航线在民国时期得到不同程度的增长。据 20 世纪 30 年代的统计，支流航运的开发达到很高的水平，参见表 2。

表 2　长江支流通航简表（单位：千米）

支流	轮船航程	帆船航程	合计
赤水（右岸）		232	232
乌江		951	951
澧水	278	174	352
沅水	242	847	1089
资水	232	397	629
湘江	201	13336（包括支流）	1537
修水	93	267	360
赣江	320	896	1216
信江	35	331	366
鄱江	30	273	303
青弋江	46	157	203
水阳江	116	58	174
黄浦江	444（包括吴淞江）		444
岷江（左岸）	197	406（包括支流）	603
沱江		670	670
嘉陵江	122	1248（包括支流）	1470
汉水	200	1971	2171
谷溪河	209		209
滁河	28	186	214
合计	2793	10 400	13 193

资料来源：朱建邦：《扬子江航业》，上海：商务印书馆，1937 年，第 9—10 页

从表2可见，长江支流有通行轮船航路2793千米，木船航路10 400千米，合计共有通航路线13 193千米，航运十分发达。其中木船航路里程远远多于轮船航路里程，前者是后者的3.7倍，说明即使到了20世纪30年代，轮船运输业已经得到长足发展的时代，木船航运在长江支流仍然有广大的市场，是长江支流航运必不可少的一部分。不仅如此，通过长江支流和木船航运，长江流域的大城市与支流的小城市和许多集镇有机的联系在一起，有力地推动了中小城市和农村地区社会经济的发展。

二、近代长江贸易发展与长江中上游水系城市发展

近代长江航运发展直接推动了长江流域贸易的增长，进而促进了长江水系城市的大发展。交通对城市发展的重要性不言而喻，“交通运输是国计民生的大事，它对政治、经济、文化的发展都有重大作用与影响。大量事实证明，便利的交通运输，是城市发展的重要前提，而城市的繁荣，又势必推动交通运输的进一步发展”。[①]“城市的发展与交通的发展是互为因果关系的。”[②]城市的发展离不开交通运输的发展，交通运输对城市的经济、政治、军事、人口有十分重要的影响，交通越方便，城市成长越迅速。我国古代大多数城市都是因为地处交通要道上才逐渐发展起来，处于交通枢纽地位的城市发展成为通都大邑，相反，由于交通要道的变迁往往引起城市地位的衰落。近代以前，传统的陆路运输成本高、效率低，水运是唯一能够提供廉价运输能力的运输方式。“近代航运的出现使水路运输得到进一步发展，也使城市的数量、面貌与构成发生了很大变化。长江流域的重要城市如上海、武汉、宜昌、重庆都得益于近

① 韩大成：《明代城市研究》，北京：中华书局，2009年，第188页。
② 隗瀛涛主编：《中国近代不同类型城市综合研究》，成都：四川大学出版社，1998年，第35页。

代航运业发展。另一方面一批运河城市却相继陨落或踏步不前。”[①]

城市的发展与贸易的关系同样密不可分。马克思在《资本论》中指出，“商业依赖于城市的发展，而城市的发展也要以商业为条件。”[②]近代以来中国出现了一批开埠通商城市，沿海沿江约开商埠城市发展尤为迅速，大多数发展成为大城市。其原因是多方面的，交通地理位置则是其中的重要原因之一。“这类城市大多位于全国或区域的门户地理位置，水陆交通便利，近代化的水陆交通运输方式兴起较早，经济发达，人口众多，特别是上海、天津、汉口等城市发展迅猛，腹地广阔，影响全国。”[③]

素有黄金水道之称的长江在上海开埠前虽然木船航运业已有了较快发展，但当时的贸易是南北向的，长江航运也只能从属于以汉水、大运河为主体的南北航运格局，长江航运的潜力没有得到有效地开发，长江航运的能力没有得到充分地展现。因此，长江流域的贸易能量也没有得到完全释放。近代以来，由于西方国家的需要轮船航运在长江发展起来。“对于西方人来说长江流域是一个极富诱惑力的巨大市场，他们迫切希望用最快的运输速度把商品从上海扩散到广阔的内地，因而以上海为基地展开了争夺长江航运的角逐。”[④]通过一系列不平等条约，西方列强完成了对长江轮船航运线路的开辟，西方的工业产品随着轮船的鸣笛声铺天盖地而来，同时，长江流域廉价的工业原料随着轮船的返航被西方人席卷而去。在这一进一出的过程中，长江流域的东西贸易发展起来，通过长江支流的运输，南北贸易也得到长足的进步，在此基础上，长江干支

---

① 隗瀛涛主编：《中国近代不同类型城市综合研究》，成都：四川大学出版社，1998年，第37页。

② 中共中央马克思恩格斯列宁斯大林著作编译局：《资本论》第3卷，北京：人民出版社，2004年，第371页。

③ 隗瀛涛主编：《中国近代不同类型城市综合研究》，成都：四川大学出版社，1998年，第22页。

④ 隗瀛涛主编：《中国近代不同类型城市综合研究》，成都：四川大学出版社，1998年，第698页。

流沿江城市得到快速发展。

（一）长江航运促进长江中上游水系城市贸易发展

长江航运自古以来都是沿江城市发展的重要动力，“因水而生，因商而兴”是沿江城市的普遍规律。但在开埠以前，长江航运依靠木船运输，整个长江航线没有彻底贯通，长江航运的作用没有得到彻底释放，沿岸城市在传统模式下发展缓慢。开埠以后，轮船在长江干流取代了木船，并彻底打通了整个长江航线，长江航运的兴盛促进了长江流域贸易的快速增长，沿江城市的发展获得强大地动力。

1. 长江中游地区

第二次鸦片战争以后，长江中游城市陆续开放，长江航运线不断向西延伸。19世纪60年代初汉口至上海间通航，19世纪70年代末，汉口至宜昌间通航，19世纪末20世纪初，汉口与沙市、湘潭、常德相继通航。随着长江航运与贸易的开放，英、美、法、德、日等国洋行，纷纷由上海派出代理机构，或直接到汉口设置分行。英国，“从1861年怡和洋行、宝顺洋行在汉口设立分行开始，先后有发德辅营造厂、协和、天祥、天裕、太平、宝源、履泰等洋行、麦加利银行、汇丰银行和太古轮船公司”在汉口设立了分支机构。“美商最著名的旗昌洋行、琼记洋行、法商永兴洋行、东方汇理银行，德商美最时洋行、礼和洋行、禅臣洋行，日本的横滨正金银行，也早在甲午战争以前，就在汉口开办了分行。”[①]外国之所以选择汉口开埠，与它优越的地理经济位置使汉口成为长江上航运发达、商业贸易繁荣的中心和客货转输的集散地密切相关。“汉口扼长江、汉江之汇，且南北交通便利；长江中游富庶地区物资贸易多以汉口为集散市场，长江上下游下行上运的货物又多以此为转运枢

① 皮明庥主编：《武汉城市发展轨迹》，天津：天津社会科学院出版社，1990年，第386—394、405—406页。

纽。武汉三镇沿江还具有良好的港域条件。加之汉口上游河道弯多水浅，下游则水深流缓，初时外国轮船多止行于此。”①

除此之外，更多国内的商人纷纷到汉口经商，“不特为本省商人所趋集，其各省商贾无不有本店或支店设立于此间”。②以省区划分大的商帮就有“江南及宁波帮、潮帮、广帮及香港帮、湖南帮、四川帮、云贵帮、陕西帮、河南帮、江西福建帮、山东帮、徽州太平帮、本帮。其他以地区划分的小商帮，更是数不胜数。”③据宣统元年（1909 年）统计，从事商业的人数“已在五万人以上。”④“这一时期在车站、码头、仓库从事搬运的工人，总数也在十万人以上。”⑤

从 19 世纪 60 年代至 20 世纪初，汉口对外贸易发展迅速，“1867 年为 3100 万关两，1894 年进出口总额为 4300 万关两”，增产率为 39%，“1910 年增至 1.72 亿关两”，增幅达 3 倍。⑥1894 年以后增速加快，一个很重要的原因是“川江通航及沙市（1894 年）、重庆（1891 年）相继开埠，长江干线成为对外开放走廊而汉口位居其中。”⑦据统计，20 世纪初的前 10 年，“汉口的对外贸易总额始终都占到全国对外贸易总额的 10%左右，常居全国第二位，成为当时唯一可与沿海几大通商口岸城市相匹敌的内地通商口岸。”⑧汉口之所以能取得如此成绩，一个相当重要的原因就是长江带来的长江航运，汉口水道之便，无他埠可比。“循大江而东可通皖、赣、吴越诸名区以直达上海；循大江而南，可越洞庭入沅湘以通两广云贵；又西上荆宜而入三峡可通巴蜀，以上溯金沙江；至于遵汉水而西，经安陆、襄阳、郧阳诸府，纵贯全鄂以抵汉中，又沿汉水之支

① 刘宏友，徐诚主编：《湖北航运史》，北京：人民交通出版社，1995 年，第 221 页。
② 张寿波，《最近汉口工商业一斑》第 1 章，1911 年，第 20 页。
③ 《商务官报》1910 年第 18 期，第 230 页。
④ （清）民政部：《湖北省警务公所第一次统计书》，1909 年，第 36—52 页。
⑤ 王永年：《论晚清汉口城市的发展和演变》，《江汉论坛》1988 年第 4 期。
⑥ 皮明庥：《近代武汉城市史》，北京：中国社会科学出版社，1993 年，第 121—122 页。
⑦ 皮明庥：《近代武汉城市史》，北京：中国社会科学出版社，1993 年，第 125 页。
⑧ 皮明庥：《近代武汉城市史》，北京：中国社会科学出版社，1993 年，第 120 页。

流白河、丹江二水以入宛洛，所谓九省之会矣。”[①]汉口充分利用了它的航运条件，轮船运输不断扩大，发轫于19世纪60年代末的汉口与外洋的直接通轮，在20世纪初年也获得了长足的发展。总之到“1910年，进出汉口港的轮船达四千余次，载货量达五百万吨左右。”[②]

宜昌，开埠前虽已成长为商业市镇，但盛衰无常。此港原不过一荒寒之村市而已，规模并不甚宏廓，商业也不甚炽盛。但它所处的地理位置却极好，由于长江三峡水急、礁多、滩险，大轮船不能进川，宜昌以下水域航行的大多数为轮船，宜昌以上的水域航行的大多数为木船，它成为轮船和木船运输的分界点，“这种木船最大的载重量为95吨，宜昌就成了轮船转木船，木船转轮船这种转船贸易码头。”[③]通过转口贸易，宜昌一度成为长江上游最大的中转港口，也是湖北第二大贸易港口。

中英《烟台条约》签订，宜昌开埠以后航运得到进一步发展，“汉口英商太古轮船公司最早来到宜昌，由买办陈云樵在宜昌开创码头、仓库和公事房。紧接着，怡和洋行也在宜昌创办了怡和码头和水火保险公司。此后，还有立德乐洋行（立德）”、隆茂洋行、美最时洋行等到宜昌设立分行。[④]洋商纷纷入驻，他们不仅在宜昌贸易，更是对长江上游广大地区虎视眈眈，谋划开辟长江轮船航运。由于轮船进入长江还没有成功，洋行只能雇用“挂旗船”入川，“光绪十七年至光绪二十三年间，宜渝间行驶的挂旗船，每年大约在1000艘左右。”[⑤]民国以后，川江航道进一步改善，轮船航

---

① 侯祖畲主修：《夏口县志·商务》，1920年，第2页。
② 实业部贸易局编纂：《最近三十四年来中国中部通商口岸对外贸易统计》，1935年。
③ 刘世扬：《近代宜昌口岸贸易研究（1877—1919）》，武汉：湖北大学硕士学位论文，2012年，第25页。
④ 宜昌市商业局《商业志》编委会编：《宜昌市贸易史料选辑（一）》，内部资料，1986年，第14—15页。
⑤ 刘世扬：《近代宜昌口岸贸易研究（1877—1919）》，武汉：湖北大学硕士学位论文，2012年，第25页。

运更加畅通，挂旗船逐渐减少，“到民国十五年完全消失。”[①]但中国人经营的木船并没有退出川江航运，据统计“清末民初，每年进入宜昌的中外轮船常达300—400艘，木船常达25 000只以上。年贸易额平均常在4200万海关两以上。其商号从开埠之初的38家，发展到民国初年已有商帮46个，商店891家；钱庄也由8家发展到47家。”

宜昌市的贸易额在开埠以后逐年递增。据统计“1889—1894年，宜昌每年的进出口货值（海关两）净数都突破了百万大关，最低点是1894年的1 263 624海关两，最高点是1890年的6 403 295海关两。”[②]1900年以后增速进一步加快，1900—1910年，“宜昌每年的进出口货值（海关两）均超过2000万两大关，最低点是1907年的23 454 641海关两，最高点是1904年的71 219 263海关两。”[③]成为名副其实的长江沿岸贸易重镇。

2. 长江上游地区

长江上游地区是整个长江流域开放最晚的地区，轮船航运也是最晚开通营运的地区。早在宜昌开关之前，外国洋行把目标对准了四川，“中外人士，更瞩目于四川天府物产之富饶，派员视察，认为非辟川江，商务无由繁荣”[④]英国对宜昌开埠、汉宜轮船通航评论更加直截了当：“最大的优点即在于将英国货比现在提早三十天运到巨大的四川市场上。……那里已成为我们最好的中国市场之一，每年销售九十万匹以上的棉布和十二万匹呢绒”。[⑤]

重庆因为地理位置优越，成为长江上游地区的门户。“横贯全

---

① 宜昌市税务局志办公室：《宜昌海关简志（1877—1949）》，内部资料，1988年，第131页。

② 宜昌市商业局《商业志》编委会编：《宜昌市贸易史料选集（二）》，内部资料，1986年，第936页。

③ 宜昌市商业局《商业志》编委会编：《宜昌市贸易史料选集（二）》，内部资料，1986年，第937页。

④ 邓少琴编：《近代川江航运简史》，1982年，第2页。

⑤ 姚贤镐编：《中国近代对外贸易史资料》第3册，1962年，第1415—1416页。

境的长江干流及其支流使重庆成为四川盆地内部各地联系的枢纽，也成为四川盆地与陕南、甘南、黔北、滇北和长江中下游经济联系的枢纽。”[①]如此绝佳的贸易港口，洋商迫不及待地蜂拥而至，1890—1895年，上海的洋行到重庆设置多家分支机构，有“立德洋行、太古洋行、怡和洋行、法商永兴洋行、美商大美药房、美商利泰洋行、美商永丰洋行7家”。[②]同一时期，国内的商业组织和商人也不甘落后，先后在重庆设立机构，上海轮船招商局来到了重庆，四川华商与上海之间的直接贸易关系也建立起来。

1891年重庆开埠，轮船航运并没有开通，四川的物资运输全靠木船。光绪二十二年（1896年），英人伯恩乘木船调查川江运费，认为“木船速度太慢运费太贵，从上海购货的商人要等3至6个月才能在重庆收到货，一顿布匹的运费高达三磅八先令三便士。英国在华报纸也大肆叫嚷，川江航道上的纤工工价太高，客货运价太贵，极力主张在川江上行轮。”[③]英国人白勒能在查访了中国各口岸商务情形后，极力叫嚷重庆（商务）则非用轮船不能兴旺。[④]经过多次试航以后，光绪二十六年（1900年）英国“肇通”轮试航成功，证明川江可以行驶轮船。此后几经波折，直到1908年“川江行轮股份有限公司”成立，第二年“蜀通号”商轮运营。此后，外国和民营的轮船航运才真正在川江繁荣起来，重庆的对外贸易才得到进一步快速增长。

以布匹商号为例，清同治年间仅10多家，到清末宣统三年（1911年）已发展到90多家。”[⑤]重庆的贸易额快速地增长起来，其中洋货进口总值的上升情况是：“1891年4 360 557海关两，

① 隗瀛涛主编：《近代重庆城市史》，成都：四川大学出版社，1991年，第51页。
② 熊月之主编：《上海通史》第4卷，上海：上海人民出版社，1991年，第263页。
③ 王绍荃主编：《四川内河航运史》，成都：四川人民出版社，2000年，第136页。
④ 隗瀛涛主编：《四川近代史》，成都：四川省社会科学出版社，1985年，第182页。
⑤ 王绍荃主编：《四川内河航运史·古近代部分》，成都：四川人民出版社，1989年，第115页。

1911年12 559 400海关两，1929年14 510 871海关两。进口洋货以洋纱、洋布为大宗”[①]，增长了3倍多。土货出口总值由“1885年的1 056 790海关两上升到1916年的17 803 414海关两”[②]，增长了16.8倍。实际上在宜昌轮船航运开通以后，重庆的贸易额就已经大幅上涨，如果从宜昌开关之前计算，增长的倍数将远大于此。

万州是川东的门户，重庆才刚刚开埠，英国人霍伯森就向总税务司报告“重庆外，川东的重要商业城市首数万县。万县除了本地相当的商业可以自豪外，县城控制着大江和通到四川西部的各种重要陆路。”[③]川江航运开通，万县贸易大增，反过来又刺激了航运业的进一步发展，到1935年，万县港停靠的轮船“达2682艘（次）、995 512吨，分别是万县开埠之初的1917年的190艘（次）、71 808吨的14.1倍和13.9倍”[④]，万县航运业增长幅度之大，由此可见一斑。除了洋货进口之外，土货出口量也十分庞大，尤其以桐油出口闻名中外。中国桐油的产量为世界之冠，而四川的产量又居全国第一，“年产约70至90万坦（每担100斤）占全国1/3”。[⑤]四川桐油出产以川东为最多，万县出口数量最大，川东各县所产桐油，集中于万县，换船运出。外运数量逐年上升，20世纪30年代达到最高峰。据《四川省建设统计年鉴》记载，“民国六年为37 700担，到民国二十六年增长为681 451担，增长18倍，货值达2735万元，超过生丝的出口，跃居首位。”[⑥]海关统计资料同样证明万州桐油贸易的旺盛，“1930年，全国桐油出口为11 673万

① 隗瀛涛主编：《近代重庆城市史》，成都：四川大学出版社，1991年，第23页。
② 隗瀛涛主编：《近代重庆城市史》，成都：四川大学出版社，1991年，第24页。
③ 王绍荃主编：《四川内河航运史》，成都：四川人民出版社，2000年，第125页。
④ 田永秀：《川东经济中心——万县在近代之崛起》，《重庆师范学报》（哲学社会科学版）1998年第4期。
⑤ 《四川桐油出口统计表》，四川省政府建设厅编：《四川省建设统计年鉴》第一辑，1941年。
⑥ 《四川桐油之产销》，（日）东亚同文学会编，《四州新地志》，上海：东亚同文学会，1942年。

斤，其中四川为 5471 万斤，占全国的 46.8%；万县一地就达 3779 万斤，占全国的 32.4%。这一时期，万县本地的桐油运销量也大幅增加，1917 年为 367 万斤，1930 年为 3779 万斤，1937 年进一步增加为 4001 万斤”。[①]

总之，随着轮船航线的开辟，一条从上海至宜宾的长江航线彻底打通，长江中上游地区的贸易被纳入到世界贸易体系之中。洋货大肆涌入，土货被廉价收购，在破坏长江中上游地区自给自足的农村经济的同时促进了贸易的发展，轮船航线延伸到哪里，哪里的贸易就呈现大幅度地增长。沿江城市作为对外贸易的阵地首先得到发展。

（二）贸易促进长江上中游水系城市发展

区域经济的发展始终是城市发展的基础，进入近代以后，经济发展对城市的发展更具有决定性的作用。“近代以来进入工业时代政治中心城市优先发展规律虽然也起着一定的作用，但经济中心城市优先发展规律已成为城市一个主要的规律。”[②]由于近代中国工业发展是在贸易发展很久之后才真正发展起来，因此在促进城市发展的因素中，贸易是最早起决定性作用的因素，因商而兴是沿江城市前期发展最普遍的规律。鉴于开埠和贸易紧密联系在一起，因此，在论述贸易促进近代长江水系城市发展时，笔者把这些城市分为两大类，一是沿江开埠城市的发展。二是其他城市的发展。

1. 沿江开埠城市的发展

近代长江沿岸约开商埠城市为 13 座[③]，位于长江中上游的有汉口、宜昌、沙市、万县、重庆和长沙 6 座，晚清还设有自开商埠城

① 徐康明：《万县港史》，武汉：武汉出版社，1990 年。
② 何一民：《从政治中心优先发展到经济中心优先发展——农业时代到工业时代中国城市发展动力机制的转变》，《西南民族大学学报》（人文社科版）2004 年第 1 期。
③ 隗瀛涛主编：《中国近代不同类型城市综合研究》，成都：四川大学出版社，1998 年，第 215 页。

市，由于两者的发展和影响不可同日而语，故此处只对 6 座约开商埠城市的发展做简单地介绍。

汉口是长江中游对外贸易的中心，也是西方国家深入内地的大本营，洋行纷纷入驻，到 1892 年，“洋行总数为 45 家，1901 年达到 76 家，到辛亥革命前达 125 家”。①为了扩大对华贸易，掠夺中国的财富，外国轮船公司垄断沪汉、汉宜、汉湘线的航运，“至 1908 年，英、日德、法、美共有 9 各轮船公司，29 艘轮船航行于汉口”，②他们在沿河建立栈房、码头，光绪年间，“太古、怡和、大阪各有 6 间栈房、三家堆栈，总面积达 2 万平方千米以上”。③德、法、俄、日还在汉口建起租界，从武汉关附近开建的英租界到胜利街下段的日租界，形成了一片滨江市区，建有近代的建筑和各种近代公用设施。“使汉口东北花楼街沿长江以下原来荒芜的约 2.5 平方千米的狭长的地带，逐渐形成了一个有规划的现代都市。”④随着租界的不断扩大，对外贸易的兴盛和长江航运的发展，改变了汉口城市的布局和发展走向。“木船航行的时代，汉口的码头和街巷等基本上是沿汉水而分布的。开埠后，汉口进入轮船时代，外商凭借巨大的江轮在长江上航行，故沿长江修建码头、仓库以及街道房屋，汉口城市的布局和走向由沿汉水改为沿长江而发展。”⑤

张之洞主政湖北以后，大力推行新政，促进了汉口更大的发展。张之洞于 1898 年奏请将“夏口镇改为夏口厅”⑥，其行政管辖的范围较前增加约 890 倍，总面积达 1000 余平方千米。1901 年张之

① 皮明庥：《简明武汉史》，武汉：武汉出版社，2005 年，第 156 页。
② 皮明庥：《简明武汉史》，武汉：武汉出版社，2005 年，第 159 页。
③ 皮明庥：《简明武汉史》，武汉：武汉出版社，2005 年，第 159 页。
④ 隗瀛涛主编：《中国近代不同类型城市综合研究》，成都：四川大学出版社，1998 年，第 346 页。
⑤ 隗瀛涛主编：《中国近代不同类型城市综合研究》，成都：四川大学出版社，1998 年，第 345—346 页。
⑥《汉口请设专家折》，（清）张之洞：《张文襄公全集》卷 49，北京：中国书店，1990 年，第 15—16 页。

洞开始着手兴建“汉口后湖长堤”，（即后来的“张公堤”）该堤全长 34 里，从而使堤后数十万亩荒地变成安全的沃土，为汉口市区的拓展创造了条件。高速增长的经济，吸引了更多人口的到来，据江汉关统计，“1911 年汉口市区人口 590 000 人，汉阳为 70 000 人，武昌为 166 000 人。”①，至 1931 年，“汉口人口为 804 262 人，汉阳为 495 476 人，武昌为 359 808 人”②，武汉三镇人口达到 100 多万，成为一座超级大都市。

沙市是鄂西沿江城市，江汉平原历来出产棉花和著名的荆州布，沙市是荆州布销往四川的主要码头。1896 年 11 月，英国布莱克伞商会考察团把沙市称作“华西的曼彻斯特”③，认为沙市是中国土布的主要产地。“1899 年经沙市厘金局登录的输出土布有 102 328 担，输出棉花 79 815 担，两项合计，占沙市过境棉货的 92.2%。进入 20 世纪后由于经沙市人川的洋纱样布大大增加，沙市输出的土布才逐渐减少”。此外，沙市也是近代著名的米市。受长江贸易的刺激，沙市的商业日趋繁荣。《北华捷报》报道说：沙市“街道宽阔，尤其是大街，对于一个中国城市来说，是十分整洁的。这不仅是街道上许多出售棉布、丝织品、陶器、竹器和药品的布置得很好的大商店的特点，而且是一些食品摊的特点。”④

宜昌是长江流域著名的转运码头，它的发展几乎完全依赖转口贸易，正是近代轮船航运发展的受益者。在轮船不能直接驶进川江之前，宜昌成了轮运和木船运输的中转站，转运贸易额持续上升，城市经济日趋繁荣，商业区不断扩大。为了扩大贸易，洋行和国内各大商帮纷纷来宜设置分支机构，城区范围进一步扩展。“1917 年

---

① 隗瀛涛主编：《中国近代不同类型城市综合研究》，成都：四川大学出版社，1998 年，第 349 页。

② 穆德和等：《近代武汉社会与经济——海关十年报告》，香港：香港天马图书有限公司，1993 年，第 183—184 页。

③ Blackborn, *Report of the Mission to China of the Blackborn Chamber of Commerce, 1896-1897: F·S·A, Bourne's Section*, London: The North-East Luneashire Press Company, 1898, p.27.

④ 《北华捷报》1898 年 8 月 8 日，第 248 页。

修建了通惠路等干线，城内市场随之向外发展，到北伐战争前后，形成了南北长约五千米，东西约半千米的新商埠区。”①

万县在长江航线中恰好位于重庆和宜昌的中间点，而且从湖北的利川、恩施，湖南的龙山都有陆路与之相通，号称“途兼水陆，控引成渝”②。“凡由鄂溯流入蜀行销川北货物多由此转运，由施南、利川陆行入蜀者，亦必会于此”。③据方志记载，在同治时期，该城中就已是“远商辐凑，百货云屯”。④而到光绪初年更是“商船云集，桅樯缘岸，排二里无隙处”⑤，民国时期，在商业繁荣的背景下，杨森主政万县后兴起了市政建设的高潮。首先划定城区范围，东至聚鱼沱街尾，西至明镜滩街尾，南至翠屏山麓，北至沙河子街尾及平桥地方。“撤除城墙，修筑马路，修建大桥、港口、码头、公园、体育场、图书馆、医院、学校，发展通信、供电等各项事业。”⑥万县城市面貌随之焕然一新，初步具有大都市的气派。一度被誉为“万商之城”，其繁华程度不亚于当时的成、渝两市。

重庆是长江上游经济中心，贸易的发展对城市空间的拓展起了很大的作用，长江、嘉陵江沿岸新建了许多商业码头和货栈，“由清末的9门8码头发展成为21个码头。所以重庆城市空间突破了原来的城墙范围，从朝天门到南纪门，沿南城一带形成了一个长达7里的商业繁荣的下半城，道路两旁，商店、旅社、货摊、茶肆林立”。⑦商业的繁荣吸引了大量商业人口，推动了重庆旧城街道和房屋的改进。“陕西街一带富有大商较多，道门口、悬庙街、白象

---

① 徐凯希：《近代宜昌转运贸易的兴衰》，《江汉论坛》1986年第1期。
② 民国《云阳县志》，卷十三《礼俗中》，1935年铅印本。
③ 周洵：《蜀海从谈》，卷一《制度类上》，1938年戊子排印本。
④ 同治《增修万县志》卷十二《地理志·风俗》，同治五年（1866年）刻本。
⑤ 《丁治棠纪行四种》卷一《初度入京记》，转引自郑维宽：《论清代重庆在川东经济中心地位的形成》，《西南师范大学学报》（哲学社会科学版）1998年第3期。
⑥ 万县志编纂委员会编：《万县志》，成都：四川辞书出版社，1995年，第52页。
⑦ 隗瀛涛主编，《中国近代不同类型城市综合研究》，成都：四川大学出版社，1998年，第360页。

街、新丰街、三牌坊、鱼市口、商业场等处均是非常繁华殷富的街道。”[①]在商业的推动下，城市规模不断扩大，1921 年重庆城市的辖区范围只有原巴县辖区及江北县附近居民集中区。1929 年正式建市后，市区扩大到包括长江南北两岸上下 30 华里的地方。关于重庆发展与航运、贸易的关系，研究重庆的专家对此有精辟的总结“以优越的地理位置为基础，发展近代城市，以商业贸易为主导发展近代城市经济，以水陆交通运输为工具拓展长江航运，以外部力量为契机推动城市发展。”[②]

长沙是约开商埠中唯一位于支流的城市，但它在近代的发展却与航运的关系十分密切。近代中国沿海沿江主要城市陆续开放，轮船航运业兴起，引起近代中国经济格局的变化，“轮船传入中国后，往返于广州、上海和汉口之间的定期航班，削弱了湘潭的重要性，从此，湘潭就开始衰落了。”[③]长沙正好是轮船航运的受益者，取代湘潭成为湖南的航运中心。1904 年开关后，外国轮船公司和轮船招商局都进一步加快了湖南的航运业务，逐渐形成了一个以长沙为中心，沟通湘、资、沅、澧四大水系和洞庭湖沿岸各港口的轮船运输网。各轮船公司相继在从永州码头到大西门鱼码头 1 里多长的范围内修建码头、仓库等，长沙城周边出现了大量货栈和商号。铁门之城内洋行也迅速增加，“据 1913 年的一项统计，当时长沙共有洋行 28 家，其中日本10家，德国9家，英国 7家、美国和俄国各1家”。[④]到 20 世纪初，“增加到了 88 家，洋行大都集中在太平门、大小西门一带，直接导致西门外的湘江东岸成为长沙最繁华的地段。”[⑤]

---

① （日）东亚同文学会编，《四州新地志》，上海：东亚同文学会，1942 年。

② 周勇：《关于重庆通史研究的几个问题》,《重庆大学学报》（社会科学版）2002 年第 2 期。

③ 《海关贸易报告》，1910 年，第 145 页，转引自（美）周锡瑞著，杨慎之译：《改良与革命：辛亥革命在两湖》，南京：江苏人民出版社，2007 年，第 7 页。

④ 张洪祥：《近代中国的通商口岸和租界》，天津：天津人民出版社，1993 年。

⑤ 彭平一，汤文：《19世纪末20世纪初长沙区域经济中心地位的确立》，《长沙大学学报》2014 年第 6 期。

2. 其他长江水系城市的发展

与开埠通商城市相比，其他城市发展的速度要慢一些，但也获得不同程度的发展。下面仅选出几组有代表性的城市就航运和贸易带来的发展做一点分析。

成都与南昌，这两座省会城市都坐落在长江支流，近代以来都面临着由传统城市向近代化转型的历史命题。“成都府位于平原之中央，控拥岷沱二江，人口百万左右，其富裕在中华首屈一指。”① 不幸的是近代以来，岷江不利于轮船航运，成都“被丢在交通系统的末梢，因而它也站在帝国主义者榨取网的最外圈。②相比于长江中下游城市，成都对外贸易已经落后了至少 20 年以上，清光绪末年（1891 年）“英国人立德乐收鹅毛、鸭毛，深入成都产区。1901 年英商隆茂洋行在四川进行收购，成都地区的鹅鸭毛尽为洋行所掌握。”③1898 年法国人马尼爱游历成都见到“洋货甚稀，各物皆中国自制。而细考之下，似有来自欧洲者，但大半挂日本牌记”。④因此成都开始现代化的转变是 20 世纪以后，宣统二年（1910 年），法国驻川领事巴达在给法国总商会的报告中写道：“法商在川贸易日益繁盛，其最获利者，玻璃、花瓶、肥皂、钟表、洋酒、香水、香皂及绸缎并洋铁器具等类。”⑤在洋行大肆倾销洋货的刺激下，引起了有识之士的忧虑，在“振兴商业”“收回权利”的口号下，光绪二十九年（1903 年）成立了成都商务总会，修建劝业场，至 1910 年，全场交易额为 460 000 余两。1909 年，据官方统计，“成都有公司 2 家，商帮 51 家，商号 4460 家，资本共银 283.4 万两，

① 金沙：《四川贸易谭》，《四川》1907 年第 1 号。

② 魏树东：《成都市地价与房租之研究》，萧铮主编：《民国二十年代中国大陆土地问题资料》第 77 册，台北：成文出版社，1977 年影印版。

③ 游时敏：《四川近代贸易史料》，成都：四川大学出版社，1990 年，第 12 页。

④ 傅崇钜：《成都通览》，成都：巴蜀书社，1987 年，第 340 页。

⑤ 四川省省志编辑委员会：《四川文史资料选辑》第 20 辑，四川人民出版社，1979 年，第 27 页。

钱1770千文。”[①]成都的市政建设也开始有起色，1924年市政公所新建春熙路，“分东西南北四段，两侧兴建一楼一底铺面，先后建立了139家商店。春熙路成为当时成都最繁华的中心商业区。”[②]同其他政治中心城市一样开始拆除城墙，修筑马路，“本市东南两门月城妨碍交通，早应拆废……修环城马路，增辟城门工程经费即可，经努力兴工旋卖旋修，不足之数再由职府另行设法筹备。”[③]

南昌位于赣江下游，虽然地处支流，但轮船可以顺利直达，因此它直接与长江干流航运连为一体。南昌“豫章水陆四通，山川特秀，南接五岭，北带九江，咽扼荆、淮，翼蔽吴、越。”[④]虽然一度受到率先开埠的九江的强烈冲击，凭借优越的港口条件，繁荣的腹地经济，最终形成南昌——九江双核结构的城市格局。商业随之兴盛，至民国年间，南昌已经“生齿益众，通衢之内，毂击肩摩，衡宇湘望，栉比鳞次”[⑤]以瓷器为例，“瓷为本省著名特产，本市（南昌）虽非直接出产所在地，但忝居江西省会之区，交通便利，商贾辐辏，各省人士，慕于赣省盛名，屡多因便利关系，则在本市购买，至于各地批发，本市亦有一部分营业。……综计大小瓷店，约有七十余家。”[⑥]贸易发展，人口增多，城区得到不断扩大，“亟宜将四面城墙全部拆去，务使内外沟通，居民不至有蹐无局地之虞，商场亦可无此通彼塞之感。”[⑦]旧市区已不能满足居民居住需要，“在城北建新住宅区，即今三经四纬路一带，城区面积已有扩大。”[⑧]

---

① 《四川官报》第4册《公牍》，1910年。

② 何一民：《变革与发展：中国内陆城市成都现代化研究》，成都：四川大学出版社，2002年，第214页。

③ （《成都市政府公报》1929年第14期。

④ （清）顾祖禹撰，贺次君、施和金点校：《读史方舆纪要》卷八十四《江西二》，北京：中华书局，2005年，第3892页。

⑤ 南昌市政处编：《南昌市政计划大纲》序，1926年铅印本。

⑥ 《南昌市商业盈亏之回顾》，《经济旬刊》1934年第2、3期。

⑦ 南昌市政处编：《南昌市政计划大纲》第六章，1926年铅印本。

⑧ 朱有骞：《十年来之江西市政》，江西省政府编印：《赣政十年》，南昌：江西省政府，1941年。

成都、南昌这两座省城，在封建时代经济都堪称繁荣，近代以来，分别受到重庆和九江开埠的冲击，在各自省内经济地位一度有所下降，由于属于传统政治中心城市，受到封建势力的阻力更大，相比重庆和九江经济发展要慢一些。成都、南昌一类的传统政治中心城市“在封建时代异常繁荣，但到了近代由于地理位置的原因，经济重心、经济结构和交通条件的变化，或衰落下来，或被另一些条件较好的城市所取代。[①]但它们都凭借良好的经济基础和在城市腹地上的优势，又开始了新一轮的发展。与成都不同的是南昌地处长江中游，兼有航运之便，受西方影响更大，时间也要早一些，但南昌近代受战争的影响比成都为大，两座城市的现代化之路充满崎岖。

岳州与宜宾这两座城市在清代都是府一级的城市，在地理位置上两城是各自区域的门户，其发展有一定的相似处。岳州扼水运咽喉，为船泊出入湖南省境必经之处，天然具有发展商业的地理优势。“岳阳地区洞庭湖滨，万里长江，绕城陵矶蜿蜒东去。湘、资、沅、澧四水，潴集洞庭，浩浩瀚瀚，汇流入江。”[②]“经过岳州门户者，每年上下水之民船各有二三万只……进口、出口之民船每年各载货七八十万吨。”“每年运出者，其价值不下一千五百万两。至近省各货运销湖者，大谱亦弗减此。”[③]岳州港口一片繁忙景象，“城陵矶因轮、帆船均须停泊、樯桅林立、汽笛时鸣、白天熙攘，夜市如昼、市面一片繁荣景象”。[④]靠近洞庭湖的府城南门外一带，地势宽平，人烟稠密，“南正街、街河口、天岳山、竹荫

① 朱汉国：《中国社会通史·民国卷》，太远：山西教育出版社，1996年，第175—177页。

② 岳阳市工商联合会，岳阳工商史料编辑委员会编：《岳阳工商史料》，内部资料，1991年，第1页。

③ 马士：《光绪二十五年岳州口华洋贸易情形论略》，《湖南历史资料》第1辑，长沙：湖南人民出版社，1980年，第167—168页。

④ 岳阳市工商联合会，岳阳工商史料编辑委员会编：《岳阳工商史料》，内部资料，1991年，第3—4页。

街、梅溪侨等街道，为商业集中之区，市廛密接”。[①]大批商人来此经商，“人肩相摩，商旅辐辏。旅馆由原来10余家，增至30余家，饭店、熟食摊贩达百家以上。而河干樯桅栉比，岸傍酒肆林立，行商坐贾，财运亨通，遂尽情挥霍冶游。”[②]不幸的是岳州历来也是兵家必争之地，近代以来岳州战火连连，城市多次毁于战火。民国初年，南北军阀在岳阳混战，“城区房屋建筑破坏严重，城墙大部分被毁，仅留下岳阳楼附近一段长110米、高6.8米的青砖城墙”。[③]

宜宾地处金沙江与岷江汇合之处，自古以来，宜宾就是川南、滇东北的交通要冲，重要的物资集散地。“东距泸水，西连大峨，南通六诏，北接三荣，负山滨江，地势险阻，当舟车之冲，冠盖往来相望。”[④]川南一带流传的谚语“塞不完的昭通，搬不完的叙府”[⑤]正是宜宾城物资集散与商品转口贸易功能的生动写照。金沙江、岷江上游和滇东的山货、药材、粮食等物资多集散于此，以致船舶如林，货物云集，“为四川内地大商场之一，方其盛时，每年出入口贸易总值，常在两千万元左右。”[⑥]在四川的商业地位一度成为“仅逊于重庆、万县，而列为全省第三位”。[⑦]繁荣的贸易促进了城市的发展，从宜宾商业区的变化也可以看出商业对城市发展的影响。“清末宜宾城的商业中心及最热闹的街道是在金沙江边的栈房街，该街最初不过是宜宾城边的棚户区，因云南及川南等地的山货客多在此地落脚而逐渐成为宜宾城的商品交易中心。”[⑧]在1933年以前，宜宾城仅有一个码头，位于城南的金沙江沿岸一带，其时

① 岳阳市工商联合会，岳阳工商史料编辑委员会编：《岳阳工商史料》，内部资料，1991年，第2页。

② 岳阳市工商联合会，岳阳工商史料编辑委员会编：《岳阳工商史料》，内部资料，1991年，第171页。

③ 高碧云：《洞庭湖经济史话》，北京：方志出版社，2005年，第447页。

④ （清）刘元熙纂修：《宜宾县志》卷五，嘉庆十七年（1812年）刻本。

⑤ 中国农民银行：《四川省经济调查报告》，1941年。

⑥ 《宜宾商业金融概况》，《四川经济季刊》1945年第5期。

⑦ 中国农民银行：《四川省经济调查报告》，1941年。

⑧ 田永秀：《近代四川沿江中小城市研究》，成都：四川大学博士学位论文，1999年。

船只均在此停泊。“距该码头最近之栈房街、走马街等，因此而堆栈林立，商业繁盛，为全城的精华所在”[①]，是宜宾城的商业中心。1933年，在东门外的岷江沿岸修建了新式码头，无论木船、轮船“均便停泊”，于是，多数船只均集中新码头。既位于全城中心，又与新码头相连的东街、下北街一带，“致交通骤形发达，地位日趋重要”[②]，各大商号、银行也纷纷入驻，“商业之发达，大有一日千里之势，不久以后，竟代替了栈房街、走马街的地位，而成为全城的商业中心。”[③]

总之，不论是开埠城市还是其他城市，在便利航运的助推下，开始加强与长江流域的交流，城市因商而兴，城市面貌发生了很大的变化。首先，在各城市沿江地区出现了许多对外贸易的机构和组织，沿江地区率先发展起来，有的在原来的码头基础上进一步扩大，有的从一片荒芜之地发展为繁华的新城区，并且“新城区”不断扩大，有的远远大于老城区，城市的规模迅速扩大。同时，西方近代化的公用设施和建筑也在这里建立起来，成为沿江城市在近代最引人注目的部分。其次，在经济的拉动作用和“新城区”的示范作用下，老城区也得到发展和扩大，一些近代化的设施纷纷引入，有的城市在主政者的强势推动下，进行了近代化的改造，城市面貌也是焕然一新，开始走向近代化。

三、结语

长江沿江城市在近代的快速发展是由于开埠通商、工业发展、

① 丘信：《宜宾地价之研究》，萧铮主编：《民国二十年代中国大陆土地问题资料》第79册，台北：成文出版社，1977年。

② 丘信：《宜宾地价之研究》，萧铮主编：《民国二十年代中国大陆土地问题资料》第79册，台北：成文出版社，1977年。

③ 田永秀：《近代四川沿江中小城市研究》，成都：四川大学博士学位论文，1999年，第41页。

金融繁荣等各种因素综合作用的结果，但长江便利的航运是它们发展的起点。正如上海在近代一跃成为超大城市，与其交通方面的优势密不可分一样，“从城市发展史的角度考察，交通近代化是上海城市近代化的前导。因而，近代上海交通研究，在上海城市史的研究之中，占有特殊重要的地位。”①因此加强长江航运与城市的发展研究是完全必要的。当然，仅靠长江航运带来的开埠通商并不能形成城市发展的持久动力，这已被近代的芜湖、沙市、宜昌、万州发展的历史所证明。同时，在交通发展上也不能仅仅满足于长江航运，还需要借助各种现代化的交通方式助推城市发展。长江下游地区既是近代航运便利之区，也是近代中国铁路、公路最发达的地区，也是城市化最高的地区，这一点尤其值得长江中上游地区借鉴。

作者简介：胡中华，男，四川大学历史文化学院博士研究生，成都医学院马克思主义学院讲师。

① 张仲礼主编：《近代上海城市研究》，上海：上海人民出版社，1990年，第173页。

历史时期巴渝地区的堰塘建设及维护管理*

程得中

（西南大学历史地理所　重庆北碚　400715；
重庆水利电力职业技术学院　重庆永川　402160）

摘　要：巴渝地区大多为山地丘陵地貌，先民因地制宜利用山溪泉水进行多种形式的灌溉，水利设施以堰塘为主。由于地貌和经济发展的差异，水利开发从中部、东部、西部到东北、南部、东南渐次展开，明代中叶开始大规模兴起堰塘建设，清代康雍乾时期达到全面繁荣，改变了四川盆地水田分布格局，为巴渝地区跻身盆地富庶地区奠定了基础。历史时期四川盆地积累了深淘滩、低作堰、宽砌底、斜结面等建造技术。由于巴渝地区地形复杂，冬水田成为塘堰蓄水功能的延伸，冬水田保栽插，山坪塘、堰保渗灌形成了巴渝特色的"堰塘—冬水田"用水过程，形成丘陵地区水田灌溉的两道防线。传统社会巴渝地区堰塘主要由群众自发修建，维护管理大多是由群众公议形成管理条规，然后由政府勒石刻碑形成法令，形成了基层自治、政府引导的堰塘维护管理模式。

关键词：历史时期；巴渝地区；堰塘；建设

巴渝地区地形以山地、丘陵为主，历史时期发展水利设施困难重重，劳动人民因地制宜，创造性的进行了堰、塘等中小型水利设施建设，保证了复杂地貌下的水田灌溉，集中反映了先民的智慧。

---

* 重庆市社科规划项目：历史时期西南地区水利社会研究（编号：2016PY27）。

前人[①]有关四川盆地农业开发及水利建设历史的研究成果已经比较丰富，但研究重心大多在农田水利建设条件较好的川西平原地区，专门对巴渝地区堰塘建设历史开发进程的研究还相对薄弱，本文在相关研究基础上，拟对历史时期巴渝地区堰塘建设的兴起、发展情况做一梳理，并探析该地区积累的传统堰塘建造、冬水田灌溉技术及相关提水工具应用。

一、历史时期巴渝地区水利开发

（一）巴渝地区水利开发的地形条件

长期以来，人们习惯上把四川盆地作为一个文化整体看待，其实盆地东西物质文化和精神文化都存在较大差异。川西地区地形为平原，土质良好，溪流纵横，适合农耕。而川东地区地形主要为山地、丘陵，面积大约为 94%，台地和平坝面积仅占 6%，可耕地比例远低于成都平原。[②]宋人汪应辰根据这种自然条件差异将盆地划分为三类地区：第一类为成都平原及周围“水田多、山田少”，且有渠堰灌溉之利的区域。第二类为川中沱江下游及涪江流域所在的潼川府路，这里“多是山田，又无灌溉之利”。第三类地区范围以川东平行岭谷区为主，也就是现在的重庆市范围，号称“最为荒瘠，号为刀耕火种之地”[③]。一直到明代正德年间，“蜀之号为陆海者，徒以西南诸邑灌水之利耳。……其他皆刀耕火种，所获系天”[④]

① 郭声波：《四川历史农业地理》，《中国历史地理论丛》1989 年第 3 辑；蓝勇：《明清三峡地区农业垦殖与农田水利建设研究》，《中国农史》1996 年第 2 期；张芳：《明清南方山区的水利发展与农业生产》，《中国农史》，1997 年第 1 期。

② 2000年重庆土地资源调查，全市耕地面积 256 万公顷，占幅员面积的 31.07%。详见中共重庆市委研究室编：《重庆市情》，重庆：重庆出版社，2000 年，第 10 页。

③ （宋）汪应辰：《文定集》卷四《御札问蜀中旱歉画一回奏》，转引自韩茂莉：《中国历史农业地理》下册，北京：北京大学出版社，2012 年，第 1005 页。

④ （明）正德《四川志》卷八，正德十三年（1518 年）刻嘉靖增补本。

可见，一直到明代中期，巴渝地区的水利建设仍远远滞后于川西平原。明代中期开始，巴渝地区的堰塘建设开始兴起，清代乾隆时期达到封建社会顶峰。

巴渝地区由于地形差异大，水利开发也不均衡，呈现先中部，然后逐次向东部、西部推进，北部和南部最后开发的进程。中部的巴县（今重庆主城七区），东部的梁平、忠县、垫江、长寿、涪陵，为平行岭谷区，由一系列东北—西南走向的条形山地组成，低山之间平行排列着一些由长江、嘉陵江、涪江等河流冲击形成的平原，这些成为巴渝水利开发较早的地区。尤其是巴县，充分利用自然降水和山溪泉水进行多种形式的灌溉，修筑堰塘、沟渠、渡槽、提灌工具进行蓄水、输水。“巴县两江穿绕，岸高水深，利通舟楫，而缺灌溉。惟鳞比皆山，山多泉多，汇而成溪，又汇而成河，穿云架枧，引归绣陌，是为堰。其无源可引者，则多池塘。”[①]西部的江津、璧山、合川、铜梁、潼南、永川、大足、荣昌等地区以丘陵为主，地势相对平坦，但“江深岸高，难以灌溉”“田形高而川势下”，无法从江水中直接取水灌溉，修筑堰塘的习惯古已有之，水利建设在明代中叶开始兴起，清代出现整体繁荣局面。渝东北分为川东平行岭谷区和大巴山、巫山山区。万州、云阳、开县大部属于川东平行岭谷区，堰塘建设主要在一些人口聚居的沿江平坝地区。大巴山巫山山区有城口、巫溪、巫山、奉节，属于中山区，水利开发较为滞后，清代以前基本为刀耕火种。渝南的綦江、南川，渝东南的武隆、彭水、黔江、酉阳、秀山为喀斯特低山，间或有丘陵、平坝、洼地，多为少数民族聚居区，清代改土归流后才得以正式开发，历史时期水利发展较为滞后。

（二）明代以前巴渝地区的水利开发

巴人入川后，带来了原在汉水中游已经有所发展的农业生产技

① 乾隆《巴县志》卷三《赋役志》，乾隆二十六年（1761年）刻本。

术，推动了该地区稻作农业的发展。稻作农业多分布在沿江和河谷冲击平坝地区，《华阳国志·巴志》记载江州“县北有稻田，出御米”，即今天的重庆市江北区、渝北区长江、嘉陵江沿江地区，已开辟成水田，种植稻谷。巴人还培育出了优质的水稻品种，用于研磨成粉用作化妆，江州“下有清水穴，巴人以此水为粉，则膏晖鲜芳，贡粉京师，因名粉水，故世谓江州堕林粉也”[①]此粉质量高、香味浓，进贡到楚国颇受崇尚奢华的达官贵妇的欢迎。

秦汉时期，巴渝地区的沿江平坝和丘陵台地已经开始兴修水利。从出土的一些土陶水田、水塘模型看，水塘和水田之间已经有渠道相连，有的水塘口已经安装了闸门。在江北区出土的水陶、水田模型中，田中有埂，有田缺或引水道，还有鱼、鸭、莲花、菱角、螺、蛙、团鱼等。江津区出土的画像砖中，有太阳纹、山峦、池塘、游鱼组成的场景。这些都表明汉代巴郡农村已经开凿陂塘，含蓄水源，灌溉周围的水田；有的水田，已经不单独种植水稻，同时养鱼，进行综合利用。巴郡的平坝地区已广泛种植水稻，所产稻米品质很好，被列为贡品。巴郡粮食除满足本地需要外，还时常有少量输出。《舆地纪胜》记载公孙述在鱼复县开垦百多顷稻田，足以说明这一时期，巴渝地区一些重要城市所据的河流汇合带形成水田农业点。

唐宋时期，大批移民迁移到巴渝地区，也带来先进的农业生产技术，将丘陵地区的坡地改造成梯田，这些梯田主要分布在梓州路的合州、昌州及其附近的渝州、涪州、忠州、梁山军一带。由于开掘水塘、池堰等潴水地灌溉稻田，这些梯田都能种植水稻，并且收成很好。没有水利设施的地方有些也种植水稻，但完全依靠自然降水，没有稳定的水源，收成也就无法保证。地方志中有关重庆塘堰的最早记录是奉节县东北五里的青苗陂，时在唐广德元年（763年）。

---

① 清水穴，在今重庆市南岸区，今名清水溪，至今仍以水质好、景色秀美而著称。（晋）常璩：《华阳国志》，济南：齐鲁书社，2010年。

北宋熙宁、元丰（1078—1085 年）年间，王安石推行变法，大力兴修水利，四川修旧利废及增建工程全面展开。据《宋会要辑稿》记载，夔州路（治今奉节）有水利 274 处，灌溉 854.66 顷，平均每处灌溉面积仅 3 顷多，远小于成都府路（治今成都）平均灌溉面积 99 顷（有水利 29 处，灌溉 2883.87 顷），因其水利设施多为小型堰塘泉渠之类。南宋时期，水利建设继续得到发展，至蒙古攻陷四川之前，唐代旧有水利工程大体修复完毕，并增辟很多支渠。由于地形局限，川东山区出现垂直立体农业景观，山上种粟麦，山下种稻。峡江地区，凡滨江平地之上，皆有引水沟渠用于灌溉水田。范成大在万州所见"山骨鳞皴火种难，山下流泉却宜稻"。①这类稻田一般面积不大，产量较低。

（三）明代巴渝地区堰塘建设的兴起

明代人口和耕地均未超过唐宋盛期，开垦记载较少，但农业技术有所提高，在川中、川东丘陵区多有兴修山湾塘堰的记载。清代四川人口大增，大量开垦山丘地，提倡兴修水利，山丘区水利有了较快的发展。

明代巴渝的水利建设在前代基础上有了更大发展，尤其在明前期（洪武至嘉靖）的 200 年间，政治局面稳定，统治者运用政权力量推动水利建设，一度取得显著成绩。据统计，明代仅涪州、丰都、忠州、开县、新宁、梁山、万县、云阳、奉节、巫山、大昌、大宁等地就有堰 621 座，陂塘 3264 口。②地方志记载，统计明代重庆府有水利工程 6649 处，夔州府有 1130 处，巴渝地区水利工程数约占全川 20 000 处的三分之一。③

---

① （宋）范成大著，富寿荪校：《范石湖集》卷 16《峡石铺》，上海：上海古籍出版社，2015 年。

② 蓝勇：《三峡经济开发的历史反思》，重庆：西南师范大学出版社，1994 年。

③ 郭声波：《元明清时代四川盆地的农田垦殖》，《中国历史地理论丛》1988 年第 4 辑，第 77—108 页。

明代建国之初，朱元璋便“昭所在有司，民以水利条上者即陈奏”，并要求州县官吏每月上报本地雨情。洪武二十七年（1394年），“特谕工部，陂塘湖堰可蓄泄以备旱涝者，皆因地势修治之。”“遣国子监生分行天下，督吏民修水利。”[①]全国掀起水利工程建设的热潮。洪武二十八年（1395年）全国塘堰共40 987处，河4162处，陂渠堤岸5048处，皆已开发水利。[②]合川此时开始大建塘堰，《合州志》载：“合州塘堰 150 所，俱在各里，为洪武年间所置，农闲建筑潴水，以灌田亩。”[③]清代《重庆府志》载：“明洪武时修凿塘堰，旧有 150 处，今多开垦为田，无考”，印证了明代合川水利在巴渝地区的领先地位[④]。

洪武后几任君主也比较重视水利，如正统二年（1437 年），“令有司秋成时修筑堤岸，疏浚陂塘，以便农作。仍具疏缴报，俟考核以凭黜陟”[⑤]，但直到明代中叶前，四川的水利建设中心仍在川西平原地区，巴渝地区仅有的一些见诸文献记载的水利设施出现在巴县为中心的渝中地区。成化四年（1468 年）巴县知县唐博，“相地筑塘堰凡百有七十所，巴人赖之”[⑥]。正德年间（1491—1521年），长寿县有堰47座，塘1283口；涪州有堰153座，塘1363口；丰都县堰41座，塘253口；忠州堰116座，塘162口；新宁县堰11座，塘127口。[⑦]

嘉靖时期，社会安定，统治者大力倡导农田水利建设，“令各处抚按守巡官严督所属，以时修浚堤岸、坝陂、堤堰、沟渠之在境内者”[⑧]，巴渝地区迎来了堰塘建设的第一个高峰。渝中地区水利

① 《明史》，北京：中华书局，1974年。
② （清）顾炎武著，陈垣校：《日知录校注》卷十二，合肥：安徽大学出版社，2007年。
③ 万历《合州志》卷1《陂塘》，万历七年（1579年）刻本。
④ 道光《重庆府志》，道光二十三年（1843年）刻本。
⑤ 《明史》，北京：中华书局，1974年。
⑥ 道光《广西志辑要》卷4，道光二十五年（1845年）抄本。
⑦ 正德《四川志》，正德十三年（1518年）刻嘉靖增补本。
⑧ 《明史》，北京：中华书局，1974年。

持续发展，渝西某些地区开始大兴堰塘，渝东北、渝南出现了很多私人修建的小型堰塘。嘉靖十五年（1536 年），云阳知县杨东山倡修小塘，至嘉靖二十年（1541 年），全县拥有山平塘 62 处。[①]嘉靖十六年（1538 年），江津知县杨元吉“劝农修塘堰车闸五百七十五座”[②]。嘉靖四十五年（1566 年），綦江县（今綦江区）金兰坝建成寡妇堰。据南桐乡金兰村戴福银保存的戴氏族谱记载，该堰为戴学遗孀雇工修建。分上下两堰，上堰在瀑布岩腹，凿石成轨，引水灌溉，下堰在瀑布下游 1000 米许，叠石建成，两堰可灌溉金兰坝农田 230 余亩。良好的水利建设为巴渝地区农业发展奠定了基础。万历六年（1578 年），重庆府的耕地和人口占全省的份额已经各达到了 1/3 左右，标志着其成为四川最重要的粮食和人口区。同时，重庆府所占田赋也达到了全省的 1/3，表明该地也已跻身四川最富庶地区。[③]

（四）清代巴渝堰塘建设的全面繁荣

明末清初，四川惨遭兵燹，许多地方“民无遗类，地尽抛荒”，社会经济极度残破。清政府乃推行奖励垦殖的优惠政策，吸纳湖广等省之民迁移入川，鼓励移民垦荒，这些移民善于开垦，利用堰塘等小型水利设施对重庆等丘陵山地进行了大规模的开发，“国家承平日久，生齿日繁。而田不加增，惟有开垦荒土，修筑渠堰，使生谷益多，庶可接济民食”[④]，“土山无石则旋绕控作水田。”[⑤]。康雍时期，四川盆地平原的荒地得以复垦，乾嘉时开拓丘陵山区，大量修建梯田，发展农田水利，水田爬坡上山，经营范围扩大。

中央政府制定了一系列有利于水利建设的政策，包括：实行开

① 嘉靖《云阳县志》，嘉靖二十年（1541 年）刻本。

② 光绪《江津乡土志》卷 1，姚乐野，王晓波主编：《四川大学图书馆馆藏珍稀四川地方志丛刊》，成都：巴蜀书社，2009 年。

③ 转引自周勇：《重庆通史》第一卷，重庆出版社，第 195 页。

④ 光绪《珙县志》卷四《水利》，光绪九年（1883 年）刊本。

⑤ （清）严如熤：《三省边防备览》卷八《民食》，道光十年（1830 年）刊本。

发与岁修相结合的办法，以促进全省水利建设；健全水利管理机构，增拨岁修经费，并将其列入吏治考核条例；奖励对地方水利建设有功的官员和绅民，制定保护水利、兴利除害的律令。乾隆年间，国家生平日久，重庆境内人口大幅度增长，在地方政府的大力倡导下，民众积极参与水利建设，成为封建社会四川兴修水利的高峰，学者统计较有名的新建水利工程就有 176 处，超过历代同类工程的总和。[①]乾隆十五年（1750 年），渝西、渝东南水利建设取得重要进展。根据方志记载，该年酉阳、永川、新津等地出现了兴修水利的高潮。乾隆十八年（1753 年），四川总督黄廷桂针对“蜀惟成都府有都江大堰资灌溉，其余山田悉苦旱”的情况，饬全省“设法取水，改旱成田”“勘修塘堰，以灌山田”[②]，对于巴渝地区的水利建设起到推动作用。

1. 巴县水利持续繁荣

清代，作为重庆府驻地的巴县水利建设仍走在巴渝地区前列。地方志记载：

> 坝田近溪流者，拦溪砌堰，顺溪之流，次第节为堰，以潴蓄之。拦其水使其东西溉，不劳力而水自足，此天然之利也。……或田身高出于溪，不能拦水上田者，则于堰中开水门，当门设轮日夜旋，掬水以灌。……若过高者，须以人力车水，节节转轮，必置水车七八道，始能上田。……无此二利，则宜多开塘。[③]

雍正年间（1723—1735 年），巴县建成宋家沟堰和龙泉堰。宋家沟堰于雍正元年（1723 年）开凿。民国《巴县志》载：

① （美）德·希·帕金斯著，宋海文等译：《中国农业的发展（1368—1968 年）》，上海：上海译文出版社，1984 年，第 453 页。
② 嘉庆《四川通志》，嘉庆二十一年（1816 年）刻本。
③ 民国《巴县志》卷 11，1939 年刻本。

宋家沟堰源出于宋家沟之双龙洞，洞水涌出，四时充盈，纵遇旱年，水势稍枯，亦未涸竭。经堕石坪、四眼坪等处至龙牙子，分南北两堰，南堰引灌白市镇龙台保及玉皇保田三千余石，北堰引灌含谷乡义和保田三千石。此外，沟之下游又有二、三、四堰，皆灌含谷乡仁和保田三千余石……总计宋家沟所出南北数堰之水溉田约万石。①

龙泉堰雍正年间由巴县李家祠堂出资修建，为浆砌条石建成。堰渠长6.8千米，引龙王洞泉水灌田1500亩。1943年，国民政府行政院水利委员会褚民益利用治淮公款，以贷款形式扩建该堰，改称褚公堰。1955年，更名丰收堰，今为北碚区海底沟地下水库左干渠灌区。

乾隆年间，巴县水利建设出现高潮局面，塘堰数量之多，指不胜屈。乾隆《巴县志》载：

巴之堰指不胜屈，择其古且巨者一百八十二著于册。至于旧塘为数五百八十七，新塘一千七百一十九，附数于此，弗再胪列。②

清乾隆十九年至二十九年（1754—1764年），“全县新修塘238口，补修塘157口，清除淤塞塘87口。”③直到清代中叶的道光年间，巴县堰塘仍然有一定规模。方志记载巴县有“古塘堰182处，新旧塘2306口”④。江北厅（今江北区）有堰12，均自溪泉引水灌各姓田。

2. 渝西水利高度繁荣

渝西地势相对平坦，发展水利条件较好，永川、江津乾隆年间

① 民国《巴县志》卷2《塘堰》，1939年刻本。
② 乾隆《巴县志》，乾隆二十六年（1761年）刻本。
③ 乾隆《江津县志》，乾隆三十三年（1768年）刻本。
④ 同治《巴县志》，同治六年（1867年）刻本。

出现繁荣局面，合川水利建设热潮一直持续到嘉庆年间。乾隆十五年（1750年），单思迈知永川，开始大兴塘堰，该年建成石河堰156处，灌溉面积达到1092公顷。至乾隆十九年（1754年），修建圣水堰等堰达到三百余处，“堰水难及者，令民掘塘”①，“堰倍于前，塘数十倍于前，合计堰700余，塘2800余处，水利从此大兴”②，单思迈也因水利政绩被嘉奖，载入史册。乾隆十九年（1754年）至三十年（1764年），江津农田水利建设也出现繁荣局面。地方官王政义、黄正澄先后奉文陆续新修渠堰97道，开筑新塘238口，补修陂塘157口，并修淤塞陂塘87口。到乾隆三十年（1765年），全县计有塘堰1154口，以后数年又新添塘堰不下1500口③。合川是巴渝地区开发最早的地区之一，乾隆、嘉庆年间不时有堰塘建设载于史册，并且出现了私人兴修堰塘的浪潮。地方志载，乾隆五十六年（1791年），合州修建箭口堰、箭竹堰。嘉庆十年（1805年），合州建高洞堰，续修观音堰。嘉庆十一年（1806年），合川县修建云峰堰，长三里。又重修刘家场堰。嘉庆十五年（1810年），合川县人韦文光修建饶林堰，同年建成陈家堰。嘉庆三十三年（1828年），合川县修建王宝洋堰。

清代，潼南、璧山、大足等地区水利建设也得到较快发展。雍正七年（1730年），潼南县在今双江镇石庙沟建成河上堰，可灌田13公顷，这是该县有记载最早的石河堰。乾隆十七年（1752年），潼南县修建南河堰。璧山县地形较为崎岖，当地百姓因地制宜，利用山间泉水筑堰蓄水，取得了一定成效。方志记载，道光年间（1821—1850年）邑民从天然山泉天池槽引水，然后凿通青木关山峡，分灌巴县、璧山良田数万亩。此外，各里有堰36，均自山溪引

① 光绪《永川县志》，光绪二十年（1894年）刻本。
② 道光《永川县志》卷2，道光二十三年（1843年）刻本。
③ 光绪《江津乡土志》卷1，姚乐野，王晓波主编：《四川大学图书馆馆藏珍稀四川地方志丛刊》，成都：巴蜀书社，2009年。

水。大足县农田水利在清末也有发展，在濑溪河、窟窿河、淮远河上修建石河堰共 19 处，拦水坝为石灰浆砌条石。

3. 渝东北水利建设初见成效

渝东北水利建设也得以出现较快发展。夔州府的开县、万县在清代亦发展灌溉种植水稻，“夔府产稻之乡首开县，次万县。”水稻多种在平坝地区。开县沿东溪两岸用筒车灌溉沃田数百顷，县西临江又有水田数百顷[①]。“万（县）临大江多溪河，里甲塘堰之数不可胜计。其地大半山田而为腴米之乡”，小塘尤多达五千余[②]。万州“万临大江，多溪河、里甲塘堰之数不可胜计”[③]，乾隆五十八年（1793 年），夔州（今奉节县）王天成引龙洞泉水修七里堰，可灌田两千余顷，约出谷千余石。[④]嘉庆六年（1801 年），夔州知府周景福在白阳坝“开挖淤涝，引水灌溉，得良田万余亩。”[⑤]道光四年（1824 年），巫山知县杨佩芝捐银两千两，组织民众疏导坪垅坝暗洞以消水除涝，至道光七年（1827 年）始成。梁山（今梁平）知县刘衡，捐俸倡修刘公堰。道光九年（1829 年），云阳县于马滩河凿堰截流，修筑长堤十余里，引水灌溉。光绪五年（1879 年），大宁县建设羊乔坝排水工程，岁增收谷数万石。[⑥]

4. 渝南、渝东南地区水利开始发展

清代渝南、渝东南少数民族聚居的山区水利亦得到发展。该地地势复杂，历史时期为少数民族土司统治，开发进程较为缓慢，清代进行改土归流后水利建设有了较大发展。如乾隆元年（1736 年）改酉阳土司为酉阳直隶州，开发加快，乾隆十五年（1750 年）李光

① （清）严如熤：《三省边防备览》卷 9《民食》，道光十年（1830 年）刊本。
② 同治《增修万县志》卷 9《地理志》，同治五年（1866 年）刻本。
③ 同治《增修万县志》，同治五年（1866 年）刻本。
④ 光绪《奉节县志》卷 8《水利》，光绪十九年（1893 年）刻本。
⑤ 道光《夔州府志》，道光七年（1827 年）刻本。
⑥ 光绪《大宁县志》，光绪十一年（1885 年）刻本。

爽任酉阳州，“教民辟荒菁，兴水利。”[①]酉阳州州同刘复仁等，招募修复蒲海场堰，历时 3 年建成，灌田十六顷。该年又修建梅树堰。乾隆16年（1751年）建成郑家滩、小碧河等堰。乾隆二十七年（1762 年），綦江建成夫妻堰，由村民韩俊美一家四口修成，堰虽只有三里，但带动了百姓自发兴修水利的积极性。乾隆三十二年（1767 年），秀山县杨魁元等修建巨丰堰，渠长 40 里，至今仍在发挥灌溉功效，道光十四（1834 年）又进行重修。嘉庆中（1807 年左右），涪州副贡况抡标率族人建成桔子巷大堰，灌田数千亩。道光年间（1821—1850 年），涪州水利设施建设出现繁荣局面。地方志载：

> 小河，出两河江，合内江，有灌田之处。碧溪河，下高滩有堰，引水可溉田千余亩。老龙洞，上洞水出即伏，下洞水出可灌田数顷。批把洞，洞水可溉田百余亩。修鳞洞，洞水可溉田百余亩。余孔洞，河水可溉田数百亩。土地坡塘，塘水绕山数里，可溉田千余亩。[②]

道光初年，涪州又筑散水坝、马滩河堰，取得较好的经济社会效益。黔江县水利建设也有发展，道光六年（1826 年）统计，旧有蓄水塘 114 口，新开塘 58 口，旧有堤堰 101 道，新修堤堰 62 道[③]。道光年间（1821—1850 年），南川县地方志记载县东 180 里有龙塘 1 处，周长达 100 亩，统共各里、甲合计有堰、塘、龙泉共 341 处。咸丰元年（1851 年），南川县有塘 260 处、堰 405 条、龙泉 33 眼[④]。

经过清初的休养生息和水利建设，巴渝地区农业逐渐得以恢复和发展。到乾隆时，川江、嘉陵江“y”型区域（重、顺、叙、绥、泸、忠）的水田比重显著增长，四川盆地水田区已经由盆地西部扩

---

① 嘉庆《四川通志》卷 116，嘉庆二十一年（1816 年）刻本。
② 同治《重修涪州志》第一卷，同治九年（1870 年）刻本。
③ 光绪《黔江县志》，光绪二十年（1894 年）刻本。
④ 光绪《南川县志》，光绪二年（1876 年）刻本。

展到盆地东部，奠定了现代盆西—南—东弧形水田区的格局。[①]重庆府周边地区成为重要的稻米基地，史载："渝州每岁下楚米石数十万计"[②]，开始大量向外输出。

二、巴渝地区堰塘建设技术

四川盆地有着悠久的农业开发史，自古便积累了丰富的堰塘建造经验，这些技术在时代演进中得以传承发展，不断丰富完善。由于巴渝地貌以山地、丘陵为主，除了西部浅丘和平行岭谷间狭小的河谷地带可以建造水利工程外，广大的山地丘陵地区通过冬水田蓄水、使用提水工具等方法进行灌溉，这些成为堰塘等水利设施的重要补充。

（一）堰塘种类

在无灌溉水源的地方，大多采取平地下挖的办法，就地蓄水、就近灌田。地方志记载："冲头山凹之处，掘作塘池""淤水潦甚降之时，蓄积充满，小者可灌数亩，大者数十亩"[③]。这些地方因不同地貌而分为平塘和山湾塘。

（1）平塘。为平地下挖，挖出土方即堆在塘的周边，在接水一侧开挖引水沟以接受径流。为防渗漏，需在塘底铺垫一层黏土。这种塘蓄水多年后往往会淤积泥沙，影响蓄水，需要定期淘挖。平塘的蓄水量较少，一般由数百立方米到数千立方米不等。

（2）山湾塘。山溪冲沟中，根据地形筑堤蓄水所成塘，称为山湾塘，也叫"水田腰堰。""地形上高下低，即取塘土筑横堤，

---

① 郭声波：《四川历史农业地理》，成都：四川人民出版社，1993年，第112页。
② 乾隆《巴县志》卷三《赋役志》，乾隆二十六年（1761年）刻本。
③ 嘉庆《眉州属志》，嘉庆五年（1800年）刻本。

于下留水窦以备启放。”[①]这种培土作梗的堰塘，比平塘蓄水容积大，建设成本低，在山地丘陵地区分布较为广泛。

河堰是拦截山溪或短小河流的简易工程，根据工程的修建材料，分为土堰和石堰，前者俗称“土码口”，系用草、土、石混合，为一年一建的临时工程。后者俗称“石码口”，由石头砌成，维持时间较长。这些工程，堰高一般不超过 3 米，需要每年进行培修或重建。按照其所用材料和建筑方法，分为以下 4 种[②]。

（1）跳墩堰。从岸端砌以石墩，宽约 1 米，中间留空隙过水；必要时用土堵截。河床中部也可建石墩，以减小空隙，枯水期堵塞空隙即可起到拦水作用。

（2）筷子堰。用条石顺流干砌成堰，平时任其顶面和石隙过水，枯水期在上游填以黏土防渗，俗称“筷子堰”。

（3）衬子堰。用条石 3 根，横、竖、斜排列砌成空箱，中间填满沙土，称衬子堰。

（4）包心堰。在上下游整齐砌石，中间填土，然后用板石铺面，称“包心堰”。

（二）堰塘建造技术

清代乾隆时什邡知县史进爵撰写《修筑诸法》，对巴蜀地区历代修建堰塘的经验进行了总结。具体来说，包括以下三点。

第一，深淘滩，低作堰。此法相传为李冰在修建都江堰时在斗鸡台镌刻的作堰心法，后因年深日久磨灭，后人又再观音岩下重新镌刻。史进爵解释，堰口需要淘的又宽又深，这样入水量才够用，但是也要注意排水途径，以免洪水期冲坏堤岸等工程。进水口槛宜低不宜高，太高容易在汛期被洪水冲毁。

---

① 光绪《珙县志》，光绪九年（1883 年）刊本。
② 四川省地方志编纂委员会：《四川省志·水利志》第三卷，成都：四川科学技术出版社，1996 年，第 43 页。

第二，宽砌底，斜结面。史进爵解释，堰底必须宽阔，要平铺数层，像桥墩基础一样，断面向下逐级扩大，这样堰脚才稳固。这是康熙时绵竹知县王谦言总结出来，作为深淘滩，低作堰六字口诀的补充，实际上起着推广梯形断面稳定边坡的作用。

第三，泡水田，作冬堰。这是绵竹知县安洪德所作，要求蓄冬水于田中，秋收后扎河堰、补塘池以蓄水。

（三）堰塘—冬水田配套方法

冬水田是在水利设施缺乏、灌溉条件差的地区，用以蓄水保栽水稻的一种简易的以田蓄水设施。具体来说，水稻收割后，蓄秋雨过冬，到次年栽秧，一般水深0.1—0.5米，可保本田栽秧；水深0.7米以上，名囤水田（又名么堰、连田堰），除保本田栽秧外，还有多余水供其他田使用。一般囤水1亩，可供2—3亩、多则4—5亩农田用水。

南宋时期，巴渝丘陵地区开始修筑梯田，有了蓄春夏之水的雷鸣田，“果州（今南充）、合州（今合川）等处无平田，农人于山陇起伏间为防，潴雨水用植粳格稻，谓之噌田，俗名雷鸣田，盖言待雷鸣而后有水也。”①同一时期，江浙地区已经有了蓄冬水的冬泡田，因此有研究认为，随着梯田的开辟和江南冬泡田的传入，南宋时四川山丘区可能已经出现冬水田。②此说虽尚无文献佐证，但确有一定道理，毕竟南宋时巴渝的梯田技术已比较成熟，从雷鸣田到冬水田只是一步之遥，加之当时巴蜀与江南地区经济文化联系空前加强，移入川中的外来移民也有一定规模。文献记载中最早在四川盆地提倡冬水田技术的是雍正年间成都知县张文檒③，他辑录的《农书》主张“秋冬田水不可轻放，尤为要著矣。每见农家当收获

① （宋）叶廷珪撰：《海录碎事》卷17，北京：中华书局，2002年。
② 张芳：《清代四川的冬水田》，《古今农业》1997年第1期，第20—27页。
③ 陈桂权：冬水田技术的形成与传播，《中国农史》2013年第4期，第3—11页。

之时将田水尽行放干，及至春夏雨泽稀少，便束手无策，则何不坚筑塍堤使冬水满贮，不论来年有雨无雨，俱可恃以无恐哉”[①]。乾隆五年（1740年），阚昌言做德阳知县，发现当地农田秋冬不知蓄水，来年春耕田土干涸板结，影响水稻适时栽插。于是他将家乡湖北的“冬水田”法教给当地农民，从此一县皆守其法。[②]乾嘉时期，大量移民涌入巴蜀，开始了规模巨大的梯田运动，伴随这一运动的就是冬水田的推广，该时期江津、大足、永川、云阳等方志中均有冬水田记载。

冬水田技术非常适合巴渝地区山地丘陵为主的地形，历史时期形成了巴渝特色的“堰塘—冬水田”用水过程，冬水田保栽插，山坪塘、堰保渗灌，冬水田成为塘堰蓄水功能的延伸，形成丘陵地区水田灌溉的两道防线。冬水田使巴渝东北、东南地区的丘陵顶部、山地陡坡，成为旱涝保收的良田[③]，“随地高下，气所贯皆有水，其涌而为泉，注而为溪、为涧，潴而为塘堰，虽梯田架壑，卒乎浸灌。”[④]有力弥补了堰塘之不足，解决了山区种稻的难题。

三、乡规民约为主导的水利设施维护管理

历史时期巴渝地区地处偏僻、交通闭塞，明清以来数次移民，宗族势力巨大，堰塘等水利工程往往是在国家倡导下、以宗族为基础的基层社会进行建设和管理的。

传统社会政府治理能力有限，以水利设施为代表的公共服务产品基本是由基层社会的地方宗族和士绅、民众自发组织、自己出资建设的。对于民众自发修建的堰塘，官方往往会以勒石刻碑的形式

---

① （清）乾隆《直隶绵州罗江县志》卷4《水利》，乾隆十年（1745年）刻本。
② 嘉庆《四川通志》卷116，嘉庆二十一年（1816年）刻本。
③ 重庆市农机水电局：《重庆市水利志》，重庆：重庆出版社，1996年。
④ 光绪《新修潼川府志》，光绪二十三年（1897年）刻本。

对所有者的产权予以确认。如乾隆三十二年（1767 年）建成的秀山县巨丰堰，由五户发起集资兴建，立碑告知乡里，《巨丰堰五拱桥古碑》记载：

> 原首杨文臣、栗大化、夏玉卿、杨际塘、袁天柱请示开修巨丰大堰，于平茶里地名水碓岩滩，修砌石坝，接引河水，下流至地坝月旗漓洞三里地土，开垦田丘，升科在案，花费数万金，上增国课，下益民食。有挨五拱桥脚基地，永不准建造店屋，有碍桥脚；沟内堤外不准牛马践踏，有坏堰道；并上段未经堰人均分之田，不得估窃堰水；修砌石坝不得估折缺口，放木行舟。以上数件均有损予□堰道、田亩，一经遇获，每行滋论。欲出此弊端，原首前规集议，垂石告白，冀其免修。纵畜、估窃、估折，如有仍前不遵者，禀公取累，休怪言之不先也。特立碑顶告，永为存照。
>
> 首人：陈崇仁、易绍周、余克勤、蓝仕国、栗文照、史载伦、杨除太、袁朝海。
>
> □□杨文元、杨秀安
>
> 掌平人：戴贵德、刘斌
>
> 咸丰十一年八月二十一日值年堰业首人：易克成、杨秀斌、栗大伦、蒋廷光公立[①]

碑文明确了巨丰堰的产权归属投资兴建的农户，只有他们才有用水权，凡没有投资、买入堰田或获得用水许可的人一律不准私用堰水，并不准有阻塞堰道行为，违者进行处罚。堰塘一般都有堰簿，里面详细记载所有享有用水权的田户，如果有堰田买卖，用水权随堰田一起变更，堰簿会及时进行更新。

乡规民约形式的地方性农田水利法规在乡村社会发挥了主导

---

① 《秀山县巨丰堰五拱桥古碑》，转引自重庆市水利局：《重庆市志·水利志（1986—2006）》，重庆：西南师范大学出版社，2015 年，第 594 页。

作用。由于封建时代官方水利法规只是一些宏观的规定，如对水权属于国家的宽泛认定，以及水权买卖、破坏水利设施、偷水行为的禁止，其实缺乏对于水户权利、义务的具体规范，因此这些乡规民约实际上成为基层社会主要的水利法规。

如秀山县永丰堰，道光十五年（1835 年）公议管理条规 12 条，经过秀山县衙门批示，勒石立碑于五拱桥渡槽处。

一议堰道内有分取水之户，协同正直首人至地公分，所分一半以作生息振修堰道之资，不得抗违。

一议堰道遇有崩塌，或照亩派工、派钱，有田者不得推诿。

一议派工以鸣锣为号，一早至堰，违者公罚。

一议沟坎上不准铲挖播种小麦，违者禀究。不得在堰内栽秧，阻塞水道。

一议上段除前分取以及抬外，不得再行分取下源。

一议堰内田丘不许放水孵秧搭谷，违者公罚。

一议挨堰应行抬之田，在于田旁处挖一水塘，照亩将水放入塘灌，不得在正沟内截致害下流。

一议顺堰沟道缺口处，照田亩多少，安平打石凿眼，分水灌济，不得肆行挖毁。

一议上、中、下三段，每段议首人二名，经管堰内事件，三年轮换，赴神庙清算。

一议堰内凡有不清事件，务要公正之人理剖，勿得遽行滋事，违者共同禀究。

一议每年每亩派取水夫工谷十碗，除给水夫外，所余移交首人掌理生息，置买水具工田，不得侵蚀。

一议雇水夫一名，务择强壮勤紧下井之人，不得徇情乱用，致碍堰道。[①]

以上堰规，在充分听取民意基础上经过衙门批准，从而具有法律效力，其内容主要为以下几点：第一，堰塘实行民主管理，由堰户轮流担任堰长，其职责为组织每年岁修、堰道维护、分水灌溉、征收水费、雇佣水夫。第二，堰户权责明确，有取水用水之权，同时承担维修堰塘所需的经费和劳力。第三，对于水源分配、保障堰道顺畅明确和详细的规定，力求保证水资源分配的公平公正。

乡规民约是经过公议产生，在基层社会同样具有法律约束力。上文所引《巨丰堰五拱桥古碑》，立碑人是该堰的几户轮值管理者，显示了民间堰塘自我管理的形式。该碑至今保存完好，说明其与官府公告一样具有法律权威，一直被当地人遵守。按照约定俗成的乡规民约，如产生用水纠纷，一般不会惊动官府，而是提交邻里乡亲评议，对公议违规者给予相应处罚。如《丰都县辽叶法帖碑》[②]：

> 立出自源[愿]出罚帖人戴裕德：未[为]天抗[亢]阳，戴裕德切[截]李性大埝。凭众理，说裕德情理不合，立出罚帖。后戴姓之业，以[已]卖未卖，不准撤埝道[导]流。自源[愿]上碑。再者，永不准接杨姓大埝通流。如有人接杨姓埝通流，罚钱十千，以作培修埝。莫谓□□光言和不先。
>
> 光绪三年六月十六日立
>
> 出自源[愿]出罚帖人戴裕德

辽叶是丰都县龙孔乡与太运乡交界处的一个小溪沟，光绪年间杨、李、戴三姓各置小埝 1 条。光绪三年（1877 年），戴姓土地租佃他人，佃户未经许可截断李姓埝道灌田，影响李姓灌溉。李姓邀

---

① 《秀山县永丰堰碑》，转引自重庆市水利局：《重庆市志·水利志（1986—2006）》，重庆：西南师范大学出版社，2015 年，第 595 页。

② 《丰都县水利电力志》，转引自重庆市水利局：《重庆市志·水利志（1986—2006）》，重庆：西南师范大学出版社，2015 年，第 596 页。

请乡邻评理，众人都认为戴姓未按规则用水，故罚戴赔礼认错，并将罚帖立石刻碑，以儆效尤。

作者简介：程得中（1983—），男，博士、副教授，研究方向为历史地理学、巴渝水文化。

基于西方经济学演化史的新时代中国城镇化分析

胡兆廉

（上海大学　经济学院　上海　宝山　200444）

内容提要：西方经济学已经在历史上漫步了三百余年，其优美的足迹值得每一个当代学者研究。现代世界经济发展仍旧沿袭西方经济学的演化规律，但在我国的实践又具有独特的中国特色。本文正是立足于西方经济学的演化过程，力求从中发现经济学的演化规律，结合发展中国家资源难题及城镇化路径，探索新时代中国经济发展的核心问题。最终在经验研究基础上认为，西方经济学的本质是选择性的经济配置，这是历史演化不变的主题，而当前城镇化是实现发展中国家资源有效配置与农村地区经济增长的现实途径。

关键词：西方经济学；演化规律；新时代中国特色；选择性配置；城镇化

一、引言

三百年来，经济学从出现到发展，伴随着一次又一次的历史变革，从 1637 年的荷兰郁金香危机，1720 年的英国南海泡沫，再到 1810 年英国纺织业过剩危机，1873 年首次金融危机的出现，乃至近现代的 1929 年世界经济大萧条，20 世纪末的亚洲金融风暴……正是这一次次的危机促使了西方经济学的蜕变，它认识到自身的不足，不断完善自身体系，也正是这一次次的革命与蜕变构成了经济学的发展历史，为我们认识过去和指导现在提供了素材[①]。

二、西方经济学的演化历程

（一）经济学前史

所谓经济学前史[②]，我的概念是在亚当·斯密确定经济学坐标之前的经济学萌芽阶段。首先是在西方兴起的重商主义阶段，这是人类在脱离自然经济之后进化的第一个阶段，也是财富积累的加速阶段，商业创造的价值使西方各国纷纷拓展海运，甚至组建海军，争取最大限度地获取并保护得到的贸易盈余。在当时的人们看来，使全世界的金银货币通过贸易的渠道流向本国，是使本国致富的重要甚至是唯一手段，这种观点无论是出于资本家的贪婪还是精明商人的本能，或者是政治家的野心，在我看来都是一种历史的必然[③]。

虽说商人不像农民那样从事具体的生产性劳动，但其创造的价值却是无法否认的事实，他们虽然依赖劳动人民的产品，但却是他们实现了产品的最大利润，商人使世界经济连成了一个整体，这种看似低买高卖的手段却实现了要素的最优配置，如果不是对于价值的那份贪婪式的追求，我们很难想象还会有多少的资源浪费会发生在我们的周围？我们还会等待多久才能享受这额外的社会福利？重商主义使得商人的价值与社会地位得到了肯定，他们对于世界经济的拓展使经济运行的影响因素变得复杂多样，人们也就开始考虑价值的源泉究竟在哪里？

威廉佩蒂告诉我们“土地是财富之母，劳动是财富之父”，人

① 梁晨，董浩，李中清：《量化数据库与历史研究》，《历史研究》2015年第2期，第113—128页。

② 马涛：《西方经济学的范式结构及其演变》，《中国社会科学》2014年第10期，第41—61页。

③ 张平：《经济思想史的研究方法》，《法制与社会》2008年第5期，第283—292页。

的劳动、土地的价格及资本的利息被认为是创造价值的源泉，从历史的视角来看，他们似乎发现了创造价值的真正要素，不是商人的投机买卖，而是他们对于农业和商业的资源配置，也就是如何利用三类价值要素来创造更大的价值。历史走到这里，经济学似乎已经露出了它神秘的面纱，选择性的经济配置似乎已经指引着人们走向光明！

（二）古典经济学与边际革命

1776 年的一声巨响①，亚当·斯密的《国富论》横空出世，他主要为我们阐述了三点，也可以说是对过去经济发展的总结。第一点，分工生产，相互交换能迅速增加财富。在我们现在看来，分工产生的专业化必然会提升生产的效率，也就是增加了单位时间的价值财富，并通过交换实现价值。第二点，劳动创造的财富随劳动人数的增加而增加。由此可见，人力资本的价值在当时也得到了社会的认可，劳动被认为是社会价值的来源，劳动的效率、激烈的竞争也被考虑到经济学的范畴之中。第三点，分工与劳动都决定于资本，有资本才能分工，才能获得更多的劳动力。资本带来的设备改良极大地促进了分工的进步，同时，亚当·斯密也认识到资本来源于人们的储蓄习惯。这些在现在看似简单的道理在当时却是经济学认识的巨大总结与突破，由此亚当·斯密也就开创了古典经济学。

古典经济学的第一要义就是经济人假设，或者说是理性人假设。在我看来，这是经济学最本质的定义，也是一直沿用至今的假设，有了它，经济学才有了研究的出发点。因为人具有主观性，而对于经济学规范性的研究必须制定一个统一的前提，这就是经济人。经济人追求的是利己，但在追求的过程中实现了利他，这种利他是整体追求利己的结果，也就是实现了社会利益的最大化。在实

---

① 王小嘉：《经济史研究之跨世纪历程——〈中国经济史研究〉创刊卅年论文精选》出版》，《中国经济史研究》2017 年第 2 期，第 112—115 页。

现的过程中，我们必须要求市场是不受限制的，也就是经济是自由的，因为我们相信经济人的选择是正确的，同时在当时看来，自由给予了经济学最大的福利与动力。

在亚当·斯密确立的经济学原点之后，人们就有了经济学研究的坐标。后来的大卫·李嘉图丰富了劳动价值论、效用论、成本论，法国的萨伊更是提出了萨伊定律，问题直至需求，这也就是说，工业革命解决了生产的供给，下面的问题就是结构性需求及有效性需求了，讲到这里经济学的第一个陷阱就出现了。结构性及有效性需求的问题是贫富差距的结果，也就是在自由的市场中，贪婪吞噬了公平，自由竞争与自由追逐个人利益被看作是一切罪恶的根源，财富的进一步增长遭到了需求的瓶颈，社会的愤怒终于在德国演化成了马克思的《资本论》，这本著作在我看来是资本世界对于自身的反省，也是激起了经济学界分化的源头，人们认识到，价值财富的目的不在于生产出来，而在于人们能够享受起这些财富，如果剥削消灭了大众需求的能力，那么财富真的与垃圾没有区别。

至此，我们可以看出，资本积累引起的经济危机告诉我们财富的增长不是永无止境的，我们需要在经济增长与大众福利之间寻找一种均衡，选择性的经济配置更要合理性，因此，边际革命产生了。

边际革命寻找均衡的方法就在于不再像以往那样单纯追求生产的量，而是更加注重生产的质，也就是每一单位的生产对于经济增长的贡献，也就是单位的价值与效用。由此，经济学进入了 19 世纪 70 年代到二战前的边际主义时代。

（三）新古典经济学与凯恩斯革命

所谓新古典经济学即边际主义经济学，它们在继承古典主义效用分析法的基础上，认为边际效用才是经济人决策的基础，从而进一步发展到一般均衡理论，形成洛桑学派，强调市场经济的有效性在于市场整体均衡，但是这种边际的均衡还是基数效用论的，直到后来的帕累托提出了“序数效用论”及无差异曲线的概念，边际主义才开始有了正确的航向。

帕累托认为，效用是可以排序并比较大小的，同时不同的人的效用水平也存在差异，并可以通过距离原点远近来表示。如此细化的数学方法引入，使得经济学问题的解决显而易见，这一点在帕累托解释替代效应和互补效应的时候更是显露无遗。另外，帕累托在解决社会分配问题方面提出只有提高整体国民收入水平，才能够实现国民收入重新分配或者收入均等化，同时在社会福利方面，他提出的帕累托最优也是指导社会改革的基础。

在我看来，帕累托之所以能对前期的新古典经济学有如此之大的贡献就在于他巧妙地运用了数学方法解释经济问题，这种直观无瑕的解释方法在当代应用的体现就是计量经济学的飞速发展，计量经济模型的运用使得主观的经济问题可以通过客观无可争辩的模型来替代，在这一点上，我认为帕累托完成了近似于亚当·斯密经济人假设的定义，有了这种坐标式的指引定位，未来的时代必将是飞速的。

随后进入了马歇尔[①]对于经济学的大综合时代，他不仅继承了亚当·斯密的经济人理念，同时还有扎实的数学功底，这对于他开创需求弹性理论还有消费者剩余方面都有很大的帮助。另外，马歇尔还运用边际报酬递减的原理解释了生产规模的问题，这一点是马歇尔的首创，也是在理论上告诫人们，生产过剩问题是一种负收益，因而市场均衡就显得是最现实也是最有价值的利益诉求。

均衡问题分析法也是现代经济学家常用的分析方法，这种方法很好地诠释了经济学的本质在于选择性配置，换句话说就是在资源紧俏的情况下，如何实现要素的恰当分配，同时对于边际报酬的定义，也使得人们认识到经济规模的适当性是多么的重要，因而，重

① 李文一：《微观经济思想史学习心得——从马歇尔到凯恩斯》，《现代经济信息》2014年第15期，第420—421页。

视福利和分配也就成了时代的主题。

但是，边际主义均衡经济学仅仅是在理论上解释了资本家应当适当生产，而无法在实际上控制经济的总规模，尽管后期的经济学家大多也都是在分配与福利上做文章，并探索如何把理论变为社会现实，可是依旧是杯水车薪。直到 1936 年剑桥大学的凯恩斯出版了他的著作《就业、利息和货币通论》，这才在经济学界激起了无尽的论战，主要是由于凯恩斯在传统储蓄与投资创造利息的基础上提出了储蓄与投资创造产量的理论，即国民收入理论，或者就是经济学的宏观化与国家干预原则。

三、当代经济学与后凯恩斯主义

凯恩斯主义能够被迅速接受的原因还在于满足了当时经济大萧条的需要，解决了时代的问题，但是这种主张国家干预的经济政策似乎违背了经济自由的原则，进而被当时的部分经济学家所反对，但是不得不承认的是，凯恩斯主义解决了时代大萧条的问题，并在二战后得到了迅速的推广。

经济学原始的自由市场定位原则，使得经济学家对国家干预一直讳莫如深，这样的经济学也就一直停留在了微观领域。我认为与其说凯恩斯开创了宏观经济学，倒不如说是凯恩斯丰富了现代经济学，因为在我看来，经济学应该是完整的，国家作为社会的一个部分也应该参与到社会经济建设之中，不应袖手旁观任由贪婪的资本家毁坏社会利益进而攫取自身价值。

凯恩斯经济理论认为，能够促进消费的政策是最好的政策，其次就是促进投资的低利率政策，由此也就出现了国家的财政政策与货币政策。财政政策的要点在于乘数理论或者说是杠杆效应，国家投资对于消费的拉动作用是循环而持续的。利率政策就是货币政策，通过控制流通中的货币数量来拉动经济的增长，但是唯一要避免的就是流动性陷阱对于货币的吞食。

随着凯恩斯主义的盛行，一些新兴经济学名词也就出现了，例如，不完全竞争、寡头、垄断等，这些都是在构造凯恩斯经济体系过程中出现的。同时，为了避免过度的干预，凯恩斯经济也在为竞争构建规则，也就是新的经济秩序——社会市场经济，这也被经济学界标榜为第三条道路或者是经济人道主义。

由此西方经济学也就迈进了有计划的经济增长时代，这里的计划应该被理解为一种规划，相比较原来的经济漫无目的的增长来说，经济的有效增长可以被人们测算出来，这也就出现了很多经济增长的公式模型，同时对于发展中国家的经济测算也催生了新兴的发展经济学，这就使得经济学再次进入了百家争鸣的时代，类似于当年的马歇尔，这时的萨缪尔森对经济学进行了再次的综合，时代的推手就是当年西方国家陷入的滞涨困境，因而，历史也就进入了后凯恩斯时期。

他们所强调的现代经济增长更加注重人均国民收入的水平，把现代经济增长的核心定义为技术的进步与制度的创新，同时与经济增长相适应的价值观念是实现创新的时代要求。另外，弗里德曼所提出的货币主义学说也是对于凯恩斯货币政策的时代性发展，并看到了货币政策在长期与短期内不同的调整效果，最后认为只有奉行单一规则的货币政策才会使经济有秩序的增长。

四、发展中国家的经济增长与资源环境难题

由以上对于西方经济学发展历程的探索可以发现，西方经济学的发展离不开对资源要素的充分利用和选择性配置，而由于西方国家的先行优势，国际的经济体系及资源利用规则均是有利于西方世界的，这对于广大的发展中国家实现经济增长，无疑是一个巨大的障碍，具体表现在以下三个方面。

（一）资源负外部性——资源环境与经济增长的替代

在中国经济实现飞速发展的同时，我们也应该看到，限制其经济进一步增长的因素主要是资源环境问题，也就是说经济增长与资源环境问题具有一定此消彼长的关系，因而我们所研究的主要问题应该是如何缩小发展中国家经济与环境的两难决策区间，从而实现双赢。

经济发展与资源环境消耗的辩证关系最早是由十八世纪初的威廉佩蒂与托马斯罗伯特发现，他们认为劳动参与所产生的财富价值受制于自然条件，资源的稀缺性开始进入经济学的范畴。后期庇古认为经济负外部性是造成资源环境问题的根源，这就推升了税收与补贴的范畴，以及科斯提出的明晰产权是解决问题的关键。现代经济发展与资源环境的观念主要集中于可持续发展的资源环境代际公平以及节能减排低碳环保的方面，以及国内主要采用的倒U型环境库兹涅茨曲线实现资源环境的定量研究。

研究发现，市场失灵所产生的外部性是资源环境问题产生的根源，后期市场规模的扩大和经济的发展更是增加了市场失灵与资源环境的进一步恶化。解决的方法就是将环境成本考虑到企业市场成本之中，同时，最重要的就是根据不同的经济发展时期制定不同的资源环境政策。在经济发展初始阶段，由于资本稀缺，资源丰富地区就必须实现资源的资本化从而实现资本与劳动间的平衡与边际替代相等。而随着技术的积累与扩散以及先发展地区环境政策的陆续严格，大多数高耗能、高污染产业相继转入落后地区，同时其技术在其增长中发挥更大的作用。

（二）资源诅咒陷阱——资源依赖限制进一步经济增长

资源环境型产业在发展中具有一定的比较优势，从而可以吸引相当数量的生产要素聚集，但是这种“富有”却是进一步贫困的原因。主要表现就在于这种吸纳与富集使得相应的产业对资源有较强的依赖性，进而相关生产要素不能够有效的向高新技术产业转移，阻碍地区经济的进一步发展，这种资源要素禀赋与经济发展的负相关悖论可以归结为落后地区的资源诅咒陷阱。

这种陷阱源于发展中国家利用资源所产出的商品基本为低附加值产品，而这在国际贸易中不具有交换优势，从而无法进一步拉动本国经济的增长，同时这种依赖于资源效应建立起的产业结构具有很大的转型阻力，不利于一国的产业升级。同时，这种资源优势所产生的挤出效应将会大大削弱一个地区的总体经济实力，尤其是在国际贸易方面这种挤出替代效应特别明显。

摆脱这一诅咒陷阱的途径就是实现经济模式向结构创新的转变，尤其是落后地区所具有后发优势，以及相应的制度体制创新都可以催生本身的管理创新与技术创新，进而实现经济增长与资源环境的协调发展。

（三）资源枯竭困境——转型创新的另一个极端

相对于资源依赖诅咒来说，地区资源枯竭是限制其经济增长的另一个极端，没有资源或者资源过于丰富都会造成资源瓶颈，而突破这两个瓶颈的根本都在于实现创新。熊彼特曾经提出，经济增长的实质是经济活动本身所产生的连续变化，是打破均衡而又回归均衡的结果，这有回归到经济学的本真——动态均衡。

转型创新是向生产体系中引入一种原来没有的生产要素与生产条件的组合，按照政治经济学的观点就是实现生产力与生产关系的革命性变革。这种革命性创新是化解资源枯竭地区环境约束的长效机制，具体结合中国的特点就在于实现发展目标、模式、资源、技术、资本、制度、体制的创新。研究结论指出，技术进步因素是生产要素中限制资源枯竭地区经济创新转型的关键，资本要素对西部地区的制约更大，同时交通运输设施也有待完善。

五、新时代中国经济发展的新表现

（一）农村劳动力在刘易斯拐点的价值实现

1. 刘易斯模型及其中国表现

刘易斯拐点[①]是在其构建二元部门经济模型的基础上，将一些发展中国家的经济部门区分为现代部门与传统部门，同时把两个部门间的劳动力流动情况及工资收入变化作为考量经济进程的标准。在传统部门对劳动的供给完全弹性的情况下，现代部门已不变的成本吸纳劳动力，经济总体处于刘易斯第一阶段，而当劳动力供给转为有限供给以及工资渐长时，经济总体就处于第二阶段，最后就是经济的完全市场商业化阶段，两部门工资一致，结束传统部门劳动力转移。

2004 年后，我国东部开始出现用工荒问题[②]，并逐步向中西部蔓延，刘易斯拐点开始进入研究范畴，在这方面，国内大致分为三种观点。首先，以蔡昉教授为代表的研究人员认为，农村剩余劳动力数量的大幅度减少，以及农民工工资率的提升均标志我国刘易斯拐点已经出现，其中也有学者认为由于受到国际经济的影响，我国正处在刘易斯转折区间。其次，还有一部分学者认为，由于受信息不对称的影响，部分地区存在劳动力剩余与工资率上涨的双重现象，这暗含表明我国的劳动力缺口属于结构性问题，而不是现实存在。最后，以樊纲为代表的一部分学者认为，由于我国农村人口占国民总人口比例仍较大，依然存在劳动力转换空间，因而讨论刘易斯拐点问题为时尚早。这些观点均代表了我国劳动力存在的现状，

---

① 王必达，张忠杰：《中国刘易斯拐点及阶段研究——基于 31 个省际面板数据》，《经济学家》2014 年第 7 期，第 16—26 页。

② 贾根良，姚开建：《中国经济学的自主创新与“新经济思想史”研究》，《社会科学战线》2008 年第 12 期，第 57—64 页。

因而研究仍有较大空间。

在经验观察的基础上，我们可以看出，传统部门从业人员数量基本为递减趋势，而产出数量却在逐年增加，表明我国经济总体处于刘易斯第一阶段。在工资收入方面，农村居民的工资收入占比逐年增加，这说明大部分农业人口从事非农工作，并取得了大量收入。但是值得关注的是，城乡居民的收入差距在逐年扩大，这一不平等的加剧表明我国正逐步步入刘易斯第二阶段。

2. 托达罗模型与农村剩余劳动力转移

托达罗模型[①]是在否定刘易斯模型暗含假设：城市没有失业人口，转移的剩余劳动力都可以充分就业的基础上建立的。托达罗认为，导致农村剩余劳动力转移的本质要素在于农村与城市的实际收益差值，而不是刘易斯模型的简单假设，因而，增加城市就业部门并不能够有效解决城市失业问题，相反却会吸引更多的农村剩余劳动力，导致更加严重的城市失业问题。

国内研究者对这一理论进行有效修正，提出发展城市可以提高工资收入，改善城市失业，但发展农村所带来的收入增长却是有限的，还会产生隐蔽的农村失业，最为典型的就是农村广泛存在的半劳动力问题。由于在广大的农村地区，家庭人口较多，父母无法有效照顾新生子女，这一任务往往就落到了年长的兄姐身上，从而导致其受教育精力消磨，受教育机会减少，无形中降低了农村劳动力素质，使其参与社会就业竞争的优势不复存在，劳动力流动成本大大增加，限制劳动资源交换。

解决农村半劳动力问题的措施，除了控制农村新生人数外，还应该扩大农村宣传教育，使农民真正明确致富的途径不在于量，而在于质。城市未必是农村劳动力无忧的归宿，城市的失业问题依然

① 王必达，卿陶：《试论我国农村剩余劳动力转移——基于托达罗模型的修正与反思》，《西北民族大学学报》（哲学社会科学版）2014年第4期，第155—162页。

会影响农村转移人口的生活质量，因而有效解决农村剩余劳动力的关键在于稳定农村社会保障机制。

（二）新型城镇化下的人的城镇化变革路径

1. 注重城市的人文概念

城市作为当代社会发展的产物，具有的产业聚集效应和规模经济效应。城镇化是我国下一个十年经济发展的最大机遇，人作为城镇化的主体，应当是城镇化的核心[①]。

新型城镇化建设是人如何融入城市，为城市贡献价值，进而创造人的归属感，包括教育发展、医疗就业和社会保障。因此，人的城镇化有助于实现我国城乡一体化、内需的有效启动以及三农问题的根本解决。同时，城镇化对现代化具有重要的支撑作用，是缩小城乡差距的根本途径，也是扩大内需实现城市经济发展的关键所在。这里的城市经济发展是更加广义的概念，既包括发展生产力，也包括发展居民的消费能力，消费的能力在个人层面是收入的提高，在社会层面是分配关系的呈现。

根据世界银行的标准，我国人均国内生产总值在 2012 年已经达到 6100 美元，进入中等收入国家行列。但正是由于现今经济的快速发展导致收入分配差距拉大的关系，我国已经处于中等收入陷阱阶段。在这一阶段，我国在劳动力成本上无法与低收入国家竞争，同时在高新技术方面也无法与发达国家媲美。进入这一陷阱的原因主要是国内产业转型不利造成的，进一步讲就是原有的出口加工型低端制造业没有合理的转型为内需消费型服务业，更不用说是高新技术产业。因而，这种劳动力产业配置是不满足现实需要的产业规划。

① 林毅夫：《把握中国经济史脉》，《中国报道》2013 年第 12 期，第 116—118 页。

2. 土地问题与农民社会保障

土地问题一直是农民问题的根本，也是农民最基本的保障与最后的底线，随着我国城市化及工业化的加快，失地农民逐渐成为一类特殊的群体，这是严重影响社会稳定与经济增长的边缘人群，因而有效解决失地农民生活保障问题尤为重要。

关注就业的社会保障问题包括养老、医疗、失业、工伤、生育保险，及其他社会福利等，特别是养老保险和医疗保险。因此，我们应该逐步建立城乡统一的社保体系，保障农业转移人口的福利。同时在这一体系中劳动价值贡献能力将成为未来农业转移人口的参保的一个衡量标准：在就业的转移人口中未达到退休年龄的，按其个人的劳动价值贡献即工资比例参保，多劳多缴，少劳少缴，以提高社会生产效率，调动劳动力的积极性，减少“免费乘车者”，保证社保的公平性。

因而，统一的城乡社保机制需要有力的城镇化政策支撑，也就是新型城镇化下，对于人的城镇化的有效认知。

（三）新时代中国新型城镇化的动力源泉

1. 新型城镇化的劳动力选择性配置

实现城镇化是产业结构、社会结构、经济结构及生产方式的转变，也是缩减城乡差距的根本途径。尤其是在人的城镇化方面，破除中等收入陷阱的问题就在于实现产业转型后的劳动力就业问题，因而，着力发挥好城镇化对现代化的支撑作用，涵盖了产业转型与新兴产业支持，实现产业结构的调整与形成稳定的社会中产阶级，同时形成稳定的经济内需，增加居民的生活消费能力等一系列问题，所以，城镇化是产业支撑与消费保障的具体体现。

这里的产业支撑主要是指现代服务业的发展，现代服务业包括消费性服务业（旅游餐饮及商贸）和生产性服务业（金融保险及物流），这些行业是培育社会中产阶级和中等收入人群最主要的载体，是缩减收入差距的支柱产业。

另外，城镇化是农村的推力与城市拉力共同作用的结果，应满足帕累托最优配置状态，这就要求我们既要使农村人口参与城镇化并获得城镇化发展的红利，又要防止城镇化进程损害现今城镇居民的利益。笔者认为，避免针对迁入人口的排斥与隔离的方法就是实现劳动力差异化分工与协调。依照不同劳动力价值素质错位配置经济福利，从而使城镇化可以被各方所接受。这种错位配置原理不是福利歧视，而是依据劳动力的教育水平和对于城市贡献的发展情况所做出的价值判断，同时也是劳动力参与社会贡献初步分工的体现，这一点在后面的就业及户籍制度方面会有具体的阐述。因此，人的城镇化的动力就在于劳动力的价值贡献，不可使社会福利与基本公共服务均等化的价值目标限制劳动力的自由配置。

2. 三个一亿人是新型城镇化的最大动力

中国的城镇化是解决三个一亿人的问题。第一个也是最关键的一亿人就是促进一亿农业转移人口落户城镇，这需要有序引导农业转移人口市民化，本质是解决人口背后的公共服务均等化的问题。同时《国家新型城镇化规划（2014—2020）》要求，引导有效益、有市场的劳动密集型产业率先向中西部转移，进而吸纳当地劳动力人口，实现就近转移农民，加快人口集聚和产业集群发展。这正是第二个一亿人，引导约一亿人在中西部地区就近城镇化。所谓就近，不是以村镇为单位，而是针对地区有一定辐射能力的城市，在其周边形成区域支持，进而形成地区协同发展。在当下的中国，城镇化是经济问题，更是民生工程，因此也就引出了第三个一亿人，实现一亿人的棚户区改造问题，这一变革不是原有的空间上的城镇化，而是对于城市劳动力享用社会资源基本补充和保障。

三个一亿人是对中国人口流动分布、产业结构及市场结构的一次调整，也是对当下城市综合承载能力的一大考验。这一承载力不仅指资源环境对人口容量的承载，更是对产业支撑与满足就业能力的一次考验，因此，产业的发展不能滞后于城镇化的发展，甚至要先于城镇化的发展。

通过以上的分析同时结合我国的现状可以看出，内需消费型服务业可以作为我国过渡到高新技术产业的桥梁，吸纳社会结构转型过程中的剩余劳动力，而高新技术产业才是我国生存的根本。

六、结语

通过以上对于西方经济学各个历史阶段发展分析，我们可以看出，每个时代都有每个时代的追求，也都有每个时代的主要矛盾与问题，但是经济学唯一坚守的就是对于经济增长的热爱，换句话说，也就是每个时代经济学家对于经济增长本身的那一份坚守，才使得他们能够被历史铭记，并指导当代人民进行合理的经济建设与改革，同时也只有经济理论得到大众的认识与理解，才能够真正地实现一个时代的经济增长！

落实到当前中国的具体实施路径就是深入推进城镇化建设，切实关注人的城镇化质量问题，以人的全面发展为核心，把握劳动力在城镇化过程中的流动性问题的根本，是对于资源的选择性趋同问题。因而无论经济现象如何表现，其本质还是依托了要素选择性配置，这在西方经济学发展的历史上是永恒不变的主题。因此，在新时代的中国经济发展中，我们应当深入把握经济本质规律，以史为鉴，继往开来，在新时代展现中国的新动力！

作者简介：胡兆廉（1991— ），男，江苏徐州人，上海大学经济学院2017级博士研究生，研究方向：区域经济学。